'Capital' in Symmetry
『資本論』のシンメトリー

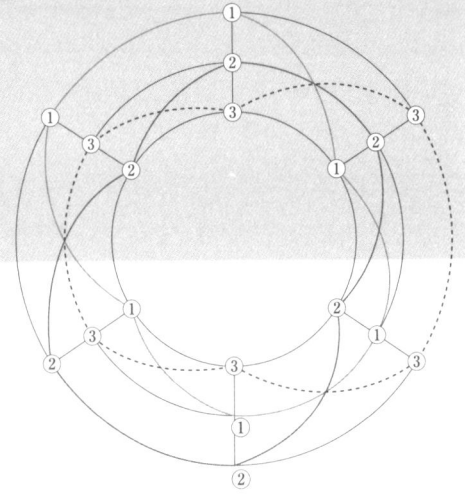

内田 弘 ── 著
Hiroshi Uchida

社会評論社

「我々は同一対象を、一方では経験にとっての感覚と知性の対象として考察できるとともに、もう一方では我々が単に思惟するだけの対象として（als Gegenstände, die man bloß denkt）……考察できる」
（カント『純粋理性批判』）

「諸関係というものは、相互に関係し合っている諸主体から区別され心の中で固定されなければならないときは、単に思惟されることができるだけである（nur gedacht werden können）」
（マルクス『経済学批判要綱』）

「第一に申し上げたいことは、商品の諸群を人間の諸群の鏡としてみていただきたいということです」　　　（内田義彦『資本論の世界』）

目　次

下記の記号①は価値形態論、②は商品物神性論、③は交換過程論のそれぞれの観点から当該個所が考察されていることを意味する（本文で詳述する）。

まえがき……………………………………………………………………………… 9
序　章　『資本論』の編成原理とは何か——経済学批判の天文学史的背景
　　　　…………………………………………………………………………… 15
第Ⅰ章　価値形態論・商品物神性論・交換過程論——『資本論』の編成原理
　　　　…………………………………………………………………………… 27

はじめに——『資本論』体系展開の予備的考察　27
　（1）　冒頭商品　27
　（2）　経済学批判の基準「交換価値と使用価値」　33
Ⅰ　価値形態論・商品物神性論・交換過程論　43
Ⅰ−1　価値形態　43　　　　　　　　　　　　　　　　　　　　　｛①｝②③
　Ⅰ−1−1　第1形態　43　　　　　　　　　　　　　　　　　　　　　｛①｝
　Ⅰ−1−2　第2形態　53　　　　　　　　　　　　　　　　　　　　　　②
　Ⅰ−1−3　第3形態・第4形態（貨幣形態）　61　　　　　　　　　　　　③
Ⅰ−2　商品物神性　64　　　　　　　　　　　　　　　　　　　　｛②｝③①②'
　Ⅰ−2−1　商品＝神学的存在　64　　　　　　　　　　　　　　　　　｛②｝
　Ⅰ−2−2　ロビンソン物語　67　　　　　　　　　　　　　　　　　　　③
　Ⅰ−2−3　将来社会像　68　　　　　　　　　　　　　　　　　　　　　①
　Ⅰ−2−4　商品物神性再論　68　　　　　　　　　　　　　　　　　　　②'
Ⅰ−3　交換過程　69　　　　　　　　　　　　　　　　　　　　　　｛③｝①②
　Ⅰ−3−1　商品所持者の登場　69　　　　　　　　　　　　　　　　　｛③｝
　Ⅰ−3−2　剰余生産物からの商品交換　75　　　　　　　　　　　　　　①
　Ⅰ−3−3　交換過程と価値形態　76　　　　　　　　　　　　　　　　　②
総括と展望——『資本論』のシンメトリーをなす編成　80

第Ⅱ章　貨幣または商品流通 ・・・・・・・・・・・・・・・・・・・・ 87

- Ⅱ-1　価値尺度　87　　　　　　　　　　　　　　　　　　　　{①}③②
  - Ⅱ-1-1　観念的存在としての価値尺度　87　　　　　　　　　　{①}
  - Ⅱ-1-2　度量単位・度量基準　89　　　　　　　　　　　　　　③
  - Ⅱ-1-3　価値からの価格の乖離可能性　90　　　　　　　　　　②
- Ⅱ-2　流通手段　93　　　　　　　　　　　　　　　　　　　　{③}②①
  - Ⅱ-2-1　a　商品の変態　93　　　　　　　　　　　　　　　　{③}
  - Ⅱ-2-2　b　貨幣の通流　97　　　　　　　　　　　　　　　　②
  - Ⅱ-2-3　c　鋳貨。価値章標　101　　　　　　　　　　　　　　①
- Ⅱ-3　貨幣　103　　　　　　　　　　　　　　　　　　　　　{②}①③
  - Ⅱ-3-1　a　蓄蔵貨幣の形成　103　　　　　　　　　　　　　　{②}
  - Ⅱ-3-2　b　支払手段　107　　　　　　　　　　　　　　　　①
  - Ⅱ-3-3　c　世界貨幣　111　　　　　　　　　　　　　　　　③

第Ⅲ章　貨幣の資本への転化 ・・・・・・・・・・・・・・・・・・・・ 113

- Ⅲ-1　資本の一般的範式　113　　　　　　　　　　　　　　　　{②}③①
  - Ⅲ-1-1　転化論の出発点としての世界貨幣　113　　　　　　　　{②}
  - Ⅲ-1-2　生産手段・労働力・貨幣の市場　114　　　　　　　　　③
  - Ⅲ-1-3　可能的資本家　119　　　　　　　　　　　　　　　　①
- Ⅲ-2　一般的範式の諸矛盾　121　　　　　　　　　　　　　　　{③}①②
  - Ⅲ-2-1　等価交換の前提で価値増殖は可能か　121　　　　　　　{③}
  - Ⅲ-2-2　不等価交換と等価交換の両立　123　　　　　　　　　①
  - Ⅲ-2-3　流通の背後にあるもの　125　　　　　　　　　　　　②
- Ⅲ-3　労働力の購買と販売　126　　　　　　　　　　　　　　　{①}②③
  - Ⅲ-3-1　価値増殖の根拠は何か　126　　　　　　　　　　　　{①}
  - Ⅲ-3-2　労働力の信用貸し　130　　　　　　　　　　　　　　②
  - Ⅲ-3-3　自由・平等・所有・ベンサム　131　　　　　　　　　③

第Ⅳ章　労働過程と価値増殖過程 …………………………………… 133

Ⅳ-1　労働過程　133 　　　　　　　　　　　　　　　　　　　　　{②}①③
- Ⅳ-1-1　労働過程と資本主義的生産の区別　133　　　　　　　　　{②}
- Ⅳ-1-2　労働過程から資本の生産過程へ　139　　　　　　　　　　①
- Ⅳ-1-3　資本家の指揮下の労働者　140　　　　　　　　　　　　　③

Ⅳ-2　価値形成＝価値増殖過程　141　　　　　　　　　　　　　　　{①}③②
- Ⅳ-2-1　資本主義的生産の目的　141　　　　　　　　　　　　　　{①}
- Ⅳ-2-2　労働過程と価値形成過程の統一　141　　　　　　　　　　③
- Ⅳ-2-3　資本家の物神崇拝　142　　　　　　　　　　　　　　　　②

Ⅳ-3　労働力商品の価値と使用価値　143　　　　　　　　　　　　　{③}②①
- Ⅳ-3-1　手品は成功した　143　　　　　　　　　　　　　　　　　{③}
- Ⅳ-3-2　等価交換と不等価交換の両立　143　　　　　　　　　　　②
- Ⅳ-3-3　価値形成過程と価値増殖過程の比較　144　　　　　　　　①

第Ⅴ章　絶対的剰余価値 ………………………………………………… 145

Ⅴ-1　不変資本と可変資本　145　　　　　　　　　　　　　　　　　{③}①②
- Ⅴ-1-1　生きた労働の二重作用　145　　　　　　　　　　　　　　{③}
- Ⅴ-1-2　不変資本・可変資本の定義　148　　　　　　　　　　　　①
- Ⅴ-1-3　技術革新と価値革命　149　　　　　　　　　　　　　　　②

Ⅴ-2　剰余価値率　150　　　　　　　　　　　　　　　　　　　　　{①}②③
- Ⅴ-2-1　剰余価値の源泉と搾取条件　150　　　　　　　　　　　　{①}
- Ⅴ-2-2　生産物の比率と生産物価値　153　　　　　　　　　　　　②
- Ⅴ-2-3　シーニアの《最後の1時間》　155　　　　　　　　　　　②[続き]
- Ⅴ-2-4　剰余生産物　158　　　　　　　　　　　　　　　　　　　③

Ⅴ-3　労働日　160　　　　　　　　　　　　　　　　　　　　　　　{②}③①
- Ⅴ-3-1　搾取率を隠蔽する労働日　160　　　　　　　　　　　　　{②}
- Ⅴ-3-2　労働者と資本家のアンチノミー　163　　　　　　　　　　③
- Ⅴ-3-3　労働日の考察とその闘争史　165　　　　　　　　　　　　③[続き]
- Ⅴ-3-4　労働日をめぐる資本家と労働者の闘争史(続き)　171　③[続き]

5

V-3-5　標準労働日獲得のための闘争。法律による労働時間の強制的制限。
　　　　　　1833-1864年の工場立法　176　　　　　　　　　　　　　③[続き]
　　　V-3-6　標準労働日獲得のための闘争。イギリスの工場立法が他国にお
　　　　　　よぼした反作用　179　　　　　　　　　　　　　　　　③[続き]
　V-4　剰余価値の率と総量　181　　　　　　　　　　　　　　　　　①

第Ⅵ章　相対的剰余価値・絶対的相対的剰余価値・資本蓄積 … 187
　Ⅵ-1　相対的剰余価値　187　　　　　　　　　　　　　　　　{③}②①
　　Ⅵ-1-1　相対的剰余価値の概念　187　　　　　　　　　　　　　　{③}
　　Ⅵ-1-2　協業　192　　　　　　　　　　　　　　　　　　　　　　②
　　Ⅵ-1-3　分業とマニュファクチュア　195　　　　　　　　　　　②[続き]
　　Ⅵ-1-4　機械装置と大工業　207　　　　　　　　　　　　　　　　①
　　　Ⅵ-1-4-1　機械装置の発展　207　　　　　　　　　　　　　　　①
　　　Ⅵ-1-4-2　生産物への機械装置の価値移転　210　　　　　　　①[続き]
　　　Ⅵ-1-4-3　労働者と機械経営　213　　　　　　　　　　　　　①[続き]
　　　Ⅵ-1-4-4　工場　216　　　　　　　　　　　　　　　　　　　①[続き]
　　　Ⅵ-1-4-5　労働者と機械との闘争　218　　　　　　　　　　　①[続き]
　　　Ⅵ-1-4-6　解雇労働者の補償説　219　　　　　　　　　　　　①[続き]
　　　Ⅵ-1-4-7　機械経営と労働者の解雇と雇用　222　　　　　　　①[続き]
　　　Ⅵ-1-4-8　大工業による伝統的諸部門の変革　224　　　　　　①[続き]
　　　Ⅵ-1-4-9　工場立法　226　　　　　　　　　　　　　　　　　①[続き]
　　　Ⅵ-1-4-10　大工業と農業　231　　　　　　　　　　　　　　①[続き]
　Ⅵ-2　絶対的および相対的剰余価値　233　　　　　　　　　　　{②}①③
　　Ⅵ-2-1　絶対的および相対的剰余価値　233　　　　　　　　　　　{②}
　　Ⅵ-2-2　労働力の価格と剰余価値の大きさと率　238　　　　　　　①
　　Ⅵ-2-3　労賃　242　　　　　　　　　　　　　　　　　　　　　　③
　　　Ⅵ-2-3-1　労働力の価値または価格の労賃への転化　242　　　③[続き]
　　　Ⅵ-2-3-2　時間賃金　245　　　　　　　　　　　　　　　　　③[続き]
　　　Ⅵ-2-3-3　出来高賃金　248　　　　　　　　　　　　　　　　③[続き]
　　　Ⅵ-2-3-4　労賃の国民的相違　250　　　　　　　　　　　　　③[続き]

Ⅵ-3　資本の蓄積過程　253	{①}③②
Ⅵ-3-1　資本の蓄積過程［前書］　253	{①}
Ⅵ-3-2　単純再生産　260	③
Ⅵ-3-3　剰余価値の資本への再転化　266	③[続き]
Ⅵ-3-3-1　拡大再生産と領有法則の転回　266	③[続き]
Ⅵ-3-3-2　拡大再生産の誤解　272	③[続き]
Ⅵ-3-3-3　剰余価値の資本と収入への分割　274	③[続き]
Ⅵ-3-3-4　蓄積規模の諸要因　276	③[続き]
Ⅵ-3-3-5　労働元本　277	③[続き]
Ⅵ-3-4　資本主義的蓄積の一般的傾向　279	③[続き]
Ⅵ-3-4-1　蓄積と労働力需要　279	③[続き]
Ⅵ-3-4-2　蓄積過程の可変資本部分の減少　281	③[続き]
Ⅵ-3-4-3　相対的過剰人口＝産業予備軍　283	③[続き]
Ⅵ-3-4-4　相対的過剰人口の諸形態　286	③[続き]
Ⅵ-3-4-5　資本主義的蓄積の一般法則の例証　288	③[続き]
Ⅵ-4　本源的蓄積　298	②
Ⅵ-4-1　本源的蓄積の秘密　299	②[続き]
Ⅵ-4-2　農村民からの土地の収奪　304	②[続き]
Ⅵ-4-3　流血立法　309	②[続き]
Ⅵ-4-4　資本主義的借地農場経営者の創世記　314	②[続き]
Ⅵ-4-5　農業革命と国内市場の形成　316	②[続き]
Ⅵ-4-6　産業資本家の創世記　319	②[続き]
Ⅵ-4-7　資本主義的蓄積の歴史的傾向　327	②[続き]
Ⅵ-5　近代的植民理論　331	②[続き]
結　語　336	

終　章　『資本論』のパラドックスのシンメトリー …………… 349
1　はじめに──『資本論』の編成原理の検証課題　349
2　真理は必ず所与の事実に存在するか　353
3　『資本論』のパラドックスの例証　355
　3-1　商品論のパラドックス　355

3-2　等価交換のパラドックスと剰余価値のパラドックス　358
　　3-3　「労働と所有」のパラドックス　362
　　3-4　資本蓄積のパラドックス　366
　　3-5　真理と虚偽のパラドックス　369
4　『資本論』のパラドックスのシンメトリー　369
5　マルクス『数学草稿』における「対称性」　372
6　対称性をめぐるマルクスの数学研究と哲学史的課題　376
7　ドイツ古典哲学の体系の間の微分的対称的差異　378
8　ヘーゲルの通約不可能性とマルクスの通約可能性　381
9　マルクスの体系展開の対称性原理　383

参考文献　387
事項索引　397
人名索引　407

まえがき

　本書を手にした方々は《すでにたくさんあるマルクスの『資本論』についての書物に加えて、本書は新しく何を主張しているのであろうか》と思うかもしれない。その問いに、この「まえがき」でつぎのように答えたい。
　端的にいえば、この本は《『資本論』の文法》を解明する。『資本論』が商品・貨幣・資本など様々なカテゴリーを配列する規則＝文法を分析する。『資本論』のカテゴリーは、一定の文法で連結し或る形の「シンメトリー（対称性）」を成すような運動諸形態なのである。《資本主義は、経済学の多様なカテゴリーがシンメトリーをなすような様式で組織されているからこそ、自己を維持＝再生産し拡大できる》。これが『資本論』があきらかにする資本主義の組織原理である。『資本論』が重層的なシンメトリーをなすように書かれているのは、資本主義のそのような組織原理を論証するためである。これまでの『資本論』研究はほとんど、カテゴリー配列のただ表面をあとづけることに留まってきたのではなかろうか。しかし、『資本論』のカテゴリーが配列される深部では、その配列を決定する規則・文法が作動しているのである。その作動様式は一定の形のシンメトリー（並進対称＝反転対称・回転対称）をなす（後述）。その深部の文法まで、『資本論』の理論構造を分析するメスを切り込まなければならない。そうしてこそ、『資本論』は本当に「分かる」のである。
　この「分かる」とは、どういうことであろうか。たとえば、日本に生まれ日本語を母語として身につけた者が運用する日本語は文法的に正しいであろう。しかし、何故その日本語が文法的に正しいかは、日本語文法を学んで初めて分かることである。文法に照らしてみて、自分の日本語が「文法学的に正確であること」が初めて分かるのである。日本語文法は日本語運用の正誤を判断する基準である。

これと同じように、《『資本論』の文法》を知るということは、『資本論』の理解が正確であるか否かの判断基準を知ることである。マルクスの古典経済学に対する批判の展開過程は、その文法が作動する深部で決定される。その展開過程に配列されてゆく経済学の多様なカテゴリーは、深部で作動する『資本論』の文法の現象形態である。『資本論』の文法とは、まさにマルクスの考え方そのものである。その思惟様式を知ることこそ、『資本論』理解の核心ではなかろうか。

　のちに詳しくみるように、『資本論』の文法は「シンメトリーが特性である群論（Group Theory）」の1つである。このことは、19世紀前半から発達してきた群論という数学と内面的に同じ論理で『資本論』が編成されていることを意味する。マルクス自身、数学を研究し群論の基礎をなす「シンメトリー」を微積分学でつきとめている（終章後半を参照）。しかも「シンメトリー」は今日の学問諸分野の基礎原理である。『資本論』は、同時代の19世紀だけでなく20世紀をへて今日まで、他の幅広い学問諸分野と共通の地盤に存立している。この存立に『資本論』が現代に生きる力の根拠がある。

　序章は本書への導入である。できるだけ平明に書いた。第Ⅰ章は、「シンメトリー」をなす『資本論』の文法を探り出す。そのあとの第Ⅱ章から第Ⅵ章までは、『資本論』の文法が『資本論』第1部全体を規則的に貫徹していることをていねいに跡づける。終章では、「自由・平等・友愛」が「不自由・不平等（格差）・敵対」に転化する資本主義の「パラドックス」が「シンメトリー（並進対称）」を媒介にしていることを論証する。あわせて、『資本論』の文法が西欧の哲学史と数学史を継承する背景をあきらかにする。

　この本は『資本論』第1部の「編・章・節・小見出し（a, b, c……）」という編成の順序をきちんとあとづけ、その内容が『資本論』の文法で織りあげられていることを論証する。こうして本書は、『資本論』第1部全体のエッセンスが「結晶体」というシンメトリーの典型をなすことを示す。そのエッセンスをなす内容は、本文のゴック体の小見出しに端的に示されているので、参考にしていただきたい。

　本書を手にした方には、映画が好きな方がいるかも知れない。女優オードリー・ヘップバーンが主演するテレンス・ヤング監督作品「暗くなるまで待って

（Wait Until Dark）」というサスペンス映画が、日本では 1968 年に上映された。

この映画では彼女は視力がない。ある日、彼女が住む地下の部屋に泥棒が忍び込んでくる。彼女は怯えを鎮めて、沈着な作戦にでる。地下部屋のライトをすべて、彼女がふだん使っている杖でたたき壊し、部屋を真っ暗にする。すると、彼女と泥棒では環境が逆転する。視力のない彼女とっては、部屋が明るくても暗くても環境は同じである。しかし泥棒は部屋がとつぜん真っ暗になって、あわてる。どうしようかと不安になる。普段から目が見えない彼女は、聴力・触覚などを頼りに生きている。その彼女が、同じハンディのある環境に泥棒を追い込んだのである。自分を取りまく環境が見えない者は、如何にしてその環境を認知するか。泥棒が突然抱え込んだ問題がこれである。

この視力問題に類似する問いをマルクスは発している。《資本主義に生きる人間はそこにある何でも正確に見えるのか》という問いである。《見える》と思うのは錯覚ではないか。《見えない》とすると、《見ていると思うもの》は、《いかなるものか》《なにゆえに存在しているのか》《それが消滅する可能性は存在するか》。マルクスのこの問いは、《人間がものごとを認識できる根拠は何かというカントの批判的検討（Kritik）》を《資本主義という歴史的次元に特定し、より厳密に再限定した問い》である。マルクスの「経済学批判」の「批判（Kritik）」にはこのような哲学史の根本問題がふくまれているのである。

マルクスはこの問いに、価値論の 3 つのカテゴリー（価値形態・商品物神性・交換過程）の群を「並進対称（translational symmetry）」（後述）をなすように規則的・文法的に操作することで答えている。地動説が正確であるのに天動説に囚われているように、資本主義で生きる人間は天動説的な仮象に囚われていないだろうか。《仮象に囚われているとすると、いかにして天動説から地動説に自分の観点を転回できるのだろうか》。カントのいう「コペルニクス的転回」の問題である。天動説から地動説への転回が太陽を転回軸にしてシンメトリーを描くように、『資本論』の経済学批判もシンメトリー（並進対称）を描く。これが本書の書名『資本論のシンメトリー』の意味である。この意味は本書の第 1 章で説明する。

したがって、その視力問題は《『資本論』の天文学史的問題》とも表現できる。天動説は、ヨーロッパでは 1616 年から 1822 年まで、マルクスが 1818 年に生まれてなお 4 年間、カトリック公認の天文学であった。地動説の正しさを知っ

た哲学者は、天文学をふくむ自然哲学と宗教哲学のあやうい妥協点を探らなければならなかった。カントも『天界の一般自然史および理論』(1755年)を刊行した31歳の時から晩年までこの問題で苦闘した。1792年、すでに三批判を出しているカントは宗教哲学論文で発禁処分にあった。その苦闘のために、カントが基礎づけたドイツ観念論はこの宗教権力の抑圧で歪んでいないだろうか。天動説的な世俗エートスはマルクスの青年時代にもなお残っている。マルクスの多数住民カトリックが支配する故郷トリーアに建つ、財宝で煌めくカトリック教会が象徴するように、宗教は経済と表裏一体である。マルクスは神と貨幣とは同型ではないかと直観する。その解明の歩みが『資本論』形成史である。

マルクスは「神と貨幣の同型性」を問う学位論文を1841年にイエナ大学に提出した。この論文が『資本論』形成史の端緒をなす。イエナ大学に提出したのは、かつてケーニヒスベルクのカントが「外地」のイエナで宗教哲学書『たんなる理性の限界内の宗教』(1793年)を印刷せざるを得なかったように、イエナが「言論の自由」の先駆地であったからである。長らく禁書であったスピノザ全集が再刊されたのは1802–03年のイエナである。ヘーゲルのイエナ時代である。マルクスは学位論文を提出する1841年、そのスピノザ全集に収められた『神学・政治論』をノートし、そこに民主制という核心を読み取る。本書が哲学史に言及するのは、このような歴史的な背景があるからである。

筆者の『資本論』研究は20歳代から始まる。恩師・長洲一二先生(1919–1999年)はゼミナールでもっぱら聴き役に徹していたが、筆者が《『資本論』はいかに書かれているのでしょうか》と尋ねたら、《ぼくは「価値の独立化」という角度から読んでいるけれど、どうだろうね》とだけおっしゃった。先生のその示唆を参考に、『経済学批判要綱の研究』(新評論、1982年)を執筆し、先生にその拙著を献呈した。その研究を『中期マルクスの経済学批判』(有斐閣、1985年)でふかめ、英文著書 *Marx's Grundrisse and Hegel's Logic*, Routledge 1988にまとめた。これらの研究はマルクスのテキスト『要綱』が中心である。そこで『要綱』から肝心の『資本論』に焦点を移動し、価値が独立化(自立化)する過程は、経済学の多様なカテゴリーが重層的なシンメトリーをなす展開過程であることを論証したのが、本書である。

価値の自立化が到達する形態は、剰余価値の多様な分配形態であるレント(利潤・利子・配当金・地代など)である。マルクスの資本主義像は、通説のよう

な「産業資本家の制覇体制」ではなく、「レントナー国家資本主義（rentier-state capitalism）」ではないか、と考えるようになったのは、筆者が「ドイモイのベトナム」(1986年以後) を視察したときである。レントナー国家資本主義とは、産業資本家が生産した剰余価値を、レントナー（Rentner, rentier 商人・株主・銀行家・資産取引業者・地主など）が、商業利潤・配当金・利子・取引手数料・利鞘（マージン）・地代などのレント（rent）で所得する資本主義である。レントナー国家はレントナーの利益を保護・拡大する租税国家である。レントナー支配の実態の解明は『資本論』第3部の主題、したがって『資本論』全体の主題であるが、第1部でもその解明が行われていることを、本書は指摘する（特に第Ⅵ章のⅥ-3-4, Ⅵ-4）。その後、経済学史学会に依頼されて英文論文集『21世紀のマルクス（*Marx for the 21th Century*)』(Routledge, 2006) を編集し、そこに論文「第3章 マルクス歴史理論の再考察」を寄稿して、現代中国をふくむ諸国を「レントナー国家資本主義」という範疇で分析した。このようなかたちで、『資本論』と現代は筆者の内面でつながっている。いま念頭に浮かぶのは、つぎの三浦梅園の考えである。

「學んで黨せず、思うて偏ならず、則を獲て履（ふ）む。斯れ道なり」。

前著『啄木と秋瑾』（社会評論社、2010年）にひきつづいて、本書の刊行も社会評論社の社長・松田健二さんにお世話いただいた。松田さんの巨細にわたる丁寧な編集に深謝する。筆者が提案したカバーのデザインを見事に仕上げ、さらに表紙・本扉を創作してくださった右澤康之さんに感謝する。

　この拙著を
　　義兄　吉村孔佑
　　実姉　吉村テイ子

に捧げる。義兄と実姉には、筆者が約50年まえ学生であったとき、物心両面で暖かく支援していただいた。この拙著もその支援の成果であると痛感する。こう記して感謝の言葉とする。故人となった義兄は仕事仲間と野球を楽しんだ。

　　花吹雪　野球試合に義兄（あに）　童心

2015年3月11日　相模原の拙宅にて

内田　弘

序　章

『資本論』の編成原理とは何か
―― 経済学批判の天文学史的背景

『資本論』冒頭商品論のねらい　これから『資本論』第1部を体系的に読んでゆきたい。そこで、まず立てられる問いは、『資本論』は単純商品の分析から始まるのはなぜであろうか、という問いである。

　思えば、資本主義社会ではどこにいっても商品だらけである。『資本論』が商品から始まるのは、資本主義の支配的な基本形態が商品だからである。資本主義ではほとんどのものが商品形態をとる。商品でないものを探すことがむずかしいくらいである。直接には商品でないものでも、何か他の商品となっているものを使って作られたものであることが多い。そもそも人間生命がそうである。子供だって、親に仕事で稼いだお金で、ミルクやオモチャなどさまざまな消費財商品を買ってもらいそれを消費し生きている。その意味で、間接的に商品であるものを含めれば、すべてのものは商品であるといっても過言ではない。

　ひとむかし前は、お金をださなくても手に入る財、つまり「自然財」といわれた水や空気も、いまでは商品になっている。ミネラル・ウォーター、水道水にはカネ（貨幣）がいる。部屋の空気も浄化装置できれいになる。夏冬には冷暖房で温度差が調整される。生命技術も含めて科学技術も商品化している。技術は特許の対象となる。技術使用料という収入を獲得するために、技術が商品として開発される。そのようになんでも商品になってゆく世界的な傾向が「グローバル化」である。その拡大する商品経済のなかに生きていて何かを知ろうとすると、そのことは商品と無関係ではない。

　このような商品が普及した世界、つまり「商品世界」では、商品を入手するために貨幣が必要である。カネ（貨幣）がないと生きていけない。資本主義では人間は、商品を作るように、自分を商品になるように（就職）、考え行動せざるをえない。資本主義では人間は商品や貨幣の担い手になる。人間は資本主

義の商品世界に包み込まれて生きる「資本主義・内・存在」である。人間は資本主義に規定され、そこから無条件には超越できない。したがって、何かを知ろうとするときに、商品形態が支配する資本主義に徹底的に「内在」して、資本主義の運動の形態と法則を知ることは不可避の課題である。避けたいことは、検討もしないで《資本主義を無条件に超越する観点》を想定することである。その態度にこそ、資本主義の抽象作用がはたらいているのではないだろうか。このように考えて、マルクス（1818-1883）は『資本論』を商品の考察から始めたと思われる。マルクスの時代は、ちょうどイギリス産業革命が終わって本格的な資本主義になった時代である。そのとき万物商品化の傾向が本格的に始まったのである。

とはいえ、マルクスより前からアダム・スミス（1723-1790）のように、資本主義に生きる人間は自分のことを経済学で考えてきた。『資本論』の副題は「経済学に対する批判」となっている。人間は資本主義について考えてきたけれど、果たして正確に資本主義を認識してきたのであろうか。この問いが「批判（Kritik）」である。批判とは、資本主義を「超越」した外部の観点からする批判ではなく、資本主義に徹底的に内在し理解する考え方である。批判の結果に初めて資本主義を超越する（乗り越える）可能性が開かれてくるかもしれない。マルクスのいう「批判」とはそのような理論的探求の姿勢である。「批判」は、物事をみるこれまで疑われなかった伝統的な見方を疑いそれを転換する。このような「観点の転換」は、マルクスが若いころから考えてきたことをあとづけると、実は天文学の転換に対応することがわかる。地上に生きる人間が地上から天体の移動を観測し、その観測データから、「天動説」は誤りであって「地動説」が正しいことがわかってきた。その変換操作に対応する作業が自分の生きる資本主義を観る眼にも必要ではないであろうかという着想である。

コペルニクス革命と不変のシンメトリー　資本主義に内在しそれを超えるというマルクスの問題意識は「コペルニクス革命」以来の天文学史を「批判の方法」に継承するものである。固定したかのように見える地上から天空を仰ぎ見る天動説に依拠する世界像は、16世紀半ばの「コペルニクス革命」以後、長期的にわたって根源的に転換を迫られてきた。ポーランドのかつての首都クラクフの大学で教えたコペルニクス（1473-1543）の『天球の回転について』は、彼の死（1543年）の直後に刊行された。コペルニクスの考えがもたらす衝撃は最

初緩やかであった。しかし根源的かつ長期的である。それに逆らうように、宗教権力は宗教的地上的な利害関係から地動説の真理を隠蔽しそれを支持する者を弾圧し始める。

　コペルニクスはその本の序文で「数学者たち（伝統的天文学者たちのこと）は、運動の一様性の根本原則から、原則的な事柄、すなわち、世界の配列の形と各部分の**不変のシンメトリー**を見つけ出すことも、説明することもできない」と批判した。彼の天文学の原理は「不変のシンメトリー」である。本書で詳しくみるように、『資本論』も「不変のシンメトリー」で編成されている。[1]

　コペルニクス革命はユダヤ教の教義にショックをあたえた。コペルニクスと同じ場所、ポーランドのクラクフにいたモーゼス・コルドベロ（1522-1570）の『石榴の園』が彼の死後、コペルニクスの『回転について』刊行からかぞえて48年後の1592年に刊行され、それでもってユダヤ神秘主義が確立された。そこでは、コペルニクスのいう「不変のシンメトリー」が強引にユダヤ教神学に形式的に当てはめられ、「カバラーのシンメトリー」が創造された。コペルニクス・ショックへの異常反応である。

　プロテスタントのルター（1483-1546）やカルヴァン（1509-1564）は『聖書』を引用して地動説を批判した。彼ら宗教改革者も天文学的転回である地動説に対しては反動的であった。カトリックは「コペルニクス革命」を受容したジョルダーノ・ブルーノ（1548-1600）を1600年ローマで、火あぶり刑で焼き殺した。カトリックは1616年から1822年まで地動説を論じる印刷物を禁じた。その解禁の年（1822年）にガリレオ（1564-1642）の『天文対話』（1632年）がようやく日の目を見た。ガリレオはその書で地動説を精緻に説明したため、カト

---

1) Cf. Thomas S. Kuhn, *The Copernican Revolution*, Harvard University Press 1957, p.138; 10th press 1979. トーマス・S・クーン『コペルニクス革命』（常石敬一訳、紀伊國屋書店、1976年、198頁）およびコペルニクス『天体の回転について』（矢島祐利訳、岩波文庫、1953年、15-16頁）を参照。マルクスが『資本論』における経済学批判を天動説から地動説への旋回に重ねていたことは、次の文でも示されている。「もともと明らかなことは、競争の科学的分析が可能なのは、資本の内的な本性が把握されるときに限られる。そのことは、天体の見掛けの運動（die scheibare Bewegung der Himmelskörper）が、その現実の天体の運動、しかし感性では知覚できない天体の運動を認識する人にだけ、理解できるのとまったく同じである」（Karl Marx, *Das Kapital*, Erster Band, Dietz Verlag Berlin, 1962, S.335：資本論翻訳委員会訳『資本論』新日本出版社（全13分冊）第3分冊、1983年、552頁）。以下の『資本論』からの引用文は（S.335：訳552）のように略記する。

リックは1633年にガリレオを宗教裁判にかけ地動説を放棄するように命じた。その悲劇より前にオランダで望遠鏡が発明されたことを知ったガリレオは、光の屈折理論を導き出し自分で望遠鏡を製作し月を観測し『星界の報告』(1610年)を刊行した。そのオランダに住んだスピノザ(1632－1677)は、レンズを磨き生計を立て、ケプラー(1571－1630)を読み、ガリレオの友人を知っていた。スピノザは、預言や奇蹟を退け「神・隣人を愛せ」という教えこそ『聖書』の核心であると主張するために、『神学・政治論』(1670年)を刊行した。序文でその自著を多数民衆(マルチチュード)ではなく「自然の光」＝理性に従って考える少数の友人に読んでほしいと切望した。ユダヤ教会はそのスピノザを無神論者と断じて破門する。民衆は歓呼の声をあげてスピノザ破門を支持した。

宗教的抑圧とドイツ観念論の根拠　ヘーゲル(1770－1831)は若いとき、神が宇宙を究極的に根拠づける観念論哲学にケプラーの地球自公転理論を包摂しようと懸命であった。マルクスが生まれた1818年はまだ地動説が禁止状態であった。ベルリン大学生になったマルクスはスピノザに注目し『神学・政治論』と『スピノザ往復書簡集』を精読しノートをとった。その成果が学位論文「デモクリトスの自然哲学とエピクロスの自然哲学の差異(Differenz)」(1841年)である。無神論者エピクロスの原子論によれば、曲線運動(クリナーメン)をする原子は接合をくりかえして天体になる。その天体を民衆が信仰する。その民衆信仰を無神論者エピクロスは拒絶する。この意図せざる結果を生み出すエピクロスの原子論にマルクスは「批判の方法」を察知する[2]。マルクスは「差異論文」を天体論－宗教論で締めくくり、天文学を宗教批判に連結する。天文

---

2)　その批判の方法とはこうである。もしも論敵が無神論者エピクロスであるとすると、エピクロスの曲線運動(クリナーメン)をする原子を論争の共通の前提とすることを認めても、その帰結はエピクロスの無神論とは反対の民衆の天体崇拝となる。エピクロスの無神論と彼の自由な曲線運動をする原子とは両立しないのである。この論法を一般化すると、相手の主張を自分も共有する前提として受け入れ、その主張とは反対の結論を導きだすという内在的逆説的反論法、ソクラテス的対話(dialogos)のイロニーである。マルクスは、エピクロスの原子が天体を生み出だし天体を民衆が信仰するというように、天文学が神学に帰結するパラドックスを論じて、カントが『天界の一般自然史および理論』(1755年)で天文学にはエピクロスを援用しながらも、《カント＝エピキュリアン＝無神論者》という教会や民衆の非難を避けるために宇宙の究極の根拠づけは神学に依拠するカントの二元論を批判したのである。この批判は、エピクロスの原子が天体＝神を生み出すパラドックスがわからないカントへのイロニーである。マルクスのパラドックスの論法については、本書の「終章『資本論』のパラドックスのシンメトリー」で詳論する。

学の真理が地上の宗教権力の生々しい利害と衝突し隠蔽されてきたからである。その隠蔽の観念論による最終的な仕上げがカント『純粋理性批判』である。「差異論文」はあきらかに、天文学史のこのような悲劇と悲惨を批判することを主題にしている。「差異論文」の巧みに隠されたこの根本問題はカント認識論批判に集約される[3]。「差異論文」の表題も提出先（イエナ大学）も、ヘーゲルの著書『フィヒテとシェリングの哲学体系の差異（Differenz）』(1801年)の表題「差異」と刊行地「イエナ」に因んだものである。

　カント（1724 - 1804）は「天界の一般自然史および理論」(1755年)で太陽系の自動崩壊を予測するにもかかわらず宇宙の究極の根拠を神に求める。それは「無神論者との非難をかわすための言い訳」[4]である。火あぶり刑になったブルーノの自然哲学を論じるシェリング（1775 - 1854）の『ブルーノ』(1801年)やそれを批判したヘーゲルの論文「信仰と知」(1802年)も、その禁止状態で刊行された。彼らが宇宙の究極は神に根拠づけられるとしたのも、その禁圧のためである。フィヒテもシェリングもヘーゲルも、カントと同じように、神の存在を前提する天文学を論じカント観念論の枠内で考えた。彼らはコペルニクス＝ケプラー革命を自然哲学上の出来事としてのみ受容し、宇宙の究極は神が基礎づけていると結論づけ、「異端者・無神論者」と論難される事態を回避した。宗教的抑圧という長期の歴史的圧力がドイツ古典哲学の観念論を基礎づけているのである。その事実から眼を離してはドイツ観念論の特質はわからない。精神の自由を抑圧する現世的根拠は打破しなければならない。マルクスが若い時から批判にしたのは、宗教的抑圧で最深部に残ったこの観念論である。若いマルクスが直面した宗教の精神的抑圧に対する彼の批判意識は『資本論』まで持続している。『資本論』に特にキリスト教批判が頻発するのは、その持続する批判意識による。

---

3) 内田弘「『資本論』の自然哲学的基礎」(『専修経済学論集』通巻111号、2012年3月)を参照。マルクスが属したヘーゲル左派による聖書の歴史的批判的研究の目的もこのような天文学史的問題でとらえるべきであろう。
4) 山本義隆「カントと太陽系の崩壊」(『カント全集』月報7、2000年9月)。トレルチはこのような弾圧史におののくカントを省みず、「カントもあらゆる側面から主として自然科学との対決に立ち向かっていた。この対決は事態の客観的状況からやむをえずおこなわれたのであって、決して反教会的傾向などからおこなわれたのではない」と弁明する（トレルチ『ルネサンスと宗教改革』内田芳明訳、岩波文庫、1959年、110頁)。天文学史の側面からこれまでの宗教改革の評価を見直す作業が不可欠ではなかろうか。

したがって、「地動説」は単なる天文学上の問題ではない。天空に伸びる教会の尖塔が象徴するように、天動説的世界像は地上的世俗的利害関係に浸透しその社会像をかたちづくっている。人々の心身を呪縛している。マルクスが1841年にイエナ大学に提出した学位論文の主題は「神（教会）と貨幣（市場）」が支配する社会への批判である。神学批判は経済学批判と切り離しがたく結合している。したがって、近代社会像の「コペルニクス革命」、これがマルクス固有の主題である。その意味で「神学＝経済学批判の方法」を探求することが『資本論』形成史の主題であった。[5] マルクスこそが、神による宇宙の根拠づけ＝「観念論一般の基礎づけ」を打破した哲学者である。彼の疎外・物象化論に用語「神秘化・オカルト的」が出てくるのは、ユダヤ神秘主義を含む宗教の神秘性・オカルト性を標的にするからである。

地動説から神学＝経済学批判へ　マルクスは1843年以来、経済学を批判的に解明する。すると、経済学的カテゴリーが自らをシンメトリー（対称性）に配列することがわかった。彼は1860年代から1883年に死去するまで、経済学のカテゴリーが対称的に配列される根拠を数学に求める。その数学研究を記録する草稿で哲学史に言及する。その数学草稿で、フィヒテ・シェリング・ヘーゲルはカントがおこなった「観念論一般の基礎づけ」の枠内で哲学を論じる限界にとどまったと指摘する。「観念論一般の基礎づけ」とは、宇宙の究極は神が基礎づけているという弁神論である。マルクスにとって哲学史の根本問題とは、地上の世俗界も支配する天文学である。その問題は「宗教（神）」と「経済（貨幣）」が同型の問題であることを解明することにあった。

観測データを統一する規則　運動する観察対象に適合する方法は、もはや天動説的な固定した視座ではありえない。運動する観察対象を追跡する観点移動法こそ、マルクスがさがしもとめてきた方法である。運動する対象が観察者に見せる像はそれぞれ特性をもっている。一見するところ雑多な観測データは、或る規則にしたがって運動する物体の部分的データの累積ではないか。天動説論

---

[5]　『資本論』にも宗教批判が頻発するのはそのためである。前掲論文、内田弘「『資本論』の自然哲学的基礎」を参照。内田義彦は『資本論の世界』（岩波新書、1966年、11頁）で、精神の貧困への反感と経済的動物への反感から出発して、精神の貧困を物質的貧困とともに規定している私有財産の問題にマルクスが生涯を賭けてせまってゆくと指摘する。その二重の貧困の原因は天文学的真理を禁圧してきた宗教権力である。

者はカトリック教会から「正確な暦の作成」を求められる。暦こそ、地上世界の時間を支配する手段だからである。天動説では観測データがなかなか整合的に説明できない。そこで、あくまで「仮説」として地動説で観測データを整理すると、データは見事に或る規則に収束する。それと同じように、経済学に隠れた或る規則を導き出せば、経済学の諸範疇もその規則に総合＝統一され、近代資本主義が解明されるにちがいない。部分的データ、「生産・分配・交換・消費」というようにばらばらに分離された経済学の諸範疇を一貫した規則に転換＝転化すること（Verwandlung, transformation）、これがマルクスの突き止めようとする規則である。天文学が観測上の見掛け（天動説）とは逆（地動説）が真実態であることを暴露するように、その転換は近代資本主義の内的な構造とその崩壊可能性を開示するであろう。

　人々が生きる世界は、教会にしたがい天動説を信じるよう強制しあうような相互欺瞞の社会ではないか。ベルリン大学の学生であったマルクスが抱いた問題がこれである。人々に現象する諸形態は真実態の転倒した姿態である。地上から天界を見れば、天界が移動するように見えるけれども、それは見掛け＝仮象である。実は大地こそ、回転する天体である。この真理を知る視座の転換と同じような転換は自分が生きる社会を認識するために不可欠ではないか。その転倒像を転倒するために適合した方法とは何か、これがマルクスの問題であった。マルクスが取り組んだ問題は日常生活にも浸透した天動説的世界像の克服である。

　マルクスが活用できる近代資本主義の観測データは、経済（学）文献などブルジョア文献である。マルクスがそれらをいかにして転換したか、読み替えたかは、『資本論』の本文および注で示されている。本書が『資本論』の「注」にも注目し引用するのはそのためである。

『資本論』の読解法　このような『資本論』の編成原理は、それに対応する読み方をもとめる。『資本論』の先駆的な日本語訳者・長谷部文雄（1897－1979）は『資本論』の読み方について、『資本論』の新しい読者に助言している。

　「『資本論』中で最もむずかしいのは、第1部第1篇［商品と貨幣］、なかでも第1章である。この第1篇は、ここだけを何回くり返し読んでも充分に理解することは不可能である。第1篇は、各自の能力に応じ解らないままに

一読するにとどめて、どんどん先に読みすすみ、しばしば機に応じて第1篇に立ち返って読まれるならば、自からの理解の進歩に驚かれることであろう。——さらに［つけくわえるならば］、『資本論』は単なる経済学の書ではない」。

　『資本論』冒頭の商品論は、初めに読んだときにはよくわからない。しかしその先に進んで読んだあと、改めて始めから読み直すと、今度は以前よりわかる、と長谷部はいう。読み進めた先から逆に最初にもどって読み返すと、最初の個所からその先の個所への道筋が鮮明になる。前に進むと、それより前の個所がより鮮明になる、というのである。

　では、なぜ商品論は、先を読むと前の個所がより正確に理解できるようになるのであろうか。長谷部はこの問いには答えていない。再び読むと前より良く理解できる理由は、『資本論』には《同じ規則》が形を変えながら貫徹しているからである。《いま読んでいることは、すでに読んだことが変奏されているのではないか》と直観すれば、直観は《同じ規則》に気づいているのである。

　長谷部がいう《『資本論』は単なる経済学書ではない》とは、『資本論』が《同じ規則》で編成されていることを意味しているだろう。『資本論』は、近代資本主義にそれとは見えずに貫徹する《同じ規則》をマルクスが探求した成果を記録したものであろう。

　問いとその解は次の問いを立てる（$Q_i → A_i = Q_j$）　では、《同じ規則》とは何であろうか。この「序章」では、本書の第1章以下の本論に先立ち、その《同じ規則》の基本的な特徴をスケッチする。この規則を『資本論』冒頭第1章第1節と第2節で確認してみよう。

　まず『資本論』冒頭で、問い［1］商品とは何か、が提起される。その解は「商品とは使用価値と交換価値の統一物である」という解である。

　次の問い［2］は、ではその「交換価値」とは何か、である。その解は「交換価値とは、相異なる使用価値の交換比率である」という解である。問い［2］とその解には、問い［1］の解である「使用価値」と「交換価値」が使われている。

　次の問い［3］は、では「使用価値の交換比率」を決定する根拠とは何か、

---

6)　長谷部文雄訳『資本論』第1部第1分冊（青木文庫、1957年6頁）。［　］は引用者（以下同様）。

である。その解を求めるために、商品を生産する生きた労働が「二重作用（具体的有用労働と抽象的人間労働）」に分析される。そのうち後者「抽象的人間労働」こそが「使用価値の交換比率」を決定する根拠＝解である。相異なる使用価値をもつ商品が等置されるのは、両者に価値実体という「共通の尺度」があるからである。

以上のように、問い（Q_1）が解（A_1）を生み、その問い（Q_1）と解（A_1）が共に次の問い（Q_2）を立て、解（A_2）が求められ、その問い（Q_2）と解（A_2）が次の問い（Q_3）を立てる［$Q_1 \to A_1、Q_1 + A_1 = Q_2 \to A_2、Q_2 + A_2 = Q_3 \to A_3 \cdots : Q_3(Q_2(Q_1A_1)A_2)A_3$］。『資本論』の問いと解はこのように《重層的な対称性をなす規則》で編成されている。層は重なるごとに次元が高まってゆく。『資本論』の最初の個所からその《規則》が動き出す。例えば、冒頭の商品から貨幣が生まれ、商品と貨幣のあり得る配列順序として「商品－貨幣－商品」・「貨幣－商品－貨幣」という流通形態が導き出され、後者の流通形態が資本に転化し、商品と貨幣とは資本が運動する現象形態になる。このような《規則》は『資本論』の最後まで貫かれる。

無意識の捨象＝抽象　『資本論』冒頭第1章の第1節と第2節の分析の核心は、単なる使用対象である「財」を交換対象である「商品」に転化するのは価値であり、価値実体は抽象的人間労働であることを把握することにある。では、価値は、なぜ存在するのであろうか。価値は、相異なる使用価値（財）を等置する商品所有者たちが《無意識に商品の使用価値を捨象すること（異なる質が無いことにすること）》から生まれる。彼らは意識の上では、むしろ元々・本源的に商品に《価値なるもの》が内在するから、他の商品と等置できると思っている。彼らは自分が無意識に抽象した「結果」である価値を「前提」にすり替えていることに気づかない。『資本論』の対象は、そのような人間の自覚しない無意識の行為も資本主義を組織する重要な要因として含む。

マルクスは、近代社会の人間諸関係は「相互欺瞞」の関係であると指摘した自分の学位論文（1841年）を思い出すように、『経済学批判要綱』（1857-58年草稿）でも商品交換関係は「相互瞞着（die wechselseitige Prellerei）」であるという（MEGA, II/1.2, S.344）[7]。したがって、マルクスは、疑いうるものはすべて捨

---

7)　新しいメガからの引用はこのように略記する。

去るという「デカルトの懐疑」を徹底し、しかもデカルトが最後に残した「思惟する我(cogito)」さえも「虚偽意識」として批判的に検討する。マルクスのアリストテレス『デ・アニマ』ノートへの評注が示しているように、すでに学位論文(1841年)の主題が「真偽論＝物象化論」であった[8]。

自立運動する価値と人格　商品所有者が無意識におこなう「使用価値の捨象(Abstraktion)」の裏面は「価値の抽象(Abstraktion)」である（S.51：訳64）。彼は財に価値なるものが本源的に内在すると想定するから、財は商品に転化する。価値と使用価値の統一物としての商品は、価値が優位のカテゴリーである。商品の価値は使用価値から自立して、他の商品の使用価値に自己を媒介＝変態し運動する。価値の自立化は人格からの自立化でもある。価値形態論における主体は価値そのものである。『資本論』の記述者（narrative we, or editorial we）は価値が語る事柄を書き記すにすぎない。自立した価値が人格に本格的に結合するのは、交換過程論になってからである。それまでは価値が主体で人格は基本的に捨象されている。

『資本論』第1部の主語は価値（→剰余価値→蓄積された剰余価値＝資本）である。価値の本性は本源的に資本なのである。このことを論証することが第1部の課題である。

第1部では使用価値は価値に従属する。第2部(第3篇)になって、使用価値は価値と対等になり媒介しあうようになる。さらに第3部では、機能資本家の能力(使用価値)の価格が「企業家利得」となり、貨幣資金の使用価値の価格が「利子」となり、土地の生産性の価格が「地代」となる。商品世界の基本要素である価値と使用価値とは、無媒介に外接する「並行関係」にはない。価値が相異なる使用価値を媒介し商品として運動する。『資本論』は価値が自立運動するさいの姿態変換をあとづける。

自立運動する価値についてのこれまでの分析をふまえて、交換価値、すなわち相異なる商品の交換関係を捉え直してみる。一方の商品の価値が相対する商品の使用価値に自己を媒介し表現する関係になっている。すなわち

　　　商品a[**価値**(使用価値a)] ＝ 商品b[**使用価値**b(価値)]

---

8)　前掲論文、内田弘「『資本論』の自然哲学的基礎」を参照。

これが近代資本主義の基本関係である。左右がシンメトリーをなしている。交換価値とは、或る商品aの価値が他の商品bの使用価値bで表現する関係である。その表現関係を「価値形態」という。それは或る商品の価値が他の商品の使用価値を「鏡」にして自己を映す関係＝鏡映関係である。鏡映関係はシンメトリーである。

前進＝遡及　先の「問いと解」で、［（1）商品］→［使用価値＋交換価値］→［（2）交換価値］→［使用価値の交換比率］→［（3）人間労働の二重性］→［具体的有用労働＋抽象的人間労働］→［相異なる使用価値を等置できる価値実体という共通の尺度］まであとづけてきた。この《交換価値の価値への還元》の直後で、《価値から交換価値＝価値形態への展開》へと反転する。観点が「価値から交換価値＝価値形態へ」と反転する。

　この反転した順序は、［3］価値の使用価値への表現＝価値形態→［2］使用価値と交換価値の生成→［1］使用価値と交換価値との統一物としての商品という順序、いいかえれば、到達点から逆に出発点に戻る順序、遡及する順序である。全体でみれば、《前進（progress）→遡及（retrogress）》という順序である。これは単なる堂々巡りではない。単なる繰り返しでもない。前進するための前提である根拠に遡及して、最初に前提したことが実は前進する過程で措定された結果であることを論証する順序である。商品の運動は《前提→過程→結果＝前提》というシンメトリーを描く円環運動である[9]。このことを論証する様式を、『資本論』第1部第1章の「第1節と第2節」は確認する。

価値形態・商品物神性・交換過程　以上の「問いと解」の内容からなる第1章の第1節と第2節のあと、価値形態論（第1章第3節）から商品物神性論（同第4節）をへて交換過程論（第2章）へとすすむ[10]。その結果、商品関係から貨幣が生成することが論証される。つまり、商品とは「或る商品a＝別の商品b」という関係であり、それは「商品＝貨幣」という関係に展開する。『資本論』冒頭の「商品とは何か」という問いの解は「貨幣」である。『資本論』第1部

9）　この論証様式はすでに『経済学・哲学《第1》草稿』「疎外された労働」の4規定に示されている。内田弘「資本循環＝社会認識としての『経済学・哲学《第1》草稿』」(『専修大学社会科学研究所月報』No.202号、1980年6月20日；No.203, 1980年7月20日）を参照。

10）　この3つのカテゴリー（価値形態・商品物神性・交換過程）については次の第Ⅰ章で詳しく説明する。

第1篇「商品と貨幣」の表題が《問い＝商品とは何か》と《解＝貨幣》であることがわかる。商品という問いから貨幣という解までにいたる経路は、問いと解が結合し次の問いを編成する操作で連鎖している。この規則は、方程式の解が新しい係数と共に次の方程式の係数となる連鎖と同じ編成原理である。『資本論』を体系に編成する原理がこれである。

円環運動の消滅可能性　経済学の諸範疇の置換と配列の出発点では、或る前提をおくほかない。その前提はたどりついた結果に再現する。なぜならば、そのカテゴリーは円環をなして結合しているからである。《a前提→b措定過程→c結果＝a前提》はさらに、その逆の過程、《c結果＝a前提→b措定過程→c結果＝a前提》である。前進（progress）は遡及（retrogress）で追認される。こうして、論証は「借りのない論証」となり、自立した理論世界を構築する。近代資本主義は固有の自立した存在として我々に現象してくる。

　このことが可能であるのは、それぞれの観測データが「始点」でありかつ「終点」であるような対称的な二面的存在（終点＝始点）であるからである。それは対称的な形態で運動する微分的原子的存在である。その運動態の各々の瞬間で見せる部分的データを集積（積分）すれば円環となる。その円環運動は一回性ではなく、持続し連続する軌跡をえがく。

　部分的観測データが円環運動に収束する規則を発見することが、経済学批判の方法である。その方法が、次の第1章でくわしく説明する「①価値形態・②商品物神性・③交換過程」という規則的に移動する観点である。その規則的な観点移動の結果に、円環運動そのものがしだいに円心にむかって縮小する螺旋運動になる傾向を示すとすれば、円環運動はいつか円心に消滅する。したがって、近代資本主義自身がいだく天動説的世界像は発展するがゆえに自己崩壊する可能性がある。このことを自ら開示する。これこそ、経済学批判の眼目である。

第 I 章

価値形態論・商品物神性論・交換過程論
——『資本論』の編成原理

はじめに——『資本論』の体系展開の予備的考察

(1) 冒頭商品　　　　　　　　　　　　　　　　　　　　(S.49 – S.55：訳 59 – 70)[1]

冒頭の2つの節の意味　『資本論』の冒頭の2つの節は、「第1章　商品」の「第1節　商品の2つの要因——使用価値と価値（価値の実体、価値の大きさ）」および「第2節　商品に表される労働の二重性」である。この2つの節は、『資本論』全体を体系的に展開するために、予備的な考察をする節である。その2つの節のあとにつづく「第3節　価値形態または交換価値」以下でおこなわれる体系的展開とは異なる。そこでまず冒頭の2つの節でどのような予備的な考察がおこなわれているのかを、その2つの節の順序にしたがってみよう。

冒頭文節　まず『資本論』第1部第1章「第1節　商品の2つの要因——使用価値と価値（価値の実体、価値の大きさ）」は次の文章から始まる。

　　「資本主義的生産様式が支配している諸社会の富は、《商品の巨魔的な集合》として現象し、個々の商品はその富の要素形態として現象する。それゆえ、我々の研究は商品の分析から始まる」(S.49：訳 59)。

　この文の主題となっている商品は、『資本論』の冒頭にあるので「冒頭商品」といわれ、定義がここではまだ単純なので「単純商品」ともいわれている。しかし、冒頭商品は冒頭だけに存在する「商品」ではない。その商品には、これ

---
1) この頁数は『資本論』の当該範囲の頁［Dietz 版の頁および前掲訳（新日本出版社版）の頁］を示す。

から展開する体系全体が潜在している。この文が含んでいる意味の射程距離は長く『資本論』全3部の最後まで届く。なぜならば、資本主義的生産様式が支配する社会を想定し、その社会全体を支配する基本形態が商品であると言明しているのであるから、単純商品は資本主義総体を包括する形態である。冒頭商品は資本主義的商品の最も単純な・抽象的な概念である。それはいま出発点に立っているにすぎないけれども、これからの歩みで商品概念は徐々に豊富な概念として再定義されてゆき、ついには『資本論』体系の第3部の最後の「三位一体範式」にたどりつく。つまり、商品は「利子・賃金・地代」などの諸収入から構成される商品として再定義される。冒頭商品はこのような体系的な展開可能性をもった商品である。ちなみに、マルクスが経済学そのものを初めて学んで書いた『経済学・哲学草稿』(1844年)の冒頭がまさに『資本論』でみればその最後の賃金・利潤（利子）・地代からなる「三位一体範式」である。冒頭商品はそのような射程距離をもつ概念である。

マルクスはこの冒頭商品を定めるのに、長い歳月を要した。1841年に完成しイエナ大学に提出した学位論文「デモクリトスの自然哲学とエピクロスの自然哲学の差異」で、生涯を貫く主題を「神（宗教）と貨幣（経済）の批判的解明」に定め、その主題にみちびかれて、学位論文の2年後の1843年に経済学の本格的研究を始め、1844年に『経済学・哲学草稿』を執筆した。1857‐58年に書いた『経済学批判要綱』という最初の『資本論草稿』とよばれる草稿の最後で、スミスやリカードウにならって「1）価値」と書き事実上冒頭商品を定め、翌年の1859年に刊行した『経済学批判』の冒頭に名実共に「冒頭商品」を定めた。その『経済学批判』冒頭商品を『資本論』の冒頭に継承しているのである。

4つの問題点 冒頭商品文節からの引用文で重要なのは、次の4点である。

（1）『資本論』が対象にしているのは資本主義的生産様式が支配している社会である。『資本論』の対象は16世紀初頭のイングランドに生成し産業革命過程をへて確立した資本主義を「典型」とする「近代資本主義」である。

（2）そこでは理論的にすべての富が商品という形態をとっていると想定される。他人に譲渡してもよい富が自分になければ、自分が欲しい他人の富は自

---

2) しかしそれは、すぐのちにみる「商品は集合でありかつその要素である」という規定を欠いている。その規定は『経済学批判』の冒頭文節から含まれる。

分の物にはならない。富は無償では人から人へ譲渡されない。商品は他人に対する相互譲渡関係で存在する「対他的存在」(他人に相対する存在) である[3]。

（3）富は商品形態をとった富の集まり＝「商品集合」として現象する。

（4）商品集合のなかに含まれる要素も商品である。

この4点である。いずれも上の引用文に即した確認である。以下では、用語「集合・要素」を含めて、その4点に内在して考察する。

集合と要素　（1）の近代資本主義を歴史的前提として（2）富の基本形態としての商品を想定する。（2）商品は（3）「集合としての商品」と（4）「要素としての商品」に分析される。（3）の「集合」と（4）の「要素」はともに商品であるから、商品は同時に「（要素から成る）集合」かつ「（集合を成す）要素」であるという二重の属性をもつ。例えば、或る商品（トラック＝貨物自動車）を作るには、材料・道具・機械・建物・動力源・働き手が必要である。（2）の定義から、その生産諸条件は商品として存在するから、それを他から購入して、初めてトラックが生産できる。生産の結果である生産物（トラック）も商品である。その商品は材料・道具・機械・建物・動力源・働き手を「構成要素」にして生産された「集合」である。したがって、商品（トラック）はその生産の諸要素（材料・道具・機械・建物・動力源・働き手）の集合である。商品（トラック）が他の建設会社（個別資本）の業務用に活用されれば、その他の諸要素とともに、例えばビルという生産物商品の諸要素（費用価格）の1つになる。このように、資本主義では、或る集合であった商品（W_1）が次のより高次元の商品集合（W_2）の要素になり、その集合（W_2）はさらにより高次元の商品集合（W_3）の要素になる。集合と要素のこの関係はこのように重層的である。或る導関数が次の導関数の原始関数でもあるという二重性をもつように、商品は「集合かつ要素」となる「二重の可能性をもつ形態」である。

射影・対称性　射影幾何学（projective geometry）の通常の記法にしたがえば、集合 W_1 が集合 W_2 の要素となり、ついで集合 W_2 が集合 W_3 の要素となる順

---

3) 商品はその意味で「相互に自己の根拠を他人（交換相手）にもつ関係」である。その商品交換関係は、商品の価値と使用価値の相互依存が逆進する関係であり、二重のメビウスの帯＝クラインの壺（面）を編成する（本章末尾、および前掲論文、内田弘『『資本論』の自然哲学的基礎」を参照）。なお、この「相互に自己の根拠を他人にもつ関係」はさまざまな思想家が探求してきた。例えば、三木清は『構想力の論理』（『三木清全集』第8巻、岩波書店、1967年、73頁）で、この関係を「神と物の相互依存関係」で考える。

序は、その表記【W₃[W₂(W₁)]】で示されるように、「右から左へすすむ順序」で記される。この表記順序は、或る商品集合が次の商品集合の要素として自己を射影する過程である。商品の集合＝要素としての二重性は単に『資本論』冒頭文節の定義だけではない。『資本論』を貫徹する基本形態である。商品は集合かつ要素であるという二重性がそのあと、いかに貨幣や生産など他の経済学のカテゴリーに展開されるのか、その貫徹形態をあとづけなければならない。経済学の或るカテゴリーは形態を変換して貫徹し、やがてその形態に再帰する（前進＝遡及）。例えば、貨幣でもって生産諸条件（労働力商品と生産諸手段）を購入し商品を生産しその商品を販売して多くの貨幣に再帰する（後述）。この過程は経済学のカテゴリーが自己を他のカテゴリーに射影する過程である。射影で形態は転化する。『資本論』が「転化＝変態（Verwandlung, transformation）」で連結しているとは、『資本論』が射影の重層過程であることを意味する。

　本書の「序章」でみたように、『資本論』の編成は、或る方程式の解が、新しく加わった１つの係数とともに、より高次の方程式の係数となるような編成法である。この連結様式は、集合であった商品がより高次の集合の要素になるさいに、自己を分離し、より多くのカテゴリーになる過程を示している。のちにみるように、商品の交換関係から貨幣が生まれ、「**商品 a ＝ 商品 b**」から「**商品 a ＝ 貨幣 ＝ 商品 b**」と成る過程があげられる。「**商品 a ＝ 貨幣 ＝ 商品 b**」はそれとは対称的な「**貨幣 a ＝ 商品 ＝ 貨幣 b**」という流通形態が補完する。すなわち、販売「［１］商品 a―貨幣」は購買「［２］貨幣―商品 a」が補完し、その販売で得た貨幣は別の商品 b の購買「［２'］貨幣―商品 b」の資金になる。しかもその購買「［２'］貨幣―商品 b」は販売「［１'］商品 b―貨幣」が補完する。すなわち、次のように、販売は購買が補完し、購買は販売が補完する。

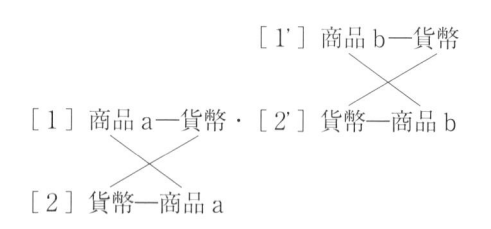

　　　　　　　　　［１'］商品 b―貨幣

　　　［１］商品 a―貨幣・［２'］貨幣―商品 b

　　　［２］貨幣―商品 a

　販売には購買から始まる取引相手があり、購買には販売から始まる相手がある。上記の左側の上の《［１］商品 a―貨幣》と下の《［２］貨幣―商品 a》は、

商品aと貨幣が左右に交替した対称性、つまり「反転対称(inverse symmetry)」になっている。次に、中央の一行《［1］商品a―貨幣・［2'］貨幣―商品b》のうち、左側の《［1］商品a―貨幣》の「貨幣」を軸に右に180度回転すると右側の《［2'］貨幣―商品b》ができる。［1］と［2'］は「回転対称(rotational symmetry)」をなす。販売［1］と購買［2］を1行に連結して右上にスライドすると、商品aが商品bに変更した購買［1'］と販売［2'］になる。

資本主義的生産様式はこのような商品の売買で連鎖する私的交換で組織されている。その組織は、販売と購買がなす「反転対称」と「回転対称」という2つの対称性が媒介する関係にほかならない。この2つの対称性が媒介する対称性を「並進対称(translational symmetry)」という。資本主義的生産様式とは基本的に「並進対称」で組織されているのである。その並進対称が部分的に破れるときに個別資本の倒産は発生し、社会的再生産の並進対称が破れるとき恐慌が発生する現実的可能性が生まれる。

商品世界では、或る存在は固定し孤立してはいない。相互に自己の商品・貨幣の存在根拠を他人の貨幣・商品にもっているのである。一般に或る瞬間で或る存在が「静止かつ運動」の状態であることが積分されて、運動が実現するように、経済学のカテゴリーも「終点＝始点の二重性」をもつことで経済過程が可能である。或る段階の肯定的規定は次の段階では、対称的に・否定的に再定義され、さらにより高次の再定義になる。その対称性を成す再定義過程は規定の「否定」の重層的反復過程である。しかも始点が自己を終点に再現して、運動はシンメトリーを描く。

定義の二重否定性　資本主義的生産様式を編成する基本形態である「集合＝要素としての商品」は「否定の否定（二重の否定）の形式」で規定される。商品Aには商品Aを除き、商品Aに対立し商品Aではない商品群（非商品A）が存在する。商品Aも商品という「再生産関係態」であるから、商品Aのみでは定義できない。商品Aを商品Bと定義するとき（商品A＝商品B）、《では、商品B以外に商品Aを定義する存在はないのか》という問いが発生する。その疑問に対応する答えは、《商品Aは、商品Aでないすべての存在（非商品A）ではない存在［非(非商品A)］である》という二重否定の包括的な定義である。その定義は《商品A＝非(非商品A)》となる。Aの定義域は《非(非商品A)》である。商品Aは、商品Aではないすべての商品ではない。或る存

在はそれ以外のすべての存在との関係にそれ自身の定義域をもつ。のちにみるように、価値形態が第1形態から第2形態に移行する必然性は、まさに商品Aの部分的定義域（商品B）から無限の定義域［非（非商品A）］を変換することを意味する。

無限を内包する定義　ではなぜ、《商品Aとは商品Aではないすべての商品で̇はない商品である》というように、迂回する二重否定の定義が要請されるのであろうか。それは、あの映画「ゼロ・グラビティ」（2013年）の宇宙飛行士が身をもって代表するように、《人間とは無限の宇宙空間に実存する存在である》という「コペルニクス革命」以後の近代科学革命が人間にもたらした世界像に依拠するためである。「コペルニクス革命」以来、人間は自己を定義するときに、限りなく広がる時空間＝無限に実存する自己として、無限を包摂した形式で自己を定義しなければならなくなった。自己定義だけでない。おおよそ定義は無限を包摂したものでなければならない。無限に広がる時空間で或る定義をすることとは、結局のところ、無限を内包する有限な自己の形態展開が自己に再帰するような形式にほかならない。有限な諸形態はそれらが内包する無限が運動する諸形態にほかならない。その運動は自己に再帰する円環である。『資本論』もこの円環形式で近代資本主義を定義する。商品とは、価値という無限を内包する有限な使用価値＝有限態である。商品とは「有限（使用価値）・内・無限（価値）」である[4]。

すべての商品は要素でありかつ集合であるから、このような定義域では、すべての商品は、《……集合→要素＝集合→要素＝集合→……》という連鎖で、その他のすべての商品と結合する可能態である。この連鎖は［１］《……集合＝要素＝集合……》でもありかつ［２］《……要素＝集合＝要素……》でもあるという二面性をもつ。その二面性はシンメトリーをなす。［１］では要素が

---

4)　のちに本書の最終章でみるように、マルクスは特に1860年代から1880年代までの長期に、ニュートン・ライプニッツなどの微分法を批判的に研究した。彼らの微分法を発展させたテイラー展開 $[(x+h)^n = x^n + hx^{n-1} + \cdots + h^{n-1}x + h^n]$ では、係数 h および変数 x の累乗が対称性＝自己再帰性をなす。無限（小）概念でおこなう操作である原始関数とそこから導き出す導関数は、テイラー展開で連鎖する項の対称性に対応する。無限を内包し累乗が自己再帰するこの対応関係の形式に、商品の運動形態と同じ形式をマルクスは洞察したと判断される。これまでほとんど注目されてこなかったマルクスの数学研究は、彼の経済学批判と内面的に連結しているのである。

シンメトリー軸＝鏡になって集合が相互に射影しあう。その逆に［２］は集合が鏡になって要素が互いに射影しあう。集合と要素は二重のシンメトリーをなす。商品の二重対称性の根拠は価値と使用価値である。のちにみるように、商品a（価値・使用価値a）＝商品b（使用価値b・価値）という価値形態は、交換過程を媒介にして、貨幣を生み出す。そこでは商品関係は、《商品a─貨幣─商品b》と《貨幣a─商品─貨幣b》という２つの相互に連結する「並進対称」に展開する。両方の流通形態はともに自己の流通形態に再帰する（W……W；G……G）。

再生産可能態としての冒頭商品　商品がこのような自己再帰＝接合可能態であることこそ、資本主義的生産様式が自己を再生産する可能性を根拠づける。けっして『資本論』第１部第７編で資本（価値の）蓄積＝再生産論にたどりついてから、やっとそこで初めて再生産論が問題となるのではない。逆である。そもそも、冒頭商品が最も基礎的な自己再帰＝接合可能態であるからこそ、資本主義的生産様式は自己を再生産することができるのである。第１部第７編および第２部第３編の再生産論の対象は、商品の自己再帰＝接合可能態に根拠づけられた展開諸形態である。それが証拠に、冒頭商品文節の次の第２文節ですでに、商品は「生活手段と生産手段」(S.49：訳59-60)に区分されている。

　この商品区分は『資本論』第１部第７編の再生産論だけでなく、第２部第３編の「生活手段・生産手段」への２部門分割にもとづく社会的再生産＝流通の商品をすでに潜在的に含んでいる。[5]冒頭商品は蓄積＝再生産を含意するのである。その可能態の現実態への顕現過程を記述する過程が『資本論』の展開様式である。その展開様式を認知しないでおこなう『資本論』の批判的再構成はミス・リーディングであり、科学的純化にはなりえない。『資本論』の記述様式は決して、異次元の諸範疇が何の内生的な根拠もなく積み重ねられるものでもない。『資本論』の諸範疇の外接的理解は誤解である。

（２）　経済学批判の基準「交換価値と使用価値」　　　　（S.56-61：訳70-80）

経済学理解の跳躍点　マルクスは第１章「第２節　商品に表される労働の二重

5）　内田弘「『資本論』第２部「第１草稿」の対称性」（『（専修大学）社会科学年報』第48号、2014年３月）を参照。

性」の冒頭で次のように指摘する。

「商品に含まれる労働のこの［使用価値と交換価値という］二面的性格は、私が初めて批判的に指摘した点である。この点は経済学の理解が旋回する（sich…dreht）跳躍点（Springpunkt）であるから、ここでそれをより立ち入って解明しなければならない」(S.56：訳71。訳文変更)。

こう書いて1859年の『経済学批判』の冒頭文節へ注記している。使用価値と交換価値とは「経済学の理解が旋回する跳躍点である」という。経済学批判の基本的な観点は「使用価値と交換価値」に存在すると言明しているのである。したがって、「使用価値と交換価値」は単にこの第2節だけの主題ではない。経済学批判の体系編成上の役割を担っているから、このように言明するのである。その意味で上記の引用文は、決定的に重要な注目すべき個所である。

使用価値と交換価値とは並行関係にはない。すでに最初の『資本論草稿』となった『経済学批判要綱』(1857-58年執筆)で「経済学体系を展開する使用価値の媒介諸形態」を指摘している。上記の引用文は、遅くとも『要綱』から『経済学批判』をへて『資本論』に引き継いだ重要な理論的意義をもつ。「使用価値と交換価値」はスミス『国富論』(第1編第4章)以来の基本用語である。『国富論』における「使用価値と交換価値」の用法がマルクスによっていかに

---

6) マルクスの語法「旋回する（sich drehen）」は、カント『純粋理性批判』の語法を踏襲している（Kant, *Kritik der reinen Vernunft*, Felix Meiner Verlag, 1971, S.19-20(BXVI)：中山元訳『純粋理性批判』光文社文庫、2010年、第1分冊157-158頁)。カントは、天動説のように天体が旋回するのではなく、地動説のように地球上にいる観察者が観点を旋回するように、経験的な認識対象から形而上学的な認識主観へ認識論の観点を変換することを「コペルニクス革命」と言明した。マルクスはさらにカントに従って、同一対象（天体→商品）を二重の観点（使用価値と交換価値）から考察する。マルクスはこのカントの語法で、カントの『純粋理性批判』を批判することを示唆する。マルクスが「コペルニクス革命（Revolution）」というとき、Revolutionは革命だけでなく、太陽を中心とする「公転」を意味する。地動説が解明した公転が革命的であったのである。なお、「自転」はRotationである。なお、マルクスは「要素＝集合」概念をカント『純粋理性批判』（B87,89,103）から示唆を受けた。
7) 「個々の篇章を展開するにあたって、何よりも示されるであろうし、示めされなければならないことは、どの程度まで使用価値が単に前提された素材として経済学とその形態諸規定との外部に留まるばかりでなく、またどの程度までその内部に入り込むか、ということである」(MEGA, II/1.1, S.190.『資本論草稿集』第1分冊、大月書店、1981年、317頁)。

第Ⅰ章　価値形態論・商品物神性論・交換過程論

批判的に継承されてきたかを、『資本論』に即して論証するという課題が存在しているのである。その批判的論証には、『国富論』を批判的に継承したリカードウの『経済学および課税の原理』も含まれる。「使用価値と交換価値」こそ、経済学理解が旋回する跳躍点である。両者が媒介して経済学批判を体系的に展開する。

社会的分業と私的労働の統一形態としての商品　『資本論』の商品は、或る社会が生存するために必要な社会的労働総体が近代的私的所有制によって分離され、その社会の維持＝再生産に必要な生産物が私的労働に担われる社会的分業のもとで生産されるときにとる社会的形態である。生産者が必要な生産物をすべて自分の労働で生産するのではない。まったくその逆である。商品形態をとらない社会的分業は論理的には可能であろう。しかし、異質の使用価値をもつ生産物は異質労働によって生産される。すべての人間が自己愛ではなく、異質の生産物を無償で一切の尺度なしに譲りあう社会が実現可能ならば、あの木彫家の円空や若き日の河上肇のように他者愛に生きる人々がなす社会は実現可能であろう。では、無償譲渡ではなく有償で譲渡するほかない場合、異質労働の生産物は何を公平な尺度にして交換されるのであろうか。商品世界では、その社会自体が現実的に交換の尺度を生み出す。それは「社会的平均」である。

マルクスとケトレ　マルクスは「大数法則」にもとづく「社会的平均概念」を社会統計学者ケトレ（Quételet, Lambert-Adolphe-Jaqcques 1796 ‐ 1874）の『人間について』などから学び（S.342：訳564）、それを『資本論』に応用している。「社会的平均概念」こそ、現実の平均化作用に依拠する概念である。『資本論』の商品論は、異質労働の生産物の社会的交換形態の問題が近代資本主義ではいかなる形態をとるのかという問いを解明した。それは《究極的にはすべての人間労働に共通な》という意味で「抽象的な人間労働」である。その量は或る生

---

8)　スミスもリカードウも、使用価値（value in use）および交換価値（value in exchange）を価値（value）に一括する。マルクスは、使用価値と交換価値の両者を明確に区分し、さらに価値が使用価値に現象する事態を交換価値（価値形態）と規定し、価値と交換価値の概念を再定義する。その概念規定を、貨幣資金が使用価値となりそれに価格がつく事態（利子生み資本）や、自然それ自体（例えば処女地）という使用価値にも価格がつく事態（土地所有・地代）まで展開する。そうすることで、スミスとリカードウが、価値が使用価値に現象する物象化に無自覚なまま「使用価値と交換価値」を「価値」に一括した理論的な根拠を解明する。本書の第Ⅵ章第3節（Ⅵ-3）の資本蓄積論の「前書」の箇所を参照。
9)　内田義彦『資本論の世界』（192頁）も、資本主義の大量現象を「大数法則」概念からみる。

産物を生産するのに社会的平均的に必要な労働時間である。その平均は、通常の理解では統計という作業で求められるけれども、それは出発点ではない。それ以前にその前提として、資本主義経済の現実の運動が、需給の波動を描きながらも、自己を維持＝再生産する諸条件で均等化される水準＝「社会的平均」を生み出す。その現実的抽象を理論的に分析するのが理論家の使命である。理論的抽象の前提に現実的抽象作用が働いている。でなければ、理論的抽象は理論家の恣意にすぎない。

現実的抽象運動の平均化作用　平均（Durchschnitt）とは何であろうか。それはドイツ語の動詞「切り揃える（durchschneiden）」がよく説明する。諸要因によって波動する現実の運動が自己を維持＝再生産するためにその波動を均分＝均衡化し収束する水準・点が平均である。現実の運動が自らの平均を析出する。したがって、平均は何よりもまず、現実的抽象（Abstraktion in actu）である。現実的平均が理論的平均に再定義されて、いわゆる統計などの平均になる。『資本論』は、資本主義が自己を現実的に抽象する「資本の一般的本質」を概念として把握する。個別例は資本の一般的本質を現実的に抽象する作用を代表する社会的平均の代表見本であるかぎりで採用される。「個々の商品はここでは一般にそれが属する商品種類の平均見本として通用する」(S.54：訳67頁)。それらを生産する労働力も「社会的平均労働力」(S.53：訳66)なのである。

比喩としての生理学的支出　マルクスは第2節の最後で、社会的平均労働力の二面的作用について、次のように記す。

> 「すべての労働は一面では、生理学的意味での人間労働力の支出であり、同等な人間労働、すなわち抽象的人間労働というこの属性において商品価値を形成する。すべての労働は他面では、特殊な目的が規定された形態での人間労働力の支出であり、具体的有用労働というこの属性において使用価値を生産する」(S.61：訳79)。

上の引用文で定義されているように、具体的有用労働が使用価値を生産する。他方、商品価値は人間労働力の「生理学的支出」の結果であり、その支出は「同等な人間労働＝抽象的人間労働」といいかえられている。したがって、「労働力の生理学的支出」は「抽象的人間労働」に照応する。抽象的人間労働は価値

の実体である。それは「人間の労働力の支出の単純な凝固態（eine bloße Gallerte）」(S.52：訳65) と表現される。労働の「生理学的支出」が「ゼラチン状態（Gallert）」をもたらすと表現される。しかし、そのゼラチン状態なるものは、例えば《鉄鋼を振動させれば何かそのなかの液状の物質が揺れる》というように、労働の生産物に実在するものではない。ゼラチン状態というのはあくまでマルクスの修辞的比喩である。それは、その直前のマルクスの文では「幻のような対象性」(同) とも表現されている。その「幻のような」とは「価値」のことである。「価値の対象性」とは、フランス語訳『資本論』では「商品の価値が憑依する実在態」と的確にいいかえられている。マルクスの比喩「ゼラチン状態」をそのまま実在物であると誤解してはならない。

　では、価値とは何であろうか。商品所有者は無意識に、商品交換関係におかれた相異なる使用価値の相違は「無限遠点（infinite point）」[10]で消滅すると想定する。価値とは、使用価値上の一切の差異が捨象される「無限遠点」への労働生産物の「射影」である。無意識に「無限遠点」に抽象される価値を生産過程で対象化された労働に射影した場合の比喩が「生理的支出」である。しかし、商品所有者はその無意識の想定の結果を商品交換の前提にすり替える。すなわち、商品価値は本源的に商品に内在すると思念する。「生理的支出」を実在物と誤解すると、商品所有者と同じ錯誤に陥ってしまう。この比喩を社会的実在に転化してはならない。価値は超速電算機でも計量できない次元を異にする社会的抽象である。現実の生産者の背後で進行する「1つの社会的過程」が複雑労働を単純労働へ還元する。これは現実的抽象である。複雑労働は単純労働の倍数・累乗である。現実的平均化過程は、鏡に映る像＝鏡像が幾重に鏡映を重ねて究極点＝「無限遠点」に収束し消滅する過程と論理的に同じである。

　価値に対応する使用価値とは、［1］他人にとっての社会的使用価値である。［2］商品としての使用価値である。すなわち「生産物は商品に成るためには、それが使用価値として役立つ他人の手に、交換を通じて移らなければならない」(S.55：訳70)。

---

10) マルクスが1841年の学位論文を作成するさいの重要な参考文献にヘーゲルの論文「信仰と知」(1802年) がある。そのなかに「無限焦点（der unendliche Fokus）」という用語がある（後述）。これは「無限遠点」と同義である。マルクスは価値概念の生成の根拠を「無限遠点」に求めている。

重層的媒態である使用価値　「使用価値」を生産する労働は労働対象を物的に変形・変質する物質的生産のみであると限定するのは正確ではない。《物・人間を空間（場所）移動させる運輸労働は使用価値を生産する》とはマルクスの『経済学批判要綱』以来の判断である。むしろ物・人間の空間（場所）移動はその物・人間を物的に変形・変質してはならない労働である。使用価値は単に《質・量》の規定だけでなく、それが《いつ・どこに存在するのか》という社会的時空間の規定を含む現実的概念である。「過剰在庫・納期遅れ」が個別資本の採算問題になるのはそのためである。

　しかし同時に、用役労働には人間の肉体そのもの、精神そのものを対象とする場合がある。芸能芸術・医療介護などを商品概念に入れることに抵抗感があるのだろうか。それらの用役は資本主義社会では商品として供給され消費されている。「用役は労働対象をもたない」と定義するのは、自然質料を変形・変質させる労働概念を人間に適応すると、人間の肉体と精神を変形・変質することになり、人間を「物扱い」する反人権的な概念になるとの懸念が生み出した考えであろう。しかし、労働を物質的生産にのみ限定する観点は非現実的である。物質的生産の労働生産性が高度に高まり、そのため生まれた余剰労働力は非物質的生産に移動し、それが大半の産業分野になっている。マルクスが考察した用役（サービス）は主に有産者の私的生活に仕えるサーバント（召使い）の場合である。その考察対象に限定された用役概念を現代に拡張する必要がある。[11]

人間と自然　人間は自然素材を労働で人間の欲求に適合する形態に変形・変質し、労働生産物を活用して人間の肉体的精神的充足をもたらす。その成果が使用価値である。人間はあらゆる社会形態で自然素材を労働によって自己の欲求を満たす形態に変換し消費してきた。その成果から人間労働を捨象すれば、残るのは「人間の関与なしに天然に存在する物質的基体（ein materielles

---

[11]　現代資本主義における一般的基礎の労働は電算労働である。物質的生産を担う直接的労働が次第に減少する傾向に対応して、電算機を使用する労働が増加し一般化している。電算労働（computer-based labor）は全産業に遍在しその基礎になっている。「価値の実体」は電算労働一般を含めて再定義する必要はないであろうか。しかも現代資本主義が展開する産業は人間生命そのものを対象とする。医療・製薬・ケア・サプリメント・食品・美容・アスレチック・生命保険などの生命産業（bio-industry）が現代資本主義のフロンティア産業である。資本はいまやラジャン（K. S. Rajan）のいう『生－資本（Biocapital）』に生成している。

Substrat）である」(S.57：訳73)。「所産的自然（natura naturata）」である人間は自分を生んだ本源的「能産的自然（natura naturans）」を模倣して、自己の欲求を満たすための生産活動をおこなっている[12]。その意味で人間は自然（能産的自然）から生まれた存在（所産的自然）であり、人間を除く所産的自然である、いわゆる「自然」を生産的労働の基本的対象とする能産的自然である。その意味で人間の「労働は使用価値の形成者・有用労働としては、あらゆる社会形態から独立した人間の１つの実存条件であり、人間と自然の物質代謝を、したがって人間生活を媒介する永遠の自然必然性である」(S.67：訳73)。

自然史と自然必然性　自然史の所産である人間は自然に根源的に依存する存在である。人間にとって「人間と自然の物質代謝」は「自然必然性」（カント）である。人間はその根本的必然性の基礎で労働をもって自己の欲求を満たすという「自由」を享受する。カントが絶対的に対立させた「自然必然性と自由」（第３アンチノミー）は、人間労働が「自然必然性」を「自由」に変換することで止揚される。マルクスは、近代資本主義が宇宙的存在である地球の自然史的過程の或る段階にあるとの観点から、近代資本主義における人間を考察する。それと同時に、近代資本主義が人類史にとっていかなる意義をもつのかも考察する。この「人間と自然の物質代謝過程」は労働過程論で再論される。『資本論』は使用価値を考察するけれども、使用価値の商品学的考察自体が目的ではない。使用価値は労働によって人間の肉体的・精神的欲求を満たす形態に変換された

---

[12] 内田義彦『社会認識の歩み』（岩波新書、1971年、83-84頁の注＊）を参照。なお、この著作では、①運命へのチャレンジ（マキャヴェリ＝丸山眞男のいう「決断主体」）・②国家の制作（ホッブズ＝丸山のいう「秩序の作為」）・③歴史の発掘（スミス＝丸山のいう「《なる・いきほひ》としての歴史への批判」）の３つの要素が群論的に編成されている。すなわち、最初の主題①の深部は②③が控え［①②③］、②が主題になると深部には③①が控え［②③①］、③が主題になると深部には①②が控えている［③①②］。総じて、この著作は群【［①②③］→［②③①］→［③①②］】をなす。『社会認識の歩み』に先行する『資本論の世界』（岩波新書、1966年）は、「商品群」という用語が書かれているけれども（34頁、36頁など）、『資本論』を群論的編成で読み切ってはいない。同じ群論的編成は三木清『構想力の論理』の「①神話・②制度・③技術」にも読める。三浦梅園（1723-1789）の『玄語』の原理「反観合一」も群論的編成をなす［（A：-A）：(-A：A)］。西田幾多郎も「論理と生命」を群論で考察した。このような群論的編成の遍在に注目しその遍在根拠を分析したいものである。本書は『資本論』（第１部）の群論的編成の解読の試みである。第２部「第１草稿」については、前掲の内田弘、『資本論』第２部《第１草稿》の対称性」ですでにおこなった。マルクスの群論的発想はすでに1841年の学位論文に貫徹している。

自然素材であること、人間社会の存続＝再生産の観点からは使用価値は生活手段と生産手段に大別されることを確認して、交換価値の考察に移る。

資本主義における使用価値　しかし、近代資本主義における使用価値は二重の存在である。使用価値は一方で人間の欲求を満たす属性である。と同時に他方で「交換価値の素材的担い手」(S.50：訳61) である。後者の役割に資本主義における使用価値の独自の役割がある。

交換価値とは或る商品と他の商品との交換の量的関係＝比率（Verhältnis）である。マルクスが出す例は、1クォーターの小麦がaツェントナーの鉄に等しい場合である。

《1 クォーターの小麦＝a ツェントナーの鉄》[13]

これは単なる量的な等式ではない。ここでは質の異なる物が等式で結ばれている。この等式はなぜ成立するのかという未知な存在（未知数）を問う式であるから、これは方程式（Equation, Gleichung）である。使用価値＝質の異なる小麦と鉄が等置されている。異質が同質であるというのである。これはそのままでは不合理である。もし合理的であるとすると、この等式が成立するのは、相異なる使用価値が小麦でなく鉄でもない「或る等しいもの（ein Gleiche）」・「或る第三者(ein Dritte)」(S.51：訳63)に還元され、その同質なものにおいて両者が等しいからである。

使用価値の捨象　その還元の仕方についてマルクスは相異なる三角形の面積を比較する場合をあげている。その比較には、三角形の面積を計算する公式「底辺×高さ÷2」を用いればよい。この公式への還元と同質の還元が「使用価値の捨象」である。「諸商品の交換関係を明白に特徴づけるものは、まさに諸商品の使用価値の捨象である」(S.51 - 52：訳64)。商品は使用価値としては「相異なる質」であるけれども、交換価値としては「1つの原子の使用価値も含まない」(S.52：訳64)。この使用価値の捨象とはいかなることであろうか。使用価値の捨象とは次のような事態である。

---

13)　この使用価値タームによる価値形態の最初の表現は、『経済学批判要綱』における表現「1シェッフェルの小麦は、それに相当する（soviel）シェッフェルのライ麦に値する」(MEGA, II/1.2, S.134) である。

「もし我々が労働生産物の使用価値を捨象する（abstrahieren）ならば、我々は労働生産物の使用価値にしている物の諸成分と諸形態も捨象していることになる」(S.52：訳 65)。

その捨象は、そう指摘するマルクスの独断ではない。日々の商品交換で実現している捨象、現実的捨象である。理論家はその現実的・実践的捨象を前提にその事態を明確にする理論的捨象をおこなうにすぎない。その二重の捨象で労働生産物を使用価値にしている労働の有用的性格もその労働の具体的形態も消滅する。そこに残るのは相互を区別することのない「抽象的人間労働」(S.52：訳 65) である。それは「幻のような対象性」・「人間の労働力の支出の単なる凝固体（eine bloße Gallerte）」(同) のことである。「これらの物はそれらに共通なこの社会的実体の結晶として（als Kristalle dieser ihnen gemeinschaftlichen gesellschaftlichen Sustanz）、価値 ── すなわち、商品価値である」(同)。マルクスが価値を「社会的実体の結晶」という語法で表現しているのは、異質の使用価値に内在すると想定される価値がそれらの使用価値に現象し、商品の交換関係が結晶のようなシンメトリーをなすからである。

価値の抽象　　相異なる使用価値を生産する労働の具体的有用性を捨象すれば、残るのは価値である。その価値の同等性に媒介されて、異質の使用価値の商品は対称的に相対する。《①異質使用価値の捨象→②価値の抽象→②価値の①使用価値への現象》という論証過程は対称的な順序（①→②→①）である。これは同じ理論水準を移動する同義反復（トートロジー）ではない。《使用価値と交換価値》という一見するところ並行する二元的な要因を、《使用価値の捨象＝価値の抽象》というように両者を発生過程に還元し、ついで《価値の使用価値への現象》へと両者を媒介して、古典経済学では「使用価値と交換価値」というように二元的に外接する並行関係を媒介関係に再構成しているのである。まずここで、スミスなどの「使用価値・交換価値」の概念を批判的に変換する作業が着手されているのである。その作業をマルクスは次のように総括する。

「同じ商品の妥当な諸交換価値は１つの等しいものを表現する。…交換価値は一般にただそれとは区別されうる或る内実の表現様式、「現象形態」でしかありえない」(S.51：訳 63)。

マルクスはこの第1節で次のように書いていて、「第3節　価値形態または交換価値」への移行を予示する。

「研究の進行は価値の必然的な表現様式または現象形態としての交換価値に我々をつれもどすであろうが、やはりさしあたり価値はこの形態からは独立に考察しなければならない」(S.53：訳65 - 66)。

先に指摘したようにマルクスは第1・2節で、使用価値を「自然的実体」としての具体的有用労働に、価値を「社会的実体」としての抽象的人間労働に、それぞれ還元する。その還元は、使用価値の捨象の裏面で進行する。では、そこから抽象された価値は使用価値にいかに関連するのか。この問いは価値と使用価値の関係を問うものである。価値と使用価値の関係を問うことができるのは、価値が使用価値の私的交換関係が抽象された関係概念であるからである。異なる使用価値の交換関係から抽象され自立した価値は、使用価値と分離しがたい共通の根拠＝商品交換関係をもつ。しかも商品交換関係は1回かぎりの関係ではない。商品が集合でありかつ要素であるのは、商品が繰り返し自己に再帰し再生産＝交換される「再生産態」であるからである。使用価値に現象する価値こそが再生産関係態なのである。その最も基礎的な関係を解明するのが、次の第1章「第3節　価値形態または交換価値」である。

その第3節以後では、(使用価値の私的交換関係から生まれた)価値(V)と使用価値(U)の媒介関係が『資本論』全体を編成する原理である。価値が使用価値に現象する①価値形態［V(U)］に続いて、逆に価値が使用価値の姿態に憑依する②商品物神性［U(V)］、さらに価値および使用価値が同時に社会的実現(承認)を獲得する③交換過程［V(U)：U(V)］という3つの要因①②③が相互に規則的に変換しあう。価値と使用価値というわずか2つの要因が相互に媒介し3つの要因になり、それらが一定の規則にしたがい資本主義を編成してゆく。その一定の規則とは、先にみた「或る問いとその解が次の問いを生む規則($Qi \rightarrow Ai = Qj \rightarrow Aj$)」にほかならない。その規則が貫徹する総過程をあとづけるのが『資本論』である。

これまでの第1節と第2節を『資本論』の体系展開の前提諸条件にして、次の第3節から『資本論』のその体系展開が始まるのである。価値形態論以後の

第Ⅰ章　価値形態論・商品物神性論・交換過程論

『資本論』第1部は、これから詳しくあきらかにするように、大別してⅠ・Ⅱ・Ⅲ・Ⅳ・Ⅴ・Ⅵの6つの要素から編成されている。その体系展開の冒頭が第1章第3節の価値形態論である。したがって、次の順序番号は［Ⅰ］である。

Ⅰ　価値形態論・商品物神性論・交換過程論　(S.62-108：訳80-159)

Ⅰ-1　価値形態　　　　　　　　　　［{①}-②-③］(S.62-85：訳80-121)[14]

Ⅰ-1-1　第1形態　　　　　　　　　　　　　　{①}(S.62-76：訳80-106)

第1章第3節でマルクスは価値形態を分析する。『資本論』でも解読が最もむずかしいといわれてきた個所である。価値形態には「A 第1形態」・「B 第2形態」・「C 第3形態」があり、その完成形態として「D 貨幣形態」が続く。マルクスは価値形態論の冒頭でその課題を次のようにのべる。

　「我々は実際に諸商品の交換価値または交換関係から出発して、そこに隠されている諸商品の価値の足跡を探り当てた。いまや、我々は価値のこの現象形態に立ち返らなければならない」(S.62：訳81)。

これは経済学史の上で画期的な課題設定である。商品に対応して貨幣がなぜ存在するのか。貨幣の生成の秘密を商品関係から暴露するというのである。

　「いまここで遂行しなければならないことは、ブルジョア経済学によって決して試みることもなかったこと、すなわち貨幣形態の発生を立証すること、すなわち諸商品の価値関係に含まれている価値表現の発展を、その最も簡単な・最も目立たない姿態から眼を眩ませる貨幣形態に至るまで追跡すること

---

14)　この記号{①}-②-③は、{①}価値形態論→②商品物神性論→③交換過程論の3つの観点からこの順序で、ここの主題である価値形態論を考察することを意味する。そのさい、記号{ }のついた最初の①価値形態論が主要な観点である。その意味については、この第Ⅰ章の末尾の「総括と展望 –『資本論』のシンメトリーをなす編成」で説明する。

である」(S.62：訳82)。

相対的価値形態と等価形態　出発点は第1形態である。それは次のような最も単純な価値形態である。

「A　簡単な個別的なあるいは偶然的な価値形態
x量の商品A＝y量の商品B、すなわち、x量の商品Aはy量の商品Bに値する」(S.63：訳82)。

この方程式は何を意味するのか。簡単な価値形態とは、或る商品（リンネル）が自己の価値を他の単一の商品（上着）の使用価値で表現する形態である。ここでは2つの商品が等式（＝）で結合するけれども、それぞれの役割は対称的である。リンネルの価値が上着の使用価値に現象する。この価値表現が可能なのは商品が二重の存在であるからである。すなわち、

「商品が商品であるのは、商品が二重のものであり、使用対象であると同時に価値の担い手であるからにほかならない。したがって、商品は、自然形態と価値形態という二重形態をもつかぎりでのみ、商品として現象する」(S.62：訳81)。

リンネルは価値形態として、リンネルに等置される上着は自然形態として相対する。もしも上着が自己の価値を表現する場合にはリンネルの使用価値がその価値の現象形態になる。これはまったく別の価値形態である。或る商品が自己の価値を他の商品の使用価値で表現する形態を「相対的価値形態」という。その価値表現の素材を提供する商品は「等価形態」という。つまり、

リンネル（相対的価値形態）＝上着（等価形態）

という等式である。相対的価値形態と等価形態とは、相互排他的かつ相互依存的な関係にある。

「相対的価値形態と等価形態とは、同じ価値表現の相互に依存しあい、相

第Ⅰ章　価値形態論・商品物神性論・交換過程論

互に制約しあう不可分の契機である。同時に相互に排除しあう、あるいは対立しあう両極端、すなわち両極である」(S.63：訳83)。

価値対象性　相対的価値形態の商品と等価形態の商品は使用価値としては異質であるけれども、価値としては同質である。したがって、相対的価値形態の商品の等価形態の商品に対する価値同質性は、等価形態の商品の異質な使用価値に現象する。つまり、同質性は異質性に現象する。日常意識にはそのメカニズムがみえずに、相異なる使用価値をもつ財（リンネルと上着）が等置されていても《なぜか》と問うことはない。自明な事柄として通用する。したがって、[15]

　「商品体の感性的にガサガサした対象性とは正反対に、商品の価値対象性（Wertgegenständlichkeit）には、1つの原子という自然素材も入りこまない。……商品が価値対象性をもつのは、ただそれが人間労働という同じ社会的単位の表現であるかぎりにほかならないということ、それゆえ商品の価値対象性は純粋に社会的なものであることを思い起こせば、それがただ商品と商品との社会的関係においてのみ現象しうるということも自明である」(S.62：訳81)。

「商品の価値対象性」とは何であろうか。一読して直ちに解る語法ではない。『資本論』フランス語訳では、この用語は「商品の価値が憑依する実在態」といいかえられている。それは、或る商品の価値が他の商品の使用価値（実在態）に現象する事態、価値形態のことである。価値が取り憑く（reiten, posséder, possess）姿態が等価形態の商品の使用価値である。乗り移ったからといって、その使用価値に変化が起きるわけではない。価値と使用価値の両者は区別を保

---

15)　その現象の仕組がわからない者には、相異なる使用価値の2つの財の効用が等しいから、それらは等置されるようにみえる。そこで、財の質が異なるにもかかわらず、それらがもたらす効用は質的に同じであるという抽象的同一化（効用関数）がもちだされる。財の商品への転化には何らかの同一化が不可欠である。効用関数説に対抗して出されたルネ・ジラール欲望模倣説による貨幣生成説、すなわち、他人の欲望を模倣する商品所有者たちが彼らの欲望の対象である特定の商品（a）を自己たちの商品（b,c,d,……）で獲得しようとする関係は、すぐのちにみる価値形態の第三形態である。使用価値（b,c,d,……）＝使用価値（a）というこの等式が可能な根拠は「使用価値の捨象＝価値の抽象」という同一化にある。価値の実体がこの等式を根拠づける。その価値の実体が価値形態＝交換価値に現象するのである。A. オルレアン『貨幣の帝国』（坂口明義訳、藤原書店、2013年）を参照。

45

持したまま一体化し、対立物の統一態になる。[16] 使用価値はそのままの自然形態である。この憑依関係の真実をマルクスは次のように明かす。

「商品価値の分析が先に我々に語った一切のことを、リンネルが他の商品である上着と交わりを結ぶやいなや、リンネル自身が語る。ただリンネルは自分だけに通じる言葉・商品語（Warensprache）で自分の目論見を漏らす（verrät）。労働は人間労働という抽象的属性［抽象的人間労働］においてリンネル自身の価値を形成するということを言うために、リンネルは、上着がリンネルに等しいものとして通用するかぎり、したがって価値であるかぎり、上着はリンネルと同じ労働から成り立っているという」(S.66 - 67：訳89。［　］は引用者。以下同）。

回り道　リンネルのいうことは逆転している。リンネルと上着とは抽象的人間労働として等しいといわないで、リンネルは上着と等しいから価値として同じ労働から成り立っているという。いいかえれば、リンネルの言明は、事実上「使用価値どうしが商品として等置されて、使用価値の質的相違が捨象されて価値が抽象される過程」を追認している。しかし、そこまでである。「等しい労働」とは何か。その同等性を分析しない。スミスは『国富論』で、労働量は「抽象的な観念」であるから「自明なもの」ではないといいつつも、それ以上に価値の「社会的実体」である「抽象的人間労働」にまで分析しない。ましてその分析に対応して、使用価値の自然実体である「具体的有用労働」にまで分析し

16）　相対立するものごとが一体化している事態は存在する。生命過程は生と死という対立物の統一態である。正の数と負の数は原点を対称点にして自己を統一する。三浦梅園の「反観合一」はそのような存在の対称性に着目する存在＝認識論(onto-epistemology) である。カントは第 1 アンチノミー論で、或る始元の前にその先の始元が存在しうることから、始元について考えることが仮象(Schein)に陥ると判断して、それを禁じた。けれども、或る終点は次の始点でもあることは、販売の終点である貨幣が購買の始点であることでも、例示される。或る導関数は次の導関数の原始関数でもありうるという二重規定をもつ。相対立する規定は区別を保持しつつ統一されている。こうしてカントのアンチノミーは止揚される。その止揚様式をめぐって、マルクスはヘーゲルと共通しかつ区別される。「カントからマルクスへのトランスクリティーク」は、やはりヘーゲルが媒介する。マルクスからみて、ヘーゲルは観念論一般の最終的完成を担ったという意味でむしろカントに連続し、マルクスとは切断される（本書の終章を参照）。

い（第1編第5章）。スミスは、商品の交換関係の二重のAbstraktion、すなわち「使用価値の捨象＝価値の抽象」を「抽象的人間労働」という「同等性」ではなく、それを前提する「労働の量」という単位に飛躍し定義する。相異なる種類の使用価値の商品を等置することは、等置する主体の意識を超えて、異なる使用価値を生産する「具体的有用労働」を「抽象的人間労働」へ還元する。

「種類の異なる諸商品の等価表現だけが――種類の異なる諸商品に潜んでいる種類の異なる諸労働をそれらに共通なものに、人間労働一般に実践的に還元することによって――価値を形成する労働の独自な性格を表現するのである」(S.65：訳87)。

この《回り道（Umweg）》が価値形態論の前提を措定する。すなわち、なぜ・いかにして、相異なる使用価値をもつ商品が等置できるのかが解明される。しかし、交換関係の二重のAbstraktionは「使用価値の捨象＝価値の抽象」という価値形態論の前提を措定するけれども、抽象された或る商品の価値が他の或る商品の使用価値に現象する価値形態を展開しない。この作用を複数の商品の交換関係に媒介して、価値形態を展開するのは逆の方向に向かう論証である。スミスはその前提を曖昧に措定しているけれども、その二重作用とは逆方向の価値形態論の展開には向かわなかった。マルクスは次のように指摘する。

「我々が諸商品は価値として人間労働の単なる凝固態であると言えば、我々の分析は諸商品を価値抽象に還元するけれども、商品にその自然形態とは異なる価値形態を与えはしない。商品の他の商品に対する価値関係の内部ではそうではない。ここでは、その商品の価値性格が他の商品に対するその商品の関連によって、現象するのである」(S.65：訳86)。

価値鏡　価値の現象はいかなる仕組なのであろうか。《価値鏡（Wertspiegel）》である。

「価値関係の媒介によって、商品Bの自然形態が商品Aの価値形態になる。いいかえれば、商品Bの身体が商品Aの価値鏡（Wertspiegel）となる。商

品Aが価値体としての人間労働の体化物（Materiatur）[17]としての商品Bに関連することによって、商品Aは使用価値Bをそれ自身の価値表現の素材にする。商品Aの価値はこのように商品Bの使用価値に表現されて、相対的価値という形態をもつのである」（S.66：訳90）。

マルクス固有の用語「価値鏡」はこの引用文の少し先にも再現する。

「［等価形態の商品である上着を生産する裁縫労働が、相対的価値形態のリンネルの価値に対象化された労働とまったく区別できない労働の凝固体であるように］価値鏡（Wertspiegel）をつくるためには、裁縫労働そのものは人間労働であるというその抽象的属性を鏡映する（widerspiegeln）ほかは何も鏡映してはならない」（S.72：訳100）[18]。

マルクスは『資本論』で、名詞「鏡（Spiegel）」と動詞「（自己を何々に）鏡映する（sich spiegeln）」を用いる。「鏡」と「鏡映する」は語幹（Spiegel）を共有する対語である。これは単なる一時的な比喩ではない。資本主義を認識する基本的な方法概念である。商品所有者は相互に自己の商品の価値を交換相手の商品の使用価値を、いわば鏡にして、表現するから、価値鏡は両面が鏡である。「二重鏡」である。「鏡映する（widerspiegeln）」の接頭語 wider（反射）は、鏡映する鏡の「外部」がその「内部」の「反対側」であることを意味する。それだけでない。鏡映する鏡の「内部」も鏡の「外部」の「反対側」であることを意味する。鏡映関係は「鏡の外部から内部へ」と「鏡の内部から外部へ」の２つの反対方向のシンメトリーをなす。上着という「鏡」はリンネルの価値のみを「鏡映する」。逆に上着の価値はリンネルの使用価値に鏡映する。

価値形態とは、或る商品の価値が他の商品の使用価値へ現象する＝鏡映する

---

[17] 引用文の Materiatur はラテン語 materiatura のドイツ語表記である。
[18] 『資本論』の用語 widerspiegeln などの詳細な研究として、石井伸男「『資本論』における反映概念ノート（一）（二）」（『高崎経済大学論集』第46巻第4号、2004年、第47巻第4号、2005年）を参照。ただし、本書の筆者は群島の Spiegelung（鏡映）からマルクスのこの用語の重要性に気づいた。『資本論』のこの語法は、《真理が人間意識に反映する》のではなく、《価値という虚偽意識が使用価値に鏡映する》との意味である。石井の訳語「反映する」は伝統的反映論と紛らわしい。

事態である。価値はそれを表現する媒態が不可欠である。価値を表現する媒態としての使用価値を「価値鏡」という。マルクスのこの語法は自覚的に方法論的な用法である。しかし、ここで注意すべき違いがある。通常の鏡では、鏡に映る実在物が具体的であり、鏡はその実在物のみを映すという意味で抽象的である。ところが、価値表現では鏡に映るのは価値という抽象であり、価値を映す鏡は使用価値という具体的な存在である。《具体的―抽象的》の関係は通常の鏡映関係と価値表現とではまったく逆である。

　Spiegelung は現代数学では「鏡映」と訳されている。鏡が2つ以上あって相互に映し合う関係（いわゆる「合わせ鏡」）がどのような構造を編成するのか、それを「鏡映」という。それは「内部と外部に諸要素を多層的に含みあう集合(Anzahl 集合数)＝要素(Einheit 単位)の相互関連」をなす。マルクスは価値形態論で、相対的価値形態の価値を「表現する＝映し出す」等価形態を「鏡」という。両者は論理的にはまったく同じ関係である。

鏡像左右逆転錯視のメカニズム　そこで、「鏡の前の原物」と「鏡に映る像（鏡像）」の関係について考えてみる（次頁の別掲図《なぜ鏡に映る像は左右が反転して見えるのか》参照）。

　いま、鏡の外部の人間が「左手」を挙げるとすると、鏡の内部には外部の人間の「左手」の直前の手が挙がっているかのように見える。その手は鏡の内部の人間にとっては「右手」である。そこであたかも鏡の内部の人間の「右手」が挙がっているように見える。この事態がよくいわれる「鏡像左右逆転の錯視」である。その錯視はなぜ起こるのであろうか。

　鏡の外部の人間が鏡をみるとき、無意識に［１］自分の観点を、鏡の内部に存在すると想定する人間の観点に変換する（回転対称 rotational symmetry）。同時に［２］鏡の外部にいる自分の観点を、左右が逆である鏡の内部に射影する（反転対称 inverse symmetry）。通常、《鏡像は左右逆転する》といわれるのは、鏡の「外部」からの観点から見ていることを、無意識に鏡の内部からの観点にすり替えることから発生する錯視である。いいかえれば、無意識に自己の観点を鏡の内部の人間の観点に移動する180度の「回転対称」の操作をお

---

19)　鏡像のこのような左右逆転の誤認については、広瀬立成『対称性から見た物質・素粒子・宇宙』（ブルーバックス、2006年、44‐48頁）を参照せよ。広瀬はこの逆転を「回転対称と反転対称との心理的混乱」と明確に指摘する。これと同型の経済的変換が資本主義の根拠となっていることを問題にするのがマルクス『資本論』である。

なぜ鏡に映る像は左右が反転して見えるのか

《商品交換と鏡映》

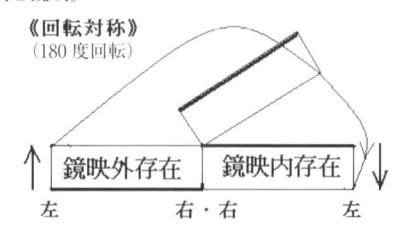

《回転対称》
(180度回転)

↑ 鏡映外存在 | 鏡映内存在 ↓
左　　　　右・右　　　　左

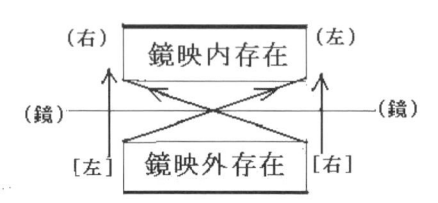

―――――――――――――――――

(右) 鏡映内存在 (左)
(鏡) ―――――――――― (鏡)
[左] 鏡映外存在 [右]

《反転対称》(左右変換)
鏡映外存在は自己の観点を鏡映内存在の(右)(左)に変換する(回転対称)。同時に自己の[左][右]の観点を鏡映内存在に投射するから、鏡映内存在の(右)(左)が逆転して見える(反転対称)。

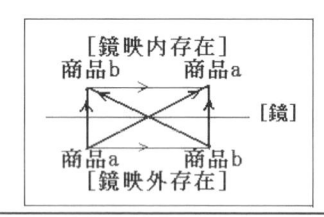

[鏡映内存在]
商品b　　商品a
　　　　　　　　　　[鏡]
商品a　　商品b
[鏡映外存在]

《商品交換と鏡映》
商品所有者Aと商品所有者Bが相対する関係は「回転対称」に相当し、両者間の商品aと商品bの持手交換は「反転対称」に相当する。

《価値形態と鏡映》

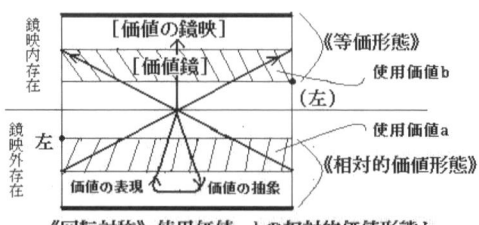

鏡映内存在　[価値の鏡映]　《等価形態》
　　　　　　[価値鏡]　　　使用価値b
　　　　　　　　　　　　　(左)
鏡映外存在　　　　　　　　使用価値a
左　　　　　　　　　　　　《相対的価値形態》
　価値の表現　価値の抽象

《回転対称》使用価値a,bの相対的価値形態と
　　　　　　等価形態とへの転態　　[左●→(左)●]
《反転対称》使用価値a,bの等置
　　　　　　＝使用価値a,bの捨象・価値の抽象 
　　　　　　＝相対的価値形態の価値の
　　　　　　　等価形態の使用価値b(価値鏡)への鏡映

こないながらも、認知していると思う事態は実は（左右の逆転の）「反転対称」なのである。この無意識の二重の変換（transformation）こそ、マルクスのいう転化（Verwandlung）にほかならない。[20]

　自己の他人に相対する観点を他人の自己に相対する観点に無意識に変換する。他人も同じ変換を逆の方向からおこなっている。このような二重の鏡映の相互媒介構造こそ、資本主義的生産様式を構成する基本原理である。価値やその現象形態としての価格は、無意識に変換＝転化しあう鏡映の媒介構造である。資本主義的生産様式はこのような無意識の混同視を、混同視としてではなく、正視として誤認することで成り立っている。『資本論』冒頭の価値形態論・商品物神性論・交換過程論こそ、その錯視のメカニズムを解明する基礎理論である。その意味でマルクスは「価値鏡」・「逆の関連」という語法を採用したのである（左頁の図の《商品交換と鏡映》と《価値形態と鏡映》を参照）。

鏡映　物を映す鏡は1つとはかぎらない。二重鏡（合わせ鏡）、三重鏡などがある。万華鏡もある。そこでは鏡像が対称的に重層的に鏡映する。鏡像が反転し回転し複合的に自己を鏡映する。このような鏡映構造をもつのが価値表現のメカニズムである。『資本論』はそのメカニズムを解明する。「貨幣の資本への転化」、「剰余価値の資本への再転化」など、『資本論』はいわゆる「転化（Verwandlung, transformation）」で連鎖する。数学ではtransformationは「変換」という。異次元を連結する操作（operation）のことである。それを「射影（projection）」ともいう。マルクスは数学を1850年代から、特に1860年代から1880年代まで研究した。マルクスがVerwandlungというとき、このような数学的含意がある。数学（トポロジー）ではSpiegelungという用語を用い「鏡映」という。マルクスの価値形態論はすぐれて対称的な鏡映理論に対応す

20）　Walter Neumannは『無意識のヘーゲル』で、他の意識との関連を自己意識に止揚する過程に、或る財の他の財との関係を「価値」に抽象し財を「商品」に転化する過程を洞察し、次のように論じる。「対自存在は定在の対他存在を否定することから生まれる。これは一者［価値］に向かう存在（das Sein-für-Eines）、つまり私的所有者の意識である。……商品意識は意識にとって観念的なもの（商品と自我の同一性）として現実に存在する。ヘーゲルによれば、この事態はたとえば神の精神にみられる。意識は商品精神である。私的所有者は商品精神を媒介にして存在する」（*Der unbewußte Hegel*, Materialis Verlag, 1982, S.37.（　）は原文、［　］は引用者補足）。対他存在が対自存在に変換する過程は、鏡の内部の存在（回転対称）を鏡の外部から観る存在に変換する操作（反転対称）に等しい。ヘーゲルとマルクスは鏡映理論で連続するのである。

る。本書はその観点から『資本論』を読む。これが本書のねらいである。

　鏡像はすぐれて対称的（symmetrical）である。鏡の外部の物が鏡の内部ではなぜか左右が反転しているかのように見える。この錯視が「回転対称と反転対称」が生み出すメカニズムであることはすでにみた。鏡の内外はすぐれて対称的である。この対称性が商品交換に存在することをマルクスはアリストテレスを参照しつつ、指摘する。

　　「我々は価値形態をきわめて多くの思惟形態、社会形態および自然形態とともに初めて分析したあの偉大な探求者［アリストテレス］にまで遡及する」（S.73：訳101）。「彼［アリストテレス］は、これらの感性的に異なる諸物はこのような本質の同等性（Gleichheit）なしには、同じ単位で通約可能な大きさとして（als kommensurable Großen）相互に関連できないことを洞察している。彼は『交換は同等性なしにはありえないけれども、同等性は、同じ単位で通約されうること（Kommensurabilität）なしには、ありえない』という」（S.73 - 74：訳101 - 102）。

通約可能性＝シンメトリー　ここでの用語「通約可能性」の原語は $συμμετρια$（$συν+μετρος$, symmetria）である。この原語は原著には明示されているけれども、翻訳では明示されていないことが多いので、《商品交換関係は通約性＝対称性（Symmetrie, symmetry）を成す》とは考えられなかったのであろう[22]。しかし、マルクスは商品関係における価値表現が通約性（共役性）を成すと考え、その事態を的確に表現する用語として「価値鏡」と表現したのである。鏡の外部の存在と鏡の内部に映るその鏡像とは対称性をなす。それと同型の対称性が商品交換関係にある。『資本論』の読者はその原意にそって『資本論』を読まなければならない。

価値形態と無限遠点　価値形態の第１形態は、或る商品の価値を他の１つの商品の使用価値で表現する。しかし、価値はすぐれて抽象的な存在である。価値はすべての相違が消滅する「無限遠点（infinite point）」に収束する極点で抽

21）内田弘「『資本論』第２部「第１草稿」の対称性」（『（専修大学）社会科学年報』2014年３月）も参照。
22）S.74, Z.2. $συμμετρας$（symmetras）．

象される、すぐれて観念的な存在である[23]。したがって、価値は本質的に無限概念であり、無限に増殖する価値、すなわち資本を潜在する。マルクスは相異なる使用価値をもつ商品の交換関係に「無限遠点」を洞察する。商品は「有限・内・無限」である。単に他の１つの商品の使用価値（有限）による価値（無限）表現とは自己矛盾である。価値はその本質に照応する表現形態に向かって移行する。それが第２形態である。「商品Aの個別的価値表現は商品Aのさまざまな簡単な価値表現の絶えず延長可能な系列に変換する」(S.76：訳105)。第１形態は等価形態が単に或る１つの商品（上着）である。価値形態を解明する《価値・対称性（Symmetrie）・価値鏡・鏡映・無限・有限》は一連の関連用語である。

　価値形態論の第１形態は、或る商品の価値を他の１つの商品の使用価値で表現する形態である。価値の表現の原型を論じる。価値が主語、使用価値が述語である。その意味で第１形態は「{①} 価値の観点からする考察 [V(U)]」である。

Ⅰ-1-2　第２形態　　　　　　　　　② (S.77 - 79：訳 107 - 111)

　第１形態の価値表現の不十分さ＝欠如を満たすべく価値形態は第２形態に移行する。第２形態は次のようである。

「B　全体的なすなわち展開された価値形態
　　z量の商品A＝u量の商品B、または＝v量の商品C、または＝w量の商品D、またはx量の商品E　または等々（oder = etc.）」(S.77：訳107)。

---

[23] 鏡像が幾重にも重なってゆく過程は鏡像の具体性がしだいに消滅し抽象化する過程である。無限概念が抽象を根拠づける。すでにヘーゲルが著書『フィヒテとシェリングの哲学体系の差異』(1801年)で、すべての区別を止揚する「無限焦点（der unendliche Fokus）」を指摘している。この『差異書』はマルクスの「差異論文」(1841年)の主要参考文献である。マルクスの経済学批判に転態するカント批判はこのヘーゲル文献から始まる。マルクスはヘーゲルのその概念にカントの無限と有限の絶対的対立を止揚する根拠をみいだしたであろう。

ここでもマルクスは価値表現を用語「鏡」をもちいて説明する。

「或る1つの商品、例えばリンネルの価値はいまでは商品世界の無数の他の要素で(in zahllosen andren Elementen der Warenwelt)表現されている。他の商品体はリンネル価値の鏡（Spiegel）となる。こうしてこの価値そのものが、はじめて真に区別のない人間労働の凝固体として現象する」(S.77：訳107。傍点強調は引用者)。

価値表現の無限性　商品世界にn種類の商品が存在すると、或る商品（リンネル）の価値を表現する価値鏡になるのは（n－1）種類の商品が存在する。この商品のなかにマルクスは用意周到に「金(Gold)」商品を含めている（S.77：訳107）。のちの第4形態＝貨幣形態で、金が数多ある商品のなかから一般的等価形態となる。それまでは、金も他の商品と同格の商品である。相対的価値形態以外の商品はすべて等価形態に成り尽くす。しかし価値はすぐれて抽象的な無限概念であるから、使用価値という具体的多様性では表現しつくすことはできない。しかし商品の価値は他の商品の使用価値に自己の価値を鏡映するほかに表現様式は存在しない。したがって、表現媒態は収束することのない無限の多様な形態に求められる。ここに商品世界が無限に多様な商品を開発する根拠、したがって多様な使用価値を生産する新しい技術が求められる根拠がある。

　第2形態には価値表現の無限性という矛盾が凝集する。第2形態では相対的価値形態の価値(V)は、等価形態の商品のすべての使用価値総体(U)として現象する[U(V)]。第2形態の等価形態はリンネル以外の(n－1)種類という多くの特殊な等価形態が「商品価値の諸表現の無限の列(endlose Reihe)」(S.78：訳110)として相並び(neben)、同格の市民(S.77：訳107)として同時に並存する。そのため、使用価値(U)で表現される価値(V)は無限に増大する種類の使用価値群の背後に隠れる[U(V)]。価値を表現する多様な種類の使用価値の群が自立し主体化する。第2形態のこのような事態は、のちの商品物神性の事態を価値表現の観点からみた事態である。ここでマルクスは、第2形態の価値表現に「欠如していること(Mangel)」を指摘する。

　［1］価値表現は商品種類の「無限の系列」を求めるから、新しい商品が参加するごとに等価形態の連鎖は延長され収束しない。

［２］その等価形態は雑多な寄せ集めである。

　［３］それぞれの商品が相対的価値形態になるから、そのたびに異なる等価形態の系列が対応する。それらは相互に排除し合う価値形態である。ゆえに、第２形態では「人間労働は統一的現象形態をもたない」(S.79：訳110)。

第２形態が欠如するもの　価値概念の無限性に対して表現形態＝鏡映形態が有限な場合、それは絶対的な欠如態である。第２形態の「展開された相対的価値形態の欠如（Mangel）はそれに照応する等価形態に鏡映する」(S.78：訳110)とマルクスは指摘する。価値概念の無限性はその等価形態＝鏡映形態の有限な欠如態を埋めるべく運動する。無限である価値は無限に増大する価値＝資本であるほかない。それゆえに価値概念に資本が潜勢するのである[24]。

　マルクスが第２形態の「欠如」を指摘するとき、「差異論文」(ベルリン1841年)を執筆したときに活用したヘーゲルの論文「信仰と知」(イエナ1802年)における、用語「鏡」を含む、次の件を想起している。

　　「鏡(Spiegel)は、日常的現実を通俗的経験論の仕方で受け止め自己のうちで観念的に措定したとしても、その後で再び日常的現実を元へ戻す。この元に戻すこと、あるいは欠如を欠如させることに名を与えること(nennen was dem Mangel mangelt)を内在的超越論的演繹(eine immanent transzendentale Deduktion)という」[25]。

---

24)　ヘーゲルは『小論理学』§104で「定量の概念には不断に自己を超出するということ (*Hinausschicken* über sich) が含まれている」という。この規定はヘーゲルが超限数(transfinite number)を事実上把握していたことを含意する。Cf.A.W.Moore, *The Infinite*, Routledge 2001, chapter 10, p.147f.: 石村多門訳『無限』講談社学術文庫、2012年、338頁以下を参照。マルクスの無限概念はヘーゲルのそれを批判的に継承し、その歴史的有限性を論証する。スラヴォイ・ジジェクは次のように主張する。「資本の自己運動とはヘーゲルの概念（あるいは精神）の円環を描く自己運動とはまったく懸け離れたものである。マルクスの主張の核心は、資本の運動がけっして自己自身に追い着かないことにある。資本の運動は決して自分の信用を回復できない。その解決は永遠に先延ばしにされる。この危機はそれ自身に内在する構成要素（アドルノならば《資本の総体は真理の否定態であることの徴候である》というべきもの）である。このことこそ、なぜ資本の自己運動が《虚偽の無限》であり、永遠に自己を再生産し続けるかの根拠である」(Slavoj Zezek, *The Parallax View III*, http: lacan. com/ zizparallax3.htm.2014/8/30)。

25)　Hegel Werke 2. 1970. Suhrkamp Verlag. S.402 - 3：久保陽一訳『信仰と知』公論社、[改訂版] 1980年、134頁。

ヘーゲルによれば、鏡が日常的事物を鏡映する事態は超越論的主観の内部における出来事である。まず、

（1）事物が鏡に映る事態では、事物が日常の場から鏡の内部に移行する。外部に残存する事物は「それは何々である」という定義＝本質(essence)を欠いた疎外態であり、「何々が存在する」という単なる現実存在(existence)にすぎない。このような日常的事物の鏡映は、価値形態論でみると、第1形態に対応する。第1形態は商品（日常的事物）の価値（本質）が他の商品の使用価値（現実存在）に鏡映される事態である。

（2）第2形態は第1形態で自立した価値（本質）が個別的に特殊な無限に多くの使用価値（現実存在）で表現する事態である。

（3）ヘーゲルのいう「事物を鏡から外部の日常的現実に戻すこと」とは、本質を欠如した日常的事物（現実存在）に本質を取り戻すこと、「欠如を欠如させること(was dem Mangel mangelt)」である。これは価値形態論でみると、第2形態から第3形態への移行に対応する。第2形態で本質（価値）の表現媒態（述語）になった多くの商品の使用価値（現実存在）は、第3形態の相対的価値形態（主語）に転態し、自己を使用価値（現実存在）と価値（本質）の統一物（商品）として表現する一般的等価形態（述語）へと、日常的事物を転態する。マルクスはすでに『経済学・哲学《第3》草稿』でヘーゲルのこの欠如論を批判的に検討していた[26]。ヘーゲルは観念優位の観点から、その再帰する思弁的思惟こそ、日常的事物（現実存在）の根拠＝本質であるとみる。マルクスが数学草稿で指摘するように、ヘーゲルもカントの「観念論一般の基礎づけ」の枠内で考えているのである[27]。価値形態論はヘーゲルのその思惟様式を批判的に摂取する。『資本論』でいう「ヘーゲルへの媚び」とはこの摂取のことである。

ヘーゲル推論における類推　では、ヘーゲルは鏡像から現実態へ移行がいかな

---

26) マルクスが『経済学・哲学《第3》草稿』で繰り返し指摘する「疎外の内部における止揚」とはヘーゲルのこの操作（内在的超越論的演繹）のことである。マルクスは『資本論』第1部第2版後書で「（記述の対象である）素材の生命が観念的に鏡映されれば、まるである《先験的な》構成（'a priori' Konstruktion）に関わっているかのように思われるかもしれない」(S.27: 訳27)と説明している。その理由は、現実の市民社会の「精神の再生産」（「序説」）は「内在的超越論的演繹」と同型の記述様式となるからである。マルクスの経済学批判の展開が観念論的様相を見せるのは資本主義的生産様式の独自性に即するからである。その論証の結果に初めて自然史的真実(Materialismus)が顕現してくる。

27) 本書の終章の「6　対称性をめぐるマルクスの数学研究と哲学史的課題」を参照。

る根拠で可能であると考えていたのであろうか。ヘーゲルはマルクスの価値形態論と緊密な関係のある推論（『小論理学』§190補遺）で、価値形態論の第2形態から第3形態への移行に対応する、第2格から第3格への移行は「類推（Analogie）」によると言明する。その類推とは、「第1格の第2格への移行」の様式が「第2格から第3格への移行」にも妥当すると類推することである。すなわち、第1格（個別［主語］―特殊［媒語］― 一般［述語］）から第2格（一般［主語］―個別［媒語］―特殊［述語］）への移行で、第1格の「述語＝一般」が第2格の「主語」になり、第1格の「媒語＝特殊」が第2格の「個別」になり、第1格の「述語＝一般」が第2格の「特殊」となる。それと同じように、第2格の三語（述語・媒語・主語）は第3格へ「順送り」されると類推する。その移行で、第2格の「述語」である「特殊」が第3格の「主語」に、第2格の「媒語」である「個別」が第3格の「述語」に、第2格の「主語」の「一般」が第3格の「媒語」に、それぞれ転化すると類推する。すなわち、第2格「一般―個別―特殊」から第3格「特殊――一般―個別」が類推できるというわけである。しかし、マルクスはこのヘーゲルの類推を用いない。なぜなら、その類推は思弁的な主観の内部における止揚（『経済学・哲学草稿』でいう「疎外の内部における止揚」）であるからである。第2形態から第3形態への移行の理論的な可能性の実現は、これからみるように、交換過程論の実践的な過程に求められるのである。

逆の関連　マルクスは第3形態への移行の可能性を次のように指摘する。

　「展開された相対的価値形態は簡単な相対的価値形態の、すなわち第1形態の諸等式の総計からなりたっている。…ところが、これらの等式はいずれも逆の関連（Rückbeziehung）ではまた次のような等式（第3形態）を含んでいる」(S.79：訳110)。「（第2形態の）列を、すなわちこの列に事実上含まれている逆の関連を表現すれば、次の形態（第3形態）が得られる」(S.79：訳111)。

一方向的な関係である価値形態　価値形態は、或る商品が主語（主観）として他の商品を述語として自己表現する一方向的な表現様式である。その前提での「逆の関連」とは、第2形態の主語（相対的価値形態）が第3形態の述語（等価形態）に変換し、第2形態の述語（等価形態）が第3形態の主語（相対的価

値形態）に変換することを意味する[28]。しかし注意すべきことに、このように「（第2形態の）両辺を置換することは、この等式の全性格を変えることになる」（S.82：訳116）のである。なぜならば、価値形態は、或る商品の価値を他の商品の使用価値で表現するという、あくまで「一方向的な関係」であるからである。価値は商品関係そのものを表現する「或る第三者（ein Dritte）」である。すでに『経済学批判要綱』が指摘するように、「諸関係は関係する諸主体から区別されてただ思惟することができるだけである（nur gedacht werden können）」（MEGA, II/1.1, S.77 - 78）。第2形態の相対的価値形態の商品の価値は抽象的無限である。それを表現する使用価値は個別的で特殊なものである。したがって、等価形態の数は、いくら多くても十分に満たされることはけっしてない。第2形態の等価形態の商品種類は《収束することのない無限の系列》である。その価値表現は表現態（等価形態）の系列を無限に展開して止まない。

無限と有限の非共役性　ところが、第3形態の等価形態はただ1つ（リンネル）に統一された有限個数である。相対的価値形態である既存の商品種類に新しい商品種類が参入しても、その新しい商品の価値も同じ等価形態の商品（リンネル）で表現されるのである。その意味で第3形態の価値表現は有限界に閉じている。これが第3形態である。第2形態と第3形態は等価形態が《無限か有限か》という点で、非共役的（非通約的）(incommensurable) である[29]。したがって、価値形態論の内部のみでは、或る単独の第2形態（例えば、リンネルの第2形態）から第3形態へ移行する論理必然性は論証できないのである。

価値形態論と交換過程論の相互依存関係　その現実的な移行は実践的な場である交換過程が実現する。しかしその実践的な移行には理論的な基準が前提されなければならない。その理論的な移行の出発点は第2形態であり、その到達形態は第3形態である。その両形態の間の空隙に移行の理論的可能性が存在する。すなわち、商品世界のn種類の商品それぞれに一般的等価形態になる可能性が1/nだけ存在する。なぜなら、もし或る商品がその他のすべての商品を等価形態に転化することに成功したら、その結果は等価形態の諸商品が相対的価

---

[28] この変換は、第2形態の相対的価値形態の商品および等価形態の商品にそれぞれ180度の「回転対称」の変換（transformation）をおこなうことを意味する。第2形態から第3形態への変換は、天文学史上の天動説（第2形態）から第3形態（地動説）への非対称的なコペルニクス的転回（旋回）に対応する。本書の第Ⅵ章の344頁の図も参照のこと。

値形態になり、その単一の商品が一般的等価形態になる事態に等しいからである。商品世界全体では（1/n）× n ＝ 1 の可能性、すなわち必然性が存在する。したがって商品世界は一般的等価形態が必ず存在する。価値形態が含意するこの理論的な可能性の経路を、交換過程の商品所有者たちの無意識な模索がたどる。これが交換過程論でいう商品所有者の「行為」の意味である。この行為が《第2形態はその逆の関連を含む。それは第3形態である》という論法を根拠づけるのである[29][30]。価値形態は交換過程の行為を前提にし、逆に交換過程のその行為は価値形態がはらむ一般的等価形態の生成可能性の理論分析に依拠する。

このような相互媒介にしたがって、マルクスは第2形態の最後で、交換過程で実践的に実現する結果である第3形態、すなわち一般的等価形態を暫定的に措定したのである。これは意外なことではない。第2形態と第3形態の間には交換過程が介在しうるのである。それが証拠に『経済学批判』の価値論では、価値形態論と交換過程論が交互に2回展開されている［価値形態論（1）(MEW, Bd.13, S.25-28) → 交換過程論（1）(S.28-31) → 価値形態論（2）(S.31-33) → 交換過程論（2）(S.33-37)］。『資本論』初版では、『経済学批判』

---

29) 廣松渉は『資本論の哲学』（勁草書房、1987年、145頁以下）で、価値形態の第2形態から第3形態への移行問題について、両形態には「共軛性（共役性）」があると判断し、その問題の解決の根拠としている。本書の「『資本論』のシンメトリー」という主題からして、刮目すべき指摘である。しかし廣松のその共役性説は可能であろうか。第2形態の等価形態が「無限に多くの商品種類の系列」であるのに対して、第3形態の等価形態は「ただ1つ商品（リンネル）」に統一されている。両者は「無限か有限かの区別」で非共役的である。価値形態は「三者関係」である。価値形態は一見するところ、相対的価値形態と等価形態の間の二者関係であるから両形態の互換は可能であると思われるかもしれない。しかし、価値形態は諸商品の「関係そのもの」が価値として＝自立化抽象化しその価値が金貨幣に物象化する事態である。価値形態の見かけの二者関係は三者関係を潜在し顕現する。それは《使用価値 a ＝使用価値 b →価値生成》、《商品 a（使用価値 a・価値）＝貨幣（価値・使用価値 c）＝商品 b（使用価値 b・価値）》という三者関係を潜在する形態である。したがって二者関係を想定する共役性（通約性）説は価値形態には妥当しない。『資本論』の共役性（通約性）は三者関係（①価値形態論②商品物神性論③交換過程論）に対応する。日山紀彦はその非妥当性に気づいて、第2形態と第3形態を置換すれば同型になるように変換した。しかしその変換は移行問題そのものを消滅させてしまう。内田弘［書評論文］「日山紀彦『《抽象的人間労働論》の哲学』」（『アソシエ』第19号、2007年）を参照。注目すべきことに、第3形態と構造的に同型の第4形態（貨幣形態）の相対的価値形態からは、（日山が注目する）「など（etc.）」は抹消されている。
30) 内田弘「再生産関係態としての価値形態」（『専修経済学論集』第31巻第1号、1996年7月）を参照。

の交換過程論におけるトートロジカルな論証を価値形態論の第4形態として移す。リンネルだけでなく、その他のすべての商品も第2形態の相対的価値形態になり、自分以外の商品を等価形態に転化しうる。その第2形態の連鎖が第4形態である。けれども、第2版以後では、第4形態の問題を《交換過程におけるすべての商品が価値の実現と使用価値の実現を同時に求めるアンチノミー》に統合したのである。交換過程こそ、すべての商品が同格に自己を相対的価値形態にすえ、それ以外のすべての商品を等価形態にすえて、しかも商品所有者の消費欲望を他の商品で充足しようとする抗争の場（第4形態）である。その場こそ、商品世界が孕む一般的等価形態が実現する、すぐれて実践的な場である。

　上で指摘したように、価値形態論の第2形態から第3形態への移行はあくまで理論的な可能性［$(1/n)\cdot n = 1$］にとどまる。その可能性を実現するのは交換過程である。価値形態論はその意味で交換過程論に「借りの論証」にとどまり、その借りを返済するのが交換過程論である。同時に確認すべきなのは、交換過程論も価値形態論を前提にして立論が可能であるということである。なぜならば、商品所有者の行為の社会的合成がいかなる理論的根拠でもって一般的等価形態を生み出すのか、その可能的な経路の解明は価値形態論によるからである。もっとも、マルクス自身は、一般的等価形態が生成してくるその経路［$(1/n)\cdot n = 1$］を綿密に説明してはいない。

価値形態論・商品物神性論・交換過程論の媒介関係　このように、価値形態論と交換過程論は論証で相互前提＝相互措定の関係にある。しかも、商品物神性論は「物象（商品）」だけでなくその所有者である「人格(Person)」を初めて登場させ、価値形態論を交換過程論に媒介する。このように《①価値形態論→②商品物神性論→③交換過程論》という順序が根拠づけられている。注目すべきことに、「人格」は、第1章第3節の価値形態論直後であり、かつ第2章交換過程論の直前である、第4節の商品物神性論で初めて登場する。価値形態論では、商品語で密かに語る主語(主体)は「商品自体」である。価値形態論に人格(商品所有者)は主題的には登場しないのである。商品所有者とは、本源的には、商品が人格に憑依した存在である。貨幣が人格に憑依するから貨幣所有者になるのである。第1部で「物象化」語がただ一度でてくる貨幣論でいう「物象の人格化と人格の物象化」のうち、「物象の人格化」のほうが「人格の物象

化」よりも本源的である。同じように、資本家が所有している物であるから、それは資本なのではない。資本が人格に乗り移る＝憑依するから、その人格が資本家になるのである。価値形態論から商品物神性論への移行はこの憑依の解明のためである。マルクスが商品物神性論を媒介にして価値形態論と交換過程論を区分＝関連づけたのは、一般的等価形態生成の理論的可能性と実践的現実性の区別と関連のためである。[31]

論証順序の理論的・実践的の区別　価値形態論がすぐれて「理論的」であるのに対して、交換過程論はすぐれて「実践的」である。交換過程論は、すぐれて理論的な場を前提にする価値形態論の対極にある、実践的な場を前提にする。マルクスは「理論において(in der Theorie)」と「実践(歴史)において(in der Praxis〔Geschichte〕)」を明確に方法論で区別＝関連づける。この「理論的認識と実践的認識の区別」はカントの『純粋理性批判』(BX)による。この区別と関連は価値形態論と交換過程論においてだけではない。《理論的な場から実践的な場への移行》は、のちにみるように、(貨幣の資本への)転化論と原蓄論、労働時間の絶対的延長から労働時間の短縮運動へという考察順序や、資本蓄積論から原蓄論へというように、『資本論』の体系展開の規則である。『資本論』は新たな実践的・歴史的な場に開かれた大系である。それは一般的にいえば、すぐのちに説明する《①価値形態論》《②商品物神性論》《③交換過程論〔＝①＋②〕》という3つの観点の規則的な変換で、②を媒介にして《①理論的》と《③実践的》に再現する。つまり、三者関係の通約性＝対称性は『資本論』を貫徹するのである。

I-1-3　第3形態・第4形態（貨幣形態）　　③ (S.79-85：訳111-121)

この第3形態で指摘される「C 一般的価値形態」とは、或る1つの商品種類 (n)が等価形態にあり、それ以外のすべての商品〔1〜(n-1)〕が相対的価値形態にある価値形態である。

$$\Sigma W_i = W_n \quad (i = 1, 2, 3, \cdots, n-1)$$

---

31)『経済学批判』の価値形態論の直前に商品物神性論が展開されている。《②商品物神性論→①価値形態論→③交換過程論→①価値形態論→③交換過程論》という順序、つまり《②→①→③→①→③》の順序である。

W_iには「1着の上着、10ポンドの茶、40ポンドのコーヒー、1クォーターの小麦、2オンスの金、2分の1トンの鉄、x量の商品A、等々の商品」が含まれる(S.79：訳111)。この第3形態は第2形態の欠如を解決している。その価値表現は簡潔性・統一性・共同性をもつ(S.89：訳112)。等価形態の商品（リンネル）のみが直接的交換可能性をもち、相対的価値形態にあるその他のすべての商品はその交換性をもたない。この「ただ1つの例外」(S.82：訳116)を媒態にして、その他のすべての商品は、間接的に・その例外を媒介にして、他の商品と交換関係に入ることができる。財が等置され生成する商品の属性である「価値」は「質的な同等性＝交換可能性」である。それは第3形態の「一般的等価形態」に収束する。

　第3形態は第1形態と第2形態の統一形態である。第1形態は或る商品の価値(V)がその他の1つの商品の使用価値(U)に現象する形態である[V(U)]。第2形態は、商品世界の1つの商品（相対的価値形態）を除くすべての商品（等価形態）の使用価値総体(U)があたかも価値(V)であるかのように現象する[U(V)]。第3形態は、等価形態の1つの商品を除くすべての諸商品（相対的価値形態）の価値が1つの例外的な商品（等価形態）の使用価値に現象する形態であり[①V(U)]、かつ、その等価形態の商品の使用価値（リンネル）が価値そのものとして現象する形態[②U(V)]である。したがって、第3形態は第1形態①[V(U)]と第2形態②[U(V)]との統一、③[①V(U)：②U(V)]である。第2節でマルクスが「交換価値（価値）と使用価値」の正確な把握が経済学を正確に理解する旋回軸をなすと言明したことがいま、このように論証されたのである。この①②③を基本要素とする規則は『資本論』の最後まで持続する。

価値論の重層的継承関連　しかも、①第1形態［V(U)］→②第2形態［U(V)］→③第3形態［V(U)：U(V)］という、価値形態論の3つの形態の論理的継承は、①価値形態論・②商品物神性論・③交換過程論の三者に再現＝再帰する。3つの価値形態から成る価値形態は基礎的な1階(rank 1)である。これに対して価値形態論[V(U)]・商品物神性論[U(V)]・交換過程論[V(U)：U(V)]はその上に建つ2階(rank 2)である。「階の重層化」はその後の貨幣論の後も持続し体系を成す。

　マルクスは一般的等価形態がリンネルの場合で「第3形態」を説明する。価値形態の第4形態として、一般的等価形態が金(Gold)になる場合をあげる。金が貨幣形態になりうるのは「金がすでに以前から他の諸商品に相対してきたか

らである」(S.84：訳120)。第2形態の等価形態に金を含めていたのはその意味である。マルクスは、第3形態と貨幣形態との論理的断層は存在せず、両者は論理構造としては同一であるとみている。スミスは金が等質性・不変性・希少性・分割結合可能性をもつから、貨幣になったと判断する。これに対して、マルクスは金が一般的等価形態になるのは「社会的慣習」(同) という。『要綱』でマルクスは貨幣の歴史について極めて多様な貨幣が存在してきたことを詳細に記録している。そのような幅広い歴史から判断すると、金が貨幣になるのはその社会の慣習であると判断するのは妥当性がある。

初版『資本論』の価値論　注目すべきことに、初版『資本論』価値形態論の第2形態の連鎖である第4形態が第2版以後では捨象され、初版にはなかった貨幣形態が第2版以後導入された。その変更の根拠はこうである[32]。『資本論』第1部の資本再生産＝蓄積論は「理論的な観点」から、価値そのものが資本に生成する過程をあとづける貨幣資本循環の観点に立つ。その最も基礎的な観点は価値形態論である。交換過程論は「実践的な観点」から貨幣の現実的生成を展開する。これに対応するのは、価値と使用価値が統一された商品資本循環の観点にたつ『資本論』第2部第3編の社会的再生産＝流通論である。そこでは貨幣は部門内および部門間の商品交換を媒介する従属的契機である。初版から第2版への変更は、再生産＝蓄積論のこのような体系上の対応関係を鏡映するものである。『資本論』形成史上の進展であろう。

　第3節の価値形態論を総括すると、{①}(第1形態) － ②（第2形態）－ ③（第3形態）となる。この順序は、「価値(V)と使用価値(U)の観点」から表現すれば、{①}[V(U)] － ②[U(V)] － ③[①V(U)：②U(V)] となる。以下でそれぞれの個所の冒頭の①価値形態論、②商品物神性論、③交換過程論の記号を用いた表記はこの3つの観点の順序を示す。例えば、次の{②} － ③ － ① － ②'は、{②}商品物神性論を主要な観点(記号{ }を付す)として定めながら、それを補完する観点③交換過程論 － ①価値形態論が②' 商品物神性論に続くことを示す。

---

32) この変更の詳細なテキスト解読については、榎原均『資本論の核心』(情況新書、2014年)を参照。同書はこの変更をもっぱら価値論の内部で考察しているが、本書著者はこの変更は『資本論』体系編成の整序に起因すると観る。本書の第Ⅵ-3-1項の「資本の蓄積過程 [前書]」の個所を参照。

Ⅰ-2　商品物神性　　　　　　　　　　　　　　[{②}-③-①-②′]

Ⅰ-2-1　商品＝神学的存在　　　　　　　　{②}（S.85 - 90：訳 121 - 129）

マルクスは「第4節　商品の物神的性格とその秘密」を次の文から始める。

> 「商品は一見するところ自明な平凡な物らしく見える。商品の分析は、商品が形而上学的な抜け目のない言動や神学的なぼやきに満ち非常にやっかいな代物であることを明らかにする」（S.85：訳 121）。

商品は、外見では平凡な物に見えるけれども、それを分析すれば、形而上学的神学的な存在であることがわかる。カントは『純粋理性批判』（BXIX）で感性・悟性（知性）の経験的認識と超感性的・形而上学的認識とを峻別したけれど、商品ではその二側面が媒介しあい玉虫色に現象している、とマルクスは批判しているのである。労働生産物の《商品形態そのもの》から、次のような謎めいた現象形態が発生する。商品世界では、

（1）異なる使用価値を生産する人間労働の同等性はそのまま認知できない。その同等性は労働生産物の価値対象性の同等性という物的形態で現象する。

（2）人間労働力の支出がどれだけの時間で継続したかの測定は時間尺度でなく、労働生産物の価値の大きさという形態で現象する。

（3）生産者の社会的諸関係はそのまま認知されず、労働生産物の社会的関係という形態で現象する。

物神崇拝　要するに、人間自身が社会をなして私的な労働を担うという社会的性格が労働生産物の社会的関係として鏡映するのである。人間と物とのこのような「入れ替え＝取り違え（quidproquo）」に「商品形態の秘密」が存在する。人間の社会的関係が労働生産物の社会的関係＝商品に転化すること、「感性的でありながら超感性的な物、すなわち社会的な物」（S.86：訳 123）に転化することに、商品世界の独自な性格が存在する。本書では今後、商品のこの性格を「商品物神性」とよび、その性格を論じることを「商品物神性論」という。

商品世界では人間の社会的関係が物の社会的関係として現象する。この事態をJ.G. トーマスは次のように規定する。

「商品自体は《或る新しい社会的な魂》として1つの物である。その物には或る規定された生産関係が鏡映する。しかも商品自体は《資本主義的生産様式》に規定されている。或る物は商品として、《魂》あるいは《本質》によって思惟形態を身にまとっているのである」[33]。

その類例は宗教世界にも存在する。人間が思いを込めて描いた《尊い画像》が人間から自立し、逆に人間に向かって睥睨する。その画像を描いた本人が祈祷する。祈祷する者は、画像への祈祷行為が制作者である自分（人間）を祈祷している行為になっているとは思わない。マルクスはこの転倒を次のように説明される。

「ここでは、人間の頭脳の産物がそれ自身の生命が与えられて、相互の間でも人間との間でも、関係を結ぶ自立的姿態のように見える。商品世界では人間の手の生産物がそのように見える。私はこれを物神崇拝（Fetischismus）と名づける」(S.86-87：訳124)。

労働生産物が有用物であると同時に価値物であるという二重性をもつ商品になるのは、すでに生産そのものがその成果を商品として交換することを念頭にしておこなわれるようになったときである(S.87：訳125)。資本主義的生産様式が支配的になったとき、商品生産と商品交換がこのような性格をもつようになる。局地的部分的商品交換ではこのような性格をもたない。局地的商品交換では商品に転化していない労働生産物は有用物と価値物に分離していないからである。頭上の家が崩壊するとき重力法則は強制的に貫徹する。それと同じように「学問的洞察が経験そのものから生じるためには、完全に発展した商品生産が必要である」(S.89：訳128)。経済学批判のカテゴリーは現実的カテゴリーである。すでに第2節で指摘されたように、「相互に《まったく》異なる諸労働の同等性はただ現実の［＝使用価値の］不等性の捨象……においてしか成立しない」(S.87-88：訳125)。その「使用価値捨象＝価値抽象（同等性生成）」は現実的抽象である。理論家がなしうるのはその現実的抽象への注目とその理論的

---

33) Josef. G. Thomas, *Sache und Bestimmung der Marx'schen Wissenschaft*, Peter Lang, Frankfurt am Mein, 1987, S.75.

根拠づけである。

価値は現実的抽象の結果　その根拠づけのさい、労働生産物が価値として関連させられるのは、労働生産物が本源的に価値物であるからであるとか、価値がそこに内在するからである、と判断してはならない。「逆である。彼ら(人間)は自分たちの種類が異なる生産物を交換において価値として等置しあうことに*よって*、彼らのさまざまな異なる労働を人間労働として相互に等置するのである」(S.88：訳127、強調傍点は引用者)。財に元々価値なるものが内在するのではなく、財を交換対象として等置する行為自体が価値を生成させ抽象するのである。ほとんどの経済学はそうは考えない。逆に、労働生産物に《価値なるもの》が本源的に内在するからこそ、それは価値物として交換できる、というように事態を逆転して誤解し、商品交換者の「取り違え」を《理論的に追認する》。いわゆる経済学は商品交換者の錯誤を追認しているにすぎない。これは理論的根拠づけではない。「この種の諸形態こそが、まさにブルジョア経済学の諸カテゴリーである」(S.90：訳129)。労働生産物に「労働の生理学的支出」が内在していると判断するのも、商品の物神的性格を払拭していない誤解である。価値とは、労働生産物の交換関係の抽象作用が生産過程に鏡映した鏡像である。このことを根拠づけてマルクスは、「私的生産者たちの頭脳は、彼らの私的諸労働のこの二重の社会的性格を実際の交易、生産物交換において現象する諸形態でのみ鏡映する(spiegelt)」(S.88：訳126) というように「価値鏡(Wertspiegel)」語に対応する動詞 spiegeln を用いて指摘する。

　マルクスは、商品の物神的性格は彼自身の「発見」であることを確認する。この発見の前でも後でも、商品交換が一般的に持続するかぎり、商品の物神崇拝はなくならない。こう書くとき、マルクスは、カントが天文学史上のコペルニクス的転回のあとでも、日常生活は天動説的に営まれると指摘したことを念頭においている。

---

34)　マルクスが「ブルジョア経済学の諸カテゴリー」というとき、「交換価値と使用価値」のカテゴリーの批判的再編成によって『資本論』を記述することだけでなく、哲学的諸カテゴリーの批判を含意している。商品物神性論はアリストテレス以来の真偽論のマルクス的形態(仮象論)である。カントも宗教論で 'Fetischmachen' 語を使う。

Ⅰ-2-2　ロビンソン物語　　　　　　　③（S.90 - 92：訳129 - 133）

　マルクスはすでに「差異論文」（1841年）で宗教や貨幣を絶対視する観点を批判的に相対化する理論操作をおこなっている[35]。ここ商品物神性論でもマルクスは商品世界を相対化するために同じ操作をおこなう。まずロビンソン物語と中世共同体の比較は「価値の観点」と「使用価値の観点」の複眼的観点からする交換過程論と同等の観点からする考察である（③［① V(U)：② U(V)］）。

　まずロビンソン物語を取りあげる。このモデルはけっして歴史貫通的な労働過程論の観点からのモデルではない。そこの記述を読めば判然とするように、ロビンソンの労働は、商品世界を社会的総労働に集約するモデルである。この意味のロビンソン・モデルはすでに1857 - 58年に執筆した草稿『経済学批判要綱』「序説」にある。社会的に必要なさまざまな種類の生産物を生産する労働時間を単位に配分したロビンソンの財産目録がそれを示している。「そこには価値のすべての本質的規定が含まれている」（S.91：訳130、傍点強調は引用者）。ロビンソン論は《価値の観点》からの考察である。

　ついで「ロビンソンの明るい島から暗いヨーロッパの中世に眼を移そう」（S.91：訳131）と、観点を移動する。そこで見えるのは農奴と領主、臣下と君主、俗人と聖職者などの「人格的依存関係」である。この関係は非商品関係として使用価値優位の関係であるから《使用価値の観点》からの考察である。「人格的依存関係」という用語はすでに『要綱』「貨幣章」の依存関係史論「人格的依存関係・物象的依存関係・自由な個性者の世界」で用いている。『要綱』依存関係史論は『資本論』商品物神性論の原型である。中世では「労働の特殊性が労働の直接的に社会的な形態である」（同）。「直接的に社会的な」とは「商品関係を媒介にしないで」という意味である。商品世界では特殊性は「特殊性（使用価値）と抽象的一般性（価値）の二重性」に分離して現象する。これに対して、中世では労働生産物の特殊性はそのまま現象する。

　ロビンソン論と中世論は価値と使用価値の複眼からの考察（③［① V(U)：② U(V)］）である。この観点は次の第２章の《③交換過程論の観点》にもなる。

35）　前掲論文、内田弘「『資本論』の自然哲学的基礎」を参照。

Ⅰ-2-3　将来社会像　　　　　　　　　　　①（S.92 - 94：訳133 - 135）

　最後に、将来社会像である「自由人の連合態」(S.92：訳133) があげられる。ここでは「ロビンソンの労働のすべての規定が個人的にではなくて、社会的に再現する」(同)。「この連合態の総生産物は1つの社会的生産物である」(同)。それは社会的生産手段と個人的生活手段からなる。そこでは、労働時間はその社会的配分基準として、かつ生活手段の諸個人への配分基準として機能する、と展望する。ただし、このような二重の基準である労働時間が現実的存在になるまでには、諸個人の間の労働の質の相違が限りなくゼロに近くなるように、実質的に公平な資源配分が幾世代にも持続して実行される過程が不可欠である。社会的生産過程の「意識的計画的管理」(S.94：訳135) も「管理者への権力の集中＝富配分の不公平」にならないように制御する普遍的英知の涵養が不可欠な前提である。この将来社会像は労働時間という《①価値の観点 V(U)》からする考察である。

Ⅰ-2-4　商品物神性再論　　　　　　　　　②'(S.94 - 98：訳135 - 143)

　マルクスは商品物神性論の最後で、商品世界の「物神崇拝」を再論する。なぜであろうか。マルクスは同じ再論を『資本論』第3部「主要草稿」(1865年) の「最後」でもおこなっている (MEGA, II/4.2, 834 - 902)[36]。そこでは商品物神性論と共通な用語「仮象・疎外・物象化・神秘化」などの用語が終始一貫して使われている。商品物神性こそ、商品世界＝近代資本主義を根本的に特徴づける特性であるとの認識で経済学批判を総括するためである。つまり、価値が使用価値として現象する事態［② U(V)］、商品世界が歴史貫通的な場であるかのように現象する事態、人為的な制度が自然的な制度として現象する事態の認識こそ、経済学批判の核心であることを力説するためである。のちにみるように、マルクスは、労働過程が歴史貫通的なものとしてみえることがらに関しても、商品物神性論の観点から、歴史的被規定性が存在しないかどうか点検する。

---

[36] 『経済学批判要綱』の理論上の最後も「疎外」である (MEGA, II/1.2, S.699)。『資本論』第2部「第1草稿」の最後でもそうである。内田弘「『資本論』第2部「第1草稿」の対称性」(『(専修大学) 社会科学年報』2014年3月) を参照。

マルクスは従来の経済学が「価値と価値の大きさ(Wertgröße)」を分析し価値形態に内容を発見した。けれども逆に、なぜその内容が価値形態として現象するのかという価値形態論の課題を提起したことさえなく、それを自明の自然必然性であると前提したと指摘する。そのさい、「注31」と「注32」の長い注でその価値形態論の欠如した古典経済学について批判的に論評する。自分たちの現在にいたる過程はすべて欠陥を修正する「歴史」である。しかし一旦自分たちの世界＝「自由の自然的体系」(スミス) が樹立すれば、それは自然な永遠の世界であるというように、発掘した「歴史」が埋没する。それは「教父たちが前キリスト教的な宗教を論じる仕方と同じである」(S.96：訳136)[37]。

この歴史消失は、価値の現象形態である使用価値が使用価値そのものとして自然形態としてしか見えない事態に対応する。いいかえれば、「社会的労働の諸規定の対象的仮象(Schein)」(S.97：訳140) に取り憑かれていることに対応する。価値がなぜ・いかに価値形態として現象するのかという問題を発見し解明することが欠如しているからである。

以上の第4節の商品物神性論を顧みれば、{②}（商品物神性論）— ③（交換過程論。次で詳論）—①（価値形態論）—②' 商品物神性論という順序になる。商品物神性論が再論されるのは近代資本主義の構造の基本特性は仮象にあるというマルクスの判断による。「価値(V)と使用価値(U)」の観点から見れば、{②}[U(V)]—③[V(U)：U(V)]—①[V(U)]—②'[U(V)]という順序になる。

I-3　交換過程　　　　　　　　　　　　　　　　[{③}-①-②]

I-3-1　商品所持者の登場　　　　　　　　{③}(S.99-102：訳144-149)

---

37) ここにも、序章でみた天文学史の真理を暴力で覆い隠してきた宗教権力へのマルクスの批判的眼差しが働いている。「宗教改革」にシフトする問題枠「マルクスとヴェーバー」はその眼差しを覆い隠してきたのではなかろうか。独立生産者の黄金時代をイタリアでは経験しなかったと判断するマルクスは、ガリレオを生んだイタリアの天文学史上の画期的貢献を無視したのであろうか。天文学史の観点からする「ルネサンス」の復権が求められていないだろうか。マルクスの「学位論文」の結論である天体論は宗教批判を含意する天動説批判である。しかも、第VI章の末尾でみるように、パースペクティヴが含意する「双対原理」はルネサンスの美術史に起源をもつ。その「双対原理」に『資本論』の編成原理である「並進対称」のいくつかの例が包摂されるのである。

ここ「第2章　交換過程」で「商品」に加えて「商品所持者(Warenbesitzer)」が登場する。その前の商品物神性論では商品世界を史論的に位置づけた。そのさい「人格的依存関係」の段階に「人格(Person)」を登場させその段階の主体にすえ、「商品世界(物象的依存関係)」の「商品＝物象＝物件(Sache)」という主体に対置した。その「人格と物象(商品)」が交換過程論で理論的に結合する。商品そのものには人間の感覚も意志(Wille)もないので、商品所持者を想定しないと、商品が市場＝交換過程に登場することは想定できないからである。「人格・意志・物象(物件)」はヘーゲル『法の哲学』第35節、第44節を批判的に継承するものである。ヘーゲルはそこで、物件の所有者は物件に自己の意志を注入する(in jede Sache ihren Willen zulegen)と物件は私のもの(meinige)＝私的所有物に成るという。ヘーゲルは物件＝商品が私有財産に転化するのはその所持者の意志であると考え、商品には価値が内在すると考える通念の根拠をその意志で正当化する。

　これまで使用価値は価値の現象形態であり、価値が自己を表現する媒態であった。しかし「第2章　交換過程」では、使用価値は「価値表現の媒態」であると同時にここで初めて登場する「人格」の「消費欲望の対象」でもある。このような二重の存在になる。近代資本主義は根源的には「価値」が支配する体制であるから、まず「価値とは何かの論証」が先決課題である。その論証を前提に価値の支配が「人格」を媒介に貫徹する論証をおこなう。これが交換過程論の課題である。

交換過程のアンチノミー　そこでマルクスは交換過程が成立する関係を分析する。商品所持者たちは相互に「私的所有者(Privateigentümer)」(S.99：訳144)として承認しあう。マルクスはここで商品の「所持者」と商品の「私的所有者」を概念上区別し関連づけている。商品所持者は、商品の私的所有者として、あるいは商品の私的所有者の代理人として、交換過程で相対する。ただし、交換過程論には、使用価値の消費で満たす欲求が商品所持者の欲求であると想定する記述が存在するなど、その区別は文脈上では必ずしも鮮明ではない。

　商品は交換に出すものであるから、商品の私的所有者＝商品所持者にとっての使用価値ではない「非使用価値」である。その使用価値はその商品を購入する「他人にとっての使用価値」(S.100：訳146)である。欲しいのは自分の欲求を満足する使用価値をそなえた他人の商品である。その目的を実現するためには、

自己の商品の価値を実現しなければならない。実現した価値で欲しい使用価値を獲得しようとする。したがって、

> 「諸商品はみずからを使用価値として実現しうるまえに、価値として実現しなければならない」(S.100：訳146)。

この側面では使用価値(U)が前提であり、価値(V)は主体である[V(U)]。ところが、商品を価値として実現するためには、その価値を体現する使用価値が他人にとっての使用価値であることを立証しなければならない。したがって、

> 「諸商品は、自らを価値として実現しうるまえに、自らが使用価値であることを実証しなければならない」(S.100：訳147)。

この側面では価値(V)が前提であり、使用価値(U)が主体である[U(V)]。
カント・アンチノミーを超えて こうして交換過程における諸商品は《価値として実現するためには、使用価値としての実現を前提にしなければならず[V(U)]、使用価値として実現するためには、価値としての実現を前提にしなければならない[U(V)]》という、蛇が自分の尻尾を咥えるように、相互に前提しあう2つの命題が堂々巡りをする。このままでは2つの命題が両立できないアンチノミーである[V(U)：U(V)]。カントは『純粋理性批判』で、《時間上の始元は存在する》とのテーゼに対して、《いや、その始元の前にそれより先の始元を想定できる》という反定立(アンチテーゼ)が可能であり、《空間上の限界は存在する》とのテーゼに対して、《いや、その限界を超えたさらに先に限界が想定できる》という反定立が可能である、という。そのような問い自体が理性の蒙昧=「仮象(Schein)」である、として禁じる。

しかし、テーゼとアンチテーゼの絶対的対立=アンチノミーは、人間の理性を使用する理論上の事柄であるとはかぎらない。ここでのアンチノミーは、価値の実現と使用価値の実現をめぐるアンチノミーであり、交換過程という現実的実践的過程で発生するアンチノミーである。アンチノミーは理性の使用上の範囲を超えて現実に存在する。その意味で交換過程のアンチノミーはカント批判を含意する。どの商品所持者も、相互に自己の欲求を満たす使用価値を獲得

しようとするかぎりでは交換過程は「個人的過程」である。他方、価値として実現しようとするかぎりでは「一般的社会的過程」である。交換過程のアンチノミーはこの2つの過程の止揚を求めている。

マルクスはこの過程を価値形態の観点から再把握する。交換過程における「価値の実現」の前提に「価値の表現（価値形態）」があるからである。その意味では或る商品の「価値としての実現」は「価値の表現」の現実化である。この場合、自己の商品は相対的価値形態であり、それ以外のすべての商品は一般的等価形態であるような「第2形態」である。この形態はすべての商品に妥当する。自己を相対的価値形態として位置づける行為をすべての商品所持者が主語（主体）としておこなうのであるから、述語＝等価形態にはなるまいとする関係である。したがって、交換過程はまず「第2形態の連鎖」（初版『資本論』のいう第4形態）となる。

第2形態連鎖止揚の実践的可能性　しかしこの事態には自己止揚する決定的な可能性が潜在している。いま、商品世界にn種類の商品が参入しているとすると、潜在的にはn種類の第2形態が存在する。1つの商品が相対的価値形態になると、それに対して$(n-1)$の商品種類が等価形態になる。相対的価値形態としての或る商品が他のすべての商品の等価形態になって連鎖するn種類の第2形態が円環をえがく。その円環では、各々の商品が一般的等価形態になる可能性は$1/n$存在する。全部でn種類の商品が存在するから、商品世界全体としての可能性は$n \times (1/n) = 1$である。すなわち、1の可能性＝必然性がある。この円環はいずれかの商品が一般的等価形態になる必然性を内包する。ただしこれはあくまで価値形態論の観点から分析した理論的な可能性である。その円環から一般的等価形態を現実に生み出すのは、交換過程を構成する商品所持者の行為＝実践である。この実践をマルクスは次のように記述する。

　「わが商品所持者は［上記のようなアンチノミーに直面し］当惑してファウストのように考え込む。始めに行為ありき。したがって、彼らは考える前にすでに行動していたのである。商品本性の諸法則は商品所持者の自然本能において確認されたのである。……もっぱら社会的行為だけが、或る特定の商品を一般的等価物にすることができる。……この商品は―貨幣になる」（S.101：訳148）。

ファウストは難問に遭遇したときの人間の象徴である。ファウストはのちに資本蓄積論で、資本家の消費欲か蓄積欲かという苦悶の描写でも登場する。マルクスは、上記の理論的分析［$n × (1/n) = 1$］にもとづいて商品所持者の実践が一般的等価形態を生み出す活路を内包していることを詳論していない。そのために、貨幣生成をめぐる従来の解釈では、その理論的可能性の分析なしに、《人間の主体的行為がいかなる難局でも打破する》という人間主体主義的な解釈が受容されたこともある。あるいは、価値形態論の理論的次元と交換過程論の実践的次元が区別されずに、《価値形態論強調＝交換過程論捨象》、あるいはその逆の《価値形態論軽視＝交換過程論重視》という二種類の相反する一面強調が相対立してきた。

鏡の哲学史　すぐれて理論的な価値形態論は、価値表現という観念的な行為を論証するものである。カントからヘーゲルまでのドイツ観念論一般の枠に照応する論証である。それに対して、交換過程論は複数の人格が登場する実践的現実的な過程である。その観念論的アンチノミーは資本主義的生産様式の運動形態を生み出す実践が解決＝止揚する。『資本論』における用語「鏡」はカント＝ヘーゲルから継承した用語である。カントは『プロレゴメナ』§13で「鏡」の比喩を用いて、原物と鏡像の関係を悟性の対象としてではなく「感性的直観＝現象の可能性」として論述した[38]。ヘーゲルはそれを批判して彼固有の「鏡」概念を獲得する。カントのアンチノミーは超越論的主観Ｘの内部におけるす

---

38) カントは「原物の右手」には「鏡像の左手」が対応するとだけ考える。「原物の手が右手であれば、鏡中の手は左手である」・「左右の手は相互に重なり合わない」と判断する。カントが取りあげるのは、原物が180度回転した「回転対称」の位置にある鏡像だけであり、左右が入れ違う「反転対称」を考えない。カントは、左右の手の差異は悟性で考えうる対象ではなく、「感性的直観すなわち現象」であり、その現象は我々に不可知の何か（物自体）と我々の感性の関係である、という。カントが不可知なものと人間の感性の関係とした関係は、回転対称と反転対称で二重に見える鏡像をもたらす錯視のメカニズムである。なお、スピノザの心身並行論の哲学も「観念写像」を込みにすれば鏡映概念で一貫したものとして解明できる。このことについては、大津真作『理性と愛』（高文堂出版社、2004年、199頁以下）を参照。スピノザは、物質的生産だけでなく精神的生産のための素材＝質料（materia）を認めるという意味で普遍的なマテリアリスト（質料原因論者）である。この論点は、マルクスの経済学批判が『経済学批判要綱』「序説」でいう「精神的再生産」である点に関連する。同書323頁の注98にはつぎの文献があげられている。P. Dalton, Mirroring Spinoza's Mind, in J.B.Koistenen (ed.), *Spinoza: Metaphysical Themes*, Oxford, U.P., 2002.

ぐれて観念的な対立《A：非A》である。例えば、「時間に始元は存在する」という命題に対して、「では、まさにその始元の前には始元は存在しないのか」という反対命題が対置される。

　ヘーゲルはカントのそのような観念論的な枠組の基本を継承し、その内部でカントの絶対的対立《A：非A》を《A(A―非A)：非A(A―非A)》に止揚する。すなわち、ヘーゲルは超越論的主観を前提に「鏡」の例を採用し、その主観の内部に存在する原物が鏡に映る事態を想定する。原物が鏡に映る事態は鏡の外部の原物が内部に移行し、それが外部から欠如する事態である。「その欠如態を欠如させること（was dem Mangel mangelt）」、すなわち原物の外部における存在を回復するのは、まさに超越論的主観の思惟作用のみであるという。つまり、《鏡の外部の原物→鏡の内部への原物の鏡映→鏡の外部への原物の再帰》という一連の出来事はすべてその超越論的主観[A]への現象(非A)である。主観の観点が《鏡の外部[A―非A]→その内部[A―非A]→その外部[A―非A]》と移動する観念的行為なのである[A(A―非A)：非A(A―非A)]。

観念論の内在的止揚　マルクスはヘーゲルの「欠如(疎外)＝回復(止揚)」の様式が「(観念論的)疎外の内部の出来事」にすぎないと批判する（『経済学・哲学草稿』）。ヘーゲルのその観念の内部にとどまる「対立とその止揚」の様式を、個別主体の一方的な観念的行為(Idealität)（価値形態）としてだけでなく、実践的に相互に相対する実在態(Realität)の相互媒介関係（交換過程）として再定義する。すなわち、実在する使用価値(U)の私的交換関係そのものが交換者の無意識の思弁によって「価値(V)」という観念態として自立する。価値(V)は使用価値(U)を表現媒体とする[V(U)]。これが「価値形態」である。価値は本性上無限であるから、その表現媒体＝使用価値の種類を無限に増大させる。その極限で価値は使用価値の総体として現象する[U(V)]。この事態が「商品物神性」である。価値形態も商品物神性も、商品所有者の主観的な関係行為が生み出すものである。その意味では両者とも観念態である。価値形態が商品所有者の観念的な一方的な価値表現（理論行為[テオリア]）である。

　これに対して交換過程は、商品交換者の実際の行為（実践[プラクシス]）を想定する。そこに商品の「価値の実現」[V(U)]と商品の「使用価値の実現」[U(V)]とのアンチノミー[V(U)：U(V)]が生まれる。価値形態が観念的な関係行為に留まるかぎりでは、カント＝ヘーゲルの観念論的思弁に対応する。貨幣を実在態として

生成するのが交換過程である。すぐれて観念的な価値形態は実在的な交換過程を要求することで、貨幣は実現するのである。価値形態論・商品物神性論・交換過程論にカントからマルクスに至るドイツ哲学史が垣間見える[39]。

マルクスは貨幣生成を論じた直後、ふたたび『資本論』の対象が労働生産物の全面的商品化であることを念頭に「商品の本性のうちに眠っている使用価値と価値の対立」が発展するさいに「労働生産物の商品への転化と商品の貨幣への転化が同じ度合いで発生する」(S.102：訳149)ことを確認する。『資本論』における記述順序が《商品論→貨幣論》であるからといって、それを歴史的実践的順序であると誤解してはならない。さらにまた、まず労働生産物の商品への転化が歴史的現実的に終了し、そのあと商品の貨幣への転化が始まる、というような歴史的＝実践的順序が存在すると想定し、その順序に照応するように『資本論』は記述していると勘違いしてはならない。《商品論→貨幣論》は、両者の論理的発生を追思惟する精神的再生産様式に再構成した順序である。貨幣は特殊な商品であり、貨幣が商品から生成することが精神的に再生産されて論理的に了解できるのである。

Ⅰ-3-2　剰余生産物からの商品交換　　　①（S.102 - 107：訳149 - 158)

次にマルクスは観点をこれまでの③［①価値 V(使用価値 U)：②使用価値 U(価値 V)］から①［価値 V(使用価値 U)］へ移動し、交換過程を構成する前者①［価値 V(使用価値 U)］、すなわち、価値形態［①］に遡及して考察する。

「或る使用対象が可能性から観て交換価値である最初の様式は、非使用価値としてのその所有者の直接的な欲求を超える分量の使用価値としてのその定在である」(S.102：訳150)。

これは、商品交換は剰余生産物から始まるというスミスの見解を援用したものである。商品交換は共存体(きょうぞんたい)(Gemeinwesen)と共存体が接合するところで始

---

39)　本書の終章の「6　対称性をめぐるマルクスの数学研究と哲学史的課題」を参照。

まる[40]。その接触は最初、偶然であるかもしれない。しかし、最初の交換が自分たちの共存体では生産できない富をもたらすので、ふたたび交換したいという衝動を共存体の内部に生み出す。こうして交換が絶えず反復するようになる。すると「1つの規則的な社会的過程」(S.103：訳150) になる。生産物の生産は直接消費だけでなく、他の共存体の生産物との交換も目的とするようになる。共存体の内部にも商品世界がひろがってくる。「諸物の使用価値は諸物の交換価値から分離するようになる」(同)。この分離がすべての労働生産物に浸透したとき、商品形態の必要生産物を消費して再生産される労働力も商品になり、近代資本主義が成立する。それは労働力商品も含めて等価交換を基準とする産業革命以後のことである。そこでマルクスは次のように指摘する。

> 「商品交換がそのもっぱら局地的な束縛を打破して、それゆえ商品価値が人間労働一般の体化物(Materiatur)にまで拡大してゆくのと同じ割合で、貨幣形態は一般的等価物という社会的機能に生まれながらにして適している商品に、すなわち、貴金属に移行してゆく」(S.104：訳152)。

本来的商品の生成と一般的等価物の貴金属への収束とは実践的歴史的には同時なのである。マルクスはスミスにならって、その貨幣としての貴金属(特に金 Gold) の特性をとして、「等質性・分割結合可能性・不変性」をあげる (S.104：訳153)。

以上は、価値形態論の観点①[V(U)]からする考察である。その考察は交換過程論が価値形態論にも根拠をもつことを確認する作業である。

Ⅰ-3-3 交換過程と価値形態　　　　　　　　② (S.107 - 108：訳158 - 159)

次にマルクスは観点を使用価値に移動する。その使用価値の背後に価値が控えている。これは商品物神性論固有の観点である(②[U(V)])。先にみたように、交換過程論は価値形態論だけでなく、商品物神性論にも理論根拠をもつから、そのことに遡及して次のように再認する。

---

[40] 「共存体」という訳語については、望月清司「生産様式接合の理論」(『経済評論』1981年7月号) を参照。

貨幣商品（金）の使用価値には2つの使用形態ができる。「虫歯の充填・奢侈品の原材料」などの使用価値そのものを使用する「特殊的な使用価値」と、商品世界が要求する独自の社会的機能のための「1つの形式的な使用価値」＝一般的等価形態としての金（Gold）である。金商品は自己の使用価値を二重化する。貨幣形態は、貨幣商品以外の「すべての商品の諸関連の反射（Reflex）が1つの商品に固着しているもの」（S.105：訳154）である。「交換過程は、それが貨幣に転化させる商品にその価値を与えるのではなく、その独自な価値形態を与えるのである」（S.105：訳154）。マルクスは商品の諸関連を「反射」という。その関連が鏡映関係だからである。[41]

　相異なる商品の間の交換過程が「価値形態」を与えるのに、そうとは考えず「価値」を与えるのだと考える商品所持者や経済学者から生じるのは次のような誤解である。すなわち、金銀の価値は「想像上のもの（imaginär）」であるとか、貨幣は「単なる章標（bloßes Zeichen）」にすぎないという唯名論的な誤解である。この誤解から生まれるのが次の基底還元主義的手法である。貨幣の生成過程の謎が解明できず、貨幣に纏（まと）いつく何やら「疎遠な事態の仮象（Schein der Fremdheit）」を直観しそれを剥ぎ取ったつもりになり、貨幣とは人間の「恣意的な反省の所産であると説明する」18世紀の啓蒙主義の手法である。

　この手法と同種の還元主義が次のようなものである。《コップの水中のストローはなぜ曲がって見えるのか》という問いに、コップからストローを取り出して、《ほらごらん、ストローはまっすぐですよ》と答える素朴唯物論者の答えである。《事実なるもの》にしがみつく素朴唯物論者は、その答え方が《なぜ曲がってみえるのか》という問題そのもの、すなわち《空気と水における光の曲率の相違を根拠にする解明》を抹消することに気づかない。ストローは水中でも実はまっすぐなのだという「真理」にしがみつき、自然にだまされない

---

[41]　「価値鏡」と同じように、マルクスの観点は「光学的」である。反射が結ぶ鏡像の光源は「無限遠点」である。相異なる使用価値の財が接合して《使用価値が捨象され＝価値が抽象される》。財は使用価値と価値の二重存在になる。まさにその財が商品になる交換関係そのものこそ、使用価値の相違が消滅する「価値＝無限遠点」である。これに対応するのが、《鏡の中の鏡の中の……》の重層的鏡映過程である。そこでは、鏡像の具体性が次第に捨象され抽象化し「無限焦点」（ヘーゲル）に収斂する。有限（商品）はそれ自身に無限（価値）を内包し無限に根拠づけられる相対的時空間存在である。三木清も『構想力の論理』（三木清全集第8巻、266頁）で、行為と環境との重層的関係を「反射弧」の相互鏡映関係でとらえている。それは「メビウスの帯」を成す。

ように警戒する。まっすぐなはずのストローがなぜ曲がって見えるのかという問いを無自覚に捨象する。このような「唯物論」は、観念論的な観点に内在してその観点を内部から超越する回路を探求するマルクスの方法とは無関係である。価値からしてすぐれて観念論的な存在であるから、マルクスの考察の出発点は観念論内在的なのである。いうまでもなく、「価値対象性（＝価値憑依態）・物象化・神秘化など」の用語で表現されるマルクスの物象化論は、価値という観念がいかに実在物（使用価値）に現象するかを解明するのである。物象そのものは物ではない。物象を物と同一視する思惟、商品所有者たちが相異なる使用価値を無意識に捨象して生みだす価値が使用価値から自立し、逆に使用価値を自己の運動の前提に据えることがわからない、タダモノ（唯物）論的思惟に、丸山眞男のいう《つぎつぎとなりゆくいきほひ》という「歴史意識の古層」が作動している。「科学的な観点」とか、「唯物論的な観点」とかを宣言すれば、そのような観点が確保されるという安易な思惟から抜け出さなければならない。[42]

価値論の核心　マルクスはこれまでの価値論の考察を振り返って、「（価値論の）困難は、貨幣が商品であることを理解する点にあるのではなく、どのようにして（wie）・なぜ（warum）・どこを媒介にして（wodurch）、商品が貨幣であるかを理解することにある」（S.107：訳157）と要約している。「どのようにして（wie）」が価値形態論に、「なぜ（warum）」が商品物神性論に、「どこを媒介にして（wodurch）」が交換過程論に、それぞれ対応する。このことは、すでに久留間鮫造が『価値形態論と交換過程論』（岩波書店、1957年）で解明している。[43]

　交換過程論の最後でマルクスは、商品物神性論そのものに立って次のように総括する。価値形態の第1形態から、等価形態の商品の使用価値そのものが商品の交換関係から独立した「社会的自然属性」をもっているかのように「仮象

---

42) この脱出は平田清明の次のような指摘と深く関連する。「天皇制は、ヘーゲル［の『法の哲学』］→マルクスの文脈において把握されるときには、「専制主義（デスポティズム）」の範疇において表現されることがなによりもまず必要だったのではなかろうか。……戦後の特徴となった象徴天皇制は、敗戦前の全日本史のいずれの時期にも日本"社会"＝国家の根幹を成すものとして存在していたのである」平田清明「哲学と社会に生きる―追憶の森有正―」（家永三郎・小牧治編著『哲学と日本社会』弘文堂、1978年、163-4頁）。
43) とはいえ、久留間の商品物神性論に関する分析は十分ではないし、『資本論』における、価値（V）と使用価値（U）が［V(U)］→［U(V)］→［V(U)：U(V)］というように対称的に反転対称と回転対称を重ねてゆく重層的過程の分析はおこなわれていない。内田義彦は『資本論の世界』でなぜか価値論の理論構造について一切沈黙している。

する(scheint)」(S.107：訳158)こと、「我々はこの虚偽の仮象の固着化を追求してきた」(同)ことを確認する。貨幣になる商品を除く他のすべての商品が自己の価値をその１つの商品で表示するから、その商品が貨幣になる。しかし事態はそのようにはみえない。逆に「その商品が貨幣であるからこそ、他の諸商品がその商品で一般的にそれらの価値を表示するかのように仮象する（scheinen）。媒介する運動はそれ自身の結果に消えてしまい、なんの痕跡も残さない」(S.107：訳159)。そのため貴金属は地中から出て来たときから、生来、「一切の人間労働の直接の化身」(同)となる。こうして「貨幣物神の謎は目に見えるようになった人目を眩ますようになった商品物神の謎にほかならない」(S.108：訳159)。この謎の解明は、《ほらごらん、まっすぐだよ》というあの素朴唯物論的な還元主義の無内容を照射する。

前提＝措定の重層的な論証　以上のように交換過程論は価値形態論①[V(U)]と商品物神性論②[U(V)]の要素で編成されている(③[① V(U)：② U(V)])。２つの構成要素である①価値形態論から②商品物神性論へ遡及し、③自己に至る経路を再現する[③→①→②(→③)]。その再現は、価値形態論の①第１形態から②第２形態を経て第３形態に至る経路(①→②→③)にも再現する。このように交換過程論は、価値形態論そのものの論証順序(①→②→③)と、①価値形態論から②商品物神性論を媒介して③交換過程論に至る経路(①→②→③)、この二重の経路を再現する。その経路は、①が価値形態そのものと価値形態の典型・第１形態を、②が第２形態と商品物神性を、③が第３形態と交換過程を、それぞれ二重に指示する。

　さらに、すでにみたように、すぐれて理論的な論証である価値形態論の②第２形態から③第３形態への移行(②→③)は価値形態論だけでは完結しない。その移行は交換過程論の実践的論証を前提にする《借りのある論証》である。その移行(②→③)は、②商品物神性論の論証順序(②→③→①)の始めの(②→③)と、②商品物神性論から実践的な論証である③交換過程論への移行(②→③)に再現する。この二重の再現を媒介に、その移行(②→③)の前提が、③交換過程論で「一般的等価形態の実践的・現実的な生成」で措定される。このような前提＝措定の論証様式は『資本論』を体系として編成する原理である。

総括と展望 ──『資本論』のシンメトリーをなす編成

　以上のように、『資本論』第1部の第1章第3節・第4節と第2章は、《①価値形態論》・《②商品物神性論》・《③交換過程論》という3つの観点を定める基礎作業にあてられている。資本主義的生産様式が自己を組織してゆく過程は、この3つの観点を規則的に入れ替わる過程に対応する。

　ここであらかじめ、『資本論』第1部にその3つの観点がいかに配列されているかを記す。次のように、『資本論』第1部は6つ部分［Ⅰ］〜［Ⅵ］にそれぞれ3つの観点が規則的に配列されている。

　　［Ⅰ］{①}②③ − {②}③① − {③}①②：［Ⅱ］{①}③② − {③}②① − {②}①③

　　［Ⅲ］{②}③① − {③}①② − {①}②③：［Ⅳ］{②}①③ − {①}③② − {③}②①

　　［Ⅴ］{③}①② − {①}②③ − {②}③①：［Ⅵ］{③}②① − {②}①③ − {①}③②

『資本論』第1部は、①価値形態論・②商品物神性論・③交換過程論の3つの観点を上記のようなシンメトリーをなす規則にしたがって移動する（3×3×6＝）54の要素からなりたっている。ただし［Ⅰ］の2番目の{②}③①の最後には②′が続くので詳しくは55の要素となる。記述は、始めは理論的基礎作業であるから密度濃く論証が展開される。けれども論証過程はしだいにより現実的な次元にむかうので、さまざまな具体的な事例が豊富に示される。特に［Ⅵ］から始まる相対的剰余価値論・絶対的相対的剰余価値論・蓄積論は多くのページを当てて詳細で具体的な記述がおこなわれる。本書もその記述様式にしたがい第1部の内容をあとづける。

移行の規則　最初の［Ⅰ］と［Ⅱ］を例にとり、そこで①価値形態論、②商品物神性論、③交換過程論が独自な順序で配列される規則について説明する。

　（a）［Ⅰ］の{　}で括られた項は、まず「横」の順序{①}→{②}→{③}に配列されている。その3つの項には、さらに各々2つの項が続いている。例えば、{①}には②と③が接合し、{①}②③となっている。同じように{②}にも③と①が接合し、{②}③①となっている。{③}にも①と②が接合し、

{③}①②となっている。つまり、「横」の{①}→{②}→{③}のそれぞれの項の「縦」には２つの項が接合して二層になっている。通常この二層を「２階(rank)」という。その他の［Ⅱ］［Ⅲ］［Ⅳ］［Ⅴ］［Ⅵ］の場合も同じである。［Ⅰ］の内部の{①}②③から{②}③①へ移行するには、まず、①②③の最初の項①を固定し二番目の②と三番目の③を入れ替えて①③②をつくり(反転対称操作φ[フィー])、ついでその①③②の中央の③を固定して左右の①と②を入れ替えれば(回転対称操作ψ[プシー])、{②}③①ができる(φ[①②③]=[①③②]→ψ[①③②]=②③①)。［Ⅰ］〜［Ⅵ］の同じグループの内部のその他の移行も同じ操作による。

　(b)　或るグループの最後から次のグループの冒頭に移行する場合はどう操作するか。例えば［Ⅰ］の最後の{③}①②から［Ⅱ］の最初の{①}③②に移行するには、［Ⅰ］の最後の項②を固定し第１項と第２項を置換すると(反転対称操作φ')、［Ⅱ］の最初{①}③②になる(φ'[③①②]=①③②)。このことは［Ⅲ］から［Ⅳ］への移行の場合も、［Ⅴ］から［Ⅵ］への移行の場合にも妥当する。

　(c)［Ⅱ］の最後の{②}①③から［Ⅲ］の最初の{②}③①へ移行するには、最初の項②を固定して第２項と第３項を置換する(反転対称操作φ)。同じことは［Ⅳ］から［Ⅴ］へ、［Ⅵ］から［Ⅰ］への移行でも妥当する。こうして［Ⅰ］→［Ⅱ］→［Ⅲ］→［Ⅳ］→［Ⅴ］→［Ⅵ］→［Ⅰ］というように、円環を結ぶ。先にみた「無限を内包する有限の運動諸形態」とは、具体的にはこのような置換配列を成す。

論証上の貸借なしの円環体系　マルクスは円環をなす、つぎのような順序で「貸借のない論証」をおこなう。［Ⅰ］から［Ⅵ］までは(a)(b)で示した移行の規則で連結し、［Ⅵ］から［Ⅰ］への再帰は規則(c)で連結している。論証は、［Ⅰ］の前進と［Ⅱ］の遡及、［Ⅲ］の前進と［Ⅳ］の遡及、［Ⅴ］の前進と［Ⅵ］の遡及という順序で進む。［Ⅰ］の前進は［Ⅱ］の遡及で、［Ⅲ］の前進は［Ⅳ］の遡及で、［Ⅴ］の前進は［Ⅵ］の遡及で、それぞれ裏づけられる。この意味で、前進が前提にした条件は遡及が措定することで、借り(前提)が返される(措定)ことになり、円環が結ばれる。マルクスはこの規則的な順序で、①価値形態論の観点[V(U)]、②商品物神性論の観点[U(V)]、③交換過程論の観点[V(U)：U(V)]を移動する。この操作で資本主義的生産様式の自己組織過程をあとづける認識が「借り貸しのない徹底した内在主義的な認識」であることを担保するのである。

　その自己組織過程の原理を簡単にみる。ただし、[①V(U)]は価値形態論の

観点、[②U(V)] は商品物神性論の観点、③[①V(U)：②U(V)] は交換過程論の観点を意味する。現実の③交換過程[V(U)：U(V)] は、観念的な①価値形態[V(U)]と実在的な②商品物神性[U(V)]の統一に根拠づけられ、次のように連結する。

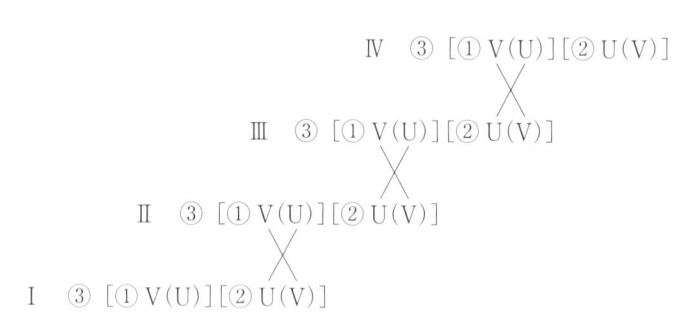

```
                    Ⅳ  ③ ［①V(U)］［②U(V)］
                              ╳
              Ⅲ  ③ ［①V(U)］［②U(V)］
                        ╳
        Ⅱ  ③ ［①V(U)］［②U(V)］
                  ╳
  Ⅰ  ③ ［①V(U)］［②U(V)］
```

　Ⅱを中心に説明すると、ⅡとⅠ、ⅡとⅢの交換関係は③交換過程を編成する①価値形態と②商品物神性の間で発生する。Ⅱの［①V(U)］とⅠの［②U(V)］が接合する。前者のⅡの［V(U)］は、「使用価値(U)の実現」を前提とする「価値(V)の実現」、つまり「売り」を意味する。後者のⅡの［U(V)］は「価値の実現」を前提とする「使用価値の実現」、つまり「買い」を意味する。両者がなす「売り［V(U)］＝買い［U(V)］」は相互補完の関係にある。ⅡとⅠの「売＝買」の関係のあとのⅡの取引は、ⅡとⅢの間の取引関係である。Ⅱの「買い」(U(V))とⅢの「売り」(V(U))が補完しあう。

反転対称・回転対称・並進対称　ⅡはVとUが入れ替わった順序[V(U)売り→U(V)買い]、即ち「反転対称」(inverse symmetry)」でⅠの「買い(U(V))」とⅢの売り「V(U)」に関連する。Ⅱの③［①V(U)］［②U(V)］の前半の［①V(U)］から後半の［②U(V)］に進む順序は、Uを軸に180度回転する「回転対称(rotational symmetry)の操作」に等しい。その移行の結果である［②U(V)］はⅢの［①V(U)］を前提にする。ところが、この前提はⅡ自身の最初の段階の［①V(U)］に等しい。すなわち、進行Ⅰ→Ⅱ→Ⅲは、上記のように、それぞれの③［①V(U)：②U(V)］を後方に１コマずつずらす操作で成り立っている。このような並列関係を「並進対称（translational symmetry）」という。並

進対称は反転対称と回転対称からなる対称性である[44]。並進対称は、価値論の要素でみれば、③交換過程論が①価値形態論と②商品物神性論からなることと同じである。

『資本論』の記述は《クラインの面（壺）》を描く　このような『資本論』の対称性を図解したものが別掲図「『資本論』の観点置換は「クラインの面(壺)」を描く」（次頁）である。図は上記の54の置換のうち、簡単化のために、{①}、{②}、{③}の置換順序だけにしぼっている。その図の左側では、上記の［Ⅰ］〜［Ⅵ］の各々の最初の項のみからなる6つの群、

［Ⅰ{①}{②}{③}：Ⅱ{①}{③}{②}］
［Ⅲ{②}{③}{①}：Ⅳ{②}{①}{③}］
［Ⅴ{③}{①}{②}：Ⅵ{③}{②}{①}］

の項{①}、{②}、{③}の各々が置換されて描く軌跡が3種類の曲線で示されている（以下では、{ }を略す）。その曲線はそれぞれ「クラインの面(壺)」を描く。

図の右下に、その「クラインの面」が図解されている。「クラインの面」とは、二重の「メビウスの帯」に等しい[45]。「メビウスの帯」とは、表裏が1回捻れて連続する2次曲面である。具体的には、一定の幅のテープの一方の端の表裏を反転し両端を糊で接着するとできる。8の字のような幅のある曲面である。その曲面上の或る点から出発し両脇に並行に前進すると、そのテープの表裏を1回転して出発点に後方から再帰する(終点＝始点)。その2次曲面である「メビウスの帯」の2つ(AとB)が接合する任意の1点で、Aの裏からBの表に連続しかつBの裏からAの表に連続する2次曲面が「クラインの面」である（テープと糊で作成されたい）。図解の最下の図は、3つの項①、②、③が［Ⅰ］から［Ⅵ］まで置換されて描く軌跡が「クラインの面」を描くことを示す。

2つの操作「反転対称 φ」および「回転対称 Ψ」の操作を規則的に3回連続

---

44) この並進対称は「商品と貨幣の交換関係」に再現する編成原理である。本章の冒頭の「射影・対称性」の個所、第Ⅲ章および第Ⅵ章3節(Ⅵ-3)「前書」を参照。

45) 前掲論文、内田弘『『資本論』の自然哲学的基礎』は、『資本論』の基礎範疇である商品交換関係が「メビウスの帯」をなすことを指摘した。その論理空間は「終点＝始点」二重性をもつことで、カント・アンチノミーを止揚する場である。

『資本論』の観点置換は「クラインの面（壺）」を描く

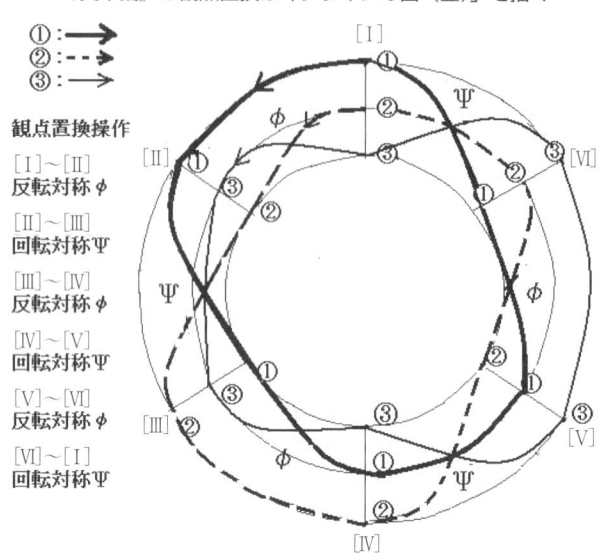

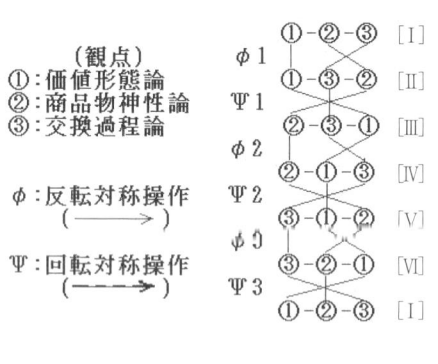

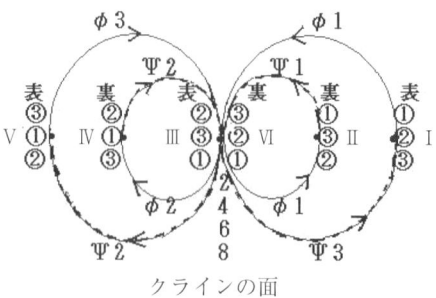

①：→
②：--→
③：→

観点置換操作

[I]〜[II]
反転対称 φ

[II]〜[III]
回転対称 Ψ

[III]〜[IV]
反転対称 φ

[IV]〜[V]
回転対称 Ψ

[V]〜[VI]
反転対称 φ

[VI]〜[I]
回転対称 Ψ

（観点）
①：価値形態論
②：商品物神性論
③：交換過程論

φ：反転対称操作
（——→）

Ψ：回転対称操作
（--→）

φ1　①-②-③　[I]
　　　╳
Ψ1　①-③-②　[II]
　　　╳
φ2　②-③-①　[III]
　　　╳
Ψ2　②-①-③　[IV]
　　　╳
φ3　③-①-②　[V]
　　　╳
Ψ3　③-②-①　[VI]
　　　╳
　　　①-②-③　[I]

クラインの面

しておこなうことで、3つの項①、②、③は規則的に置換し連結し［Ⅰ］から［Ⅵ］まで移動し［Ⅰ］に再帰し円環を描く。その円環の2次曲面が「クラインの面」である。その図にあるように、まず［Ⅰ］①②③に反転対称φ1の操作をおこなうと［Ⅱ］①③②に置換する。その［Ⅱ］①③②に回転対称Ψ1の操作をおこなうと［Ⅲ］②③①に置換する。以下、同じように反転対称φ2の操作で［Ⅲ］②③①から［Ⅳ］②①③へ、回転対称Ψ2の操作で［Ⅳ］②①③から［Ⅴ］③①②へ置換する。反転対称φ3の操作で［Ⅴ］③①②から［Ⅵ］③②①へ置換し、回転対称Ψ3の操作で［Ⅵ］③②①から最初の［Ⅰ］①②③に置換＝再帰し円環を成す。

　右下の図にあるように、反転対称φ（細い実線）と回転対称Ψ（太い破線）はその操作の方向性を含めて、対称的に配列されている。すなわち、右から左へ、φ1とφ3、φ1とφ2、Ψ1とΨ2、Ψ2とΨ3は同じ操作の対称性を示す。さらに［Ⅰ］①②③から［Ⅵ］③②①までの群も対称的に置換＝配列されている。

　図の最下の「クラインの面」右側の表（大円で示す）の［Ⅰ］①②③と裏（小円で示す）の［Ⅱ］①③②、左側の表の［Ⅲ］②③①と裏の［Ⅳ］②①③、左側の表の［Ⅴ］③①②と右側の裏の［Ⅵ］③②①は反転対称の対になっている。さらに、反転対称φの操作と回転対称Ψの操作のそれぞれの長さを円の1/2＝0.5を基準に示せば、置換の順序に、

　　　　［φ1＝1.0→Ψ1＝0.5→φ2＝0.5］→［Ψ2＝1.0→φ3＝0.5→Ψ3＝0.5］

となって前半と後半は同じ比率である。しかも、操作順序は順逆の対称性をなす［φΨφ：ΨφΨ］。

　このように、『資本論』の記述様式が成す「クラインの面」は重層的に対称的な2次曲面である。『資本論』の記述様式は、反転対称と回転対称との操作で自己を重層的に媒介し始点に再帰する並進対称を編成する。それはけっして、積み木を横並びさせたような、あるいは積み木を縦に積み重ねたような、経済学の諸範疇が平板に外接する構造ではない。これまでの『資本論』の記述様式そのものの読み方には重大な齟齬がなかったであろうか。

　これから、『資本論』第1部が上記の順序で一貫して記述されていることを論証する。有機的に接合する順序で（［Ⅰ］～［Ⅵ］）の｛3｝×3×6＝54の要素は連続し円環を描く。すでに第1章第3節・第4節と第2章をそれぞれいくつかの部分に分けて考察したさいに、各々の見出しの冒頭につけた番号、例えば、［｛①｝－②－③］の順序は《①価値形態論→②商品物神性論→③交換過

程論》の観点の順序で解明されること示す。そのさい、{①}価値形態論が主要な観点である。この規則でこれからも『資本論』を分析する。例えば、①(S.＊＊＊：訳＊＊＊)とあるのは、①価値形態論に対応する理論内容がその下の( )のなかに指示された「原書頁数＊＊＊(Dietz版)[46]と翻訳頁数＊＊＊(新日本出版社)」に対応することを示す。

　本書によるこのような対称性の観点からする『資本論』の分析は、『資本論』のそれぞれの個所の記述内容、および『資本論』形成史に内在し分析した結果を示すものであって、その記述内容や形成史の分析なしに、恣意的に外部からもちこんだ一定の基準を「当てはめたもの」ではない。本書は『資本論』の編成原理を『資本論』そのもの(第1部第1章の価値形態論・商品物神性論と第2章の交換過程論)に探し当て、それで『資本論』が読み切れることを立証するものである。このテキスト内在的な方法は、自然言語の用例にその文法を分析し、その文法でその自然言語を文法学的に考察する手法に対応する。これから『資本論』第1部の記述の順序にしたがってみるように、①価値形態論・②商品物神性論・③交換過程論を理論要素とする54の要素の重層的なシンメトリーをなす配列は、『資本論』第1部自体が開示する編成である。この編成でもって近代資本主義は自己を組織しているのである。

---

46) 本書は、『資本論』第1部のテキストとしてその普及性を考慮して、エンゲルス編の第4版を使用するけれども、フランス語版の挿入などエンゲルス自身による編集の個所は引用しない。エンゲルスによる注記は1カ所だけ重要なのでそれと断って引用する。

第Ⅱ章

貨幣または商品流通

Ⅱ-1 価値尺度　　　　　　　　　　　　[{①}-③-②]

Ⅱ-1-1 観念的存在としての価値尺度　　{①}(S.109-111：訳160-165)

　この前の第Ⅰ章では、商品の交換関係から貨幣が生まれてくることを論証した。それではその生まれた貨幣とはいかなる存在であろうか。それに答えるのが『資本論』第1部の「第3章　貨幣または商品流通」である。ここでも、《或る問いとその解は次の問いを生みその解を求める($Q_i \rightarrow A_i = Q_j \rightarrow A_j$)》という規則が貫徹する。

　『資本論』第1部では「金(Gold)を貨幣商品として前提する」(S.109：訳160)。その「第3章　貨幣または商品流通」では、「資本の諸規定を捨象した」という意味で「単純な」流通過程における貨幣の機能を3つに分けてあきらかにする。(第1節)価値尺度・(第2節)流通手段・(第3節)貨幣そのもの（蓄蔵貨幣・支払手段・世界貨幣）がそれである。

　最初に(第1節)価値尺度機能をあきらかにする。この第1の機能は商品の価値表現に材料を提供することにある。

> 「(貨幣としての)金の第1の機能は、商品世界にその価値表現の材料を提供すること、すなわち、諸商品価値を質的に等しく量的に比較可能な同名の大きさとして表現することにある」(S.109：訳160)。

　価値の表現とは価値形態論の主題であった。そこでは価値の表現は商品自身の主観的な行為であった。それに対しここでは、価値表現は商品＝貨幣関係に

おける商品所有者が商品販売を準備する実践的な行為である。商品の価値を価格で表現するとは「値付け」をすることである。金貨幣はその値付けの基準と単位を提供する。貨幣としての金は抽象的人間労働の体化物として価値表現の素材になる。もし1個の商品aの価値が10時間の社会的平均労働と同じ価値があり、金1グラムが5時間労働と等しい価値があるとすると、

　　　　1単位の商品a＝2グラムの金

となる。マルクスは、このような等式を一般化して、

　　　　X量の商品A＝y量の金

と表現する（S.110：訳161）。しかしここで注意しなければならないのは、その金はまだ商品所有者の手元に入った現実の金ではないということである。その金は商品の売り手が自分の頭に思い浮かべただけの金である。それは、手持ちの商品を売って手に入れたいと期待する金である。それはまだ観念的な存在としての金である。商品世界が実際に提供するはずの金貨幣はその売り手にとってはまだ実現していない金貨幣、買い手から入手していない未実現の金貨幣である。すなわち、

　　「商品の価格または貨幣形態は、商品の価値形態一般と同じように手でつかめるその実在的な物体から区別された形態、したがって、単に観念的なまたは表象されただけの形態である」（S.110：訳162）。

引用文で「表象された」とは「商品所有者によって想像された」という意味である。商品に一定量の金の価格をつけるとき、その価格は「観念的な金」である。《これはいくらですか》と客に値段を問われて、《＊＊です》と答えるときの＊＊も、まだ客が売り手に払っていない価格である。「したがって、価値尺度という機能では、貨幣はただ表象されただけの観念的な貨幣として役に立つ［にすぎない］」（S.111：訳163）。価値は単なる観念的な存在として存在しうる。すでに第1章第2節でみたように、価値はまず本源的に観念的存在として生まれる。観念としての価値が金などの物質に乗り移り体化（憑依）したその結果（金貨幣）だけでみることは、価値を貨幣形態だけで捉えることであり、まさ

に物神性に囚われた見方である。

Ⅱ-1-2　度量単位・度量基準　　　　③（S.112 - 114：訳 165 - 169）

　いままで価値尺度機能を(1)価値表現の観点[V(U)]から考察してきた。その商品の価値表現ができるのは、価値を推し量る単位としての貨幣が現に前提されているからである。そこでマルクスは、観念的な価値尺度としての貨幣から、商品の価値を度量する単位としての貨幣にさかのぼる。それは「(3)価値と使用価値が相互に媒介しあう統一」③［V(U)：U(V)］の観点から見える貨幣である。すなわち、

　　「諸商品価値はさまざまな金分量（Goldquanta）として相互に比較され、計量されあう。そのため諸商品価値を、その**度量単位**（Maßeinheit）としての或る固定された分量の金に関連づける必要が技術的に生まれる」（S.112：訳 165 - 166）。

　「度量単位」はさらに「可除部分(aliquote Teile)」（分割可能な最小単位。数学の約数）にまで分割され「**度量基準**(Maßstab)」となる。金・銀・銅は貨幣として用いられる前から重量の度量基準をもっていた。イギリスではその金属の重量単位のポンドが貨幣単位ポンド（-スターリング）にもなったので、金属の重量単位に貨幣の度量基準が結びつけられた。貨幣の度量単位1ポンドが（マルクスの時代では）20に分割され1シリングという度量基準になり、さらに1シリングは12に分割され1ペンスという度量基準になる。したがって、1ポンド＝20シリング＝240ペンスであった（現在は1ポンド＝100ペンス）。
　こうして価値尺度の観念性は一定量の金という社会的な実在に射影される。商品の使用価値に観念的に表現された価値[V(U)]はその商品とは別の金属（金・銀）という価値そのもの(V)を体現する独自な商品の使用価値(U)に結びつけられる[U(V)]。こうして、交換過程と同じ[V(U)：U(V)]として表現できる関係で、貨幣の価値尺度は機能する。
　価値尺度としての貨幣の観念的基準そのものは、商品所有者の単なる個人的な主観ではない。それは社会的に実在的な「度量単位・度量基準」が根拠づけ

ている。カントは、単に観念的な存在にすぎない人間の思惟する理性（cogito.超越論的主観X）をデカルトのように実在する存在（sum）に変換することを「誤謬推論(パラロギスムス)」として退けた。けれども、価値形態が観念的な価値（デカルトのcogito）を実在的な使用価値（sum）に表現するように、マルクスは観念的な価値尺度が実在的存在である金属を前提する事態に注目し、そこにカントの主張の誤りの実例をみいだしている。マルクスの経済学批判は単なる経済学ではない。経済学批判は経済学の狭い枠を破って哲学に通底している[1]。マルクスはそのような哲学史的な含意を隠蔽し記述を圧縮することを好んだ。『資本論』の読者はその配景(パースペクティーヴ)を読み解かなければならない。

ここまでの考察は、貨幣の価値尺度機能＝価値の使用価値（金）による表現［V(U)］から、交換過程論の観点「価値と使用価値の相互媒介関係［V(U)：U(V)］」からする貨幣の度量基準までの考察である。

ところで貨幣は、価値尺度としては人間労働の社会的化身である。しかし価格の度量基準としては確定された金属重量である。前者はすぐれて観念的である。後者はすぐれて実在的である。こうして、貨幣が使用価値（金）で表示された価格は価値から乖離する。

II-1-3　価値からの価格の乖離可能性　　　　② (S.114-118：訳169-177)

そこでマルクスは商品と貨幣との交換比率について重要な点を指摘する。

「商品の価値の大きさの指標としての価格が、その商品の貨幣との交換比率の指標であるとしても、逆に、商品の貨幣との交換比率の指標が必然的に商品の価値の大きさの指標であることにならない」(S.116：訳173)。

与えられた生産諸条件のもとでの社会的平均では、商品の価値は一定であり、貨幣商品との交換比率も一定である。しかし、「価値の大きさの価格への転化とともに、この必然的な関係比率(Verhältnis)は、1つの商品とその商品の外

---

1) 例えば、マルクスは『経済学批判』で流通形態「商品－貨幣－商品」はヘーゲル推論「特殊－一般－個別」に対応し、購買＝販売とみるセーの法則に対する批判は経済学の分野ではなく、論理学の分野に属すると指摘する（MEW, Bd.13, S.76-77）。

部に実存する貨幣商品との交換比率として現象する」(S.117：訳174)。社会的平均では一致する価値と価格の両者は、個別的交換では相互に外部に実存するものとして、商品と貨幣に分離する。それとともに、両者の交換比率としての価値と価格の間には、量的に一致しない乖離可能性が生まれる。価値と価格の乖離には、短期的局所的な日々変動する商品や貨幣の需給関係による「市場価格での乖離」と、「価値と生産価格の乖離」という社会的平均の規定諸条件での理論上の変換による乖離、この2つの場合がある。いずれの場合にも、「このこと（乖離）は価格形態の欠陥ではない。むしろ逆に価格形態を1つの生産様式に適合する形態にするのである。［その生産様式は］盲目的に作用する無規律性の平均法則としてのみ自己を貫徹することができる」(S.117：訳174)。

価値のない物につく価格　価値と価格との乖離はその量的不一致の可能性を潜在するだけではない。さらに両者の間に「1つの質的な矛盾」(S.117：訳174)を宿す。その矛盾とは何か。本源的にはまったく価値をもたない物も価格をもつ事態である。労働生産物であるから価値をもち価格がつくのに、労働生産物ではないのに価格がつき、労働生産物と同格に価値があるかのような事態が発生する。ここで、マルクスは観点を商品物神性論の観点（②［U(V)］）に移動している。

「それ自体としては商品ではない諸々の事柄、例えば良心・名誉などがその所有者によって貨幣で売られる物となり、こうしてその価格を通して商品形態を受け取ることがありうる。したがって、或る物(ein Ding)は価値をもつことなしに、形式的に価格をもつことがありうる。価格表現はここでは数学上の或る種の大きさと同じように想像的なもの(imaginär)となる」(S.117：訳175)。

良心に反する行為をしてカネを受け取る。名誉毀損は金銭で解決する。『資本論』第3部で考察される利子は「一定期間、貨幣資金を使用する権利の価格」である。資金を使用するという使用価値に価格がつく。価値でなく使用価値に価格がつくのである。この自己矛盾が何の疑いもなく通用するのが資本主義である。利子は投下資金を経済合理的に使用する基準を与えるけれども、同時に思惑取引の資金にもなる。

価格と虚数　引用文でいう、数学での「想像的な数」とは「虚数（imaginary number）」のことである。マルクスは数学を研究した。[2] 想像的な価格形態（die imaginäre Preisform）は、なんら人間労働が投下されていない未耕地に価格がつくように、「現実の価値関係から派生した関連（abgeleitete Beziehung）を潜ませている」（S.117：訳175）。価格がつくから価値が存在するはずであるという価値と価格の転倒現象は、価値と価格の乖離可能性こそが資本主義的生産様式に適合するメカニズムであることから派生する（derive）。そこから価格がつくから価値があるかのような商品形態が次々と派生してくる。

　各種の保険商品、金融商品などがそれである。悲惨な例ではあるけれども、子供に生命保険や傷害保険をかけ、金持ちの車に体当たりさせカネをとるのも、保険ビジネスに依拠する事態である。労働しないで生活でき多額の資金を持ち多額なカネを寄付する者は慈善団体の名誉職につく。人はその人を有徳の人にみる。その徳に与ろうとして人が集まる。富者は徳も独占する。《いや、その人の個人的動機は問うな、必要な資金が集まればよいではないか》という現実論は、富も徳も独占する人に貧者がすがる体制それ自体を問わない。徳の根拠よりも貨幣の効用を優先させる。

---

2) マルクスは価値をもたないのに価格がつく商品を虚数に対応させる。労働生産物がもつと想定される《価値なるもの》は、本源的には近代的私的交換関係が抽象する存在であり、商品交換者が《あたかも実在物であるかのように想像された存在（imagined being）》である。その想像された存在としての価値が人間労働に射影した鏡像が「価値の実体」としての「抽象的人間労働」である。その価値実体に資本主義的生産様式における社会的客観性がある。したがって、価値そのものは《想像的なもの》、《虚数的な存在》である。資本主義的生産様式の消滅は価値支配の消滅である（利潤率の傾向的低下）。消滅する歴史的存在である価値は、自然史的観点からは、想像された存在である。価値は虚数に類似する。交換で相対する２つの商品の使用価値と価値はそれぞれ、ガウス平面の実数軸（real axis）と虚数軸（imaginary axis）の第１象限の座標(r, i)と第３象限(-r, -i)にそれぞれ位置づけられる。両者は180度の回転対称の位置にある。内田弘『資本論』の不変の対称的構造」（『情況』2013年５・６月合併号）を参照。

II-2　流通手段　　　　　　　　　　　　　　［{③}-②-①］

II-2-1　a　商品の変態　　　　　　{③}（S.118 - 128：訳177 - 194）

　商品の値付けの次の行為は商品の販売である。これを貨幣からみれば、貨幣の第1の価値尺度機能の次の第2の機能＝流通手段機能である。その貨幣は商品の流通過程に存在する貨幣である。この過程は交換過程③に対応する。そこで、次のようにのべる。

> 「交換過程が、諸商品が非使用価値である人の手から使用価値である人の手に移行するかぎりにおいて、交換過程は社会的物質代謝である。……我々は全過程を形態の面から、つまり社会的物質代謝を媒介する諸商品の形態変換または変態だけを考察しなければならない」(S.119：訳177 - 178)。

　価値尺度としての貨幣は商品所有者が頭のなかに思い浮かべられる観念的貨幣である。それに対してこの流通手段としての貨幣は、諸商品が人から人へ譲渡される社会的物質代謝過程を媒介する、現に実在する貨幣である。のちに労働過程のところで主題となる「人間の自然に対する物質代謝過程」が「商品＝貨幣関係に媒介される事態」を「社会的」という。『資本論』で「社会的（gesellschaftlich）」とはまずもって《商品＝貨幣関係を媒介にする》という意味である。その貨幣が媒介する社会的物質代謝過程のモデルは、2つの商品（Wa, Wb）への変態を貨幣が媒介する、次のような場合で例示できる。

　　　商品所有者B：　　　　Wb－G
　　　　　　　　　　　　　　╲　╱
　　　商品所有者A：Wa－G－Wb
　　　　　　　　　　　　　╱　╲
　　　貨幣所有者C：G－Wa

商品交換のシンメトリー　　商品所有者Aは商品aを販売して（Wa－G）、商品bを購買する（G－Wb）。この結果（Wb）こそ、商品所有者Aの売買行為の目的である。商品aの販売は商品bを購入するための手段としての行為

である。貨幣はその目的を実現する媒態（手段）である。この過程は商品に内在する使用価値と価値の対立が商品と貨幣に二重化し、さらに商品から貨幣への変態＝販売(Wa─G)と、貨幣から商品への逆変態(G─Wb)に二重化する過程である。

交換過程の両極は商品である。その対立はそれぞれ、逆の過程に媒介されている。Aの商品aの販売(Wa─G)はCの商品aの購買(G─Wa)が媒介し、Aの購買(G─Wb)はBの販売(Wb─G)が媒介する。「同じ１つの過程が二面的な過程である」(S.123：訳185)。販売(Wa─G)は購買(G─Wa)を前提し、購買(G─Wb)は販売(Wb─G)を前提する。Aの販売を媒介するBの購買はA自身の次の購買と同型であり、その次のAの購買を媒介するのはA自身の前段と同型の販売である。２つの順逆のシンメトリー、「反転対称(inverse symmetry)」をなす。

さらに、商品aから商品bへの変態過程では商品が実在的使用価値である。「彼（リンネルの売り手）の立場から観れば、全過程は彼の労働生産物と他人の労働生産物との交換、すなわち生産物交換を媒介するにすぎない」(S.120：訳180)。そのかぎりでは価値存在は商品の価格の中にただ観念的に現象するにすぎない。貨幣のこの機能から、貨幣とは交換を媒介する手段（流通手段）にすぎないというアダム・スミスの唯名論的な貨幣規定がでてくる。貨幣は販売の結果であり、かつ購買の出発点でもある。貨幣は終点かつ始点であるという二面的存在である(S.125：訳189‐190)[3]。この二面性は、冒頭商品のところでみたように、「商品は集合かつ要素である」という二面性の展開形態である。

全過程《商品a─貨幣─商品b》は２つの異なる過程から構成されている。まず、販売＝「商品a─貨幣（Wa─G）」は「命がけの飛躍（salto mortale）」(S.120：訳180)である。商品aは特殊な使用価値である。商品取引者が必ずし

---

3) 貨幣が終点かつ始点としての二重存在であるとは、カントに対する批判を含意する。カントが『純粋理性批判』超越論的ディアレクティーク論で提起した第１アンチノミー論で、時間軸の上に或る始点を措定すると、それに対してそれ以前にも始点が措定できるのではないかというアンチノミー、あるいは空間上で措定された或る限界を超えて別の限界が措定できるのではないかというアンチノミーを「理性の仮象」として禁じた。貨幣が終点かつ始点であるとは、カント・第１アンチノミーに対するマルクスの反論である。有限存在の終点と始点は「無限遠点」（経済学批判の場合は「価値」）に収束する。マルクスが貨幣を終点かつ始点の二重性で規定するのは、貨幣の有限存在性（自然金属）の内部に射影された無限＝価値を洞察するからである。

も欲しがる商品ではない特殊性に制限されている。これに対して購買=「貨幣—商品（G—Wb）」では、最初の貨幣は、それにすべての商品種類が相対している「一般性」である。購買は「一般性」から「個別性」（個人的消費・生産的消費）への容易な変態である。制限があるとすれば、ただ所持している貨幣の量にある。何にでも変態できる貨幣の交渉の幅広さをマルクスは次のように表現する。

「貨幣は他のすべての商品が脱皮した姿態である。いいかえれば、それら諸商品の一般的譲渡の産物であるから、絶対的に譲渡できる商品である。貨幣はすべての価格を背後から読み、そうすることで貨幣自身が商品に生成するために身を任せる素材であるすべての商品の体に自己を鏡映する（spiegelt sich）」（S.124：訳187）。

価値鏡の二重性　貨幣にとってすべての商品は自己の価値を鏡映する「価値鏡」である。貨幣という価値鏡には、すべての商品の変態が鏡映する。或る商品の別の商品への変態（Wa—G—Wb）は、別の2つの商品の逆の部分変態（G—Wa, G—Wb）が補完する。それらの変態は貨幣の媒介で連鎖する。貨幣の媒介によって、「各商品の変態系列が描く循環は、他の諸商品の諸循環と解けがたく絡み合っている。この総過程は、商品流通（Warenzirkulation）として現象する」（S.126：訳190）。

商品流通は貨幣が媒介して商品が流通する。その意味で交換過程と同じように、価値と使用価値とは相互に媒介しあっている《{③}[V(U)：U(V)]》。

商品流通は貨幣の媒介によって末広がりに拡大する。個人的局所的な制限を打破し人間労働の多様な物質代謝が発展する。同時に事態当事者には制御できない「社会的自然諸連関のかなり大きな円環が発展する」（S.126：訳191）。

セーの法則は結果論　マルクスは、「セーの法則」、すなわち、販売が購買に媒介され購買が販売に媒介される過程を一般化し、《（商品は貨幣にスムーズに転化するか否か、商品は販売できるか否かという）実現問題は存在しない》とする説を批判する（S.127：訳192）。その説は「商品流通は諸販売と諸購買の必然的な均衡をもたらすというドグマ」（同）である。「命がけの飛躍」である販売はすべての商品に必ずしも実現するわけではない。したがって、その販売と補

完しあう購買も実現するとはかぎらない。販売が購買に補完されて実現した「結果」を一般化し、売りと買いの両者が常にスムーズに結合するというのが「セーのドグマ」である。

むしろ事態は逆である。商品流通には次のような重層的な対立が潜在する。

「商品に内在する対立、すなわち［1］使用価値と価値との対立、［2］私的労働が同時に直接に社会的労働として現象しなければならないという対立、［3］特殊的具体的労働が同時にただ抽象的一般的としてのみ通用するという対立、［4］物象の人格化と人格の物象化との対立―この内在的矛盾は、商品変態上の諸対立において、それは発展した運動諸形態を受け取る。したがって、これらの形態は恐慌の可能性を、とはいえただ可能性のみを含んでいる」(S.128：訳193。引用文の「物象化」は第1部に書かれた「物象化」の唯一の個所である)。

2つの種類の矛盾　マルクスはここ「第2節　流通手段」の冒頭で、諸商品の交換過程が矛盾した相互に排除し合う諸関連を含んでいると指摘して、「2つの種類の矛盾」をあげる。「(1)運動形態を展開する矛盾」と「(2)自己を除去する矛盾」である。マルクスは、諸商品の交換過程には(1)の運動形態を展開する矛盾が内在するとして、その展開過程を説明してきた。その結果が「恐慌の形式的可能性」[4]である。マルクスは、恐慌の可能性の現実性への発展は「単純流通の観点ではまだまったく実存しない諸関係の全範囲を必要とする」(S.128：訳193)と限定する。しかし、ここで確認できるのは、恐慌の抽象的可能性が重層的な媒介過程の結果に実現する、爆発する現実性である。その媒介過程

---

[4]　長洲一二「価値の独立化について―恐慌理論のための覚書」(『エコノミア』1950年)は、ヘーゲル論理学・物象化論を援用して、恐慌の抽象的可能性を価値の独立化＝自立化に位置づけた先駆的論文である。恐慌の形式的可能性は、商品の販売(W－G)が商品の購買(G－W)に比較して圧倒的に困難なこと＝「命がけの飛躍」、すなわち両者の間の非対称性(asymmetry)に根拠づけられている。この非対称性こそ、商品世界が発展する動因である。非対称性については次の文を参照のこと。「対称性とその破れとの対比は生成行為の両面を明らかにし、正しい評価を要求している」(Philip Morrison, On Broken Symmetries, in Judith Wechsler (ed.), *On Aesthetics in Science*, The Massachusetts University Press, 1997, p.70: フィリップ・モリソン「対称性の破れについて」、ジュディス・ヴェクスラー編、『科学にとって美とは何か』金子務監訳、白揚社、1997年、114頁)。

にさまざまな不均衡を一挙に精算する理論水準を予定しているのである。つまり、（1）の矛盾は（2）の矛盾に多層的な媒介過程をへて連動するのである。経済学批判体系の最後に予定していた「世界市場と恐慌」がその構想に照応する。

Ⅱ-2-2　b　貨幣の通流　　　　　　　　　②（S.128-138：訳194-210）

次は「貨幣の通流」である。「流通（Zirkulation）」は商品と貨幣の対等な置換である。これに対して「通流（Umlauf）」とは、商品が個人的消費・生産的消費をめざして流通過程から去ってゆくのに対して、貨幣が流通過程に留まり各々の交換点から絶えず遠ざかってゆく、貨幣の自立化運動である。このことをマルクスは次のように説明する。

　「貨幣は、新しい商品のための同じ流通過程の更新または反復によってのみ帰ってくる。今回の場合も前の場合と同じ結果に終わる。したがって、商品流通によって貨幣に直接与えられる運動形態は、貨幣が絶えず出発点（Ausgangspunkt）から遠ざかること、或る商品所持者の手から別の商品所持者の手に移っていくこと、すなわち、貨幣の通流である」（S.129：訳195）。

仮象としての貨幣通流　「貨幣の通流」は、商品と貨幣の交換が前提となっていてこそ、可能である。商品は流通過程から去って個人的消費や生産的消費の対象になる。貨幣は流通過程に留まり続け、次々と商品交換を媒介し、次の商品交換にむかう。そのため、商品と貨幣は本源では対等な交換関係なのに、貨幣の通流がそれを覆い隠す。こうして貨幣が主体となり、貨幣は主語であり、商品が貨幣の述語であるかのように現象する。

　「貨幣の運動のこの一面的な形態が商品の二面的な形態運動から発生していることは隠蔽される。商品流通そのものの本性が、それとは反対の仮象（Schein）を生み出すのである」（S.129：訳195）。

ここでマルクスの観点は商品物神性論の観点②［U（V）］に移動している。すなわち、貨幣の「通流」＝独立化は「仮象」である。「仮象（Schein）」は商品

物神性論のキーワードである。用語「仮象」は商品物神性を解明する論証の局面で規則的に用いられる。「商品の価値姿態、すなわち貨幣仮面（ihre Wertgestalt order Geldlarve）が商品に取って代わる」(S.129：訳196)。しかし、貨幣の自立化という「仮象」＝「貨幣仮面」は単なる見掛けではない。商品が「個人的・生産的消費」を目的として流通過程から消滅することに根拠をもつ仮象である。加えて、商品の貨幣への転化＝販売が「命がけの飛躍」の困難を克服しなければならないのに対して、貨幣の商品への転化＝購買は、相対するすべての商品が貨幣への転態をのぞむから、容易な転態である。したがって、流通過程の「運動の連続性（die Kontinutät der Bewegung）はまったく貨幣の側に帰属することになる」(同)。或る商品が別の商品に置換することが、いまでは流通手段としての貨幣の機能に媒介されて初めて可能な事柄として現象する。貨幣のおかげで、商品が流通できるかのように現象する。「貨幣に流通手段という機能が帰属するのは、貨幣が諸商品の自立化された価値であるからにほかならない」(S.130：訳197)。この仮象は商品物神性論の仮象論の展開である（②[U(V)]）。

総計一致命題　同じ貨幣片が次々と商品交換の場を渡り合ってゆく反復には、商品世界の無数の姿態変換が絡み合っている。「同じ貨幣片の場所変換の頻繁な反復には、ただ１つの商品の変態系列だけではなく、また商品世界一般の無数の変態(die zahllosen Metamorphosen)の絡み合いも鏡映する(spiegelt sich)」(S.130：訳197‐198)。価値形態論では、ある商品の価値を別の商品の使用価値が鏡映する事態が、いまでは貨幣が商品のすべての姿態変換を映す鏡となっている。商品の価値鏡は貨幣に移転している。このような商品と貨幣の総体を或る時点での空間でまとめるとどうなるか、それをマルクスは次のように総括する。

　「１つの国では毎日、多数の同時的なしたがって空間的に並存する、一面的な商品の姿態変換がおこなわれている。それは、一方の側からの単なる販売と他方の側からの購買からなる商品の姿態変換である。諸商品はその価格で思い浮かべられた一定の貨幣分量に等置されている」(S.131：訳198)。

商品世界が必要とする流通手段の総量は諸商品の総額で規定される。「諸商品の価格総額ですでに観念的に表現されている金の総額を、貨幣はただ実在的

に表現するにすぎない。したがって、これらの総額が等しいことは自明である」（S.131：訳198。強調傍点は引用者）。ここで、或る時点の或る空間（商品世界）で成立した販売総額および購買総額が等置されている。商品総額は貨幣総額に鏡映する。単純流通におけるこの「総計一致命題」は『資本論』第3部のいわゆる「総計一致命題」の前提である。

総計一致命題の理論構造　第3部の総計一致二命題（総価値＝総生産価格、総剰余価値＝総利潤）は、単純流通でのこの総計一致命題以後の論証を継承するものである。端的にいって、第3部の総計一致命題は第1部・第2部の次のような論証を前提にする。第1部の蓄積論では、のちに本書の第Ⅵ章第3節（Ⅵ－3）でみるように資本価値（不変資本＋可変資本）とは、「それ以前の可変資本が生産した剰余価値の蓄積物」・「蓄積された剰余価値」であることが論証される。第1部から第2部への変換は、同じ価値次元での単数資本（第1部）から複数資本（第2部第3編）への変換である。第2部では、複数資本間の剰余価値生産のための社会的分業が「単純・拡大再生産表式」で論証される。この表式は「価値タームの総計一致命題」である。第2部から第3部への変換では、同じ複数資本間の剰余価値の諸収入形態での分配をめぐる「競争」への変換を前提に、第1部・第2部の価値タームの論証が第3部の生産価格タームへ変換される。第3部の転形問題の解法は、第1部の「資本価値＝蓄積された剰余価値論」と第2部の「再生産表式論」を前提にするのである。

　第3部冒頭の投下資本（不変資本＋可変資本）は、すでに第1部の論証で資本に転化している過去の旧剰余価値である。第3部ではまず、剰余価値の資本への転化＝分配が総投下資本（不変資本＋可変資本）と対比され「平均利潤」として再規定される。第1部・第2部で旧剰余価値が資本に転化していることに照応して、第3部では総資本の観点からみた旧平均利潤も資本に転化している。さらに諸資本間の分配関係の観点からは、前期の旧平均利潤は今期の費用価格に転化している。同じように、今期の剰余価値も平均利潤に転化し、次期には費用価格に転化する。このように新旧の変換＝転化は「並進対称（translational symmetry）」を編成する。旧新双方の不変資本・可変資本・剰余価値の諸価値は、転形の瞬間に最新の社会的平均的生産諸条件で再評価＝再規定され、一括同時に生産価格（＝費用価格と平均利潤）に転形する。そのさい、旧剰余価値＝旧平均利潤＝旧費用価格の「過去の日付」は捨象され、それらには「現在の

日付」がつく。新旧の時間差は最新の諸条件を射影する最新の現実的抽象作用で捨象され再評価される。「総計一致二命題」の価値と生産価格とは共に、社会的平均概念を基礎づける「ネイピア数 e」に存立する。このような論証を根拠づけるのが、「時間上の先後継起」は「空間上の同時並存」と同型であるという資本主義的生産様式固有の時空相対的な配景（perspective）である。

PQ ＝ MV　マルクスはさらに分析する。同じ貨幣片が一定期間に媒介する商品売買の総額は価格(P)と数量(Q)の積である。その貨幣(M)は一定期間に何回かの取引を仲立ちする。その回数が流通回数（流通速度)(V)である。マルクスはその４つの変数の関係を次の式に示す(S.133：訳202)。

　　（諸商品の価格総額［PQ］)/(同名の貨幣片の通流回数［V］)
　　　＝(流通手段として機能する貨幣の総量［M］)

この式を変換すればこうなる。

　　PQ ＝ MV

この式は、それぞれ２つの変数の積が２つ［(PQ),(MV)］、等置された式である。形式的にみれば、この式の或る１つの変数の増減がその他の３つ、あるいは２つ、あるいは１つの変数の減増を引き起こす。しかし、マルクスは、左辺の諸商品とその数量の積が右辺の貨幣量とその通流速度の積よりも根源的であり右辺を規定すると判断し、「流通部面は、その個々の要素の中位の通流回数を掛ければ、ちょうど実現されるべき価格総額に等しくなるような金総量しか吸収できない」(S.134：訳203)とみる。右辺の貨幣片の総量と通流速度は反比例の関係にある。無論、左辺の商品の種類やその数量は可変量である。それに応じて式全体も可変的である（S.135：訳205)。

価格革命のメカニズム　マルクスは、新大陸における金鉱の発見＝奴隷制の導入による金の生産＝旧大陸への金収奪がもたらした17〜18世紀の「価格革命」に関して、次のように指摘する。

「貴金属の新しいすでに低下した価値に応じて、また一定の点まで低下し続ける価値に応じて、諸商品の価値が評価されるとの同じ割合で、諸商品の価格の実現に必要な貴金属の増加総量もすでに存在している。……事実、それは価格評価の瞬間には所与なのである」(S.132：訳200)。

或る瞬間の貴金属総量を所与として、価格は規定される。したがって、商品の価格規定関係はこうである。新大陸の膨大な金が旧大陸に流入するので金の価値が低下する。その結果、同一重量単位の金はより小さい価値を体現するように変化する。同じ商品の価値を表現するには、より多くの貴金属が必要になる。これが価格上昇のプロセスである。

ところが、「金の数量の増加」が「商品の価格の上昇」をもたらしたのだという誤謬が流布した。「商品価格が上昇したのは、より多くの金と銀が流通手段として機能したからであるという誤った結論が導かれた」（同）。価値尺度としての金の価値の低下が旧大陸の価格上昇に波及した。その波及の結果がいわゆる「価格革命」である。マルクスにとって、

《単位量の商品の価値＝単位量の貨幣（金銀）の価値》

の等式の根拠となる《抽象的人間労働の定量》が価値の基準である。いわゆる貨幣流通量の増減が物価を引き起こすという「貨幣数量説」は、金銀の価値の基準（V）の変化を金銀の物量という物（U）の変化に無意識にすり替える「仮象」なのである。その数量（U）の変化の背後に価値（V）の増減が潜んでいること［U（V）］を洞察しなければならない。

Ⅱ-2-3　c　鋳貨。価値章標　　　　　①（S.138 - 143：訳 211 - 219）

マルクスはこの貨幣の通流から次の２つの機能を展開する。

「流通手段としての貨幣の機能から、貨幣の鋳貨姿態が生成する。諸商品の価格または貨幣名で表象される金の重量部分は、流通においては同名の金片または鋳貨として諸商品に相対しなければならない。価格の度量基準の確定と同じように、造幣の業務は国家に帰属する」（S.138 - 139：訳 211）。

鋳貨　鋳貨は原則として或る国内でのみ流通する。それは国境を超えたところでは有効性を失う。鋳貨はいわば「国民的制服」（S.139：訳 211）である。もっとも、日本の鎌倉末期から室町時代にかけて日本の商品流通を媒介し発展させたのは「北宋銭」であった。北宋銭は、穴が針金で括られ中国と交易する木造

船の船底に敷かれ、浪が当たって発生する横倒れを防ぐバラストとして活用された。日本に大量に搬入され、日本国内の商品流通を媒介した。それまでは関西では米が、関東では絹が物品貨幣として流通した。マルクスがいう「国民服」は近代資本主義国家が成立した後の事態である。さらにその後も、ヘゲモニー国家の紙幣（ポンド・ドルなど）が国境を超えて国際通貨として流通する。戦時中あるいは戦後に幣制（貨幣制度）が問題になるのは、国際通貨体制再編の可能性があるからである。

補助貨幣・紙幣　金鋳貨と金地金とはそれぞれ反対に転態する。商品流通を仲立ちしている内に金鋳貨の含有量が目減りするから、その「名目純分」（名目価値）と「実質純分」（実質価値）に乖離が生じる。前者より後者が少なくなる。貨幣流通がその乖離を生みだす。そのため「鋳貨の金属定在をその機能定在から分離する」ので、金属貨幣に代わって他の材料からなる標章または象徴が生まれる可能性がある。それを実現するのが「補助鋳貨」(S.140：訳213) である。金貨に代わって銀貨・銅貨が鋳造される。補助鋳貨は日々の小口取引（小口流通）を仲立ちする。そのため、金鋳貨よりも頻繁に取引を媒介するので金貨よりも急速に減価する。

　「金の鋳貨定在はその価値実体から完全に分離する。こうして、相対的に無価値な物、すなわち紙幣が金の代わりに鋳貨として機能することができるようになる」(S.140：訳214)。

紙幣には「純粋に象徴的な性格」（同）がはっきりと現れる。紙幣は「国家の強制通用力」のみが担保する「国家紙幣」である (S.141：訳214)。紙幣は「1つの共存体（Gemeinwesen）[5] の境界で区画された国内で」(S.143：訳218) 領域で

---

[5]　定着している Gemeinschaft の訳語「共同体」は変更すべきではない。その原則をふまえた望月清司にならい、Gemeinwesen（共存体）、Gemeinschaft（共同体）、Gemeinde（共住体）と訳し分けるのが妥当であろう。同一原語に次々と別の訳語がつけられる事態は、学問協同の場に参加しようとする意志の欠如を示す。因みに、マルクスが用いるカント・ヘーゲルの哲学用語「仮象（Schein）」をマルクスのテキストで「外観」と訳すのは、マルクスがその用語をカント・ヘーゲルから継承したものであることを知らないからであろう。それでは、日本のカント・ヘーゲル研究を日本のマルクス研究に生かす道を閉ざすことになる。やはり、学問の「蛸壺化」（丸山眞男）は打破すべき壁である。

のみ流通する。紙幣総額は現存する「金の最小総量」に制限される（S.143：訳217）。紙幣はなぜ存在し流通するのか。なぜならば、紙幣は、金が鋳貨あるいは流通手段として自立することに根拠づけられているからである。その根拠があるかぎり、「貨幣を絶えず1つの手から別の手に遠ざける過程においては、貨幣の単なる象徴的実存でも十分なのである。いわば、貨幣の機能的定在がその物質的定在を吸収するのである」（S.143：訳218）。そのさい、紙幣は「商品価格の一時的に客観化された反射（Reflex）」（S.143：訳218）にすぎない。「紙幣は、その金属実体から外的に分離された単に機能的な実存様式を受け取ることができるのである」（同）。

この「c 鋳貨。価値章標」は貨幣をもっぱら価値表現の観点①［V(U)］から考察している。以上の第2節の観点の順序は、{①}→③→②である。マルクスは貨幣を規則どおりに考察している。

Ⅱ-3　貨幣　　　　　　　　　　　　　　　　　　　　［{②}-①-③］

マルクスはこの第3節の冒頭で、貨幣が価値尺度ではなく流通手段でもなく、貨幣そのもの(Geld)の場合、いいかえれば、金が現に実在し、他のすべての商品の価値を表現する唯一の価値姿態となっている場合を解明する。その場合は次のように定義できる。「その機能が金を唯一の価値姿態または交換価値の唯一の適当な定在として、単なる使用価値としての他のすべての商品に対して固定する場合」（S.144：訳219）である。

Ⅱ-3-1　a　蓄蔵貨幣の形成　　　　　　　{②}（S.143-148：訳219-228）

まず、貨幣が商品交換の媒介を中断し流通過程から自立して、貨幣が「不動のもの」となる場合である。商品から姿態変換した貨幣（W—G）は「商品の金蛹（きんさなぎ）」（S.144：訳220）への転態である。貨幣は商品の物質代謝を媒介する「手段」から、それ自体を貯め込む「目的」に転化する。「貨幣は蓄蔵貨幣という化石になり、商品販売者は貨幣蓄蔵者になる」（同）。貨幣としての金の蓄蔵が目的になる。その貨幣は「蓄蔵貨幣(Schatz)」である。

蓄蔵貨幣　マルクスは、そもそも財が商品に転化し他の商品と交換されるよう

になるのは、労働生産物のうち「過剰分・有り余る部分」から始まるというスミスの考えを援用し、「商品流通のそもそもの始まりでは、使用価値の過剰分だけが貨幣に転化される」(S.144：訳221) と指摘する。商品生産が部分的に留まり欲求の範囲が狭く限定された伝統的な生産様式では、貨幣が商品に転化する機会が少なく蓄蔵される。その慣習が永く続く。

商品生産が剰余生産物の部分を超えて必要生産物（労働力再生産ファンド）にまで浸透するようになると、どの商品生産者にとっても他の財は商品形態をとっているので、それを入手するには貨幣が不可欠な生存手段となる。そうなると、必要な貨幣がいつも手元にあるとはかぎらない場合が発生するから、あらかじめその場合に備えて、貨幣を貯めておかなければならなくなる。「売ること無しに買うためには、商品生産者は予め買うこと無しに売っていなければならない」(S.145：訳221) のである。こうして販売(Wa―G)と購買(G―Wb)は切断され、《商品―貨幣―商品》は《商品―貨幣》で中断され貨幣は蓄蔵される。それがきっかけになって、商品世界のいたる所でそれぞれの者が「いざ」というときに備える手段としての貨幣が目的に転化し「黄金欲」を抱くようになる。「商品流通の拡大とともに、貨幣の力、すなわち、富の何時でも出動できる絶対的社会的な形態の力が増大する」(S.145：訳222)。

前歴不明の貨幣　貨幣は、何がその貨幣に転化したのかわからない、前歴不明な存在である。貨幣は前歴を隠す。マネー・ロンダリングはいけないというけれども、貨幣自体が自己浄化姿態(self-laundered gestalt)なのである。「貨幣はそれ自身商品である。誰の私有財産にでもなりうる外在的な物 (ein äußerliches Ding) である」(S.146：訳222)。貨幣さえあれば、何でも買える。だからお金が欲しい。万物が販売可能な物＝商品になろうとする。万物商品化が浸透し、すべての物が《貨幣になれるか》という《貨幣への転化可能性の相の下で》みられる。これを商品化すれば、いくらもらえるかといつも想像するようになる。このような貨幣は商品物神性の転化形態である。

黄金欲　貨幣は本源的に、生産の社会的分業が私的労働によって担われる関係から生成する。貨幣は私的に囲い込まれた人間の社会的力量の仮象形態である。その社会的力がいまでは私人の力に転態している。貨幣はその所有者そのものの力量であるかのように存在する。金貨幣に人間の社会的力量が転倒して鏡映する。金貨幣は物に転態して現象する、人間の社会的能力の仮象形態である。

マルクスの蓄蔵貨幣論に商品物神性論の観点が継承されている(②[U(V)])。

マルクスはここの「注90」にシェークスピアの『アテネのタイモン』から引用する。この引用文はすでに『経済学・哲学草稿』にある。「金か！……これだけの金があれば、黒を白に、醜を美に、邪を正に、卑賤を高貴に、老いを若さに転化できる」(S.147：訳223)。いかにしてその人は富者になったのかは問われない。その人は富者であるから羨望され、気前よく寄付するから有徳の人と評価される。

シシュフォス的労働　金貨は商品生産が満面開花したところだけでなく、それと接触する伝統的共存体の人々も魅了して、彼らを商品の生産＝交換の関係に包摂してゆく。「未開の単純な商品所有者にとって、西ヨーロッパの農民にとってさえ、価値は価値形態とは不可分なものである。それゆえ、金銀財宝の増加が価値の増加である」(S.147：訳225)。いま所有している貨幣は一定の限度の額である。貨幣は無限に自己増殖する内的衝動を宿す。「蓄蔵貨幣形成の衝動はその本性上、限度を知らない」(S.147：訳226)。「貨幣の量的制限と質的無制限とのあいだのこの矛盾は、貨幣蓄蔵者を蓄積のシシュフォス的労働に絶えず駆り立てる」(同)。商品生産者は金貨幣を求めて自己を励まし鞭打つように「賃労働」に励む。マルクスが『経済学批判要綱』「貨幣章」の末尾でするどく指摘するように、その勤労にすでに商品生産者の資本家と賃労働者への分離の可能性が芽生えている (MEGA, II/1.1, S.148)。『経済学批判要綱』「貨幣章」の人格間の関係はつねに平等なのではない。(内容は「貨幣章」であるのに『要綱』編集者が断りもなく「資本章」に所属させた) ノートⅡ 10頁 (MEGA, II/1.1, S.168) で、古代世界の基礎である労働は「直接的強制労働」であり、中世の基礎である労働は「特権としての労働」であると規定されている。「貨幣章」から「資本章」への移行は、水平的関係から垂直的関係への飛躍ではなく、次第に上昇する過程である。『資本論』第3部「主要草稿」(1865年) は、自由農民保留地 (*tenures on common socage*) を事実上所有する小生産者たちについて規定する。彼らは、貨幣納付義務のみを負い「名目的にのみ封建的であった (nur in name feudal waren)」(MEGA, II/4.2, S.894)。彼らは「封建的生産様式にはまったく照応せず、その外部に存立していた生産諸関係」(ibid.) に属して

---

6) ここで、水上勉『飢餓海峡』の主人公を連想するのは逸脱であろうか。

いた。彼らの労働は人格的依存関係に「非人格的・物象的依存関係＝貨幣関係」のみで接合し、物象的依存関係の始元を担った。彼らの労働はやがて封建的生産様式を打破し資本主義的生産様式に移行する本源的形態である。したがって、その小生産者たちを「人格的依存関係」の内部に含めることはできない。

貨幣蓄積と勤労本能　現在所持している貨幣の量的制限をどのように突破するか。可能な活路はただ1つ、懸命に勤労して、その成果をしっかりと貯めること、禁欲することである。社会的分業と私的労働の関係は貨幣の自己増殖欲にまで展開し内面化して「禁欲と勤労の信条」となる。「勤勉・節約・貪欲が彼の主要な徳となる」(S.147：訳226)。アダム・スミスは自然神学の立場から『国富論』(1776年) で、神はこの地上を文明化しようとして、人間に「勤労本能」(第1編第8章)・「交換本能」(第1編第2章)・「蓄積本能」(第2編第3章) の三つの本能を賦与したという。この「神の最初の一突き」論でスミスは無神論者ヒュームと同類ではない根拠を敷設する。まだ地動説が公然と論じられなかった時代である（1616 - 1822年）。地動説の天文学者と宗教界が対立する時代である。プロテスタントは地動説を聖書引用で批判した。プロテスタント的な蓄積本能に促されて、人は懸命に労働し剰余生産物を交換し貨幣に転化してそれをしっかりと蓄積する。その蓄積貨幣を原資に労働者を雇って資本家に成る。すべての人間がこのような目的を抱きその本能に導かれて活動するから、この地上は自然と［naturally＝神(Nature)の目的にそって］文明化する。それこそ「文明(化された)社会(civilized society)」の成す「自由の自然的体系」であるという。

　マルクスが『経済学批判要綱』で「貿易と資本の文明化作用」というのは、マルクス独自の考えではなく、このようなスミスなどの思想を紹介しそれを論評したものである。しかも、これは西欧の観点からする評価であって、文明化される非西欧の人々の観点からは異なる事態に見えるし、西欧の商品＝貨幣関係は「相互瞞着（die *wechselseitge Prellerei*）」の関係であると批判する。マルクスは西欧中心主義者ではない。[7]

---

7)　MEGA, II/1.2, S.344：『資本論草稿集』第2分冊、59頁を参照。マルクス＝ユーロセントリスト説は『要綱』のこの個所を正確に読んではいない言説である。

Ⅱ-3-2　b　支払手段　　　　　　　　　① (S.148 - 156：訳 228 - 241)

次は貨幣の支払手段機能である。この機能は貨幣を《①価値の観点から》考察する。

「これまで考察された商品流通の直接的形態では、同一の価値の大きさ（Wertgröße）が常に二重に存在した。一方の極における商品と対極における貨幣がそれである。……しかし、商品流通の発展とともに、商品の譲渡がその商品の価格の実現から時間の上で分離される諸関係が発展する」(S.148 - 149：訳 228)．

債務奴隷　商品の譲渡とその代金の受領との分離の原因には、商品の種類の相違による生産時間の差異、生産地と消費地の距離の長短、商品（家屋・工場など）の耐久性の長短などがある。したがって、商品を販売して販売代金を入手する前に、別の商品の購入代金を支払わなければならない場合が発生する。商品を受け取っているのにその代金が支払われていない場合も生まれる。商品を販売してもその代金をいまだ受け取っていない債権者（Gläubiger）には、その代金を支払っていない債務者（Schuldner）が相対する。ただしここでは債権者・債務者は単純商品流通の場面に限定される。マルクスは債権者＝債務者の関係を歴史に射影する。

「古典古代世界の階級闘争は主に債権者と債務者の間の闘争という形態でおこなわれた。ローマでは平民債務者の没落に終わる。その債務者は奴隷に身を落とした［債務奴隷制］[8]。中世では、闘争は封建的債務者の没落で終わり、この債務者はその政治権力をその経済的基盤と共に失ってしまった」(S.150：訳 230)。

奴隷制プランテーション　アフリカ先住民は奴隷に転化されカリブ海の島々に

---

8)　債務奴隷制（Peonage）は『資本論』マルクスの視野に入っている（S.182：訳 287 - 288 の注 40 を参照せよ）。そこには近代的賃金労働者と奴隷を概念的に区別するヘーゲル『法＝権利の哲学』の規定も引用されている。

連行されサトウキビ・プランテーションで酷使される。さらにアメリカ南部諸州に強制連行されそこの棉花プランテーションで酷使される。その制度の始まりは、旧大陸の債務奴隷が渡米してからのことである。その原型はローマに発生した。中世末期の都市の商人が封建領主を唆し奢侈品を売りつけ、封建領主はその代金を農奴に長期（99年間）借地権を売りつけて確保して、事実上の所有権を失い、政治権力も失しなったとは、スミスが『国富論』で説くところである。

　こうして商品流通から債権者と債務者が生まれてくる。それを鏡映するように、貨幣の機能も変化する。まず貨幣は販売される商品の価値を推し量る「価値尺度」の機能と、それに対応して、その商品の買い手が念頭に思い浮かべるだけの「観念的購買手段」になる。商品は売り手から買い手に現実に受け渡されるけれども、この関係ではまだ現実に実在する貨幣の流通手段は発生しない。その代わり、約束した期限までにその代金が支払われるという、貨幣の「支払手段機能」があらたに発生する。商品の売手から買手の「持ち手交換」(S.150：訳230)の後、一定の時間が経過したときにその代金が支払われる。このような支払手段としての貨幣が実在するのは、[１]別の商品取引の代金支払いのために売り手が商品販売後の購買を中断するからであり、[２]貨幣蓄蔵を目的とする者が商品を販売して貨幣形態で保存しているからであり、[３]債務者が商品を販売して貨幣を獲得するからである。こうして、

　　「商品の価値姿態である貨幣は、いまでは流通過程そのものの諸関係から生成する社会的必然性によって、販売の目的そのものになる」(S.150：訳231)

紅茶のための阿片売買　商品流通のそもそもの始めでは、貨幣は販売する商品の使用価値とは異なる使用価値をもつ商品を獲得する手段であった。いまではその手段である貨幣が目的になっている。マルクスは「注98」で、いま論じている貨幣の支払手段の後払い機能とは逆の、「前払い」の場合について言及する。つまり、商品の受け渡しの前にその代金を支払う場合である。その注で前払いの例として「イギリスの政府がインドのライヤト（小農）から阿片（Opium）を買う」(S.151：訳232)場合をあげる。その阿片は中国に売りつける商品であった。イギリスの気品ある階級が茶話会で愛飲する紅茶は中国で生産

第Ⅱ章　貨幣または商品流通

される。その代金を獲得する手段として阿片がインドで栽培され、中国から輸入する紅茶の代金となる。エレガントな午後のティー・パーティのため欠かせない紅茶を手に入れたいがために、前払いまでして阿片を獲得したのである[9]。

決済所　貨幣の支払手段が機能するようになると、「決済所」という新しい制度がうまれてくる。多くの販売と購買が同時に進行すると生まれる、

>　「諸販売の同時性と並存性は、通流速度が鋳貨総量の代理を担うことに制限を加える。それらはむしろ逆に、支払手段の節約の１つの新しい梃子になる。諸々の支払いが同じ場所に集中するにつれて、諸々の支払いの決済のために、固有の施設と方法が自然発生的に発達してくる」(S.151：訳232-233)。

単純な例をあげれば、AはBに100万円の商品aを売り、BはCに100万円の商品bを売り、CはDに100万円の商品cを売ったとき、A、B、C、Dの４者間で個別的に代金の精算をするよりも、代金の支払額（債務額）と受取額（債権額）が同じBとCは差し引きゼロで精算され、最初のAの債権額100万円と最後のDの債務額100万円の間の精算をおこなうことで全体の精算は済む。この決済制度が生まれると、諸債権と諸債務を同時に一挙に精算することができ、実際に機能する支払手段額は大幅に縮小される。

代金決済の連鎖と恐慌の可能性　このように支払手段としての貨幣の機能は大変便利である。とはいえ、この便宜性は逆に非常に危険な矛盾を孕んでいる。いまみたような債権と債務の連鎖のどこかで、債務履行が実行できなくなると、アテにしていた支払手段が手に入らなくなり、債務不履行に陥る。或る者がそうなると、その者の支払をアテにしていた別の者にも債務不履行が連鎖する。連鎖は連鎖をよび、商品売買の対称性(symmetry)は破れて非対称性(asymmetry)に転化し、ドミノ倒しが炸裂する。

>　「この矛盾は生産恐慌・商業恐慌のなかの貨幣恐慌と呼ばれる時点で爆発する。貨幣恐慌が発生するのは、諸支払の過程的な連鎖と諸支払の相殺の人

---
9)　「紅茶は明末、清初（1643年）に創製された。それが……イギリス人の嗜好に合い、ついにイギリスは自ら植民地インド、スリランカで、この製造に乗り出し……世界にイギリス風の紅茶文化を普及させる」(角山榮『辛さの文化、甘さの文化』同文館、1987年、170頁)。

為的な制度が十分に発達しているときだけである」(S.152：訳233)。

商品の生産と流通が浸透していれば、諸々の債権＝債務が一挙に同時に精算できると同時に、その連鎖が１カ所だけでも切れれば、全体が共倒れになる危険がある。精算が順調に進んでいるあいだは、貨幣そのものに固執するのは馬鹿げている、「商品だけが貨幣である」と嘯く者が貨幣恐慌ときには、その「ブルジョアの魂も貨幣を、この唯一の富を求めて慕い喘ぐのである」(S.152：訳234)。貨幣の支払手段から信用貨幣（Kreditgeld）が生まれる。

> 「信用貨幣は、売られた商品に対する債務証書そのものが債権の移転のためにふたたび流通することによって、支払手段としての貨幣の機能から直接に発生する」(S.154：訳236)。

マルクスが例示するのはロンドンの大きな商社の１年間の収入総額と支出総額のそれぞれの内訳である。両方の総額は百万ポンドスターリングで同額である。収入総額のうち手形・小切手・銀行券の全体に占める割合が97％であり、支出総額のうち手形・小切手・銀行券が占める割合も99％である。
　この傾向は他の分野にも波及する。

> 「商品生産が一定の高さと広さに達すると、支払手段としての貨幣の機能は、商品流通の部面の外部に波及する。貨幣は契約の一般的商品となる。地代・租税などは、現物納付から貨幣支払いに転化する」(S.154：訳237‐238)。

マルクスが観ている同時代のアジアでは地代の現物形態が定着している。そこでは、地代が租税であり国家が地主であるような生産様式が支配する。ルイ14世の時代のように商品生産が普及していないところで、現金で地代を納めなければならないときには、手元の現物を叩き売りしなければならず、当事者は困窮する。西欧の対外貿易の要求によって現物地代が貨幣地代に転化する日本では、「その模範的な農業もおしまいである」(S.155：訳238)とマルクスは予見していた。シェークスピアの『ベニスの商人』のシャイロックのような黄金欲はブルジョア社会の進展と共に衰亡する。それに入れ替わって、支払手段の

110

第Ⅱ章　貨幣または商品流通

形態をとる蓄蔵貨幣がブルジョア社会の進展とともに増大する（S.156：訳241）。

Ⅱ-3-3　c　世界貨幣　　　　　　　　　③（S.156‐160：訳242‐248）

　貨幣論の最後は世界貨幣である。対外貿易の要求などに随伴して貨幣も国境を超える。超えるとその資本主義国内で発達する「価格の度量基準・鋳貨・補助貨幣・価値章標」（S.156：訳242）というナショナルな形態を脱ぎ捨て、本来の地金に逆戻りする。世界市場で流通するのは貨幣の本来的なその形態である。

　「世界市場においてはじめて、貨幣はその自然形態が同時に《抽象的》人間労働の直接的に社会的な具現形態である商品として、全面的に機能する。貨幣の定在様式はその概念にふさわしいものとなる」（同）。

　この自然形態としての貨幣形態は交換過程論の主題であった。その主題は「価値および使用価値の同時実現③［V(U)：U(V)］」である。それがそのまま世界貨幣として復活する。世界貨幣は「一般的支払手段・一般的購買手段・富一般の絶対的に社会的な体化物(Materiatur)」[10]（S.157：訳244）として機能する。ここで「一般的」というのは、国境を超えてどこでも妥当する諸規定という意味である。逆にいえば、ナショナルな個性はここでは障害となる。マルクスがすでに「学位論文」（1841年）で、「或る特定の宗教」とともに「或る国の紙幣」が相対的な存在にすぎず、共存体（Gemeinwesen）を超えれば無効になる事態を指摘していた。地金というどこでも文句なしに通用する経済的価値の一般的定在形態が世界貨幣になる。マルクスは「注110」で「戦争遂行・銀行正貨支払再開・対外援助資金・貨幣貸付」のためには地金が使用されると指摘する。金銀は、かつて金が貨幣ではなかったペルーなどの原産地から世界市場に流れ出る。流出した金銀は、さまざまな国の内部に入ってそこの流通部面を絶えず往復する。資本主義的生産が発達している国々では、金銀は銀行という貯水池に大量に蓄積される蓄蔵貨幣を必要最小限に蓄え、過不足が無いように調整す

10）　Materiatur はラテン語彙 materiatura のドイツ語綴りである。

る機能を担う。

　以上のように、マルクスはこの「第3章　貨幣または商品流通」を、{①}-③-②、{③}-②-①、{②}-①-③の順序で観点を移動する。その移動は商品流通における貨幣の機能が顕現してくる過程を追跡する過程である。いいかえれば、マルクスの記述様式は、貨幣の諸機能を論理的に追思惟する精神的再生産過程である。

　この貨幣に関する章全体の考察過程をあとづけてきてもわかるように、けっして、その章の冒頭の問いは1つの解をもたらし、それでその章を終結するのではない。そうではなくて、冒頭の問いに対する解は次の問いを生み、その解をもとめる。その解は次の問いを生む。このような《或る問いとその解＝次の問いとその解（Qi → Ai ＝ Qj → Aj）》は幾重も連鎖して、その章の最後の解に到達するのである。しかも、その章の最後の解は次の章への問いを孕んでいる。或る章を閉じる解は次の章の冒頭で新しい問いを生むのである。このように、或る章はその前の章の解を受け、新しい問いを生みその問いを解くとその解がさらに次の問いを生むというように、《問いと解の重層的な連鎖》でそれぞれの章の内部は編成され、しかも各々の章の間も連鎖している。『資本論』の各章の内部および各章の関係はこのような《或る問いの解が次の問いを生む重層的な過程》となっている。しかも、最後の「資本の蓄積過程の結果」は資本形態をとる「商品（商品資本）」であることによって、最初の「単純商品」に再帰するのである。以下の各章ではこのことを冒頭で簡潔に指摘するに留めるけれども、読者諸賢は《問いと解の二重の重層的な連鎖》を念頭に、観点変換の要因①・②・③の規則的な変換をあとづけられたい。

第Ⅲ章

貨幣の資本への転化

Ⅲ-1　資本の一般的範式　　　　　　　　　　　　[{②}-③-①]

Ⅲ-1-1　転化論の出発点としての世界貨幣　　{②}(S.161：訳249-250)

　これまで商品の交換関係から生まれた貨幣の流通過程における諸機能についてみてきた。それでは、貨幣それ自体は商品の売買関係を媒介する機能に留まるのか、それとも貨幣は単なる貨幣を超える存在に転化するのか。これが次の問題である。ここでも《或る問いの解は次の問いを生みその解を求める（Qi → Ai = Qj → Aj)》という『資本論』の編成原理が貫徹する。

　その問いに答えてマルクスは、次の「第4章　貨幣の資本への転化」で、商品および貨幣のカテゴリーからなる商品流通から資本の一般的範式が生まれて来ることを論証する。その章の冒頭を次のような文から始める。

　「商品流通は資本の出発点である。商品生産および発達した商品流通 ― 商業 ― は、資本が成立する歴史的前提をなす。世界商業および世界市場は16世紀に資本に資本の近代的生活史を開く」(S.161：訳249)。

近代的生活史＝近代資本主義が始まるのは16世紀である。では、『資本論』が主題とするのはどのような資本主義であろうか。

　「歴史的には、資本はどこでも最初はまず貨幣の形態で、貨幣財産すなわち商人資本および高利貸資本として、土地所有に相対する。とはいえ、貨幣を資本の最初の現象形態として認識するためには、資本の成立史を回顧する

必要はない。同じ歴史が日々、我々の目の前で繰り広げられている」(S.161：訳250)。

「貨幣の資本への転化」で前提されるのは、できあがった近代資本主義である。それはその成立過程を日々再生産している。したがって、ここで近代資本主義の歴史的成立過程を展開する必要はないし、また論証順序からして不可能である。なぜならば、できあがった近代資本主義を前提にして［１］《近代資本主義とは何か》を論理的に立証したあとで、初めて［２］《近代資本主義がいかに成立したか》(原蓄論)が説明できるのである。［１］の《何か》を解明しないで、［２］の《それ(何)がいかに》は説明できない。《何(近代資本主義)》が未確定のまま、《いかに》は問えないのである。マルクスが近代資本主義の論理的生成をまずおこなって、そのあとに原蓄論をおいたのはそのような順序にしたがっているのである。人間個々人の生命の発生から誕生までの歩みは、この地球に生命が発生してからの長い歩みを基本的に繰り返す。これを《個体発生は系統発生を繰り返す》という[1]。個体発生（近代資本主義）の解明によってその系統発生(原蓄過程)がわかる。或る存在の空間上の再生産はそれの時間上の成立過程に射影する。

転化論冒頭の資本に転化しようとしている貨幣は、前の第３章の最後の「世界貨幣」である。世界貨幣は「貨幣としての金」であり、商品物神［②］の貨幣形態である。

Ⅲ-１-２　生産手段・労働力・貨幣の市場　　　③ (S.161 - 167：訳250 - 260)

マルクスはここで観点を《商品物神性論》から《交換過程論》へ変換する。いいかえれば、《価値が金という金属の自然形態で現象する金貨幣》から、《価値(V)および使用価値(U)が商品[V(U)]および貨幣[U(V)]の形態で相対する市場》に観点を変換する。貨幣は資本に転化すべく商品市場にむかう。その貨幣が相対する市場は「商品市場・労働市場・または貨幣市場」(S.161：訳250)であると、注目すべきことが指摘される。この言明は『資本論』冒頭第２文節

---

1)　三木成夫『胎児の世界』（中公新書、1983年）を参照。三木は、人間の女性の母胎の羊水の成分は海水の成分と基本的に同じであるという。

第Ⅲ章　貨幣の資本への転化

に「生産手段」・「生活手段」としての商品をあげていることに対応し、それをさらに展開したものである。「商品市場」は基本的に「生産手段および生活手段」からなり、「労働市場」では労働力が商品として登場する。労働力商品の買い手は資本家である。「貨幣市場」は資金不足の資本家に貸与する貨幣資金からなる。こうして、のちに展開される産業資本の一般的範式のカテゴリー（貨幣資本［**資金**］・生産資本［（**生活手段で再生産される**）**労働力**および**生産手段**］）がここで用意周到に列挙されているので、注意したい。その布石は、価値形態論の第2形態の等価形態に「金商品」を他の商品と同格な商品として含ませている用意周到さに対応する。

２つの流通形態の関係　次にマルクスは商品と貨幣の２つのカテゴリーを用いて、２つの流通形態を提示する。

「商品流通の直接的な形態は、W−G−W、商品の貨幣への転化および貨幣の商品への再転化、買うために売るである。しかし、この形態の他に我々はそれとは独自に区別される第２の形態 G−W−G、貨幣の商品への転化および商品の貨幣への再転化、売るために買う、を見いだす」(S.162：訳250)。

上記の引用文ではマルクスは、この２つの流通形態の直接的な関係には論及していない。しかし両者は自己の流通形態を展開するために相互に相手を不可欠な前提としている。このことはすでにみた。念のためにここで再び、このことを説明するため、２つの流通形式を「売りW―G」と「買いG―W」に区分（W―G・G―W、G―W・W―G）して説明する。売りと買いは次のように、［１］と［２］の関連、および［２'］と［１'］の関連で二重に連結する。

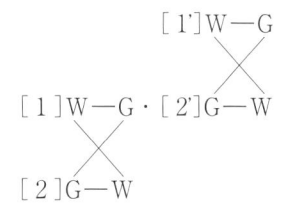

　　　　　　　［１'］W―G
　　　　　　　　　　＼／
［１］W―G・［２'］G―W
　　　　　　　　　　／＼
　　　［２］G―W

上記のように、売りと買いは相互に前提しあう。流通形態［１］W―G・［２'］G―Wの前段階の［１］売り（W―G）は交換を意味する線分×で結合する［２］

115

買い (G—W) を前提する。[1] 売り (W—G) の商品と貨幣の順序を入れ替えたものが [2] 買い (G—W) である。[1] 売り (W—G) と [2] 買い (G—W) とは、対称性の用語でいえば「左右反転対称 (inverse symmetry)」である。[1]「売り」に続く後半の [2']「買い (G—W)」は、前半で外部に前提した [2] 買い (G—W) を今度は自己が措定する [2'] (G—W)。そのために自己自身の前段階の流通形式を自己の外部に前提する [[1'] (W—G)]。[1] から [2'] への変換は、貨幣を軸 (鏡) に、商品を180度回転する「回転対称 (rotational symmetry)」をなす (W—G・G—W)。全体をみると、[1] 買いの前提と [2] 売りの措定は、そのまま右上の [2'] 買いの措定と [1'] 売りの前提にスライドする。

反転対称・回転対称・並進対称　流通形態「商品—貨幣 (売り)・貨幣—商品 (買い)」が始まるためには、それとは逆の「貨幣—商品 (買い)・商品—貨幣 (売り)」という対称的な流通形態が前提される。つまり、この2つの流通形態は、相互に無関係な運動形態ではなくて、「反転対称」と「回転対称」で相互に対称的に接合している。上記の2つの流通形態は、資本循環の範式、例えば貨幣資本循環範式のうちの売買関係で結合する部分である (ボールド体の大文字で表示)。

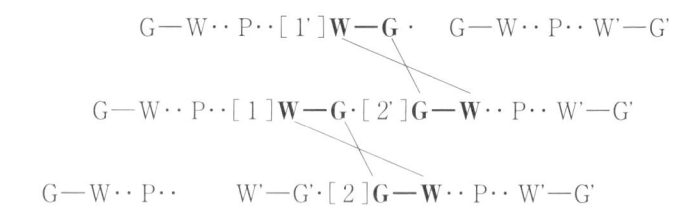

G—W‥P‥[1'] **W—G**・　G—W‥P‥W'—G'

G—W‥P‥[1] **W—G**・[2'] **G—W**‥P‥W'—G'

G—W‥P‥　　W'—G'・[2] **G—W**‥P‥W'—G'

このように同じ運動形態が「反転対称」と「回転対称」で連結する対称性を「並進対称 (translational symmetry)」という。マルクスが転化論の冒頭で提示した2つの流通形態は、各々の資本が相互に結合して全体で「並進対称」をなす形態である。各部分 (個別資本) が商品と貨幣という流通形態で接合して全体 (総資本) をなす。「並進対称」を保持するかぎりで、各々の資本は循環＝再生産することが可能になる。「並進対称」の「対称性の乱れ」は恐慌に転化する可能

性がある。[2)]

『資本論』編成原理＝価値論の３要素　マルクスが転化論で提示した２つの流通形態はこのような資本循環範式に展開する潜在能力をもつ。『資本論』の論証はそのような可能性を展開してゆく。その前提を確認すると、こうである。流通形態（W—G・G—W）の成分W—GおよびG—Wが「反転対称」の関係にあり、双方を接合した流通形態（W—G・G—W）が「回転対称」になる。「反転対称」と「回転対称」を統一すると「並進対称」になる。

　同じことは流通形式（G—W・W—G）にもいえる。すでに第Ⅰ章でみたように、価値をV、使用価値をUで表記すると、「①価値形態［V(U)］」・「②商品物神性［U(V)］」・「③交換過程［V(U)：U(V)］」となる。それらの価値Vを貨幣Gに、使用価値Uを商品Wにそれぞれ置き換えれば、流通形態（G—W・W—G）の場合と同型である。価値論を編成する①価値形態論・②商品物神性論・③交換過程論は、反転①［V(U)］→②［U(V)］で「反転対称」をなし、連結①＝②で「回転対称 V(U)＝U(V)」をなし、相補③［(①→②)：(②→①)］で「並進対称［V(U)：U(V)］」になる。①②③は流通形態（G—W・W—G）を根拠づける基本推論である。価値論の理論要素①②③は、資本主義的生産様式がいかに自己を組織するかを解明する『資本論』の編成原理である。３つの対称性の範疇に対応する①②③の観点が規則的に移動するのに即して、経済的諸形態が重層的に姿態転換して現象してくる過程が資本主義の自己組織化の過程にほかならない。その意味で『資本論』は現象学的記述様式をなす。[3)]

剰余価値を求める流通形態　転化論を論じるここでは、そのうちの２つの流通形態の比較から、資本を胚胎する形態を次のように分析する。《商品a—貨幣—商品b(Wa—G—Wb)》と《貨幣a—商品—貨幣b(Ga—W—Gb)》である。《Wa—G—Wb》は商品aを販売して獲得した貨幣でもって商品bを買うこと、

---

2)　ここでもマルクスは、「部分と全体との絶対的対立関係」を「理性の蒙昧＝仮象」として回避するカントの第２のアンチノミーが両者の接合関係に止揚されることを含意しているであろう。「我々の経験が無限なものではないために、破れることのない並進対称の例は、実際には存在しえないのである」（Morrison, On Broken Symmetries, J.Wechsler(ed.), ibid., p.61：モリソンの前掲論文、ヴェクスラー編、前掲訳書、101頁）。実際には存在しえない並進対称を総体的に実現しようとするのが資本主義の運動である。これこそ、資本主義が自己の内部に抱え止揚できない矛盾である。

3)　張一兵『マルクスへ帰れ』（中野英夫訳、情況出版、2014年）は物神論から「歴史現象学」を論じる（特に第９章を参照）。本書の観点と一部で重なる。

商品 b の使用価値を獲得することが目的である。商品および貨幣は価値と使用価値の統一物である。商品の主要な要因が使用価値であるのに対して、貨幣のそれは価値であり、その使用価値が価値の質料的担い手である。したがって、《Wa―G―Wb》はその主要要因で記述すれば、《使用価値 − 価値 − 使用価値》となる。

その逆の順序である《Ga―W―Gb》は《価値 − 使用価値 − 価値》と書ける。《Wa―G―Wb》と比較して、価値と使用価値の順序が逆である。貨幣でもって始まり貨幣で終わる。最初と最後の貨幣には質的相違はない。ありえるのは量的差異である。もし貨幣 b が貨幣 a より少ないとすると減価したことになる。減価を繰り返せばいつかは自己消滅する。したがって、貨幣の現存を想定するかぎり、《貨幣 b ―貨幣 a ＞ 0》、貨幣 b ―貨幣 a ＝ Δ 貨幣が目的である。したがって、

「この過程の完全な形態は、G―W―G' であり、この G' は G+ΔG、すなわち最初に前貸しされた貨幣額プラス或る増分に等しい。この増加分または最初の価値を超える超過分を私［マルクス］は剰余価値［Mehrwert］（surplus value）と名づける」(S.165：訳 256)。

こうして貨幣は自己増殖する貨幣となる。ここで初めて用語「剰余価値」がでてくる[4]。貨幣のこの姿態変換でもって、前貸しされた最初の貨幣が資本に転化する。貨幣で始まって貨幣で終わる。始点も終点も同じ貨幣形態である。終点の貨幣はさらに増殖することを目的にする貨幣＝始点として運動する（終点＝始点）。貨幣の自己増殖運動は終わりのない運動である。「貨幣術が追求する富にもまた限界がない」(S.167：訳 260)。資本とは、商品から自立した価値が貨幣形態をとって、無限に自己増殖する主体（主観 Subjekt）である。価値増殖が主体として自立する。したがって、ここで価値と使用価値が対等な交換過程

---

4) しかし、剰余価値（Mehrwert）はマルクスが初めて用いた用語ではない。すでにヘーゲルが『法＝権利の哲学』§80 で、利潤・利子・地代の一括名称として剰余価値を用いている。マルクスは『経済学・哲学草稿』を執筆するためにとった『国富論』ノートで、利潤・利子・地代の源泉を意味する用語として「剰余価値」を転用している（MEGA, IV/2, S.362）。したがって、マルクスの剰余価値論は『経済学・哲学草稿』から始まる。

論的な事態［③］から、価値が主体であるような事態［①］に変換する。マルクスの観点はその変換を次のようにあとづける。

Ⅲ-1-3　可能的資本家　　　　　　　　　　① (S.167 - 170：訳 260 - 265)

　永遠に自己増殖する価値はその運動を意識的に担う人格を捉える。その人格が資本家である。

　　「貨幣所持者(Geldbesitzer)は、この運動の意識をもつ担い手として、資本家になる。彼の人格(Person)、またはむしろ彼の［お金が入っている］ポケットは、貨幣の出発点であり、復帰点である。あの流通(G—W—G)の客観的内容 ─ 価値の増殖 ─ は彼の主観的目的である」(S.167 - 168：訳 260 - 261)。

　しばしば誤解されて言われるように《資本家が資本を所有する》のではない。逆に《資本に転化する貨幣が資本家という人格に憑依する（乗り移る）》のである。価値が財の使用価値に憑依するから、財が商品に成る。同じように、資本家よりも資本が本源的であり、資本が或る人格に憑依した形態が資本家である。商品という物象の人格化が商品所有者であり、貨幣の物象化が貨幣の所有者であるように、資本という物象の人格化が資本家である。物象の人格化はここまで進む。資本家は《価値−使用価値−価値》の無限運動の担い手である。したがって、貨幣は出発点に復帰して、直ちに次の増殖運動に出発する。《復帰点＝出発点》である［G—W—G' ＝ G］。資本としての貨幣はこのような「終点＝始点」の二重性をもつ現実的運動形態である。

　　「この絶対的な致富衝動、この熱情的な価値の追求は、資本家と貨幣蓄蔵家とに共通である。しかし、貨幣蓄蔵家は狂気の沙汰の資本家でしかない。これに対して、資本家は合理的な貨幣蓄蔵家である」(S.168：訳 261)。

　なぜ資本家は合理的なのであろうか。貨幣蓄蔵家は貨幣をもっぱら流通過程から引き上げては地下金庫に仕舞い込み、夜な夜なひとり密かに金庫を開きそ

の中を覗いて、ザクザク貯まった金貨を撫で喜悦するだけだからである。資本家は貨幣を流通過程から引き上げるのではない。引き上げられた貨幣は実は自然形態の金にすぎなくなる。貨幣ではなくなってしまう。貨幣が貨幣であり、自己増殖する貨幣＝資本であるのは、流通過程で運動するかぎりである[5]。資本家は貨幣を流通過程に投下し貨幣を増殖する方法を探る。「より賢明な資本家は貨幣を絶えず繰り返し流通に委ねて、このこと［価値の休むことのない増殖］を達成する」(S.168：訳261)。資本に転化しようとする貨幣は休まない。抜け目なく多忙である。だから資本家も忙しいのである。

> 「価値は、貨幣形態および商品形態をあるいは取り、あるいは脱ぎながら、しかもこの変換のなかで自己を維持し拡大する。このような過程の支配的主体（Subjekt）として、価値は何よりもまず、それによって価値の自己自身との同一性が確認されるような１つの自立的形態を必要とする。……貨幣はあらゆる価値増殖の始点と終点とを成すのである」(S.169：訳263)。

実体かつ主体としの資本 絶えず増殖しても自己同一性を維持する「主体」であることが、なぜ可能なのであろうか。価値であることを最も端的に体現する貨幣こそ、質で同じであり量的にしか自己を規定できないからこそ、自己同一性を量的増加で確証する形態だからである。

> 「この［資本の流通］の場合は、その価値が突然に過程を進みつつある、自ら運動しつつある実体（Substanz）として現象する。この実体においては、商品および貨幣は２つの単なる形態にすぎない。……価値はいまでは商品関係を表現するかわりに、いわば自己自身に対する私的な関係に入り込む。それは本源的な価値としての自己と剰余価値としての自己から区別し、父なる神としての自己を、子なる神としての自己自身から区別する。父も子も共に同じ年齢であり、しかも実は一個の人格でしかない」(S.169：訳264)。

---

5) この事態をマルクスは『要綱』で「貨幣の自己を解体する矛盾」と表現する。その解体を回避する唯一の活路は生産という根拠である。この論脈はヘーゲルの論理学を敷衍したものである。内田弘『中期マルクスの経済学批判』（有斐閣、1985年）および Hiroshi Uchida, *Marx's Grundrisse and Hegel's Logic*, Routledge 1988 を参照。

第Ⅲ章　貨幣の資本への転化

　資本に転化しようとする貨幣は、貨幣のままでは自己増殖できない。商品に転化しても貨幣としての自己を同じであるような同一性を維持し貨幣に復帰して増殖したことを確証する。貨幣も商品も自立し自己増殖する価値の一時的な形態にすぎない。姿態変換を媒介にして維持する自己を「実体」という。資本に転化する価値は、「主体かつ実体」である。実体としてだけでなく主体としても真理であることを論証すること、これはヘーゲル『精神現象学』の主題であった。マルクスはその主題を資本の自己生成過程にみているのである。

時空間の相対性　資本は剰余価値を生みそれと一体化してさらに剰余価値を生む。総計一致二命題が現在の評価基準を前提するように、生んだ父も、生まれた子も一体化して同一年齢である。資本の運動には絶対空間と絶対時間の区分は存在しない。存在するのは空間と同型の時間である。先にみたように、2つの流通形態（W―G・G―W, G―W・W―G）は販売と購買で相互に前提＝措定の関係にある。この関係は「縦の空間関係」と「横の時間関係」で同型である。このことに端的にしめされているように、近代資本主義は空間と時間が相互に射影しあうことが可能な「時空の相対性」に存立する。だからこそ、この転化論の始めで、資本の成立過程を知るには何もその歴史的過程を辿る必要はない。その過程は日々、現在の資本主義で再生産されている、と言明するのである。

　《Ga―W―Gb》こそ、産業資本の範式であるだけでなく、商人資本や利子生み資本の範式を包含する「資本の一般的範式」(S.170：訳265) である。

　以上のように第1節は、{②} 商品物神性論→③交換過程論→①価値形態論という前進する観点の変換順序で、資本の生成史があとづけられている。

Ⅲ-2　一般的範式の諸矛盾　　　　　　　　　　[{③}-①-②]

Ⅲ-2-1　等価交換の前提で価値増殖は可能か　　{③}(S.170-175：訳266-274)

　そこでマルクスはこの第2節の冒頭で、「資本の一般的範式（G―W―G'）」を前提にして、「では、このような純粋に形式上の区別が、どのようにして、これらの過程の本質を魔術的に変えてしまうのであうか」(S.170：訳266. 傍点は引用者) と問う。等価交換を前提にして、自己増殖する価値としての資本はな

ぜ可能であるのか、この問題を検討する。

　マルクスはワイン生産と穀物生産の例をあげる。もし２人の生産者がワインと穀物の両方を生産するよりも、どちらかの生産に専念しその剰余生産物を交換した方が両者とも、より多くのワインとより多くの穀物が獲得できる場合には、両者の間で商品（ワインと穀物）の交換がおこなわれるようになる。経験的には、ワインと穀物の交換が開始されたときから暫くの間は、ワインと穀物を生産するために必要な労働時間には差異がありうるとしても、次第に両方の労働時間が一致する点に収束するであろう。収束した同一の労働時間こそが理論値であり、商品の単純流通の前提＝等価交換である。両者とも使用価値では得をし、交換価値では損得なしである。その意味で「商品の価値は、商品が流通に入り込む前に［価値尺度機能で］その価格で表現されている。したがって、商品の価値は流通の前提であって、流通の結果ではない」(S.172：訳268)。

　一見するところ、資本の流通過程における運動は単純流通と同じであるかのように見える。資本家になろうとするＡの行為「購買（G─W）→販売（W─G）」は、単純な商品流通の順序「販売（W─G）→購買（G─W）」を逆転したものである。この順序にしたがってＡが、他人Ｂから商品を買い、それを他人Ｃに売るとしよう。もしその最後の買い手である他人ＣがＡの「買って（G─W）、売る（W─G）」この行為全体を知れば、《なにもＡから買わずに、直接にＢから買えばいい》と判断し、Ａの行為はＣにとって「ごまかし・余計なこと」であるというにちがいない。

　「商品の流通は、それが単に商品の価値の形態変換のみをもたらすにすぎないかぎり、この現象が純粋に起こる場合に、等価物どうしの交換をもたらす」(S.173：訳270)。

　マルクスは商品交換に関する「需給一致説」をとりあげる。マルクスの価値論は無効であると批判する経済学たちは、なぜか「現象を純粋に考察しようとするときはいつでも、需要と供給が一致するということ、すなわちそれら（需給と供給）の作用は総じて無くなるということを想定するのである」(S.173：訳270)。では、その需給一致点を根拠づけるのは何か。それを説明するために、「効用関数」という商品消費者の個別的主観的判断を持ち出す。しかも相異なる使用価値の消費が個別的な感覚にもたらす満足度が同質であると何の根拠もなく想定される。相異なる個別的な感覚に相異なる使用価値の消費がもたらす満足

度が、なぜ社会的に妥当な一般性＝「需給一致点」をもつのであろうか。その説明は可能なのであろうか。

マルクスは、経済学者たちが需給一致を想定しないと商品交換をおこなえないと判断する背後に、社会的抽象の作用を洞察する。相異なる使用価値をもつ商品の私的交換はその使用価値を捨象し価値を抽象する。需給一致は使用価値に根拠をもつのではなく、使用価値を捨象して顕現する価値に根拠をもつのである。

以上の考察は、商品の使用価値(U)と価値(V)の両面を総合しておこなわれた［V(U)：U(V)］。したがって、この考察の観点は《③交換過程論の観点》である。

Ⅲ-2-2　不等価交換と等価交換の両立　　　①（S.175-179：訳 274-282）

ついでマルクスは《価値の側面を主題にして》［①価値形態論の観点］、考察を続ける。まず、「資本の一般的範式」が想定する剰余価値は《何らかの特権によって価値以上に販売すること》がもたらすのであろうか、と問う。しかし、観点を個別的な商品交換からそれを含む商品世界全体に拡大すれば、一方の得は他方の損である。全体としては損得無しのゼロである。同じことは《価値以下で購買する場合》についても妥当する。しかしこの《価値以上の販売》と《価値以下の購買》は単なる理論的な遊びではない。それには歴史的背景がある。

> 「例えば、小アジアの諸都市は、年々の貨幣貢租を古代ローマに支払った。この貨幣でもってローマはその諸都市から商品を買い、しかもそれを高すぎる［価値以上の］価格で買ったのである」(S.177：訳 277)。

小アジアの諸都市は「価値以上で売り」、ローマは「価値以下で買った」。しかしその売買だけに限定すると、肝心なことを見逃す。古代ローマは小アジア人たちに貨幣貢租を収めさせ、その貨幣で小アジア人が生産した商品を買ったのである。ローマは無償で小アジア人から彼らの生産物を収奪したのである。「だまされた者は［ローマ人ではなく］やはり小アジア人たちであった」(S.177：訳 277)。ものごとを考える枠を限定することは、一見するところ、厳密な考察

法にみえる。しかし視野狭窄が真の問題を見逃す場合もある。個別的観点（ミクロ）と総体的観点（マクロ）を相互に媒介するマルクスの複合的観点は、この種の「幻想」・「だまし」(S.176：訳276、277) を暴露する方法である。剰余価値の根拠の論定もその複合的観点による。マルクスは問題を次のように限定する。

　「等価物どうしが交換されても剰余価値は発生しないし、非等価物どうしが交換されてもやはり剰余価値は発生しない。流通または商品交換はなんらの価値も創造しないのである」(S.177‐178：訳279)。

ここからいえる次のことは重要である。近代資本主義を考察する『資本論』が「資本の通俗的ないわば大洪水以前の姿態である商業資本および高利貸資本」(S.178：訳280) を「当面は考察しないでおく」。その理由は、それらがもっぱら不等価交換を前提に成立する資本形態であるからである。近代資本主義における商業資本や高利貸資本の価値増殖を前近代的な不等価交換ではなく等価交換の派生形態として論証することがそれらの資本諸形態に関する『資本論』での課題である。「商業資本の価値増殖を商品生産者に対する単なる詐欺（Prellerei）によって説明すべきではないとすれば、そのためには一連の長い媒概念（Mittelglied）が必要なのである」(S.179：訳280)[6]。この転化論では、それまでの重層的に媒介し合うさまざまな媒概念は捨象されている論証次元である。一切の媒概念を捨象した結果である。いまは、『資本論』の冒頭の単純商品から発生した貨幣が資本に転化するのはなぜかを論証する課題に立ち向かっている。

　現実存在は媒概念の構成物である。その生成過程は媒概念を捨象する過程を前提する。アリストテレスはそれを「分析的方法」といい、その逆の過程をたどる方法を「総合的方法」とよんだ。分析的方法は媒概念の多元的な接合から脱すること、「脱‐媒介過程(de-mediation)」を意味する。マルクスは『経済学

---

[6] ここで注意すべきなのは、マルクスが「単なる詐欺によって説明すべきでないとすれば」という留保の意味である。ヘーゲルは『法＝権利の哲学』で合法行為と不法行為とを区別したけれども、マルクスは不法行為が合法化される近代資本主義の逆説的なメカニズムを解明する。近代資本主義の編成原理がまったく詐欺と関係がないのではなく「合法的詐欺」というパラドックスが貫徹すると主張しているのである。

批判要綱』「序説」でいう「下向法」・「上向法」や『資本論』第２版後書でいう「研究法」・「記述法」はアリストテレスのその方法を念頭においている。「商品流通とその簡単な諸契機とが唯一の前提となっているいまの場合（転化論）では、それらの媒概念はまだまったく欠如しているのである」(S.179：訳280)。マルクスのこのような方法論的自覚を無視した『資本論』再編成は『資本論』と関係が断ち切られた異物である。

Ⅲ-２-３　流通の背後にあるもの　　　　　②（S.179 - 181：訳282 - 285）

マルクスはここで観点を《②商品物神性論の観点》に変換して書く。

「剰余価値は流通から発生しないのであり、したがって、剰余価値が形成される場合には、流通そのもののなかでは目に見えないことがら（das in ihm selbst unsichtbar ist）が流通の背後で起こっているにちがいない」(S.179：訳282)。

「流通の背後」とは何か。個人的消費は商品流通という経済的規定関連から脱している。残るのは「生産的消費」＝生産そのものである。「流通の背後」・「流通の外部」(S.179：訳282) とは、生産過程そのものにほかならない。こうして、マルクスの観点は流通過程から生産過程へ拡大し、その両者を視界に入れる。流通過程は使用価値を媒態とする商品と貨幣の場であるのに対して。生産過程は価値の生産のために使用価値を生産する場である。生産過程では流通過程に比べて、価値(V)は使用価値(U)の背後に隠れている。つまり、［使用価値U(価値V)］と書ける。これこそ②商品物神性論がひらく観点である。念のためにいえば、商品物神性は商品論（第１章第４節）だけの事態ではない。形態を変換してその後の過程にも貫徹する。のちに考察する労働過程も、いわゆる「歴史貫通的な事柄」であるよりも、なによりもまず資本が組織し包摂した労働過程なのであるから、あたかも使用価値の生産が目的であるかのように現象する生産資本循環の最も抽象的な過程として、②商品物神性論の観点から批判的に考察される。労働過程で生産される使用価値の背後に価値が身を潜めているのである［使用価値U(価値V)］。

こうして、流通過程における等価交換を前提にして、剰余価値＝不等価交換の可能性を論証すること、これが当面の課題である。マルクスはその課題を次のようなアンチノミーの文体で表現する。

「資本は、流通から発生するわけにはいかないと同様に、流通から発生しないわけにはいかない。資本は流通の中で発生しなければならないと同様に、流通のなかで発生してはならないのである」(S.180：訳283)。

このように《流通と非流通》が両立するような（一般化していえば、AであってかつAでない［＝非A］ような）、自己矛盾を止揚する解を求めること、これがここの問題である。この問題は、命題論理学の前提である「矛盾律（law of the excluded middle）」を否定し、むしろ媒概念（middle）を導入し、それで媒介することで解決する問題である。この問題枠から逃れて、あれこれ論じてはならない。その意味でマルクスはいう、「ここがロードス島だ、ここで跳べ！」。

Ⅲ-3　労働力の購買と販売　　　　　　　　　　　　［{①}-②-③]

Ⅲ-3-1　価値増殖の根拠は何か　　　　　　　{①}(S.181-187：訳285-296)

マルクスはこの第3節の冒頭で「資本に転化すべき貨幣の価値の変化は、この貨幣そのものの上では起こりえない」(S.181：訳285)と限定する。なぜなら、資本の一般的範式「貨幣G―商品W―貨幣G」の前半の「購買（G―W）」でも後半の「販売（W―G）」でも、貨幣が購買手段としても支払手段としても同じ価値の交換＝「等価物どうしの交換」(同)を前提するからである。したがって、残る価値増殖の可能性は貨幣で購買した商品そのものに存在するはずである。すなわち、「この(価値の)変化はその商品の使用価値そのものから、すなわち、その商品の消費から生じうるのみである」(同)。その消費が価値の増加であるような独自な商品とは何であろうか。それは「労働能力または労働力」(S.181：訳286)である。

では、労働力商品とは何であろうか。それは「人間の肉体、生きた人格性の内部に実存していて、彼が何らかの種類の使用価値を生産する、そのたびごと

に運動させる、肉体的および精神的諸能力の総体のことである」(同)。「労働力の所有者(der Eigentümer der Arbreitskraft)」(S.185：訳293)は奴隷ではない。彼は自分の労働力商品という所有物を「自由に自発的に・時間決めで」販売する所有権をもつ法的主体である。もしも彼が生活時間全体、1日24時間すべてを売るとすれば、彼自身が買い主の所有物になってしまう。自由な法的主体ではなくなり奴隷になる。[7] マルクスは「注40」(S.182：訳287-8)で債務奴隷の例をあげ、ヘーゲルが『法＝権利の哲学』で労働時間を時間決めで販売することで自由な賃金労働者と奴隷を区別しているのは、その意味を確認するためである。

　では、法的に自由な労働力商品の所有者はあらゆる意味で自由であろうか。彼には労働力商品を誰にも売らない自由は実質的に存在するであろうか。彼は労働力商品しか所有していないのだから、それを売って得た貨幣賃金でもって生活手段(賃金財)を買うほか生活する手立てはない。彼はどの雇用者に売るか売らないかを決める個別的自由をもっているが、どの雇用者にも売らない、就職しない自由はない。いずれかの資本家に雇ってもらうほか生活はできないからである。労働者は誰かに雇ってもらわなければならないような制度に強制されているのである。個別的には自由であるけれども、いずれかの資本家に雇ってもらわないと生きていけないように強制されている。《個別的には自由な労働、総体的には強制労働》、この二重性をみなければならない。個別的自由のみを強調し、総体的強制を無視するのは、虚偽である。資本主義の労働市場のこの二重性を認識しなければならない。奴隷が直接的強制労働に従事するのに対して、近代的労働者は労働力商品の売買関係に媒介された強制労働に従事する。とはいえ、近代的賃金労働者は前近代的な不自由な労働者に比べれば、より自由な存在である。彼は資本の利潤動機によってより高い能力を身につけるように強制される。その能力は賃金労働者の自由をさらに拡張する能力に転化する可能性をもつ。事態はこのように逆説的に展開する。

---

7) したがって、労働時間以外の非労働時間は労働力の購買者＝雇用主の支配の外部になくてはならない。例えば、球団がプロ野球選手の生活時間までいかに過ごすべきかと管理するとすれば、あるいは工場労働者・事務社員を寮に住まわせ人事課所属の者が彼らの寮生活を管理するとすれば、管理される者が自由な主体であるとは断言できない。郵便物・交友関係も管理対象となるであろう。

二重に自由な労働者　　したがって、自由な労働者とは、二重の意味で自由なのである。第 1 に、資本家と同市民関係で法的に対等で自由な存在である。第 2 に、生産手段およびそれから生産する生活手段を所有しない、それ《から分離されている》という意味で「自由（free from）」である。この二重性は『経済学批判要綱』という最初の『資本論草稿』になった原稿（ロンドン、1857-58 年執筆）から指摘されている重要な事柄である。

資本家と労働者は労働市場で相対する。では、その労働市場はいかにして成立したのであろうか。この問題はさしあたって与件として前提される。その前提がいかにして生まれたのかは、のちの第 23 章の資本蓄積論と第 24 章のいわゆる原蓄論で明らかにされる[8]。いまは、「貨幣所有者が実践的に事実にしがみつくと同じように、我々は理論的に事実にしがみつく」（S.183：訳 289）。いいかえれば、所与の労働者市場を前提し貨幣資本家がそこで行動することを理論的に解明することに限定する。労働市場は歴史的本源的には、「先行する歴史的発展の結果であり、幾多の経済的変革の所産である。すなわち社会的なすべての一連の古い諸構成体の解体の所産である」（S.183：訳 289-290）。

したがって、「経済的カテゴリーも自己の歴史的な痕跡をとどめている」（S.183：訳 290）。経済学のカテゴリーの歴史性はすでに『哲学の貧困』で指摘されている。『資本論』の副題「経済学にたいする批判（Kritik）」はカントの三批判、なかでも『純粋理性批判（*Kritik der reinen Vernunft*）』に対する反批判（Anti-Kritik）である。カントは人間の認識能力の限定＝批判をおこなったけれども、それは人類史を貫通する超歴史的性格をもつ。「資本主義・内・存在」である人間はまさに資本主義に認識能力を限定されている。資本主義に生きる人間は資本主義に限定された認識をする。その限界を見極めること＝批判すること、これが『資本論』に秘められたドイツ古典哲学史上の核心問題である。

一挙にすべては説明できない。一定の妥当性のある前提にたち理論的展開をすすめ、[1] その結果にまさにその前提が措定されることを論証し、[2] そ

---

[8]　後の第 24 章の原蓄論は次のように編成されている。(1) 土地（生産手段）と農奴（労働力）の分離、(2) 分離された労働力の商品への転化（Ak）、(3) 生活手段（Lm）と生産手段（Pm）の商品への転化、(4) 産業資本家の登場（貨幣資本 G の蓄積）。これらは次のように産業資本の運動過程の最初の諸形態を、その過程を逆に遡及する順序で構成する [4] G—W [(3) Pm + (3) Lm = (2)(1) Ak]。マルクスは原蓄論の編成でも厳密に論理的である。

の〔何が〕論証を論証空間から論証時間に射影して、歴史的にその本源的前提が〔如何に〕して生まれたのかを立証するという二重の手続きを採用するのである。
労働力商品と資本主義時代　とはいえ、マルクスはここで労働力商品の生成について最小限の説明を次のようにおこなっている。

「生産物のすべてが、またはその多数だけでも、商品の形態をとるのはどのような事情のもとにおいてであるか」、「それはまったく独自な生産様式である資本主義的生産様式の基礎の上でのみ起こるのである」(S.184：訳290)。

商品や貨幣は資本主義的生産様式が支配するようになる前から存在してきた。しかし、商品と貨幣が資本の主要な運動形態になるのは「二重の意味で自由な労働者」が労働市場をなすくらい大量に登場するようになったときである。この言明を受けてマルクスは「注41」で次のように確認する。

「資本主義時代を特徴づけるものは、労働力が労働者自身にとって彼に属する商品という形態を受け取り、したがって、彼の労働が賃金労働という形態を受け取るということである。他面では、この瞬間からはじめて、労働生産物の商品形態が一般化する」(S.184：訳291)。

労働力商品は商品世界の外部から商品世界に外挿される存在ではない。商品と貨幣の根底的浸透があって、労働力も商品化するのである。商品世界から労働力商品が内生するのである。逆にいえば、労働力が商品化している事態は商品と貨幣が労働生産物を包摂する形態をまとっている。両者は同じ事態の両面（全労働生産物の商品化および労働力の商品化）であることを正確に認識しなければならない。商品経済が満面開花している世界で、なおほとんどの労働者が生産手段・生活手段を所有しているという想定は自己矛盾である。その想定では、商品経済の満面開花とは、労働力の再生産ファンド＝生活手段もすべて商品化しているから、その生産者はそれを全部他人に売り、かつそれを買い戻すことになる。どうせ自分で消費する生活手段をなぜ一旦売り、かつそれを買い戻すのであろうか。商品経済満面開花＝独立生産者説はこの奇妙な自己矛盾

に気づいていない。労働力が商品化している事態では労働力の所有者は自己の労働力を売り、その対価である貨幣賃金で生活手段を買うほかないのである。マルクスの観点はその誤謬を確認するものである。

労働力商品の価値　マルクスの価値視点は労働力商品の価値規定に継承される。「労働力の価値は、他の商品の価値と同じように、この独自な物品の生産に必要な、したがってまたその再生産に必要な労働時間によって規定される」(S.184：訳291)。ではその労働力の生産・再生産に必要な労働時間とは何か。それは「労働力の生産に必要な労働時間は、この生活手段の生産に必要な労働時間に帰着する」(S.185：訳292)。その生活手段は或る国の或る時代に賃金労働者として生活するに必要な食物・衣服・(冷)暖房・住居などである。その水準と範囲は「歴史的かつ社会慣習的に」規定される一定の「平均範囲」を中心とする(S.185：訳292)。労働者は世代交代する。したがって、その子供たちの「養育費・教育費」も労働力の価値に含まれる(S.186：訳294)。

Ⅲ-3-2　労働力の信用貸し　　　　　　　　　②(S.188：訳296-300)

労働力の前貸＝賃金後払い　賃金労働者から資本家が買った労働力の使用価値とは、買い手である資本家が労働者に労働させることである。労働力の売買契約の後で、労働力の使用価値の消費＝労働がおこなわれる。労働力商品の価値である賃金はすぐには支払われない。前払いではなく、労働が終わったあとに後払いされる。資本家には、先払いすると労働者が労働をきちんとおこなわない怖れ＝リスクがあるからである。資本家の労務管理のイロハである。「資本主義的生産様式がおこなわれている国ではどこでも、労働力は売買契約で確定された期限のあいだ機能し終えたあとで、例えば週末に支払いを受ける」(S.188：訳297)。後払いの貨幣賃金は支払手段として機能する。労働者からみれば労働力は前貸し、賃金は後払いである。資本家からみれば、彼は労働者から労働力を前借りする。労働者は労働力を資本家に前貸し＝信用貸しする(kreditieren)。賃労働を《Lohn(前貸)arbeit(労働)》というのはその意味である。

　労働者にとっての「前貸し＝後払い」の関係は、労働力の使用価値の背後にその価値が隠れていて、労働力の使用価値の背後からその使用価値の消費＝労働の後に現れてくる関係である。この関係は［使用価値U(価値V)］と記述で

きるから、この関係は《②商品物神性の展開形態》である。これは後の労賃論の基本観点に継承される。

マルクスはここの「注51」で労働力前貸し＝賃金後払いの具体例をあげる（S.188：訳299）。炭鉱労働者の後払い月給制の例である。炭鉱労働者は資本家から月末に賃金を受け取る。彼らは月給日の前に生活資金が不足すると、資本家に願いでて前借りした賃金を、同じ資本家が経営する炭鉱の店で市場価格以上の価格の商品＝現物で受け取る。現金ではなく、資本家経営の店で「現物で割高の価格で」受け取る。こうして資本家は賃金を間引きする。労働力の売買は不等価交換になる。

生活手段からの分離と賃金後払い　労働力の使用価値の消費が終わったあとでやっとその対価が支払われる。賃金後払い制は、労働者に賃金を受け取る期末（週末・月末）まで懸命に勤労させるインセンティヴとなる。期末に受け取った賃金でやっと生活手段が手に入る。分離している労働力と、労働力を再生産する生活手段とは、労働（労働力の使用価値の消費）の後になってやっと結合するのである。賃金後払いは「二重の意味の自由」のうちの「生産手段・生活手段からの分離」という「労働への強制力」が賃金の支払われるまで、いや生涯、持続する形態である。労働を強制する社会的力はしぶとく貫徹する。先の実例の資本家が賃金前貸しからも獲得する利益も、その強制力が基礎になっている。

Ⅲ-3-3　自由・平等・所有・ベンサム　　　③（S.189 - 191：訳300 - 302）

いままで、労働力商品の価値とその使用価値の消費＝労働をみてきた。マルクスはここで価値と使用価値が相互に媒介しあう観点③［V(U)：U(V)］に変換する。貨幣所有者（資本家に成ろうとしている資本家＝可能的資本家）は労働力商品および生産手段を買い、「労働力商品の消費過程」＝「商品の生産過程」＝「剰余価値の生産過程」（S.189：訳300）に向かう。これは流通過程の外部である「生産という秘められた場所」（同）である。労働力商品の使用価値の消費過程は商品の生産過程である。商品は使用価値と価値の統一物である。使用価値は具体的有用労働の結果である。価値の実体は抽象的人間労働である。マルクスは「労働力商品の《価値と使用価値》」から「労働力商品の《使用価値》の

消費過程=《使用価値と価値》の生産過程」へと観点を変換する。《価値・使用価値》→《使用価値》→《使用価値・価値》というように反転対称的に観点を変換するのである。

　市場で掲げられるスローガンは「自由・平等・所有・ベンサム（最大多数の最大幸福）」である。自由な人間が自発的に《平等＝等価交換》で取引をおこなえば、万人が自己利益のためにする行動は万人の最大幸福をもたらす、とベンサムはいう。果たしてそうであろうか。労働市場（流通過程）から工場（生産過程）へ、資本家と労働者は向かう。工場に労働者をつれてゆく資本家はなにやら良いことがあるようにほくそ笑みながら、しかし労働者はおずおずと不安げに資本家の後についてゆく。工場の門の前までは、市民社会の権利が守られるとしても、果たして周囲が高く厚い壁で遮られている工場の中ではどうであろうか。労働者は門前で身震いし、《生活のためだ、我慢しなけりゃ》と覚悟して門をくぐらないだろうか。

第Ⅳ章

労働過程と価値増殖過程

Ⅳ-1 労働過程　　　　　　　　　　　　　　[{②}-①-③]

Ⅳ-1-1 労働過程と資本主義的生産の区別　　{②}(S.192-199：訳303-315)

《生産一般》として現象する資本主義的生産　賃金労働者は工場主のあとについて工場の中に入ってゆき、仕事（賃労働）につく。これを経済学の範疇でいいかえれば、貨幣は労働力に転化し労働力は資本の生産過程で生産的に消費される。それでは、貨幣がより多くの貨幣に転化するために、資本の生産過程で、労働力はいかに消費されるのであろうか。このように、ここでも《或る問いの解は次の問いを生みその解を求める($Q_i \to A_i = Q_j \to A_j$)》という『資本論』の編成原理が貫徹する。

　資本の生産過程の考察の最初は労働過程である。しかし、この労働過程論の位置づけには注意が必要である。ここで論じられる労働過程は資本家が組織したものである。しがたって、（理論的に操作しないでという意味で）直接に存在するのは資本の生産過程である。賃金労働者の労働力商品は、資本家に雇用され資本の生産過程に組織されて初めて「現実的な労働力」になる。それ以前は「潜在的な可能的な労働力」にすぎない。労働者は生存するためには資本家の管理と指揮のもとで商品を生産するほかない窮迫を背負った存在である。商品は労働力商品もふくめて、何よりもまず使用価値である。商品の価値は使用価値を媒態にして存在する。生産物の使用価値の生産過程を「労働過程」という。この使用価値(U)の生産は価値(V)が実存する媒態の生産を目的とする。その意味で使用価値の背後には価値が潜在している。その関係を表現すれば［使用価値U(価値V)］となる。ここでマルクスは労働過程論を「②商品物神

性論の観点」から考察しているのである。したがって、歴史貫通的な労働過程と、古典経済学が生産循環範式（P…P）で捉える資本の運動とは区別しなければならない。この区別をマルクスは自覚的におこなっている。

　すでに『経済学批判要綱』(1857‐58年)の「序説」第2節で、スミス経済学の推論構造を「生産・消費・分配・交換」の4つのカテゴリーに分離してしまったジョン・スチュアート・ミルの経済学を「生産と消費」、「生産と分配」、「生産と交換」の3つの組み合わせで、それぞれ相対する範疇が相互に媒介しあって、全体が生産を中心に推論構造をなしていることを論証した。そのさい、ヘーゲルの推論とスピノザの「定義は否定である（determinatio est negatio）」(MEGA, II/1.1, S.26‐27.)を導きの糸にした。例えば、「生産と消費」は「生産的消費と消費的生産（個人的消費）」で連結していること、生産を他の範疇を内部に包摂する契機としてこの4つのカテゴリーが生産有機体をなしていることを示し、結局、スミスなどの古典経済学が無自覚に資本を「(使用価値の)生産のための生産」の相でみていること、生産資本循環で把握していることを論証する。スミスなどには資本主義は「使用価値の生産体制」として現象するのである。

　資本主義的な「生産一般」と、資本主義も人間が自然に対して恒常的におこなう物質代謝過程を基礎とするという「歴史貫通的なこと」をいかに区別しかつ関連させるのか。生産資本循環の相で現象する事態と労働過程とは現象では

---

1) 本書の資本蓄積論（第Ⅵ章‐3）の冒頭の「前書」を参照。
2) 「《定義は否定である》という定義は、ヘーゲルが指摘しているように、スピノザの体系では無限の重要性をもつ。スピノザはこの命題で措定と否定との弁証法的な思惟様式を示唆した。マルクスはこの命題を資本主義的な生産と消費の諸関係の分析に変換し、生産と消費が相互に本質的には同一であることを暴露したのである」（Hong Han-Ding, *Spinoza und die deutsche Philosophie*, Scientia Verlag Aahen, 1989, S.205.）或る概念の定義（determinatio）はそれに対立する概念（negatio）を包摂する論証形式をとる。スピノザ＝ヘーゲル＝マルクスの観点からは、カント的な絶対的対立（アンチノミー）は止揚される。マルクスはその観点から、或る終点は同時に始点であるという二重性で定義する。事物が絶対的に対立するのならば、或る物から他の物への運動は生成しない。ヘーゲル推論第1格が《主語「個別」は媒語「特殊」に否定的に媒介されることで述語「一般」と定義される（E‐B‐A)》というように、ヘーゲル推論はスピノザのこの命題を継承している。しかしスピノザ『エチカ』の「実体(一般)→属性(特殊)→様相(個別)」はそのヘーゲル推論とは逆である。その推論の観点から、マルクスは『経済学批判要綱』全体を編成し、その最後で「1）価値」で冒頭商品を定め、スピノザ体系原理を転倒したのである。

同じなのであるけれども、範疇としては区別しなければならない。虚偽（資本主義的生産一般）が真理（労働過程）に紛れ込んでいるのだから、両者の区別問題を飛び越して、いきなり労働過程は論じられない。ここに定められた②商品物神性論の観点は両者を弁別する観点である。このことがここでの第1の課題である。すでにマルクスの「序説」における「生産一般」の批判的再構成で資本主義的生産一般と労働過程が区分されたことと、『資本論』第1部に貫徹する規則からするとこの労働過程論は②商品物神性論の観点からの考察であることとが、ここでぴたりと符合するのである。マルクスはこの区別問題を草稿「直接的生産過程の諸結果」（1863年執筆）で次のように記す。

　「資本などもまた労働過程の対象的要素に転化するからといって、労働過程の対象的要素を直ちに資本に転化させる経済学者のこの幻想は、資本主義的生産過程そのものの性質から生じるのである」（MEGA, IV/4.1, S.73）。

《資本とは機械装置のことである》というこの実在主義的な資本観は今日のマルクス経済学書にもみられる。上記の区別問題に無自覚な見解である。マルクスは資本主義的な生産一般と歴史貫通的な労働過程の区別の反省に立ち、次のように書く。

　「使用価値または財貨の生産は、資本家のために、資本家の管理の下でおこなわれることによっては、その一般的な本性を変えはしない。それゆえ、労働過程はさしあたり、どのような特定の社会形態にもかかわりなく考察されなければならない」（S.192：訳304）。

労働過程への移行は考察者の恣意的な移行ではない。その移行が可能なのは、現実に存在するのは資本が組織した生産過程であり、それが労働過程と価値形成＝増殖過程の二面性をもつから、考察者はその生産過程のうちまず労働過程の側面を抽象し考察できるのである。そうであればこそ、のちにみるように、労働過程論の直後で、そこから価値形成過程と価値増殖過程に観点を変換できるのである。もしも、純粋に労働過程なるものが独立して実在するとすれば、そこから価値形成＝増殖過程に移行することは、あたかも「降臨する神」のよ

うな存在を想定することになる。労働過程論は資本の生産過程を前提しているのである。その労働過程は、現実的には資本の価値が実在する媒態である使用価値の生産過程である。考察する複合的な対象の或る面を抽象して分析していることを忘れ、あるいは理解できないで、その抽象的側面があたかもそのまま実在するかのように想定する実念論的な傾向がみられる[3]。

マルクスとアリストテレス　マルクスは労働過程における人間の労働を次のように定義する。

> 「労働は第1に、人間と自然の間の1つの過程、すなわち人間が自然との間を彼自身の行為によって媒介・規制・管理する1つの過程である。人間は自然質料そのものに1つの自然力として相対する。……人間はこの運動によって、自分の外部の自然に働きかけて、それを変化させることにより、同時に自分自身の自然を変化させる」((S.192：訳304))。

マルクスは労働過程における人間の目的の定立とその実現を次のように説明する。人間がただ黙々と蝋の巣をつくるミツバチよりも優れているのは、人間は自分の制作活動を開始するまえに、頭で観念的に何をいかにどれだけ制作するか、その目的と実現過程をあらかじめ思い浮かべ、さらに制作過程で自己の制作活動がその目的に適っている目的合理的な活動であるかを判断し、自己の制作行為を制御することにある、という。

この労働過程のマルクスの定義は、アリストテレスの四原因論にもとづく制

---

3)　この実念論的傾向とは区別されながらも、その傾向に近いところにあるのが内田義彦の『資本論の世界』である。その非常に長い労働過程論では「搾取という階級社会に貫通する事がら」と「使用価値の生産という歴史貫通的な事がら」を並列して区別するにとどまる。マルクスにとって「使用価値の問題」とは、使用価値が価値の重層的展開諸形態になる事態であった。使用価値が価値の表現媒態や価値の源泉になり、資本はその投資形態が労働力であろうと生産手段であろうと平等な利潤（平均利潤）を要求する。利子は貨幣資金の使用価値の価格であり、地代は土地の生産力という使用価値の価格である。内田義彦はこのような使用価値と価値の媒介関係を論じない。《使用価値視点から『資本論』第1部を読み、生産諸力の視座を全面に押し出す》という独自の問題意識によるのであろう。この視座は相対的剰余価値論の大工業の《積極面（ポジ）→消極面（ネガ）→積極面（ポジ）》の力説で最高潮に達する。同書の刊行は1966年である。戦後日本の高度成長期の最盛期であった。

作（ポイエーシス）の定義を継承するものである。アリストテレスは人間の制作活動を［１］形相因（＝［２］目的因＋［３］作用因）＋［４］質料因で定義する。人間は制作過程の形相因として制作の目的を定立し（目的因）、自分の肉体を動かして（作用因）、外部の自然（質料因）の形態を変換して目的を実現する。マルクスが労働過程の人間を「自然力」と定義し、労働の対象を「自然質料」と定義することにアリストテレス制作論の継承が伺える。[4] マルクスは、現実に存在するもの（existentia 現実存在）は人間の制作活動の結果であるというアリストテレスの存在論を労働過程で継承しているのである。

労働過程の３要素　労働過程は３つの要素「労働力・労働手段・労働対象」から成り立つ。人間が労働でもって働きかける労働対象（土地・水・魚・木材・鉱石など）の本源的根拠は大地にある。

>「労働手段とは、労働者が自分と労働対象との間に挿入して労働対象に対する彼の能動活動の導体として彼のために役立つ、１つの物または諸物の複合体である」（S.194：訳306）。

具体的には道具・機械・装置である。道具のように簡単な労働手段もあれば、労働対象への作用力の大きい機械や、自然質料に質的変化を引き起こし人間の肉体的能力を超える作用力をもつ（化学工業の）装置などがある。マルクスは人間の定義「人間とは道具を作る動物である」を引用している（S.194：訳307）。この定義は、ロンドンにいたジョンソン博士を訪問したフランクリンが話したのではないかと推定されている。人間は「手段を以て目的を実現する目的論的

---

[4]　マルクスは労働過程論の「注２」（S.195：訳307-308）でヘーゲル『小論理学』から労働過程の媒介的活動の独自性に注目した定義を引用しているけれども、その定義の本源はアリストテレスの制作論にある。その意味でもヘーゲルもアリストテーカーである。マルクスは古典古代の哲学者のなかでアリストテレスを最も愛好した。内田弘『経済学批判要綱の研究』（新評論、1982年、159頁以下）を参照。労働過程の労働力は形相因としての目的因（＝精神労働）および作用因（＝肉体労働＋労働手段）であり、労働対象は質料因である。作用因としての肉体労働はしだいに労働手段に変換される。資本主義的生産過程では、目的因は資本家の精神労働、作用因は資本家の所有物である労働手段および肉体労働（賃金労働者）、質料因は資本家の所有物である原料などである。すべて資本家の所有であるからその成果＝商品も資本家のものである。このことはすでに『経済学・哲学草稿』で把握していた。

存在」(ヘーゲル)である。人間は何か手段をもって目的を実現する「媒介的存在」である。目的を実現するために、自己・手段・対象を有機的に関連づけて制御する。その制御過程に、人間が自己を含めて物事を客観的にとりあつかう知性が発達する根拠がある。この労働はいわゆる肉体労働だけではない。人間の通常の生産活動は知性を前提条件にするしそれを発展させる。労働過程はのちの「不変資本・可変資本」や「相対的剰余価値」の個所で再考察される。その意味で基礎的なカテゴリーである。

のちに「労働日」(『資本論』第1部第8章)のところでみるように、資本は、剰余価値生産のためには、賃労働者の知的能力(目的因)を高めたほうがよいことを知る。そのために国民教育制度を制定し高度化する。資本の生産過程の科学化にしたがって、肉体労働(作用因)に限定されていた賃労働者の機能は資本家の機能である精神労働(目的因)に浸食し、しだいに資本家のそれに取って代わる。賃労働者の高まる知性は、(特別)剰余価値の生産だけでなく、それを超え、工場を超えた諸問題を察知するような普遍性をもつようになる。「資本の文明化作用」が意図しない結果である。これも「資本主義のパラドックス」である(本書の終章も参照)。このパラドックスは相対的剰余価値生産論のところで本格的に論じられる。

生産性の多義性　使用価値はそれが労働過程で占める位置によって、原料か、労働手段か、最終消費財かにわかれる。例えば米は酒の原料になるか、飯に炊かれて食べられるかは、米がおかれた位置による。

労働過程の結果である生産物からみて、労働手段・労働対象は「生産手段」として、労働は「生産的労働」として現象する(S.196：訳309)。労働生産物の消費には生産的消費と個人的消費がある。生産的消費が旧い使用価値を消費して新しい使用価値を生産するから「生産的」である。一連の目的で連続する労働過程で生きた労働によって生産的に消費されることで、生産物はその使命を果たす。とはいえ、個人的消費も人間生命を再生産し労働力を再生産するという意味では生産的である。生産物は合理的に使用されることで耐久性を維持する。例えば家屋のように、放置された労働生産物は自然の物質代謝過程に晒されて朽ち果ててゆく。原料・機械装置も同じである。その意味で、「生きた労働はこれらの物を捉えて死から蘇らせ、単なる可能的な使用価値から現実的で有効な使用価値に転態されなければならない」(S.198：訳313)。過去の労働生産

物は現在の生きた労働に接触してこそ、その使用価値を維持する。のちにみるように資本の生産過程では、生きた労働が過去の死んだ労働を蘇生させるこの関係が逆転して、過去の労働（資本）が生きた労働（労働者）の生死を決するように転態する。

資本の生産性＝神秘化　「労働の生産性」は、資本の生産過程では変態して、「価値を増加させるから生産的である」というように、「資本の生産性」として現象する。「使用価値生産的」から「価値生産的」に変換する。剰余価値の源泉である労働力よりも、労働生産性を上昇させる機械装置があたかも価値＝剰余価値そのものを生産するかのように現象する。労働時間でなく流通時間の短縮が資本の回転率を上げるので商業資本が生産的であるかのように現象する。「生産的・生産性」はこのように《②商品物神性論のメカニズム》と同じ「仮象」で連結する。それが理由で、ここ労働過程論でその準備作業として「生産的労働」を定義しているのである。

労働過程から資本の生産過程へ　以上の労働過程論は《人間の自然に対する物質代謝過程》の考察である。その考察は、他の労働者との関係（協業・分業）や、それとは異なる他の人格（資本家）との関係も理論的に捨象した考察である。その抽象性のために労働過程とはいつの時代の労働過程なのか、無規定である。そこで労働過程論の冒頭にもどって、この労働過程はそもそも資本家が組織したものであるという前提に再帰し、そのことを確認する。この再帰はすでにみた次のような再帰に照応する。すなわち、『資本論』の冒頭で商品を二要因（使用価値と**交換価値**）に分析し（第１章第１節）、さらにその諸実体（自然的実体と社会的実体）である具体的有用労働と抽象的人間労働に還元する（同第２節）。その直後、第３節で再び商品の**交換価値＝価値形態**に再帰する。この順序は労働過程から資本の生産過程へ再帰するこの個所に再現する。

Ⅳ‐1‐2　労働過程から資本の生産過程へ　　①（S.199：訳315‐316）

マルクスは労働過程論のこの位置を確認して、次のように指摘する。

「我々は我が《将来の》資本家のもとにもどろう。我々が彼のもとを去ったのは、彼が商品市場において労働過程に必要なすべての要素、すなわち対象

的諸要因、すなわち生産諸手段と人的要因、すなわち労働力を買った後のことであった」(S.199：訳315)

再帰したのは資本家と賃金労働者の交換関係＝価値関係である。したがって、この短い1つのパラグラフ（S.199：訳315‐316）は、今までの労働過程をこれから考察する資本の生産過程に橋渡しする個所である。この短い文節を定める観点は価値優位の《①価値形態論の観点》である。マルクスはこのように厳密に観点を移動しつつ記述している。その文節の最後で次のように重要な限定をする。

「資本家はさしあたり市場で見出すままの労働力を、したがってまた資本家がまだ1人もいなかった時代に発生したままのその労働を受け入れなくてはならない」(S.199：訳316)。

資本家は労働力市場に見いだすままの労働力を前提に生産を組織し指揮しなければならない。さらに多くの剰余価値を搾取するために、労働時間を絶対的に延長する「絶対的剰余価値の生産」とか、労働生産性を上昇させようする「相対的剰余価値の生産」とか、「生産様式そのものの転化」(同)はのちになって初めて発生するのであるから、のちになって当該個所で考察される。

Ⅳ‐1‐3　資本家の指揮下の労働者　　　　　③（S.199‐200：訳316‐318）

上記のような条件で資本の生産過程を考察する。そこでは次の2つの条件が前提される。
第1に、「労働者は自分の労働の所属する資本家の管理のもとで労働すること」(S.199：訳316)。
第2に、「生産物は資本家の所有物である。直接的生産者である労働者の所有物ではない」(S.200：訳316)。
この2つの条件は労働者と資本家の関係を条件づけるものであるから、《③交換過程論の観点》に照応する。労働者の労働そのものも、その成果である労働生産物も、資本家の所有である。なぜならば、労働者は彼の財産である労働

力商品を資本家に販売したのだから、その労働力商品の使用価値を消費する権利、すなわち労働者に労働させる権利は資本家に帰属するからその成果も資本家の所有物である。このことはすでに『経済学・哲学《第1》草稿』の「疎外された労働」で指摘されていた。マルクスはここの「注10」でシェルビュリエの『富か貧困か』から「生産物は原料と給養品を提供した資本家にもっぱら所属する。これは領有法則の厳密な帰結である」(S.200：訳317)を引用してこの原則を確認する。この領有法則はのちの資本蓄積論に関連する。

Ⅳ‐2　価値形成＝価値増殖過程　　　　　　　　［{①}‐③‐②］

Ⅳ‐2‐1　資本主義的生産の目的　　　　{①}(S.200‐201：訳318‐319)

　次は第2節の冒頭である。資本家は、家事使用人に対するように自家消費のために労働者に使用価値を生産させない。その使用価値を価値＝剰余価値の質料的担い手となるように生産させるのである。第1に、資本家の組織する生産は商品生産である。第2に、その商品生産のために投下した価値総額以上の価値、すなわち剰余価値を生産するような商品生産でなければならない。そうでないと、市場で投下した貨幣は自己増殖する価値、すなわち資本に転化しない。この文節に定められた価値の観点は《①価値形態論が展開した観点》である。

Ⅳ‐2‐2　労働過程と価値形成過程の統一　　　③(S.201‐205：訳319‐325)

　したがって、「商品生産そのものが使用価値と価値の統一であるのと同じように」(S.201：訳318)、資本家に成ろうとする者が組織した「商品の生産過程は労働過程と価値形成過程との統一」(S.201：訳318‐319)でなければならない。マルクスがここで③《価値と使用価値を統一する交換過程論の観点》から考察していることは、引用文のその語法であきらかである。労働過程と価値形成過程の統一であることの例証としてマルクスがあげる例は棉花と紡錘を使用して綿糸を生産する場合である。その例の説明は細かく比較的長い。その結果は、10重量ポンドの綿糸＝15シリングである。ところで、そのために資本家は棉花と紡錘に12シリングを投下し、労働者雇用に3シリングを投下しているので、

合わせて 15 シリングとなる。「投下資金 15 シリング＝回収資金 15 シリング」となり、損得無しである (S.205：訳 325)。

Ⅳ-2-3　資本家の物神崇拝　　　　　　　　②（S.205-207：訳 325-330）

　貨幣は資本に転化しなかった。そんなはずではないと「我が資本家は愕然とする」(S.205：訳 325)。マルクスはイロニー家である。この結果をめぐり俗流経済学者の考え方をもちだし、転化に失敗した資本家の胸の内を次のように描写する。

　　「もう 2 度と瞞し打ちは食わないぞ。これからは自分で商品を製造する代わりに、市場で出来合いの商品を買おう。しかし、もしも彼の仲間の資本家が同じことをするならば、どこの市場で商品を見つけることができるのだろうか」(S.206：訳 327)。

　商品生産をやめた資本家たちがみな貨幣だけをもって市場にくる。けれども、商品はどこにもない。だからといって、シャイロックのように守銭奴になってカネをためても何の方策にもならない。「禁欲の教えがどのような結末をもたらすかは、貨幣蓄蔵家が我々に示してくれたのである」(同)。禁欲で蓄積する価値は少しも増えない。資本家たらんとする者は、とにかく価値を増やさなければならない。商品生産をやめて金儲けする例として、マルクスは「注 14」(S.207：訳 329) で、1844-47 年の鉄道株の暴落で資本家が資金を失った例や、アメリカ南北戦争 (1861-65 年) のもたらした棉花恐慌につけこんで、資本家が棉花投機をするために工場閉鎖＝労働者大量解雇の例をあげる。マルクスがここで描写するのは、商品生産＝価値増殖欲をいだく資本家の商品物神性に囚われた本性である。むろん、この文節にさだめた観点は《②商品物神性論の観点》である。

Ⅳ-3　労働力商品の価値と使用価値　　　　　　　　［{③}-②-①］

Ⅳ-3-1　手品は成功した　　　　　　　{③}（S.207-209：訳330-332）

　資本家はここで頭を冷やして、どうしたら投下した価値以上の剰余価値が獲得できるか、その方策を模索する。労働者から購入した労働力商品の使用価値を消費する権利は資本家のものである。総生産物の価値が15シリングであったとき、労働時間は半労働日（10時間の半分）＝5時間であった。棉花と紡錘にさらに12シリング投下して、労働時間を10時間に延長してもなんら「不法行為（kein Unrecht）」(S.208：訳331) にならないのではないか。ヘーゲルのいう「詐欺」ではないではないか。こう判断し実行し生産した生産物の総額は、棉花と紡錘への前貸が12シリング×2＝24シリング、労働力商品の購入には相変わらず3シリングであり、総額27シリングの投資である。ところが、綿糸生産物は今では10重量ポンド×2＝20重量ポンド、その総額は15シリング×2＝30シリングである。「30シリングの収入－27シリングの支出＝3シリングの剰余価値」を獲得できた。「手品はついに成功した。貨幣は資本に転化したのである」(S.209：訳332)。むろんここの観点は、価値と使用価値を統一する生産物価値をみる《③交換過程論が展開した観点》である。

Ⅳ-3-2　等価交換と不等価交換の両立　　　　②（S.209：訳332-333）

　資本家は27シリングで棉花・紡錘・労働力を等価交換で購入した。労働力商品は買ったものだから、その使用価値を消費する権利は、他の商品の使用価値の場合と同じように、資本家にある。その権利を正当に行使＝消費して30シリングの綿糸を生産し、30シリングで販売した。この販売も等価交換である。等価交換の原則を遵守して3シリングの不等価物＝剰余価値を取得したのである。近代資本主義では等価交換と不等価交換は両立する。このパラドックスに気づかないほど万事うまくいくのである。ライプニッツがいうように、最善の世はなべて調和する。棉花・紡錘という過去の労働24シリングが6シリングの生きた労働を吸着して30シリングに転化した。それは「命を吹き込まれた怪物」(S.209：訳333) になったのである。ここでマルクスが《②商品物神性論

が展開した観点》で記述していることは自明である。

Ⅳ-3-3　価値形成過程と価値増殖過程の比較　　①（S.209 - 213：訳 333 - 339）

　マルクスは次に①《価値の観点》＝《価値形態論が展開した観点》に移動して、価値形成過程と価値増殖過程を比較する。

>　「価値形成過程と価値増殖過程を比較してみると、価値増殖過程は或る一定の点を超えて延長された価値形成過程にほかならない」(S.209：訳 333)。

　マルクスがあげた例では、半労働日＝5時間の労働時間を超える点がそれである。労働過程が、棉花・紡錘を綿糸に変えるように、質的な変換過程であるのに対して、価値形成過程は価値が瞬間、瞬間に連続的に形成され増加する量的な過程である。その生産をになう労働者は「一般的な平均程度の熟練」で「通常の平均程度の緊張」(S.216：訳 335)をもって労働すると前提される。労働は資本家の細心な注意を払う監視のもとでおこなわれる。サボることは御法度である。「この御仁（資本家）は独自の《刑法典》をもっている」(S.210：訳 335)。労働で失敗すれば、罰金を後払い賃金を値引きして取るかもしれない。生産手段は何よりも剰余価値を吸収する手段であるから、浪費されないように注意深く監視する。労働者の一挙手一投足の《すべては価値増殖の相のもとに》見据えられる。労働者もそのような管理のもとで労働しているうちに《収益性の相の下に》《儲かるかな》と物も人もみるように陶冶される。

　最後に、マルクスはこの「第5章　労働過程と価値増殖過程」を総括する。生きた労働が具体的有用労働と抽象的人間労働の二重性をもつように、商品の生産過程は労働過程と価値形成過程の統一である。資本主義的生産過程は労働過程と価値形成＝増殖過程の統一である。この最後の観点は③《交換過程論》の展開された観点であり、次の「第6章　不変資本と可変資本」の観点につながる。

第Ⅴ章

絶対的剰余価値

Ⅴ-1　不変資本と可変資本　　　　　　　　　　[{③}-①-②]

Ⅴ-1-1　生きた労働の二重作用　　　　{③}(S.214-222：訳340-354)

　前章の第Ⅳ章では、労働過程と価値増殖過程はまず並行関係で定義され、その最後でその両過程は媒介された関係で再考察された。では、労働過程の3つの要因(労働力・労働手段・労働対象)は資本が運動する形態としていかに規定されるのであろうか。これが前章の解(両過程の統一)を受けた問いである。以下、この「第6章　不変資本と可変資本」内部でも《或る問いの解は次の問いを生む($Q_i \to A_i = Q_j \to A_j$)》という『資本論』の編成原理は貫徹する。

　そこでまず、本章(『資本論』第1部第6章に対応する範囲)の冒頭でマルクスは「労働過程のさまざまな諸要因は生産物価値の形成にさまざまに関与する」(S.214：訳340)と指摘して、「不変資本」および「可変資本」を定義する課題を提示する。生産手段と労働力に投下した資本がそれぞれ「不変資本」と「可変資本」として定義される。

生産的労働の二重作用　生産過程の結果である生産物は生きた労働の所産である。では、生きた労働は生産過程でどのような働きをするのであろうか。すでに『資本論』冒頭第1章第2節で、生きた労働は「使用価値を生産する具体的有用労働」および「価値の実体となる抽象的人間労働」の二面性をもつと分析されていた。ここでは、生きた労働の二重性をさらに労働過程と価値増殖過程に媒介させて再定義し、その再定義によって投下資本を「不変資本」と「可変資本」として定義する。

　その際、労働過程論で示されたように、労働過程は労働力・労働手段・労働

対象の3要素、あるいは「生産的労働」と「生産手段」から成り立つ。そのうち、労働力の作用としての生きた労働＝生産的労働は、生産手段にどのように関与するのであろうか。生きた労働は生産手段を生産的に消費して新しい使用価値をもつ生産物を生産する。「生産手段を生産的に消費する」とは、生産手段を無駄なく新しい生産物の生産のために使用することである。

　資本主義的生産様式でも生産手段によって新しい生産物を生産する。新しい生産物には、［1］それを生産するためにおこなった現在の労働時間だけでなく、［2］生産手段を生産するために要した過去の労働時間も含まれている。生きた労働は、資本主義的な商品生産をになうかぎり商品交換関係に潜在的に規定されて、「抽象的人間労働」の側面をもつ。その側面では、労働力の再生産に要した生活手段を生産するのに要する労働時間に等しい労働時間、およびそれを超えておこなう労働時間で価値を潜在的に対象化する。生きた労働は同時に「具体的有用労働」としては、新しい使用価値を生産することによって、［2］の生産手段に対象化されている労働時間を新しい生産物に移転し保存する。生産的労働とは、資本家の指揮のもとで、使用価値を生産することを媒介に資本の価値を維持＝増殖する労働である。

　生産的労働は、抽象的人間労働としては、新しい使用価値（U）を生産することを前提に新しい価値（V）（可変資本＋剰余価値）を生産する（［V(U)］）。同時に具体的有用労働としては、新しい使用価値を生産するために生産手段の旧使用価値を消費する結果、生産手段の旧価値（不変資本）を移転＝保存する（［U(V)］）。このように、資本の生産過程では価値と使用価値は相互に媒介しているから、ここでは《展開された交換過程論の観点③［V(U)：U(V)］》から考察されている。生きた労働のこの二重の働きを紡績工の労働を例にして、マルクスは次のように規定する。

　「紡績工の労働は、［1］その抽象的一般的属性では、すなわち人間労働力の支出としては、棉花と紡錘との価値に新価値を付け加え、［2］紡績過程としてのその具体的・特殊的・有用な属性では、これらの生産手段［棉花・紡錘］の価値を生産物に移転し、こうしてこれらの価値を生産物で維持する。そこから、同じ時点における労働の結果の二面性が生まれる」(S.215：訳342)。

労働力の価値の移転＝保存　マルクスのこの把握様式を敷衍すれば、こうである。労働力の価値は労働力を再生産するために必要な生活手段の価値に等しい。生活手段の価値はそれを消費して再生産された労働力に移転＝保存される。その労働力が生きた労働として新しい生産物を生産する。その労働時間で、労働力の価値に等しい価値が新しい生産物に対象化されるだけでなく、それを超えた労働時間で新しい価値＝剰余価値が生産される。労働力商品の価値も、生活手段の消費＝労働力の再生産→生産過程における新価値（可変資本＋剰余価値）の対象化という姿態変換を媒介にして、移動＝保存されるだけでなく、資本の自己増殖に寄与する。

生産手段の価値の移転＝保存　具体的有用労働によって新生産物に移転＝保存される価値は、新生産物を生産するために消耗した価値以上の価値を新生産物に移転＝保存しない。例えば機械装置の価値は部分的・断片的に新生産物に移転＝保存されるのみであり、使用価値＝機械装置としては耐用年数がくるまで使用できる。したがって、

> 「労働過程と価値増殖過程との区別は、同じ生産手段が生産過程において、労働過程の要素としては全体として計算に入り、価値形成の要素としては一部分ずつ計算に入るにすぎない[1)]。このことによって、それらの過程の対象的諸要因に鏡映する（reflektiert）」(S.219：訳348)。

生きた労働の二面性のうち、特に重要な側面は具体的有用労働の面である。なぜなら、使用価値が存在しないところに価値は実存しないように、新しい使用価値を生産することなくして、生産手段の旧価値が移転＝保存される拠点はないからである。「生産の中断」は生産手段の使用価値を不生産的に消耗する。労働過程論でみたように、使用されない使用価値は自然の物質代謝過程に晒されて解体してゆく。

労働の天性と生産の中断　「生きた労働の天性」(S.221：訳352)が赤裸々になるのは、「生産の連続性」が中断される恐慌のときである。マルクスは、アメリカ南北戦争がもたらした棉花恐慌のため、年を越えて中断するイギリス綿業の

---

1) この規定は『資本論』第2部の「資本の回転」を基礎づける。

苦境を訴える事例を「注23」(S.221：訳353)で新聞『タイムズ』から引用している。恐慌に巻き込まれたイギリスの工場主には「地代・租税・保険料・一年契約の労働者・支配人・簿記係・技師などの給与など」、「想定外」の無駄な費用が掛かる。「生産の中断」は労働者のストライキの場合にも生じる。労働者が生活を賭けて闘うとき、資本家は生産手段に不可欠の「生きた労働の天性」を失う。労使間の死闘である。

　以上の考察は生きた労働の二面性、使用価値生産的な側面と価値生産的な側面を媒介する考察である。この考察には《③交換過程論の観点》が鏡映する。

Ⅴ-1-2　不変資本・可変資本の定義　　　　　①（S.223-224：訳354-356）

両定義の微分学的含意　ここの範囲では、投下資本をもっぱら価値の増殖の観点①[Ⅴ(U)]から定義する。すでに価値増殖過程のところでみたように、生きた労働が抽象的人間労働として作用する労働時間は、労働力の価値を再生産する労働時間とそれを超える剰余価値を生産する労働時間からなる。したがって、具体的有用労働が作用することによって移転＝保存される生産手段の価値は増減無しという意味で「不変的(constant)」である。ところが抽象的人間労働としては労働力の価値を超える剰余価値を生産するから、増加する方向で変動しうるという意味で「可変的(variable)」である。そこでマルクスは生産手段に投下された資本を「不変資本(konstantes Kapital)」(S.223：訳356)と定義し、労働力に投下された資本を「可変資本(variables Kapital)」(S.224：訳356)と定義する。この「不変的と可変的」とはあきらかに、数学の微分学の用語の援用である。

原始関数と導関数の対称性　典型的な対称性を示す、(xを変数、hを定数とする)テイラーの二項展開、

$$(x+h)^n = x^n + hx^{(n-1)} + \cdots + h^{(n-1)}x + h^n$$

において、最後の項 h^n が定数（C：constant）であり、それ以外の項は微分可能な変数(V：variable)である。例えば、最初の項 x^n を原始関数とする(増加率を示す) 導関数は次の第2項 $nx^{(n-1)}$ である。同様な対称的な関連は定数 h^n の直前の項 $h^{(n-1)}x$ まで連続する。つまり、マルクスは「資本の価値増殖の対

称性」を微分学の観点から定義しているのである。『資本論』第1部初版直前の第1部草稿「第6章　直接的生産過程の諸結果」における剰余価値の定義では微分記号デルタ Δ を用いていることにその意図がはっきりと示されている。マルクスは「不変資本・可変資本」にこのような数学的意味を込めているのである。[2]

V-1-3　技術革新と価値革命　　　　　　②（S.224 - 225：訳 356 - 359）

　生産過程の主体的・対象的諸要因は、労働過程の観点からは「労働力と生産手段」に区分される。価値増殖過程の観点からは「可変資本と不変資本」に区別される。この両者の価値は変化しうる。資本の価値増殖の衝動からして、ダイナミックに変動する「価値革命」(S.224：訳356) は不可避的である。したがって、「不変資本と可変資本の比率」(S.225：訳358) は労働過程の技術的改革によってたえず変動する。不変資本は生産手段の価値であり、可変資本は労働力の価値である。この価値比率はのちに「有機的構成」(C/V) として定義される。その価値比率は生産手段 (Pm) と労働力 (Ak) という使用価値の比率、つまり「技術的構成」(Pm/Ak) の価値表現である。

　資本は、無限に価値を増大するために剰余価値を獲得し資本に再転化する。そのために、資本は労働生産性を絶えず上昇させる。単位生産物当たりの労働投入量を減少させることが不可避である。価値増殖という深部（有機的構成）の作用が表面の使用価値次元（技術的構成）の変動を引き起こす。使用価値次元の変動はその深部の価値の変動の現象である。その現象形態は [U(V)] と略記できる。これは《②商品物神性論が展開した観点》である。

---

2)　この微分学的増加は、のちに資本蓄積論（第Ⅵ章）で論じられる領有法則転回論に関連する。資本（父親）が生産した剰余価値（子）は父親をまねて同じ資本構成で同じ割合で増殖する。この関連は剰余価値（子）が生産した剰余価値（孫）でも再生産する。マルクスは1860年代から1880年代まで数学、特に微分学を「対称性」の問題意識から研究した。本書の終章の5も参照。

V-2　剰余価値率　　　　　　　　　　　　　　　　［{①}-②-③］

V-2-1　剰余価値の源泉と搾取条件　　　　{①}(S.226-234：訳360-374)

　以下の範囲は「第7章　剰余価値率」に対応する。マルクスはまず、次のように用語「価値」を連用して《①価値形態論の観点[V(U)]》から「第1節　労働力の搾取度」を考察する。

　　「前貸資本が生産過程で生み出した剰余価値、すなわち前貸資本価値の増殖分は、まずもって、生産物の価値のうち、その生産諸要素の価値総額を超える超過分として現象する」(S.226：訳360。傍点強調は引用者。マルクスがつけた前貸資本をしめす記号Cは不変資本のCと紛らわしいので省略)。

　剰余価値は、「生産手段・労働力」に投下した資本の価値総額を超過した分として現象する。それでは剰余価値の源泉は何であろうか。一般的には前貸資本全体が剰余価値を生産するかのように見える。しかしすでに、「生きた労働の二重作用」によって前貸資本は「不変資本と可変資本」として定義されている。それを基準に剰余価値の源泉を限定することがここの理論作業である。

　　「現実の価値変化および価値変化の割合は、前貸総資本の可変的構成部分が増大する結果、前貸総資本もまた増大するということによって、曖昧にされる」(S.228：訳363)。

　前貸資本のそれぞれの構成諸要素が一様に(gleichmäßig)剰余価値の源泉であるかのように現象するけれども、生産手段に投下した資本の価値は、生きた労働の作用で生産物に移転＝保存され価値量は不変である。したがって、その不変資本の部分をゼロとして捨象する。労働力に投下した資本こそ、剰余価値をもたらし資本価値を増殖する「可変資本」である。このように、剰余価値の源泉を厳密に分析するために、この演算法について、マルクスは次のように指摘する。

「不変量と可変量を演算するのに、加法か減法のいずれかによってのみ（nur duruch Addition oder Subtraktion）、不変量が可変量に結びつけられる場合の数学上の１つの法則を適用することが必要である」(同)。

剰余価値の源泉と微分の加法・減法　ここでいう「数学上の１つの法則」とは、先の不変資本・可変資本の定義と同じように、微分法のことである。微分法の「加法」とは、或る変数 X が ΔX だけ増加したことを記述する ($X+\Delta X$) のことであり、「減法」とは、或る変数 X_0 が X_1 に増加したことを記述する ($X_1 - X_0$) のことである。前者はニュートンが用いた表記法である。マルクスは 1860 年代から 1880 年代にかけて書いた数学草稿で、前者の表記法では、微少な増量 ΔX はどこで発生したのか不明であり「神秘的な」記法であると批判し、後者の減法を主張している。

すなわち、或る変数が自から増加した微小な差異は、増加した結果である X_1 から元の X_0 を引いた差 ($X_1 - X_0$) で記述すべきであると主張する[3]。後者は、或る量の微少な増加を既知の変数の内部で定義する記述法である。マルクスは、変量が外部から付加される「外生主義」ではなく、自生した結果と元の値の差として捉える「内生主義」の立場にたつ。この内在主義でこそ、可変資本で購入した労働力の消費＝生産的労働が必要労働(X_0)を超えておこなう労働(X_1)こそが、剰余価値($X_1 - X_0 = \Delta X$)の源泉であることが論証できる。マルクスは、その数学草稿で、論証で不足するものを任意に外部から導入する方法を「神秘主義」と批判する。自己の論証に必要な前提は論証の結果に措定するという円環体系を構成する。既知を演算して未知を導き出し、その未知を既知の内部に包摂する手法である。外生法は、例えば、仕入原価に販売費と期待利潤を付加して販売価格を決める日常化した「マークアップ方式」に存在する。この方法では次々と任意に外から期待利潤が付加される。なぜその付加が可能なのかは

---

3)　微分法に関するマルクスのこのような見解を記した数学草稿をエンゲルスが読んで、その見解に全面的に同意するとの書簡（1882 年 11 月 21 日）を送った。マルクスはエンゲルスへの返事（同年 11 月 22 日）で、「本来のいわゆる微分法の発展をニュートンやライプニッツの神秘的な方法から始めて、次にダランベールやオイラーの合理主義的方法へとすすみ最後にラグランジュの厳密に代数的な方法をもって結びとする」と指摘した（MEW, Bd.35, S.114）。マルクス『数学に関する手稿』（玉木秀彦・今野武雄訳、岩波書店、1949 年）の「解説」（玉木秀彦）148 - 151 頁も参照。

不明である。

　こうして、前貸資本総額が剰余価値の源泉であるかのように現象する事態を批判し、剰余価値の源泉が可変資本であると定義する。不変資本は、剰余価値を汲み出す手段(生産手段)の価値である。剰余価値の「源泉」(地下水)とそれを汲み出す「条件」(ポンプ)とは無関係ではないが別である。

　もう１つ剰余価値の源泉を曖昧にする事態がある。それは労働力に投下された可変資本は最初の形態が固定量であることである。

「労働力の購入に前貸しされた資本部分は、一定量の対象化された労働であり、したがって、購買された労働力の価値と同様に不変の大きさの価値である」(S.228：訳364)

しかし労働力は資本の生産過程では生きた労働になる。そこでは「静止している大きさに代わって流動している大きさが登場し、不変の大きさに代わって可変の大きさが登場する」(同)。その結果が、可変資本を再生産して、なおそれを超える「可変資本の増加分(剰余価値)」である。

剰余価値率・必要労働・剰余労働　このように剰余価値の源泉を可変資本に限定したうえで、どのような比率で剰余価値は増加したのか、それを示す「剰余価値率」を「剰余価値／可変資本＝ M/V」(S.230：訳366)と定義する。

　さらに労働が対象化される労働時間を区分して、労働力の再生産に必要な労働時間を「必要労働時間」と定義し、その労働を「必要労働」と定義する(S.231：訳367)。「労働者が必要労働時間の限界を超えて苦役する労働過程の第二期」を「剰余労働時間」と名づけ、その時間でおこなう労働を「剰余労働」という(S.231：訳368)。剰余価値率を労働時間で表せば、「剰余価値率＝剰余労働時間／必要労働時間」(S.232：訳369)となる。

必要労働の二定義の統一　ここで「必要労働時間」の２番目の定義がでてきたことになる。１つは冒頭の商品論のところですでに確認した、[１]商品生産に必要な社会的平均的労働時間である。もう１つがここで新たに登場する[２]労働力の再生産に必要な労働時間である。マルクスはこの点について「注29」で「同じ《術語》を異なる意味に用いることは不便であるが、このことは、どのような学問においても完全には避けられない」(S.231：訳368)と断っている。

しかし「1概念＝2定義」は回避すべきではなかろうか。「1概念＝2定義」を一般化すると、「1」が「2」となり「2」は「多」に進み、無概念の非学問となる。それでよいのだろうか。

必要労働時間の［1］と［2］の定義は対象が別であるから、2つの定義にわかれるけれども、次のように統一される。すなわち、資本主義的生産様式が［2］の労働力商品の必要労働時間を決定する深部まで浸透したとき（すべての、あるいはほとんどの労働力が商品化したとき）、［2］の労働力商品を含む［1］の商品生産一般の必要労働時間の社会的平均が決定される。それまでは［1］の価値法則は定礎されない。なぜならば、それ以前では、商品化されていない必要労働時間＝労働力の再生産時間が存在するからである。それに照応して剰余労働時間も商品化してないか、あるいは商品化していても、資本の社会的再生産＝蓄積ファンドとして組織されない部分が存在するからである。必要労働時間の［1］と［2］の社会的決定は同時である。［1］の規定が包括的・抽象的であるのに対して、［2］は［1］の商品一般での必要労働の規定を労働力商品と非労働力商品とに区分したより具体的な規定である。［2］の規定の成立をもって［1］の規定が成立する。［1］の規定は［2］の規定を内含する。

以上では、《（すぐれて価値の観点である）①価値形態論が展開された観点》から剰余価値率を考察した。

V-2-2　生産物の比率と生産物価値　　　②（S.234-237：訳374-379）

この第7章「第2節　生産物の比率的諸部分での生産物価値の表現」では、資本の価値がその生産物に現象する形態を考察する。この観点は②［使用価値U（価値V）］と記述できる。すなわち、第2節は《②商品物神性論を展開した観点》から考察される。商品の物神的性格は第1章第4節にだけ限定される事態ではない。『資本論』を貫通する[4]。

いま、12時間の労働時間の生産物である20重量ポンドの糸が30シリングの価値があるとする。その価値は24シリングの不変資本、3シリングの可変

---

4)　商品物神性論は「物神性」だけでなく、「仮象」「神秘化」「物象化」「対象性」などの用語で表現される。この特性は『資本論』第3部「主要草稿」の最終章冒頭の「三位一体的範式」（MEGA, II/4.2, S.834-853）でも明確である。

資本、3シリングの剰余価値から構成されている (24+3+3 = 30)。生産物20重量ポンドの糸を不変資本・可変資本・剰余価値に比例配分すると、不変資本に16ポンドの糸、可変資本に2ポンドの糸、剰余価値に2ポンドの糸がそれぞれ配分されることになる。使用価値「糸」の各々の部分は資本の価値諸要素「不変資本・可変資本・剰余価値」が現象（仮象）する形態である。すなわち、

20ポンドの糸（生産物総価値30シリング）=
16ポンド糸（不変資本24シリング）+ 2ポンド糸（可変資本3シリング）
+ 2ポンド糸（剰余価値3シリング）

資本の価値諸要素はそれに比例して配分された使用価値量で表現される。資本の生産物価値の構成部分はそれぞれ生産物の使用価値の比例配分された部分に現象する。このような使用価値による資本の価値諸要素の表現について、マルクスは次のように確認する。

「生産物 — 生産過程の結果 — が、生産諸手段に含まれている労働または不変資本部分だけを表現する或る部分の生産物と、生産過程で付加した必要労働または可変資本部分だけを表現するもう1つの分量の生産物と、同じ過程で付加された剰余労働または剰余価値だけを表現する最後の分量の生産物に分解することは……重要なことでもあるとともに簡単なことである」(S.236: 訳377-378)。

この分解を労働時間でおこなうと、どうなるであろうか。その糸20ポンドを生産するために12労働時間要した。12労働時間で可変資本3シリングと剰余価値3シリング、合計6シリングの価値生産物を生産したのであるから、1シリングは0.5労働時間を表現する。生産手段16シリングをその労働時間に変換すると、8時間の労働時間になる。したがって、12時間の労働で生産した生産物の価値（C+V+M）は次のように変換される。

[6労働時間(Cv)+6労働時間(V)]+[6労働時間(Cm)+6労働時間(M)]
= 24労働時間

CvはV可変資本Vを体現する生産手段の価値である。Cmは剰余価値Mを体

現する生産手段の価値である。労働者の 12 時間の労働のうち前半の 6 時間の必要労働（V）が 6 時間に等しい生産手段（Cv）に吸収され、後半の 6 時間の剰余労働（M）が 6 時間に等しい生産手段（Cm）に吸収される。この結果を資本の諸要素に分解すれば、こうなる。

　　12 労働時間(C)＋6 労働時間(V)＋6 労働時間(M) ＝ 24 労働時間

　このように資本の価値諸要素を資本の生産物と労働時間に分解したのは、次の節でおこなう批判のためである。

V-2-3　シーニアの《最後の 1 時間》　　②［続き］（S.237-243：訳 379-389）

　この第 7 章「第 3 節　シーニアの《最終の 1 時間》」には第 2 節に続けて《商品物神性論の観点（②［U(V)］)》がすえられている。いままで第 2 節で考察したことを基準に第 3 節では俗流経済学を批判するからである。批判の対象になるのは、ナッソー・シーニア（Nassau William Senior 1790-1864）というマルクスの同時代の有力なイギリスの経済学者の主張である。シーニアは、マルクスが注目した「イギリス社会科学振興協会」(1857-1886 年）という政界財界学界慈善団体によるイギリス資本主義体制内改革のための国民運動の主要メンバーのひとりである。ジョン・スチュアート・ミルもそのメンバーであった。[5]
シーニアの労働時間短縮批判　マルクスはシーニアのパンフレット「綿業に及ぼす影響から見た工場法についての書簡」(1837 年）を取りあげ、検討する。この年(1837 年）は産業革命の最終局面に入った頃の労働時間短縮運動が盛んな時期である。シーニアはその運動を批判するための理論を提示した。すなわち、利潤の源泉は労働者がおこなう「最後の 1 時間」にあるから、労働時間の短縮は利潤の源泉を封鎖するのに等しいという。労働時間短縮、これは次の「第 8 章　労働日」で主題となる問題である。マルクスの布石は用意周到である。シーニアが「最後の 1 時間」説のためにあげる例は次のようなものである。

　或る工場主が 10 万ポンド・スターリングの資本を投下する。その内訳は、機械設備に 8 万ポンド・スターリング、「原料および労賃」に 2 万ポンド・ス

---

5)　的場昭弘・他編『新マルクス学事典』（弘文堂、2005 年）に収められた「イギリス社会科学振興協会」を参照。

ターリングであり、合わせて10万ポンド・スターリングである。資本の回転数は1年に1回、総利潤率15％、したがって、年間売上げは11万5千ポンド・スターリングになる。シーニアは時間単位を30分にとり、毎日の労働時間11時間30分を23の半労働時間(30分)からなると前提する。紛らわしいので、ここでは1時間を基本的な時間単位とする。

シーニアによれば、売上高115,000ポンド・スターリング(以下、PSと略)に含まれる総利潤15,000PSのうち、5,000PSは工場の建物や機械設備の摩滅を補填する償却費である。この5,000PSは時間計算では30分に等しい。総利潤のうち残る10,000PSが純利潤である。時間計算では1時間に等しい。つまり1日当たり11時間30分の労働時間のうち「最後の1時間」が10,000PSの純利潤をもたらすことになる。したがって、もし「最後の1時間」の労働が短縮されれば、資本家は純利潤を獲得できなくなることになる。このような理由で、シーニアは労働時間を短縮する工場法の改革に反対する。

マルクスは、先にみた「生きた労働の二重作用」の観点から、シーニアの主張を分析し批判する。

シーニアの主張の前提となる投資の内容とその結果である売上高の内容とは整合するであろうか。まずこの問題から検討しよう。シーニアによれば、投資と売上高は次のようであった。

投資10万PS＝「機械装置」8万PS＋「原料および労賃」2万PS
年間売上高11.5万PS＝資本補填10万PS＋減価償却5千PS＋純利潤1万PS

「資本補填10万PS」とはなんであろうか。そこで参考になるのが、シーニアが労働時間を11時間30分から1時間30分延長して13時間とすれば、その延長に要する流動資本は約2,600PSであるとしている想定である(S.238：訳381)。それによれば、1時間当たり約1,733PSの流動資本を要することになる。したがって、11時間30分の生産に要する流動資本は約1,733PS×11.5＝19,930PS＝約20,000PSとなる。したがって、シーニアがいう資本補填100,000PSのうち、約20,000PSが流動資本である。

では、残る(100,000PS − 20,000PS)＝80,000PSとは何であろうか。シーニアはすでに機械装置(固定資本)80,000PSの償却費5,000PSを計上している。マル

クスはおそらくこのことを想定して、本章（第7章）第1節の冒頭で、残存する固定不変資本の価値は生産物価値（C+V+M）には含めてはならないと注意している（S.227：訳361）。資本の生産物115,000PS（［1］流動不変資本＋［2］固定不変資本償却分＋［3］可変資本＋［4］剰余価値）のうち、［1］流動不変資本は20,000PSと［2］固定不変資本は5,000PSは計上済みである。［3］可変資本（賃金）はシーニアによれば、10,000PSであるから、費用価格（生産費）総額は

[1]20,000PS＋[2]5,000PS＋[3]10,000PS＝35,000PS

である。したがって（年間売上高115,000PS － 総生産費35,000PS ＝）80,000PSは剰余価値（利潤）である。シーニアの年間売上高の内訳は次のように変更される。

年間売上高11.5万PS ＝ 流動（不変）資本補填2万PS ＋（固定不変資本の）減価償却5千PS ＋ 賃金（可変資本）1万PS ＋ 利潤（剰余価値）8万PS

シーニアは、工場主が利潤を8万PSも獲得しているにもかかわらず、1万PSしかないと主張し、それは「最後の1時間」で生産されるという。剰余価値率はなんと8万/1万PS＝800％なのである。11.5労働時間は1.3時間（1時間18分）の必要労働時間と10.2時間（10時間12分）の剰余労働時間に比例配分できる。1時間だけ短縮してもなお9.2時間（9時間12分）の剰余労働時間が存続する。その時間から約7万2千PSの利潤（剰余価値）が獲得できる。労働時間の1時間の短縮など軽微の譲歩にすぎないのに、《利潤が消滅する》とシーニアはあつかましく反対する[6]。

生きた労働の二重作用とシーニアの時間直列　マルクスがシーニアのこの時間配分を引用したのは、シーニアが生きた労働の二重作用をまったく知らないで、「資本補填」に労働時間を要し、固定不変資本の償却にも労働時間を要し、やっと「最後の1時間」の労働時間で利潤が生産されると考え、売上高を構成するそれぞれの要素は生きた労働が投下されて産出物の諸要素となると考えるからである。その考えでは、生産手段の過去の労働も現在の生きた労働も労働時間軸の一直線上に接続するように配列される。その考えでは、現在の具体的有用労働によって新しい使用価値が生産され、その新生産物に過去の労働の所産

---

[6]　シーニアは上記の間違った売上高構成（30分を1とする）、23/23＝20/23の資本補填＋1/23の減価償却＋2/23の利潤という比率で示している（S.238：訳380）。

である生産手段の価値が移転＝保存されること、生産手段に対象化された過去の労働（C＝Cv+Cm）が現在の労働（必要労働V＋剰余労働M）に媒介されて新生産物に蘇生すること、すなわち、

新生産物＝必要生産物（Cv+V）＋剰余生産物（Cm+M）

という構成がわからない。シーニアは、「必要労働時間（NAz）の生産物価値（Cv+V）」と「剰余労働時間（MAz）の生産物価値（Cm+M）」の構成要素を分解し、それらを一直線に連結する。生産手段を生産した過去の労働（$Az_{[t-1]}$）が現在の労働（$Az_{[t]}$＝NAz+MAz）と同格に、まさに現在の労働時間（11.5時間）の内部に比例配分される。その配分にしたがって、現在の労働が生産する価値生産物（V+M）もその内の利潤（剰余価値）も縮減され、「最後の１時間」の利潤という虚偽の論拠が生まれる。

　糸を生産する具体的有用労働が機械装置80,000PS（紡績機械など）を有効に利用して5,000PSの価値を生産物に移転＝保存しつつ、機械装置全体の使用価値を保存することによって機械装置の価値75,000PSを保存することを、その生きた労働の作用とは無関係に、あたかも機械装置自身が80,000PS丸ごとの価値を糸の生産過程で維持するかのように、シーニアはすり替えている。このすり替えは、シーニア自ら計上する機械装置の償却費5,000PSとも矛盾する。

　シーニアは、このように自己矛盾に満ちた事例で、資本の生産物の価値諸要素が一直線に並んで生産物の使用価値で表現できると主張し、《②商品物神性の展開した形態》に憑依していることに無自覚なのである。

V-2-4　剰余生産物　　　　　　　　　　　　　③（S.243‐244：訳390‐391）

　マルクスは以上のような批判をふまえて、第7章を「第4節　剰余生産物（Mehrprodukt, surplus produce）」で総括する。剰余生産物は「富の高さ」の程度をはかる概念である。マルクスは、既成の定数が示す量よりも、変化（増加）して蓄積される量を中心にすえる観点にたつ。この観点は、価値とは本性からして無限に自己増殖しようする価値であり、資本とはまさに自己増殖する価値の蓄積物であるという認識を根拠づけるものである。この観点からは、事物の増加傾向は微分関数でみれば、定数（constant）ではなく増加する変数

(variable)でしめされる。微分関数(differential)で規定されて自己増殖する剰余価値はさまざまな派生形態([derivative 導関数]利潤・利子・地代)に配分される。それらは生産された剰余価値を外部から吸い取る収入形態である。したがって、《自己増殖か、吸着した派生形態か》は決定的な種差をなす。増加変数が生み出した剰余生産物は、現在の結果だけでなく、将来の増加傾向も指示する。したがって、

「剰余生産物の水準も、総生産物の残部に対する剰余生産物の比率によってではなくて、必要労働を表している生産物部分に対する剰余生産物の比率によって規定される」(S.243：訳390)。

いま、総生産物をその価値構成[C+V+M]にしたがって[Pc+Pv+Pm]に比例配分する。そのとき、剰余生産物の水準は、総生産物から剰余生産物を除いた部分、すなわち投下資本を体現する生産物(Pc+Pv)に対する剰余生産物(Pm)の比率[Pm/(Pc+Pv)]ではなくて、必要労働に対する剰余労働の比率(Pm/Pv)で表現される。価値増加の源泉がどれだけの結果をもたらしたのかに限定する。
マルクスのこの規定は、変化率を表現するときに微分学では、定数(constant)を捨象して、独立変数(variable)の変化率(dx)に対するその関数の変化率[df(x)]で表現すること[df(x)/dx]にしたがったものである。この場合、定数(constant)が不変資本(constantes Kapital)に対応し、独立変数(variable)が可変資本(variables Kapital)に対応する。
その比率＝剰余生産物(Mpt)／必要生産物(Npt)は、価値ターム(V)で表示する剰余価値率を生産物という使用価値ターム(U)で表示したものであるから、

[Um(Vm)/Un(Vn)]

という、分母と分子に（二重に）すえられた《②商品物神性論の観点》となる。商品物神性論の観点[U(V)]は、価値形態論の観点[V(U)]のVとUを入れ替えた形式である。それにしたがって、逆数の分母1/[Un(Vn)]を逆変換すれば、使用価値(Un)と価値(Vn)が入れ替わり、[Vn(Un)]の価値形態論の観点となる。価値形態論と商品物神性論の両者は相互媒介関係[Vn(Un)：Um(Vm)]で表わされる。これは《③交換過程論が展開した観点》である。したがって、こ

の最終節(第4節)は交換過程論の観点から総括するものである。この観点は、次の「第8章　労働日」の2番目「労働日をめぐる労働者と資本家の対立関係」をみる《③交換過程論の観点［V(U)：U(V)］》に継承される。

V‐3　労働日　　　　　　　　　　　　　　　　　　　　［{②}‐③‐①］

V‐3‐1　搾取率を隠蔽する労働日　　　　{②}(S.245‐247：訳392‐396)

マルクスはこの「第8章　労働日」「第1節　労働日の諸限界」の冒頭文節で次のように指摘する。

「我々は、労働力がその価値どおりに売買されるという前提から出発した。……しかし、そのことだけでは、労働日そのものの大きさはまだ与えられてはいない」(S.245：訳392)。

なるほど、剰余価値率を定義するさいに「必要労働時間6時間＋剰余労働時間6時間」という例をあげ、その場合の剰余価値率は100％であるとした。しかし、これはあくまで1つの例である。いうまでもなく、あらゆる労働時間が「必要労働時間6時間＋剰余労働時間6時間＝労働日12時間」であるとはかぎらない。労働力の価値に照応するは必要労働時間であって、労働日全体は労働力商品の使用価値を消費する労働時間全体の長さである。労働力商品の価値＝必要労働時間と、労働力商品の使用価値＝労働日(必要労働時間＋剰余労働時間)とはまったく別の概念である。同じ労働力商品の価値には異なる剰余労働時間が対応しうる。

不変量と可変量　マルクスはこのことを説明するために、次のように、必要労働時間が一定で、異なる剰余労働時間が存在しうる可能性を3つの線分で例示する。

```
                必要労働時間＋剰余労働時間            ＝労働日
    労働日Ⅰ　a*************b**c
                   ［6］       ［1］              ＝7時間
```

第Ⅴ章　絶対的剰余価値

　　労働日Ⅱ　　a＊＊＊＊＊＊＊＊＊＊＊＊b＊＊＊＊＊＊c
　　　　　　　　　　［6］　　　　　　［3］　　　　　　＝9時間
　　労働日Ⅲ　　a＊＊＊＊＊＊＊＊＊＊＊＊b＊＊＊＊＊＊＊＊＊＊＊＊c
　　　　　　　　　　［6］　　　　　　［6］　　　　　　　＝12時間

　ここでは、必要労働時間が「定量」＝「不変量(konstante Größe)」であるのに対し、剰余労働時間は「可変量(variable Größe)」である。したがって、労働力商品の価値に対応する必要労働時間が一定＝「不変量」であっても、労働力商品の使用価値の消費＝労働の結果である、労働日の全体＝必要労働時間＋剰余労働時間は可変量である。そのうちの剰余労働時間の部分が「可変量」であるからである。「したがって、労働日は不変量ではなく可変量である」(S.245：訳393)。分母が一定の定数であっても分子は可変量である「剰余価値率＝剰余労働時間／必要労働時間」も可変量である。このことを裏づけるように、マルクスは「注35」で「1労働日というのは曖昧な大きさであって、それは長いこともありうるし、短いこともありうる」と明言した或る文献をあげている(同)。

　労働日は固定的ではなく流動的な大きさである。とはいえ、無制限に延長できるわけではない。（1）「労働力の肉体的な制限」(S.246：訳394)がある。働き手は休息し・睡眠をとらなければならない。食事をとり風呂に入り、身支度をしなければならない。（2）「社会慣習的な制限」(同)もある。「知的および社会的な欲求を満たすための時間」(同)が必要である。したがって、1日24時間から（1）と（2）の時間を差し引いた時間の範囲内で労働日が延長可能である。例えば、（1）と（2）の合計が12時間とすれば、(24－12＝)12時間＝6必要労働時間＋6剰余労働時間となり、6時間まで労働日は延長可能である。

　このように、労働力商品の使用価値の消費の結果＝総労働時間(U)である「可変量の労働日」の背後に「不変量の労働力商品の価値(V)」が存在する。労働日は労働力商品の価値の現象形態＝［使用価値U(価値V)］となる。ここに、労働日がいかなる労働時間の長さであっても、それは不変量の労働力商品の価値に等しいものとして、誤って弁護される根拠がある。このことはのちに労賃論で詳論される。資本家やその代弁者は、このような弁護論を嘯く。「資本家として彼はただ人格化された資本にすぎない。彼の魂は資本魂（Kapitalseele）である」(S.247：訳395)。この商品物神性論の観点を如実に継承するのがこの「資

161

本魂」である。以上の考察は《②商品物神性論の展開形態》である。

価値魂・商品魂・貨幣魂・資本魂　「価値魂」(S.66：訳88) はまず商品に「商品魂」(S.97：訳141) として宿り、ついで「貨幣魂」(MEW, Bd.13, S.110) に変身し、さらに貨幣と商品の姿態の間を転変する「資本魂」(S.293：訳479) となっている。この「魂(Seele)」の一連の展開は、実はカントの『純粋理性批判』の初版における「誤謬推論」の基本概念「魂」を批判的に継承するものである。カントのその「魂」の特徴は「実体性・単純性・人格性・観念性」であり、マルクスの価値の概念規定と共通する。「資本とは生きた労働を吸着することによってのみ吸血鬼のように活気づく……死んだ労働である」(同)。労働時間は資本家が買った時間である。であるから、「もしも労働者が自分の自由に活用できる時間を自分自身のために消費すると、労働者は資本家のものを盗むことになる」(同)。労働者が労働時間を自由時間に使えば盗みとなる。賃金労働者の労働時間は「資本時間」なのである。労働時間では労働者は資本魂にしたがって考え行動するように要請される。

　労働者は肉体も精神も労働時間では「可変資本」という資本の運動形態である。資本家が儲かるように考え行動するように要求される。一挙手・一投足が資本の収益性原則に沿っていなければならない。さらに「オフ」の非労働時間まで資本の眼は注がれる。マルクスは「注38」で或る文献から引用する。

> 「この王国［イギリス］の労働貧民の間でおこなわれている奢侈品の消費は極めて大きい。ことに製造業で働く庶民の間ではそうである。そのことによって、彼らはまた自分の時間を消費するのであって、それは最も致命的な消費である」(S.247：訳396)。

　資本家のイデオローグは、労働者が必要労働時間と等価物である賃金で買った消費財にまで、あれこれとうるさく嘴（くちばし）を入れる。《贅沢をするな》と生活時間の過ごし方まで説教する。禁欲と勤勉を説く宗教も資本家に好都合である。できれば必要労働でさえも剰余労働時間に転化したいという欲望がうごめく。資本魂を労働者に注入しようと懸命である。《消費せよ》の時代が終われば、

また《倹約せよ、合理的に生活を管理せよ》の説教家が跋扈するようになる[7]。

V-3-2　労働者と資本家のアンチノミー　　③（S.247-249：訳396-399）

　マルクスはここまで書いてきて、《では、労働者はこのような資本家の搾取欲に従うのか》というように観点を移動する。それがこの「第1節　労働日の限界」の内部に敷かれた区分である。その区分は次のような文から始まる。

　「資本家は商品交換の法則を楯にとる。資本家は他のすべての買い手と同じように、彼の商品の使用価値からできるだけ大きな効用を手に入れようとする。しかし、生産過程の疾風怒濤のなかで掻き消されていた労働者の声が、突如として高くなる」（S.247-248：訳396）。

　資本家はなぜ労働力商品を買ったのか。それを使用すれば労働者に支払った価値よりも多くの価値が獲得できるからである。労働者にとっては、資本の増殖は労働力の余分な支出である。資本家の得と労働者の損は表裏一体である。両者が共有するのはただ1つ、「商品交換の法則」である。労働力商品の使用価値は資本家のものである。けれども、労働力の異常な消費（濫費）は労働力商品の再生産を破壊する。資本家は繰り返し「倹約・節制の福音」を説く。《ではなぜ、労働力商品の浪費をやめないのか。労働力の消費を節制しないのか》。
　ここでマルクスは労働者の平均寿命を論じる。おそらく、ケトレの社会統計学から示唆を得ているであろう。資本家が労働者を酷使したために、いままで平均勤労年限が30年であったものが、10年になったとする（S.248：訳397）。しかし資本家が労働者に支払う賃金（労働力商品の価値）の総額は固定されているから、労働力商品の価値は1/3に減価することになる。「したがって、資本家は労働者の商品の価値の［1－1/3＝］2/3を盗むことになる。労働時間を自由時間に盗むなといいつつ、労働者の生涯勤労年限の2/3を盗んでいるではないか。「これは我々の契約および商品交換の法則に反するではないか」（S.248：訳398）。

---

[7]　いわゆるポスト・フォーディズム論はあたかも20世紀初頭から労働者の全生活時間の管理が始まるように想定しているけれども、マルクスの19世紀からすでにその管理への衝動はうごめいているのである。

労働者は、「模範市民で動物虐待防止協会の会員で聖人の誉れ高い」資本家の「お情け」にすがるのではない。堂々と「標準労働日」を要求するのである。「私（労働者）は標準労働日を要求する。なぜならば、私は他のすべての商品販売者と同じように、私の商品の価値を要求するからである」（同）。
　しかしながら、資本家は労働力商品を購買したのであるから、労働力商品の使用価値を使用する権利がある。資本家にとっての労働力商品の使用価値の使用権利と労働者にとっての労働力商品の価値保持の権利が正面から衝突する。
　労働者は労働力商品の使用価値の乱用によってその価値が破壊されることを防止しようとする。破壊された使用価値には価値は存在しない。使用価値を保持することを前提条件にその価値を守る［価値V（使用価値U）］。一方の資本家は賃金支払（労働力商品の価値）を前提条件に価値増殖のために労働力商品の使用価値をできるだけ長く使用する［使用価値U（価値V）］。この2つの相対立する利害を総括すれば、［価値V（使用価値U）：使用価値U（価値V）］となる。これは《③交換過程論の観点の展開形態》である。このように、マルクスは先の区分個所（S.247－248：訳396）で観点を変換しているのである。労働時間をめぐる労働者と資本家の間の階級対立をこの観点から、この第8章の第2節から第7節までを考察する。
　マルクスはこの抗争を次のようにまとめる。

　　「ここ［労働力商品をめぐる対立］では、どちらも等しく商品交換の法則によって確認された権利・対・権利という1つのアンチノミーが生じる。同等な権利と権利との間では対抗力（Gewalt）がことを決着する」（S.249：訳399）。

　ここでマルクスは「商品交換の法則」という。この法則はそのまま維持されないことはのちの資本蓄積論の第22章第1節で「領有法則の転回」として論証される。そこへの布石になっているのである。
　マルクスは「アンチノミー」という。カントは『純粋理性批判』で、アンチノミーは思惟内部における理性の迷い＝仮象（Schein）と位置づけたけれども[8]、はたしてそのように限定できるであろうか。アンチノミーは単なる思惟内部の迷いごとではなく、現実的実践的世界に実在するのである。しかも、カントは第1アンチノミーで、時間に始元は措定できるか否かというアンチノミー、空間

に限界を措定できるか否かというアンチノミーがあるという。けれども資本家と労働者はまさに一定の労働現場という「空間」で労働時間という「時間の限界」をめぐってアンチノミーに陥る。その現実的実践的アンチノミーは、思惟の活用様式に制限を設定することなどで解決できるはずもなく、現実的政治的な両者の対抗力が決着をつける。マルクスは労働日をめぐる闘争にアンチノミーが止揚される形態である「標準労働日」を洞察するのである。

V-3-3　労働日の考察とその闘争史　　③［続き］（S.249-278：訳399-454）

　次の第2節から最後の第7節までは非常に長い。第2節から第4節までは（S.249-278：訳399-454）、労働日＝労働時間をめぐる考察である。第5節から第7節までは（S.279-320：訳455-527）、資本家による労働時間の絶対的延長と労働者の労働時間の短縮への闘争である。前節の後半でみた両者の関係を《③交換過程論[V(U)：U(V)]の観点》から連続して記述する。すなわち、労働者が労働力の使用価値を守ることでその価値を維持する闘い[V(U)]と、資本家が労働力商品の購買者としてその使用価値を存分に消費しよう＝労働させようとする搾取欲[U(V)]との対抗関係（③[V(U)：U(V)]）を歴史軸に射影して記述する。この射影は、蓄積論の原蓄論への射影に継承される。

剰余労働をめぐる歴史　剰余価値の実体である「剰余労働」というと、何か資本主義だけに固有なものとして限定して考えがちである。けれども他人に奪われる剰余労働は資本主義以前から長い歴史がある。そのことをマルクスは次のように確認する。

　　「剰余労働は資本が発明したのではない。社会の一部の者が生産手段を独

---

8)　通常、「理性」とか「理性的」という場合、けっして誤謬を犯さない人間思惟が想定されている。けれども、『純粋理性批判』で理性の根源的批判＝再検討をおこなったカントは、理性は真理を探究するだけでなく誤謬＝仮象に陥る二面性をもつことを論証した。これが誤謬推論とアンチノミーである。15年戦争の末期、三枝博音は「仮象は真理にとって不可欠である。仮象は真理の外にトランスツェンデントなるものでもなく、真理は仮象の外にトランスツェンデントなるものでもあり得ぬ」と指摘した（「理性の内なる仮象（虚仮）の問題」『哲学雑誌』1944年11月。『哲学と文学に関する思索』酣燈社、1947年、78頁）。三枝は戦争という誤謬にいかなる真理を探究したのであろうか。三木清も同じ頃、同じ問いを発した。2人は戦中、密やかに語り合った。

占しているところではどこでも、労働者は、自由な労働者であろうと、自由な労働者でなかろうと、生産手段の所有者のための生活手段を生産するために、自分の自己維持のために必要な労働時間にそれを超過する労働時間を付け加えなければならない」(S.249：訳399)。

近代資本主義以前の剰余労働を収奪する生産手段の所有者の例として、「アテネの貴族」・「エトルリアの神政者」・「アメリカの奴隷所有者」・「ワラキアの領主」をあげ、近代資本主義の所有者として「地主・資本家」があげられる。
市民革命と労働者　「自由な労働者」とは正確には「近代資本主義における自由な賃金労働者」である。近代資本主義への過渡期で一時的に生産手段を私有しかつ自己労働で生産し剰余生産物を自分たちが所有した独立生産者が存在した。彼らの労働生産物は多少とも商品に転化したけれども、彼らは「近代資本主義の典型」としてのイングランドではその成立と共に消滅した。「不自由な労働者」とは、他の社会層と同格の市民権をもたない存在であり、支配層から身分的な支配を受け剰余労働・剰余生産物を収奪される存在である。マルクスの同時代は、イングランドもフランスも多少の時間差はあるけれども、産業革命の時代である。産業革命はイングランドでは18世紀後半から19世紀中頃まで、フランスは1810年代から1870年代までに進行した。産業革命は単なる技術革新の時代ではない。経済的社会的政治的な諸関係の変革の時代である。産業革命の時期に賃金労働者は社会闘争で資本家・地主と同格の市民権を実質的に、ついで法的にも獲得して「自由な賃金労働者」になってゆく。[9] マルクス

---

9)　選挙権は一挙にすべての国民に承認されたのではない。イギリスの選挙権は、エドワード1世の1295年に成立した「身分議会」に起源をもつ。その後、男性商工業者が1832年に、都市労働者が1867年に、農業労働者は1884年に、それぞれ選挙権を獲得する。1918年に21歳以上の男性と30歳以上の女性が、すべての男女21歳以上が1928年に選挙権を獲得する。アメリカ合衆国では最初は男性有産者が1776年に、男性の普通選挙権が1870年に、女性の普通選挙権が1920年に、黒人は1971年にそれぞれ承認された。日本では、1889年に25歳以上の男性で直接国税15円以上の納税者(人口全体の1%)に選挙権が承認された。その後、納税額だけが1900年に10円に(2.2%)、1919年に3円に(5.5%)引き下げられた。1925年に25歳以上の男性すべてに、1945年に20歳以上の男女すべてに承認された。マルクスは代議制民主主義万能論者ではない(『経済学批判要綱』参照)。代議制民主主義は価値形態と同型である。彼は1841年にスピノザ『神学・政治論』のノートをとり、その代議制民主制にも注目している。内田弘「スピノザの大衆像とマルクス」(『専修経済学論集』第34巻第3号、2000年)を参照。

が上の引用文で「自由と不自由」を区別するのはそのような歴史的な背景がある。フランス大革命の人権宣言のスローガンは「自由・平等・所有」である。1848 年フランス第 2 共和国憲法は「自由・平等・友愛」であり「所有と労働を社会の基礎とする」と宣言する。

《では、自由な賃金労働者は実質的にも自由な人間であろうか》というのが『資本論』での問いである。この問いはすでに『哲学の貧困』（1847 年）で提起されている。イギリスのリカードウ派社会主義や彼らから学んだ（剽窃した）フランスのプルードン主義者は産業革命の最中、賃金の不等価交換が利潤の源泉であるから、労働力の等価交換がおこなわれれば利潤は存在しなくなり、資本主義ではなく社会主義になると主張していた。彼らは、労働は神聖な行為であるからストライキは厳禁すべきであると主張した。それへの反論がマルクスの「商品交換の法則」、いいかえれば、等価交換でも不等価交換＝剰余価値搾取は可能であるという反論である。これは『資本論』では第 7 篇の主題である。ここでは、そのいわば《予告篇を上映している》のである。『資本論』の論証は、或ることを最初の前提にして措定し、それが次の論証の前提になり、ついには最後の措定が最初の前提を措定するという《前提→措定＝前提→措定→……→前提》という論証体系になっている。この論理体系は、これまでくりかえし指摘してきた《或る問いは解をもたらしその解は次の問いを生む（Qi → Ai = Qj → Aj）》という『資本論』の編成原理の別の表現である。その体系は、等価交換の貫徹が不等価交換をもたらし正当化するというパラドックスを資本主義の構造が成していることを論証する（本書の終章を参照）。

生産様式の接合　では、不自由な労働者と自由な労働者とは同時代には存在するのであろうか。存在する。現代の被服製品の東京の消費者と東南アジアの被服製品工場の不自由な労働者が接合しているように、マルクスの同時代 19 世紀中期のイングランド・マンチェスターの自由な賃金労働者とアメリカ南部の綿花プランテーションの不自由な労働者＝奴隷は綿花貿易で接合している。マルクスが『資本論』の草稿を執筆している 1861〜65 年は、奴隷制をめぐる南北戦争の最中であった。マルクスはその接合関係を次にように確認している。[10]

---

10)　アメリカはそれより十数年前の 1850 年代に西部開拓を東アジアに延長するようにペリーを日本に送り、幕末日本は鎖国維持か開国かで大揺れしていた。

「その生産が奴隷労働、賦役労働などというより低い諸形態でおこなわれている諸民族(Völker)が、資本主義的生産様式によって支配されている世界市場に引き込まれ、この世界市場によって諸民族の生産物を外国へ販売することが、主要な関心事にまで発展させられるようになると、奴隷制・農奴制などの野蛮な残酷さの上に、過度な労働の文明化された残虐さが接ぎ木される」(S.250：訳400)。

商品棉花とその貨幣代金は大西洋のイングランドとアメリカ南部諸州の両方を結びつける接合肢(Glieder, articulator)である。温和で家父長的なアメリカ南部の奴隷主のもとで奴隷労働は自家生産のためにおこなわれていた。しかしイギリスの綿業資本のために資本主義的生産様式に接合されると、奴隷からの労働収奪は加重されより過酷になる。自由貿易帝国主義(19世紀グローバライゼイション)の実像の1つである。

必要労働・剰余労働の区分　第2節のタイトルは「剰余労働に対する渇望。工場主とボヤール」である。ボヤールとはマルクス同時代のロシアやルーマニアの領主のことである。工場主もボヤールも剰余労働を渇望するという点では同じであるけれども、剰余労働の奪い方が異なる。ワラキアの農民は自己維持のためにおこなう必要労働の場所と領主のための剰余労働をおこなう場所が区別されている。必要労働と剰余労働とは空間的に相互に自立していてはっきりと区別できる。

ところが、工場主(産業資本家)に雇用された賃金労働者がおこなう労働は、必要労働も剰余労働も同じ場所でおこない、連続する時間でおこなうので、必要労働と剰余労働は連続して区別できない。そのため、労働時間全体＝労働日があたかも労働者が受け取った賃金に等しい価値を生産する労働時間であるかのように現象する。自由な賃金労働者はそのような労働の時空間に組織される。

工場報告書のリアリズム　『資本論』第1部初版の刊行年1867年現在のイングランド労働者の労働時間に関する状況をマルクスは指摘する。

「現在(1867年)も効力をもっている1850年の工場法は、週日(1週間のうち日曜日を除く平日)平均で10時間(の労働)を許可している。……この法律には特別の審査員である内務大臣の工場監督官たちが任命されていて、その

報告書が半年ごとに議会の名で公表されている。したがってそれらの報告書は、剰余労働に対する資本家の渇望の継続的かつ公式の統計を提供する」（S.254：訳 407 - 408）。

マルクスは工場検査官の報告書を丹念に読み、詳しく引用する。この「第 8 章　労働日」で描写される当時のイングランドの労働現場は迫真力をもっている。注目しなければならないのは、マルクスが引用に値すると判断させた報告書を書いた検査官が存在したこと、議会がそれを認可したことである。イギリスのブルジョアジーの現実直視のリアリズムは軽視できない。とはいえ、明治日本の農商務省官僚も『職工事情』（1903 年［明治 36 年］）を刊行した。

マルクスが最初の『資本論草稿』となる『経済学批判要綱』を執筆していた 1857 年から 1858 年の貨幣恐慌の時期は、不景気であるから操業を短縮するとはかぎらない事例を提供する。逆に「この景気の悪さが無法な人々を（工場法）違反に駆り立てる」。ほとんどの工場主が操業を止めているときに、それを出し抜くように「法定労働時間を超えた過度労働で獲得できる特別利潤（Extraprofit）は……あまりにも大きい誘惑であった」（S.256：訳 413）。これはマルクスがたびたび引用するレナード・ホーナー（Leonard Horner 1785 - 1864）の報告である。「特別利潤（extraordinary profit）」はすでにアダム・スミスが『国富論』第 1 篇第 7 章利潤論で用いた用語であり、マルクスの当時に流布している用語である。特別利潤が資本家の間の競争を刺激する。不況期に同業者を出し抜き操業するのも競争する資本家の姿である。法定労働時間を超過した操業には罰金と法定費用がかかるけれども、その費用より多くの利潤をもたらすから、「法定（労働）時間を超えた過度労働で獲得できる特別利潤は多くの工場主にとってあまりにも大きい誘惑であるので、これに抵抗できないと思われる」（S.256 - 257：訳 413）と報告官は指摘する。

舞踏会の陰の過労死　「第 3 節　搾取の制限のないイギリスの産業部門」では、レース製造業・製陶業・マッチ製造業・壁紙工場・製パン業・農業・鉄道業などの過度労働・劣悪な労働環境が具体的に指摘されている。1863 年 6 月の最後の週にロンドンのすべての日刊新聞は「非常に声望のある宮廷用婦人仕立場」で労働していた 20 歳の仕立工の過労死を「単なる過度労働からの死」という刺激的な見出しをつけて報道した。彼女たちは普段は平均して 1 日 16 時間半働

く。しかし社交季節ともなれば、優雅で気品のある貴婦人たちのために、連続して30時間も休憩もなく労働しなければならない。彼女たちは「イギリス皇太子妃の祝賀舞踏会用の貴婦人たちの豪華なドレスをあっという間に仕上げる魔法が必要であった」(S.269：訳435)。しかし、「死ぬまで働くことはなにも婦人仕立て女工の作業場ばかりではない。……商売繁盛のすべての場ではどこでも日常茶飯事である」(S.271：訳438 - 439)。これらは「アメリカの先住民に対するスペイン人の残虐さにも劣らない無制限な不法行為」(S.258：訳415)である。優雅な舞踏会の陰で、若き女子工員が過労で死ぬ。高い気位を抱き穏やかに微笑する貴婦人たちは、無垢な女子工員を死に追いやる自らの残忍さに無感覚である。

前貸資本喪失を回避する交代制　次の節は「第4節　昼間労働と夜間労働。交替制」である。マルクスはこの節を次のような文から始める。

　「不変資本である生産諸手段は、価値増殖過程の立場から考察すれば、労働を……吸収することにのみ存在する。……自然日の限界を超えて労働日を夜間まで延長することは単に緩和剤の役割にすぎず、労働という生き血を求める吸血鬼の飢えをただある程度まで鎮めるだけである。それゆえ、1日の24時間全部にわたって労働を領有することが、資本主義的生産様式の内在的衝動なのである」(S.271：訳440)。

　労働者1人1日の労働時間には限界がある。そのままでは機械装置は夜間には使用されず休止したままである。この休止のため機械に投下した前貸資本は夜間惰眠を貪ることになる。そこで導入されるのが交替制である。交替制は基本的に昼間労働と夜間労働からなる。1日を昼間労働班と夜間労働班の2つに分け、交替で労働させる方式である。例えば、昼間労働班は朝の6時から夕方の6時まで、夜間労働班は夕方6時から明朝の6時まで労働する。その間に機械装置は稼働し続ける。その機械装置に張り付いた労働する者が交替するのである。そうすれば、機械装置に投下した資本はフル回転する。早く償却でき、次のより良い機械装置に代替できる。この問題は特に『資本論』第1部の相対的剰余価値論や第2部の資本回転論に結びつく。

　機械装置を24時間フル回転する「交替制」＝「24時間の生産過程」(S.272：訳440)は、マルクスの同時代のイギリスの溶鉱炉・鍛治工場・圧延工場・そ

の他の冶金工場で支配的な制度となっている。そこでは機械装置が決定的な動因になっているからである。特に溶鉱炉では火が止められない。止めれば溶鉱炉を作り直さなければならないから24時間生産体制が必須になる。

この交替制の無残さは欠勤者が出たときにあからさまになる。交替制で労働する少年はときどき欠勤する。特に深夜労働を続けていると過労が蓄積し体力が消耗して工場に出かけられない。病気になりやすい。「その場合には、すでに自分の労働日が終えた出勤中の1人または数人の少年がその欠勤を埋め合わせしなければならない」(S.273：訳443)。断れば、明日からの仕事がなくなる。

マルクスは「注96」で交替制労働に就いている少年少女たちの知的水準をしめす文献を引用する。或る12歳の少年は「4の4倍は8です。4を4つ寄せると16です。……王様とはすべてのお金と金(きん)をもっている人です。私たちにも王様がいますが、それは女王様だそうです。彼女は息子と結婚したそうです」と工場調査委員に告げる。別の17歳の少年は「悪魔はよい人です。私はそれがどこに住んでいるのかは知りません。キリストは悪いやつでした」(S.274：訳444‐445) という。

マルクスはついで、製鋼工場・製鋼製鉄工場・製鋼圧延鍛鉄工場という交替制を強く求める事例を挙げて、交替制の実態を描写する。そのあと「注103」で、ガラス工場で労働する発育盛りの少年の1865年の現在を紹介する。その年は「国際労働者協議会総評議会」がイギリスの選挙法改正同盟を創設した年である。そのとき、少年たちは壜や鉛ガラスを作る工場で14～15時間も連続して労働する。彼らに与えられた非労働時間は最大で6時間である。その6時間で「工場への往復・洗濯・身支度・食事」をしなければならない。いっぽう、そのガラス工場の資本家は「ポートワインで夢うつつになり、クラブから自宅に千鳥足で向かいながら、《イギリス人は、絶対に奴隷になるものか！》という愛国歌をぼそぼそつぶやいているのだろう」(S.278：訳454) とマルクスは書き、ガラス工員と対比する。

V‐3‐4　労働日をめぐる資本家と労働者の闘争史(続き)

③ ［続き］(S.279‐293：訳455‐479)

次の2つの節、第5節と第6節は、労働日を絶対的に延長しようとする力が働いた時期と、それに反抗して労働日を短縮するようとする力が働いた2つの

時期を対比する。それが「第5節　標準労働日獲得のための闘争。14世紀中葉から17世紀末までの労働日延長のための強制法」と「第6節　標準労働日獲得のための闘争。法律による労働時間の強制的制限。1833－1864年のイギリスの工場立法」である。前者が労働時間の延長への強制の歴史であるのに対して、後者はその強制への抵抗と労働時間の短縮への法的強制の歴史である。資本家の剰余価値搾取を貪ろうとする力［U(V)］と労働者の唯一の財産である労働力を守ろうとする力［V(U)］との対抗関係の歴史である。この関係は、《③交換過程論［V(U)：U(V)］の展開された観点》からの記述が始まる第1節の半ば（S.247：訳396）からの続きである。

労働日の絶対的限界　マルクスはまず第5節の冒頭で問う、「労働日とは何か」。資本は答える、「労働日とは毎日の全24時間から労働力が新たに役立つために絶対欠かせないわずかばかりの休息時間を差し引いた時間である」(S.280：訳455)。そのわずかな休息時間も限界ぎりぎりの短い時間であり、労働者は労働力商品の再生産に優先してあてがうほかない。したがって、労働者の生活過程全体が労働力そのものとして実存する。労働者が自由にできる時間は本性でも法律の上でも資本の自己増殖のための労働時間となっている。『要綱』が主題的に論じた「自由時間」、すなわち「人間としてもつ教養のための時間、精神的発達のための時間、社会的役割をなしとげるための時間、社会的交流のための時間、肉体的・精神的生命力の自由な活動のための時間」(同)は資本主義では資本の自己増殖のための時間に転化する。『要綱』が資本主義的形態から解放された自由時間を展望するのに対して、『資本論』は資本の支配下にある自由時間をリアルに観察する。

　資本主義では労働者は人間生命のための時間がぎりぎりの限界まで短縮される可能性がある。そこでは食事でとる食料も労働力の再生産のための生産手段となる。『経済学・哲学《第1》草稿』「疎外された労働」でいう「動物的消費」である[11]。資本は自己増殖という目的以外には無関心である。「資本は労働力の生命の寿命を問題にしない」(S.281：訳456)。マルクスは「注104」で注記する。「イギリスではいまでもなお農村で労働者が自宅の前の小さな菜園で労働したことが理由で安息日を冒瀆したという科で、禁固刑の判決が下ることが時々ある。その同じ労働者がたとえ宗教的な気まぐれからであろうと、金属工場、製紙工場、またはガラス工場を日曜日でも欠勤すれば、契約違反の科で処罰され

第Ⅴ章　絶対的剰余価値

る」(S.281：訳456)。正統派信仰に敬虔な議会も工場主が安息日を冒涜しても、知らないふりをする。

　奴隷所有者は酷使して奴隷が死ねば財産を失うので酷使は控える。ところが、ヴァージニアやケンタッキーの「奴隷飼育」のビジネスが始まると安価な奴隷が簡単に手に入るようになる。砂糖キビプランテーション・棉花プランテーションと奴隷制が接合すると、奴隷酷使は限度を知らなくなる。「数世紀のこのかた、作り話のような巨万の富の揺籠であった西インドの農業は、幾百万のアフリカ人を食い尽くしてしまった。こんにち、キューバの収入は幾百万をもって数えられ、農業主は王侯さながらである」(S.282：訳458)。

　事実上の奴隷制は奴隷貿易だけに観られるのではない。ロンドンの製パン業にはドイツからきた労働者が殺到する。製陶業の職人は最も短命である。現在でも陶器で名高い「ウエッジウッドは、1785年に庶民院でこの製造業全体で働いているのは1万5000人ないし2万人であると言明した」(S.282：訳459)。農業部面ではどうか。救貧法にもとづいてマンチェスターに周旋人が置かれることになり、工場に就職することを希望する農業労働者が集められる。工場主たちは気に入った者を選び彼らに名札をつけ運河や荷馬車で工場まで運ぶ (S.283：訳460)。

　資本主義的労働市場は、より安価な労働力を渇望して、都市に蝟集する労働

---

11)　現代中国は改革開放以後、「安価な労働力および土地」を「資金と技術」をもつ外国資本・多国籍企業に供給してこの4つの要素を接合して資本主義的生産様式を確立する。その後「チャイナ・プラス・ワン」になるまで、例えば、上海郊外の日系電器工場で働く中国青年労働者たちは、朝飯抜きでバスに乗らず1時間徒歩で工場に来て昼まで空腹のまま労働する。昼食では朝飯の分も食べる。その食費は安いものです、と工場管理者はその工場を視察した筆者に語った。このような輸出加工区が世界資本主義の展開に対してもつ歴史理論的な意味については、高橋誠の問題作『世界資本主義システムの歴史理論』(世界書院、1998年) を参照。

12)　サッチャー首相の1980年代後半、地域の事情に詳しい或るイギリスの治安裁判所の判事は「教会は（人が来ないので）空っぽです（Chirch is vacant）」といった。後の首相ブレアは日曜日のミサを主催し神秘化するような抑揚で朗朗と祈祷を捧げていた。BBCラジオ放送がそれを流していた。

13)　現代の西インド諸島の「タックス・ヘイヴン（租税回避地）」は、この過去の産業の系譜と無縁であろうか。Cf. Nicholas Shaxson, *Treasure Islands: Uncovering the damage of offshore banking and tax havens*, Palgrave Macmillan, 2011：N. シャクソン『タックスヘイブンの闇』藤井清美訳、朝日新聞出版、2012年。

14)　戦後日本高度成長が始まるころから、周旋人が寒村を歩き回り、そこの未成年の「金の卵」を集めて、彼らを商工業都市の大小の工場・商店に送り込んだ。

173

者を解雇しあるいは避けて、安価な労働力を農村に求める。したがって、相対的過剰人口と労働力不足とは資本主義では両立する。《減価する(entwerten)ことによって増価する(verwerten)》という資本の運動法則が労働者雇用(可変資本投下)でこそ着実に貫徹する。「やっと昨日始まったばかりの資本主義的生産が、いかに急速にかつ深く人々の力の生命源を犯してしまったか、産業人口の退化がもっぱら農村から絶えず自然発生的な生命要素を吸収することによっていかに緩慢にされるか……をしめしている」(S285：訳463)。

　資本はこの悲惨を何とも思わない。「どのような株式思惑取引においても、いつかは雷が落ちるにちがいないと誰でも知っているものの、自分自身が黄金の雨を受け集め安全な場所に運んだあとで、隣人の頭に雷が命中することを誰でも望む」(S.285：訳464)。《災害では自分は例外である》と誰もが願うのである。

　「《大洪水よ、我が亡き後に来たれ！》、これがすべての資本家および資本主義国民のスローガンである。したがって、資本は社会が強制しないと、労働者の健康と寿命に対して何の顧慮も払わない」(S.285：訳464)。マルクスは、労働日の延長の強制力とそれに対抗する労働者たちの反撃によって労働日を制限する法制的強制が生まれてくる過程を記述する前提を確認する。

　　「標準労働日の確立は資本家と労働者の間の数世紀にわたる闘争の成果である。しかし、この闘争の歴史は２つの対立する流れをしめしている」(S.286：訳466)。

まずますか流血立法　まず労働日を延長する歴史が展開する。「14世紀から18世紀中葉過ぎまでのイギリスの労働者規制法」(S.286：訳466)があった。この規制法は労働時間を強制的に延長しようとする。資本は絶対王制の国家権力を借りてこれを実現する。労働者規制法は産業革命期にそれに対抗して生まれた社会運動によって19世紀の1813年になってやっと撤廃される(「注115」参照)。この強制法は、労働力しか財産をもたない者(無産者)が賃金労働者に自発的になるように、労働力商品を「自由な労働市場」で自ら進んで売るようになるまで存続した。その規制法が撤廃されたことは一面で前進ではあるけれども、無産者が自発的に労働力商品になることに何の疑問の余地のない自然な自明な事柄であるかのように受け入れる状態ができあがったという意味では、近代資本主義の労働者の内面への浸透である。近代資本主義を《自由の自然的体系》とみ

るイデオロギーが浸透しきったという意味では、近代資本主義の確立を示す。その中に参加する自由を求める思想と運動も資本主義浸透と無関係とはいえない。座敷牢から開放されたノラを待っているのがこれである。清朝末期の中国女権運動家・秋瑾(1875－1907年)が斬首刑に処せられることなく生きながらえたら、次の課題は資本主義内の自由からの解放であろう[15]。

労働者規制法は継続して出された。最初の労働者規制法はエドワード3世治下第23年、1349年のものである。その御触れは、ペストの大流行で人口が激減したので労働者を安価に雇用できるようにすることを口実にした。「労働日の限界と同じように、妥当な労賃が強制法で命令された」(S.288：訳468)。この強制は「1496年(ヘンリー7世の治下)の法」に継承される。「1562年のエリザベスの法」は日賃金・週賃金で雇われているすべての労働者の休憩時間を夏期は2時間半に、冬期は2時間に規制した。エリザベス1世を描く現代映画では彼女のこの側面は描かれない。彼女は祖国を守る闘いの先頭を駆ける戦士として、M.をやむを得ず処刑し涙する人間として称えられる。

18世紀から大工業の時代が始まるまでは、労働者の生活過程すべてを支配するまでにはならなかった。1週間のうち4日が労働日で日曜日を除く残る2日まで支配してはいなかった。ところが、18世紀後半になると、匿名の著書『工業および商業に関する一論』(ロンドン、1770年) が労働日を貪ろうと次のように主張する。1週間の最後の日が安息日であることは聖書が定めたとおりであるから、残る6日は労働日である。なぜならば、人間は生来安楽と怠惰を好むから、それを回避するために6日は労働日でなければならない、そうしても決して奴隷状態にはならない。農業労働者をみよ。しっかり6日間労働しているではないか。オランダでは6日労働をマニュファクチュアで実行しているし、フランス人もそうしている。こう力説する。マルクスはマックス・ヴェーバーを先んじて注記する。「プロテスタントは、伝統的な休日のほとんどすべてを仕事日に転化したことだけですでに、資本の発生史において1つの重要な役割を演じている」(S.292：訳477)。

マルクスはこれらの流血立法をまず1844年に『経済学・哲学草稿』を執筆するときに読んだスミス『国富論』第1篇第8章の労賃論で知った。その後

---

15) 内田弘『啄木と秋瑾』(社会評論社、2010年) を参照。

『要綱』などでも詳しくさまざまな流血立法をあげ、資本の本性が如実に顕現する法制として描写した。

　1832年、産業革命のさなか、イギリス議会は4つの工場部門で働く13歳から18歳までの児童労働者の労働日を12時間に短縮する。いよいよイギリス産業に労働時間の規制が始まったのである。フランスでは1848年に12時間法が制定される。フランス二月革命の成果である。それまでは「フランスの労働日は無制限であった」(S.293：訳478-479) と報告する経済学者ブランキは政府が委嘱した労働者の状態の調査委員であった(「注129」参照)。マルクスはこのように指摘して、労働日の法的制限の歴史をたどる次節(第6節)へと移る。

V-3-5　標準労働日獲得のための闘争。法律による労働時間の強制的制限。1833-1864年の工場立法。　③［続き］(S.294-315：訳480-517)

　すでに第5節では数世紀かけて労働日を最大限まで延長する強制法をみてきた。この第6節では、それへの反撃の歴史、イギリスにおける労働時間短縮(時短)の歴史をたどる。注目すべきことに、産業革命期に入ると流血立法に潜んでいた資本の本性が剥き出しになるように、労働時間の延長が加速したことである。それだけでない。「風習と自然、年齢と性、昼と夜とのあらゆる制限が粉砕され……資本が飲めや歌えの酒宴をはったのである」(S.294：訳480)。そのなかから労働者たちの抵抗と反撃が始まる。なるほど1802年から1833年まで5つの労働法を議会は公布したけれども、それらは名目的な単なる死文にとどまった(同)。しかしようやく、木綿・羊毛・亜麻・絹の工場を包括する1833年の工場法から、標準労働日は始まる。

資本家的人類学　その1833年の工場法によれば、「普通の工場労働日は朝5時半に始業し、晩の8時半に終業するものとし、かつ15時間という時限の制限内で年少者(13歳ないし18歳の者)を1日のうちのどの時間帯で使用しても、同一の年少者が1日に12時間以上労働しなければ、特別に規定された場合を除いて、適法である」(S.295：訳482) と規定された。この規定のもとでは、組にまとめられた子供たちが前番と後番にわかれて交替で労働者する「リレー制度」が実施できる。しかし、実際は13歳未満の子供たちにも週72時間の工場労働をさせておきながら、1833年に議会で可決された帝国内奴隷解放令では、農業主に黒人奴隷に週45時間以上の過度労働をさせることを禁じたのである。

「資本家的人類学(die kapitalistische Antholopologie)によれば、児童年齢は10歳またはせいぜい11歳で終わるものであった」(S.297：訳485)。ここでマルクスのいう「アントロポロギー」は「人間学」ではない。資本家の観点からは、アフリカの人間や自然が「資源」であるように、イギリスの児童労働者は「同格の人間」ではなく「資本の価値増殖のために存在する資源」であろう。日本を含む非欧米の人間は「人類学」の対象である。その文脈ではルソー『人間不平等起源論』の人間学は人類学に変質される。

階級対立と階級同盟　状況の進展は複合的である。工場主たちは穀物法撤廃に協力するように、10時間法を掲げるチャーティストたちと同盟を結び、地主貴族と対抗する。「彼らはすでに穀物法廃止のための戦役を始めていて、勝利のためには労働者たちの援助が必要としていた！　したがって、工場主たちは自由貿易の千年王国のものでは、パンの量を倍にするだけでなく、10時間法案にも採択すると約束したのである」(S.298：訳486)。ヨーロッパ大陸から安価な小麦を輸入すれば、パンは安くなり、したがって賃金も低くできる、と工場主たちは利得を計算する。その賃金差額の一部はパンを増やすのに拠出してもよい、というわけである。イギリス資本主義は自由貿易で東欧のユンカーが支配する生産様式と接合し、アメリカ南部諸州の奴隷制綿花プランテーションとも接合する。

このような「工場主と労働者との階級同盟」と「工場主と地主の階級対立」を背景に前者の力で「1844年の追加工場法」(1844年9月1日施行)が成立した。「この法律は、新しい部類の労働者、すなわち18歳以上の婦人たちを被保護者の分類に加えている。彼女たちは、その労働時間が12時間に制限され、夜間労働が禁止されるなど、あらゆる点で年少者たちと同等にされた」(S.298：訳487)。

こうして1846–47年はイギリス資本主義の歴史で画期的な年になった。穀物法撤廃、綿花などの輸入関税撤廃など、資本は「千年王国」(S.298：訳486)を祝った。他方、チャーティスト運動と10時間法運動も頂点に達した。

10時間法の発効　さらに、「1847年の新工場法」は、婦人および児童の労働時間を当面は11時間に制限し、1848年5月1日からは10時間に制限すると確定する(S.300：訳490)。紆余曲折の後に「10時間法」はついに1848年5月1日に発効した。しかし、《好事魔多し》である。フランスの二月革命への弾圧の余

波がイギリスにもおよぶ。「支配階級のあらゆる分派、すなわち、土地所有者と資本家、オオカミ相場師と小商人、保護貿易主義者と自由貿易主義者、政府と反対党、僧侶と無神論者は……財産・宗教・家族・社会を救え！という共同の叫びをあげて糾合したのである」(S.302：訳493-494)。このような全体的な階級同盟に包囲された労働者階級はいたるところで法の保護の外におかれ、容疑者は逮捕され投獄された。これは「1833年の工場法」以来実施されてきた自由な剰余労働吸着への制限に対する有産者たちの反乱である。しかし、1833年の法から1847年の法までは、相互に絡み合っていて、全部を無効にしないかぎり法的効力を維持した。

　労働者たちが10時間法を成立させようとする運動にかかわっていたとき、工場主たちは《賃金を12時間労働分支払っているのに、労働者は10時間しか労働しようとしない》と批判した。ところが10時間法が成立すると、工場主は10時間分しか支払わないで、12時間労働を強要するように急変する。「工場主たちはメダルを裏返しにしたのである」(S.308：訳505)。[10時間労働/12時間賃金（= 5/6)] という労働者批判は [12時間労働/10時間賃金（= 6/5)] という工場主の利害追求に反転する。マルクスは、斜線 [/] が軸の「反転対称 (inverse summetry) のイロニー」を語っているのである。工場主たちは穀物法撤廃運動の最中では、《労働者のみなさん、10時間労働で十分ですよ、パンも増やしますから、ご協力お願いします》と懇願していたのに、その撤廃が実現するや、たちどころに手のひらを返し、労働者からの搾取と彼らへの弾圧に血道をあげたのである。

　資本家の反逆は2年間続いた。その間、最高裁判所は「工場主たちは確かに1844年の法の精神に反する行為をおこなったけれども、この法そのものがこの法を無意味にする若干の文言を含んでいる」(S.308：訳506) という判決を下した。「労働力の平等な搾取は資本の第1の人権なのである」(S.309：訳507)。もはや労働者たちは黙視・座視しない。ランカシャーやヨークシャーで威嚇的集会を開き10時間法の違法性を批判した。工場監督官たちは「階級的敵対は前例がないほど緊張している」と政府に警告を発した。

資本家の搾取権とその制限　続いて制定された「1850年の法」は、児童・婦人の労働時間を12時間に制限したとはいえ、作業開始の以前および以後の30分、合わせて1時間を労働させることができた。続く「1853年の法」はそのような

労働を禁止した。「そのときからわずかな例外を除いて1850年の工場法は、その適応を受ける産業諸部門において、すべての労働者の労働日を規制した。最初の工場法の発布以来いまや半世紀が過ぎ去っていた」(S.311 - 312：訳511)。イギリス産業革命過程で始まった労働時間短縮の歴史は労働力商品をめぐる搾取しようとする工場主と、それから守ろうとする労働者との闘いの歴史であり、紆余曲折を経て、労働者の要求が「10時間法」という一定の橋頭堡を築いた歴史である。それは《何々をさせよ》という積極的な要求ではない。《勝手に何々をすることを制限せよ》という慎ましい要求である。その要求にでさえ、工場主は《資本の基本的人権》を楯にとり、なかなか妥協しないのである。

V - 3 - 6　標準労働日獲得のための闘争。イギリスの工場立法が他国におよぼした反作用　③［続き］(S.315 - 320：訳517 - 527)

時短の英仏米　マルクスは第8章の最後のこの第7節で、イギリスの労働時間短縮がフランスおよびアメリカにおよぼした影響をあとづける。その比較の前提として2点あげる。

第1に、労働時間の無制限な延長は、水力・蒸気力・機械設備など大規模な固定不変資本を要する産業(棉花・羊毛・亜麻・絹の紡績業や織布業)という近代的生産様式が最初に定着した産業部門で展開する。したがって、労働時間の短縮をもとめる運動もそのような部門から始まるし、労働時間の抑制はそのような部門での例外的な立法として成立した。その他の部門はその抑制から取り残されたけれども、そこが近代的な部門の支配下にあることが判明するにつれて、その例外的な立法は次第に普及してゆく。資本主義国内の異種の生産様式は接合し、労働時間の変革でも連動するのである。

第2に、労働者は当初は個々別々に孤立していて、工場主が搾取欲をほしいままにする対象となっている。けれども、労働者たちは次第に自分たちの生存条件が同じであることを自覚するようになり、団結し労働諸条件の改革を求めて闘うようになる。したがって、

> 「標準労働日の創造は、資本家階級と労働者階級との間の長期にわたる、多かれ少なかれ隠蔽されている内乱(Bürgerkriege)の産物なのである。この闘争は近代産業の範囲内で開始されたのであるから、それはまずもって近代

産業の祖国であるイギリスで演じられる。イギリスの工場労働者たちは、単にイギリスの労働者階級ばかりでなく近代的労働者階級一般の戦士であった。同じように彼らの理論家たちもまた、資本の理論に最初に挑戦したものである」(S.316‐317：訳519)。

こう書いてマルクスは「注191」で、『要綱』執筆時から注目してきたロバート・オウエンの名をあげて、「空想的である」と嘲笑された彼のニュー・ラナークの工場で実践した「10時間労働」と「生産的労働と児童の教育との結合」がいまでは工場法に正式に受容されていると指摘する。新しい試みはそれに対応する事実が無い。その試みを世間常識は空想的と笑い、おのれの賢さを誇る。
イギリスからフランスへ　マルクスはついでイギリスの労働時間短縮のフランスへの影響をみる。

「フランスはイギリスの後ろから不自由な足つきでのろのろついてくる。12時間法の誕生のために(1848年の) 二月革命が必要であった。その法もイギリスの原型よりもはるかに欠陥の多いものであった。それにもかかわらず、フランスの革命的方法は独自の長所も表している。それはすべての作業場および工場に対して、一挙に無差別に、労働日の同じ制限を課しているのである」(S.317：訳521)。

イギリスがしぶしぶ認めた労働者の権利をフランスでは原理として宣言した。その動向はイギリスに跳ね返る。イギリスの工場検査官は「労働者自身は自分の時間を自由に使用できる」という「労働の権利」を要求したのである。
アメリカへ、8時間労働制を　アメリカ合衆国はどうか。マルクスが『資本論』を準備している1861年から1865年までは、まさにアメリカの南北戦争の時期であった。奴隷制を少なくとも名目的には撤廃したアメリカがあげた「南北戦争の最初の成果は……8時間運動であった」(S.318：訳523)。この運動は《Go to the west！》に沿うようにアメリカ大陸横断鉄道のように大西洋から太平洋まで拡大した。1866年8月のボルチモア全国労働大会は、アメリカ全土のすべての州で8時間を標準労働時間とすることを要求した。8時間労働制がアメリカで実現するのは1919年、ロシア革命の2年後である。日本で8時間労

働制が実現したのは、第2次世界大戦に敗北した直後の1947年、アメリカ占領政策の一環としてである。

マルクスは、すでにみた『資本論』第1部第2篇の転化論の最後で、労働者は資本家の後を、おずおずいやいやながら不安げについてゆくと描写した。いま、「第8章 労働日」を閉じるにあたって、その労働者搾取の幕開けに対比して、次のように書く。

> 「わが労働者は生産過程に入ったときとは違うものになって、そこから出てくる。このことを我々が認めなければならない」(S.319：訳524)。

では、どのように変化したのか。資本家と労働契約するときには、労働力商品は資本家に売ったからには、労働力は資本家が「自由に処分できる」ことを認めざるをえなかった。彼が「自由に」売る労働時間は他人の時間であり、他人に強制される「不自由な」労働時間である。このことを学んだ。そこから、自分たちを苦難に陥れる者に対抗して闘わなければならないことを学んだ。「労働者たちは結集して階級として1つの国法を、資本との自由意志にもとづく契約によって自分たちとその同胞を売って死と奴隷状態に陥れることを自ら阻止する強力な社会的防止手段を奪取しなければならない」(S.320：訳525)。

労働時間は法的に制限されるようになった。それでは、資本家は労働時間の短縮に応じて、剰余価値が縮減するのにまかせるだけなのであろうか。労働時間一定の制約のもとで剰余価値を増やす方法は存在しないのか。存在する。それは相対的剰余価値である。これが次の第4編の相対的剰余価値論の主題である。

以上のように、「第8章 労働日」の第2節から第7節まで《③交換過程論の展開した観点》から考察した。

Ⅴ-4　剰余価値の率と総量　　　①（S.321 - 330：訳528 - 543）

剰余価値率の再論　すでに『資本論』の第7章で剰余価値の率は論じられている。ここ（第9章）では価値タームである「剰余価値の率と総量」がむすびつけて論じられる。したがって、ここの観点は《展開された①価値形態論の観点》である。

これまでみてきたように、労働時間をめぐる闘争史で労働者は団結し集団となった。資本家も参入する事業に応じて一定数の労働者を雇用しなければならない。可変資本(人件費)は1人当たりの単位(人件費)でなく、その事業に必要な総量が前提になる。したがって剰余価値も率だけでなく総量としても規定される。そこでマルクスは、1人当たりの労働力の価値(可変資本)vを単位にとり、n人の労働者を雇用する場合の可変資本の総量をnvと定義する。労働者1人が生産する剰余価値がmならば、n人の労働者が生産する剰余価値の総量はnmである。変数v, m, nの増減関係で可変資本総量($V = nv$)と剰余価値総量($M = nm$)は変動する。

　これまで可変資本は労働者が生存可能な最小限の生活手段に限定され、労働生産性は一定で、剰余労働時間が絶対的に延長される場合を論じてきた。しかし、労働時間法で総労働時間が制限されると、その制限を前提に新しい搾取法をさがしださなければならない。労働時間全体が一定の場合でも、必要労働時間を短縮し、その短縮された必要労働時間を剰余労働時間に転化する方法がある。それが次の章からの相対的剰余価値の生産法である。それへの橋渡しとして、そこに理論的に媒介する概念をここで確定する。そのために、マルクスは次のような3つの法則を提示する。

第1の法則　「生産される剰余価値の総量(M)は、前貸される可変資本の大きさ(V)に剰余価値率(m')を掛けたものに等しい」(S.321 - 322：訳529)。ここで労働力1単位まで分析してこの第1法則を定式化すれば、こうなる。

$$M = V \cdot m'$$

　マルクスはさらに個々の労働者が生産する平均剰余価値をm、個々の労働力の購入に前貸しされる可変資本をv、可変資本総額をV、1個の平均労働力の価値をk、その搾取度をa'/a、雇用労働者総数をnと定義して、剰余価値総量を次のように示す。

　　［1］$M = (m/v) \times V$
　　［2］$M = k \times (a'/a) \times n$

［1］から何がいえるであろうか。右辺の変数は剰余価値率(m/v)と可変資本(V)である。可変資本が減少しても剰余価値率がその減少率を補うだけ上昇すれば、剰余価値総量は不変である。あるいは可変資本の減少率以上に剰余価値

率が上昇すれば、剰余価値総量は増加する。

　[２] の変数は３つである。可変資本を V＝k×n と分析し、それに剰余価値率(a'/a)を掛けて剰余価値総量を定義する。労働者の数(n)が減少しても、その減少を補うだけ剰余価値率(a'/a)を上昇させるか、あるいはその減少以上に剰余価値率を上げれば、剰余価値総量は維持されるか増加する。したがって、

　　「可変資本の削減は、それに比例する労働力の搾取度の引き上げによって、または、就業労働者総数の減少は、それに比例する労働日の延長によって、埋め合わせることができる。したがって、或る限界内では、資本は搾り取ることができる労働の供給は、労働者の供給とはかかわりないものとなる」(S.323：訳530)。

　このように、労働市場の動向とは相対的に独立して搾取率を維持・上昇できる可能性がある。剰余価値率上昇に労働時間延長以外の方法があれば、資本はそれに向かって変換する。これは個別的には特別剰余価値、社会的には相対的剰余価値である。これは次の章からの主題である。

第２の法則　ついでマルクスは、可変資本を削減しても、搾取度を引き上げる方法か、あるいは、労働日を延長して剰余価値総量を維持する方法をあげる絶対的剰余価値の生産法を提示し、次の「第２の法則」とする。

　　「本来24時間よりも常に短いものである平均労働日の絶対的制限は、剰余価値率の上昇による可変資本削減の埋め合わせに対する、または労働力搾取度の引き上げによる被搾取者総数の削減の埋め合わせに対する、絶対的制限をなしている」(S.323：訳532)。

　この第２の法則こそ、絶対的剰余価値生産の限界を規定する。やっと生存できる限界の生活手段しか与えないで寿命を短くしても実施する「労働時間の絶対的延長」が超えられない壁がこれである。工場主が労働者に１日24時間のうち６時間の非労働時間（生活・通勤のための時間）しか与えない事例を先にみた。しかし、この場合でも(24－6＝)18時間労働が最長の労働時間である。これが第２法則が指摘する剰余価値搾取の壁である。資本はこの壁を越えなけ

ればならない。どうするか。総労働時間を構成する「必要労働時間＋剰余労働時間」のうち、剰余労働時間の絶対的延長が絶対的壁に突き当たって残る剰余労働時間の延長の可能性は、ただ１つ、もう１つの構成要素である必要労働時間を短縮する活路である。これが相対的剰余価値の生産である。第２の法則を指摘するのは、絶対的剰余価値論の内部から相対的剰余価値への移行する可能性を築くためである（後の「相対的剰余価値」を参照）。移行可能性は移行する必要を迫る内部にあるのであって、その外部にはない。歴史的世界において他への一切の移行可能性のない循環は、実はその自身の生成の根拠もない虚構である。

第３の法則　この第３の法則は次のような法則である。

「剰余価値率(m')が与えられており、労働力の（平均）価値(k)が与えられているならば、生産される剰余価値の総量(M)は、前貸しされる可変資本の大きさ($V = k \times n$)に正比例する（$M = k \times m' \times n$）」(S.324：訳533。(　)引用者補足)。

労働者が１人当たり生産する剰余価値が所与であれば、より多い剰余価値量は労働者に投下する可変資本の絶対量に依存する。したがって、搾取する剰余価値量を増大するには可変資本を増加するほかない。そのためにはその原資である剰余価値をより多く搾取しなければならない。

問いとその解が新しい問いを立てる　では、労働時間一定の制限のもとで、その活路はどこにあるのか。これが資本家の発問である。その答えは必要労働時間を短縮しそれを剰余労働時間に転化する相対的剰余価値の生産である。資本の向かう方向はこうして導き出される。絶対的剰余価値という「問い（方程式）Q_i」は労働時間の法的制限という「解 A_i」に帰着する。その「解 A_i」も前提にいれてより多くの剰余価値の生産はいかにして可能かという新しい「問い（方程式）Q_j」が立てられる。このように、本書の「序章」で指摘した『資本論』の展開法がここにも貫徹しているのである［・・・$Q_3[Q_2(Q_1A_1)A_2]A_3$・・・］。これは次のようにも書ける。これは「並進対称(translational symmetry)」である。[16]

---

16)　このように、『資本論』の問と解の連鎖だけでなく、商品流通の連鎖も、（Ⅱ－２－２でみた）価値の生産価格への転化も、「並進対称 (translational symmetry)」をなす。近代資本主義が「並進対称」の編成原理で組織されているからである。

第Ⅴ章　絶対的剰余価値

$$Q_1 - A_1$$
$$Q_2 - A_2$$
$$Q_3 - A_3$$

３つの法則への観点　日常生活者には剰余価値や剰余価値率は見えず、総投下資本に対する利潤や利潤率が見える。投下した資本のそれぞれの部分が利潤をもたらすという意味で「一様に生産的」であるかのように見える。日常生活者のそのような仮象について、マルクスは次のように確認する。

「誰でも知っているように、充用総資本の百分比構成を見た場合、相対的に多くの不変資本および少ない可変資本を充用する紡績業者は……相対的に多くの可変資本および少ない不変資本を動かす製パン業者よりもなお小さい利得または剰余価値を手に入れるというわけではない」(S.325：訳534)。

可変資本が搾取した剰余価値ではなく、不変資本および可変資本の投下資本総額に比例して剰余価値は利潤として諸資本家に配分される。それはなぜか、いかに配分されるのか。この問題は『資本論』第３部固有の問題である。それを理解するには、『資本論』の説明を一歩一歩確かめつつ歩んでいかなければならない。それまでの歩みをマルクスは次のように解説する。

「この仮象上の矛盾を解決するためには、なお多くの中間項(Mittelglieder)が必要である。それはあたかも、0/0が１つの現実的な大きさを表現しうることを理解するためには、初等代数学の立場からは多くの中間項が必要であるのと同じである」(同)。

『資本論』第１部の価値タームと第３部の生産価格タームとが一見矛盾するかのように仮象する根拠は両者を連結する媒態を解明することで氷解する[17]。引用文の「0/0」とは、微分法で変化率の極限をしめす。マルクスは1860年代から1880年代まで膨大な数学草稿を書いた。その主題は資本の価値の変化率(増加率)の連鎖が対称性(シンメトリー)をなすことを突き止めることであった。

---
17) 転形問題の理解の仕方については、第Ⅱ章「Ⅱ-２-２ｂ 貨幣の通流」の「総計一致命題」を参照。

そのことをここでは比喩に使っているのである。

参入に必要な最小限度の資本総量　マルクスは剰余価値の率だけでなく、剰余価値の絶対的総量を問題にする。その理由は、貨幣資本であれば、いかに少額であっても、いかなる産業部門でも参入できるというわけではないことを確認するためである。

「貨幣または価値のいかなる任意の額でも資本に転化できるわけではない。その転化のためにはむしろ、<u>一定の最小限度の貨幣または交換価値</u>が、個々の貨幣所有者または商品所有者の手元にあることが前提される」(S.326：訳536、強調傍点は引用者)。

このことは絶対的剰余価値の生産の場合でも妥当する。可変資本の最小額(価値量)は個々の労働力の再生産に必要な生活手段(使用価値)を前提に規定される［①V(U)］。まして、次の章でみるように、労働生産性を上昇することで獲得する特別剰余価値を目指す場合は、労働生産性を上昇させる機械装置(生産手段)が不可欠である。それには巨額な資金が不可欠である。その資金を借り入れで調達する場合でも、返済すべき資金は巨額であり、搾取できる剰余価値の総量がその返済に見合うものでなければならない。それが理由で、マルクスはここで、いかなる産業に参入する場合でも、それには「最小限度の貨幣資本」が必要であることを確認するのである。ここ(『資本論』第1部第9章)で剰余価値の率だけでなく、剰余価値の総量を論じるのは、このような相対的剰余価値論への布石を打つためである。マルクスの論証順序は用意周到である。

すでに「第6章　不変資本と可変資本」を定義した直後の「第7章」で剰余価値率は定義された。ここではさらに、剰余価値の「率」だけでなく「総量」も考察する。可変資本・剰余価値という「価値ターム」で考察するだけでなく、参入に必要な最小限度の資本額を確認する。以上は《①価値形態論の展開された観点［V(U)］》からする考察である。

第Ⅵ章

相対的剰余価値・絶対的相対的剰余価値・資本蓄積

Ⅵ-1　相対的剰余価値　　　　　　　　　　　　　［{③}-②-①］

Ⅵ-1-1　相対的剰余価値の概念　　　　　{③}(S.331-340：訳545-560)

必要労働時間の短縮　ここでは「第10章　相対的剰余価値の概念」を考察する。では、第8章でみたように労働時間の最大の長さが法律で制限されると、もはや剰余価値を増やせなくなるのであろうか。そうではない。総労働時間を構成する必要労働時間と剰余労働時間のうち、必要労働時間を短縮しそれを剰余労働時間に転化するもう1つの方法がある。マルクスは、労働時間の法的制限＝絶対的剰余価値生産のアポリアに立って、それではより多くの剰余価値生産は不可能なのかという新しい問いを立てその解を求める。ここでも『資本論』固有の展開様式（問い→解＝次の問い［$Q_i \rightarrow A_i = Q_j$]）を貫徹している。

　その問いの解が相対的剰余価値である。相対的剰余価値を説明するために、マルクスは次のような、労働日が12時間で同じであり必要労働の長さと剰余労働の長さが異なる場合をあげる。

```
                    必要労働時間 + 剰余労働時間         ＝労働日
        労働日Ⅰ    a*********************b****c
                         [10]              [2]     ＝12時間
        労働日Ⅱ    a********************a'**b****c
                         [9]            [1]+[2]   ＝12時間
```

　労働日Ⅰの場合は、必要労働時間10時間と剰余労働時間2時間、合計12時間である。必要労働時間は労働力を再生産するために必要な生活手段（賃金財）

187

の生産に要する社会的平均労働時間である。もし賃金財部門の労働生産性が上昇すれば、それに照応して必要労働時間も短縮される。マルクスがあげる上の例では10時間の必要労働が9時間の必要労働に短縮される。そのように短縮されたのは、労働者用の生産手段（賃金財）部門の労働生産性が$(1-9/10)=0.1=10％$上昇したからである。ここで注意しなければならないのは、必要労働時間のこの短縮は決して実質賃金の低下ではないということである。生活手段の内容（いわゆる賃金バスケット。使用価値ターム）は変わらないで、同じ内容の賃金財を生産する労働時間が10時間から9時間に1時間短縮されるのである。したがって、労働者の実質賃金は変わらない。

> 「労働力の価値が1/10だけ低下するということは、以前に10時間で生産されたのと同じ分量の生活手段が今では9時間で生産されるということを条件とする。……このことは労働の生産力が増大しなければ不可能である。……それゆえ、労働過程そのものに或る革命が起こらなければならない」（S.333：訳549）。

総労働時間は12時間で変わらず、必要労働時間が1時間短縮されたので剰余労働時間は2時間から3時間に1時間延長される。剰余労働時間の延長は、このような必要労働時間の短縮という内包的な延長が根拠づけする。

絶対的剰余価値と相対的剰余価値　以上の考察を受けて、マルクスは絶対的剰余価値と相対的剰余価値を次のように定義する。

> 「私は、労働日の延長によって生産される剰余価値を絶対的剰余価値（Absoluter Mehrwert）と名づける。これに対して、剰余価値が必要労働時間の短縮およびそれに対応する労働日の両構成部分の大きさの割合の変化から生じる場合、これを相対的剰余価値（Relativer Mehrwert）と名づける」（S.334：訳550）。

注意したいのは、奢侈品生産部門は相対的剰余価値に寄与しないことである。マルクスは指摘していないが、同じことは軍需部門についてもいえるであろう。

第Ⅵ章　相対的剰余価値・絶対的相対的剰余価値・資本蓄積

「生活必需品も、それらを生産するために必要な生産手段を提供しない生産部門においては、その生産力の増大が労働力の価値に影響することはない」（S.334：訳551）。

狙いは特別剰余価値　それでは、相対的剰余価値は個々の資本家が自覚して追求する目的であろうか。そうではない。彼らが目的とするのは個別的一時的な「特別剰余価値 Extramehrwert（特別利潤 Extraprofit）」である。特別剰余価値は奢侈品を含めいかなる生産部門でも発生する。マルクスがあげる例では、労働時間が12時間の或る生産部門で或る例外的な個別資本が2倍の労働生産性をあげることに成功した場合である。生産量は2倍になる。1生産単位当たりの労働量は1/2に減少する。しかし、支配的な一般的な価値＝「社会的価値」は今まで通りである。この例外的に高い労働生産性をあげることに成功した個別資本は、2倍になった生産物を原則的には社会的価値で販売できる。

マルクスは特別剰余価値や相対的剰余価値について、文章で表現している。ここではそれを数式化しよう。いま不変資本をC、可変資本をV、剰余価値をMとし、労働生産性の上昇率をaとすると、必要労働時間がVからV/aに減少した価値〔V(1－1/a)〕は剰余価値に転化し剰余価値Mに加算される。つまり剰余価値は〔M+V(1－1/a)〕となる。不変資本Cは変化しないから、その先駆的な個別資本の生産物の「個別的価値」はこうなる。

$$W' = C + V/a + [M+V(1-1/a)]$$

一方、社会的価値は〔C+V+M〕であるから、社会的価値と個別的価値の差、

$$[C+V+M] - \{C + V/a + [M+V(1-1/a)]\} = V(1-1/a)$$

が特別剰余価値である。個別資本はこの特別剰余価値を目指して競争する。

しかし、マルクスは注意深い。その特別剰余価値を獲得する個別資本には1つ問題がある。生産量が2倍になったのだから、その個別資本の販売市場もこれまでの2倍必要である。全部売れるであろうか。そこでその個別資本は価格競争に訴える。特別剰余価値の一部を販売費用として犠牲にして「値引き」するのである。「彼（特別剰余価値を獲得できる個別資本家）は、価格引き下げによってのみ、より大きな市場圏を獲得する。それゆえ彼は、その商品を個別的

価値以上で、しかし社会的価値以下で販売するであろう」(S.336：訳554)。この例外的な生産力の担い手である労働は「能力を高められた労働」(S.337：訳555)である。単位当たりの時間で社会的平均以上の仕事（使用価値生産）をおこなう。

　しかし、特別剰余価値はいつまでも獲得できるものではない。それは一時的な収入である。マルクスが想定する個別資本間競争はいわば「競争的寡占状態」である。競争力の強弱の差は存在するけれども、その差は短期的に解消するという想定である(S.337：訳556)。この想定はスミス『国富論』の利潤論から継承している。用語「特別利潤(extraordinary profit)」からしてマルクスがそこから学んだ用語である。このような個別資本間競争が賃金財部門を含めて展開し、賃金財部門に波及してその労働生産性が上昇し、結果的に総資本の必要労働時間が短縮され、その分が剰余労働時間に転化する。これが「相対的剰余価値」である。したがって、特別剰余価値を一時的に獲得する個別資本家からみれば、「彼は、資本が相対的剰余価値の生産で一般的におこなうことを個別的におこなうのである」(S.337：訳555。別掲図「特別剰余価値の生成と消滅」を参照)。

減価による増価　それぞれの商品の個別的価値を社会的価値以下に減価することによって、その社会的価値と個別的価値の差を特別剰余価値として、特別剰余価値＝増価を獲得する。これが資本の一般的運動法則である。減価による増価(Verwertung durch Entwertung)である。儲けようと思うなら、競争相手よりも安く生産し販売する。そのためには、労働生産性を上昇させなければならない。したがって、「労働生産力を増大させることは、資本の内在的な衝動であり、不断の傾向である」(S.338：訳557)。労働生産性が上がれば商品価値は減少する。その減少が社会的に集約されて、賃金財部門に収束すると相対的剰余価値は生産される。《労働生産性上昇→価値減少という反比例》と《労働生産性上昇→価値増大という正比例》は相互に矛盾するけれども、資本の運動にとっては不可欠な矛盾である(同)。労働生産性上昇は特別剰余価値が目的であり、労働者の労働時間の短縮＝自由時間が目的ではない(S.339：訳559)。

相対的剰余価値論＝③交換過程論の展開された観点　個別資本が獲得する特別剰余価値もその社会的結果としての相対的剰余価値も、労働生産性上昇によって同一の使用価値の生産に投下される価値量を減少させることで、実現する。資本家は、労働生産性を上昇させて（$1 \to a$）一定量の使用価値(U)をより少ない労働量(V/a)で生産することを前提に、その減少分 $[V(1 - 1/a)]$ を相対

第Ⅵ章　相対的剰余価値・絶対的相対的剰余価値・資本蓄積

特別剰余価値の生成と消滅
―資本の価値増殖のための価値減少―

y	e^y	$y' = 1/e^y$
2	7.34	0.14
1	2.71	0.37
1/2	1.65	0.61
1/4	1.28	0.78
1/8	1.13	0.88
0	1	1
-1	0.37	2.71
-2	0.14	7.34

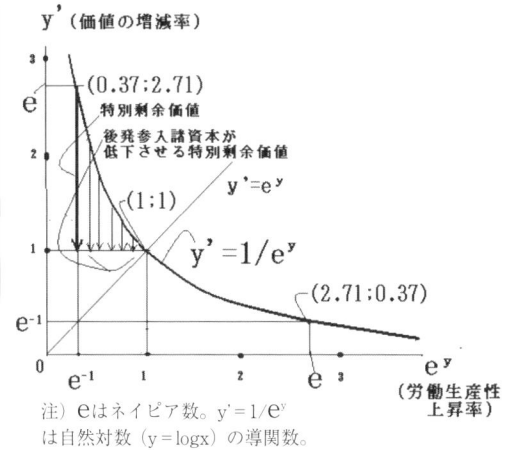

注）e はネイピア数。$y'=1/e^y$ は自然対数（$y=\log x$）の導関数。

例えば、ある商品の労働生産性の水準が0.37、社会的価値が2.71であったところ、先駆的個別資本が労働生産性を1にまで上げその個別的価値を1にまで下げると、その資本は（2.71 − 1 =）1.71の特別剰余価値を獲得する。やがて他の諸資本もその生産性水準（1）に追いつき、その商品の社会的価値は1に低下し、特別剰余価値（1.71）は消滅する。資本主義的生産はこの傾向を繰り返し、商品価値を無限に0に接近させる運動をしている。

マルクスはL. オイラーの『無限解析入門』『微分計算法』を読んだ。彼は経済現象は正規分布するというモデルで「資本一般」を考察した。平均・中位などの彼の用語がそれを示唆する。正規分布の定義式の中心にネイピア数 e が占める。

的剰余価値として獲得する。獲得する価値生産物の総量は一定である [V/a+(M+V[1 − 1/a])=V+M]。同じ過程は労働者にとって、賃金財の使用価値 [U] は、その価値が減少しても [V → V/a] 一定であり、しかも労働者が資本の生産過程で生産する価値生産物は一定（V+M）である。資本家に発生すること [V(U)] と労働者に発生すること [U(V)] は、相互に相手にとって前提となっている [V(U)：U(V)]。これは《③交換過程論の観点》を資本家と労働者の複眼の観点に展開したものである。

　こうして、資本家が特別剰余価値をめざして労働生産性を上昇させるため、その手段を必死に探求する根拠が判明した。その手段を主題とするのが、続く「第11章　協業」・「第12章　分業とマニュファクチュア」・「第13章　機械装置と大工業」である。

Ⅵ-1-2　協業　　　　　　　　　　　②（S.341 - 355：訳 561 - 584）

協業の定義　マルクスはこの「第 11 章　協業」の始めで事実上「協業」を定義している（S.341：訳 561）。しかし、より簡潔な協業の定義が次のように、同じ第 11 章のほぼ半ば（1）と最後（2）でおこなわれている。

（1）「同じ生産過程において、あるいは異なっているけれども連関している生産諸過程において、肩を並べ一緒になって計画的に労働する多くの人々の労働の形態が協業とよばれる」（S.344：訳 567）。（2）「協業は……資本主義的生産様式の基本形態である」（S.355：訳 584）。

協業は資本主義が本格的に実現する　協業は資本主義的生産様式の基本形態であるけれども、「古代世界、中世および近代的植民地で（も）大規模な協業があらわれる」（S.354：訳 581 - 582）から、生産諸様式を貫通する生産様式である。そのかぎりでは歴史貫通的である。しかし、協業が初めて大規模に基本的な生産様式となるのは、資本主義的生産様式においてである。協業はまず使用価値を生産する側面で考察され、ついでそのような協業を資本主義的生産様式がいかなる経路で組織するようになったのかを考察する。使用価値生産の次元[U]の背後に剰余価値生産という協業を推進する動因[V]が控えている。したがって、協業は《商品物神性論を展開した観点②[U(V)]》から考察される。

『資本論』の協業は単に歴史貫通的なものではない。資本主義的生産様式で協業が歴史貫通的なものとしてそのまま実在するわけではない。考察順序の或る段階で一面的に抽象された概念を一般的な実在概念に拡大してはならない。すでにみた「労働過程」にも、次の「分業」にも、同じ注意が必要である。そのような思弁的な実体化をおこなうことが、それに基礎づけられた社会を招来させるかのように思い込むのは、錯誤である。その錯誤をマルクスは古典経済学の、例えばスミスの「自然的自由の秩序」に見出し批判する。その批判的観点が《②商品物神性論》である。スミスの経済学を「生産資本循環」の観点からする批判とは商品物神性論の観点からする批判である。この観点を欠いた協業概念は古典経済学の次元に後退する。労働過程概念・分業概念も同じである。

向上する平均的労働力　協業は一定の場所（空間）に多くの労働者を組織するこ

とで成立するから、一定の業種の協業の規模は参入する資本の最低限度以上の貨幣額によって定まる［v×n］。組織される労働者は個別的に見れば能力差がある。しかし、その協業に組織された労働者の総数は「平均的労働力」(S.342：訳562）を現実的に抽象する。「どの産業部門においても個々の労働者、例えば、パウロやペテロは多かれ少なかれ平均労働者から乖離している。この乖離は数学では「誤差」とよばれる。この誤差は比較的多数の労働者が集められると、たちまち相殺され消滅する」(S.342：訳562）。マルクスのこの平均概念はケトレのいう「大数の法則」にもとづくものである（第11章協業論「注8」参照）。

　個々の労働者の能力差は社会的に均等化される。けれども、その個別的な差は個別資本家にとってどうでもよいことではない。特別剰余価値をめぐる競争に打ち勝たなければならない。できるだけ能力の高い労働者を雇用したい。このことをすべての資本家がおこなうのであるから、次第に平均的労働力の水準も上昇する。「個々の生産者が資本家として生産し、多くの労働者を同時に使用し、こうして初めから社会的平均を動かすようになるときに初めて、価値増殖の法則が一般に個々の生産者に対して完全に実現される」(S.343：訳564）。

生産手段の節約効果　協業は一定の場所で同時に多くの労働者を使用するので、労働過程の対象的諸条件を効率的に使用できるようになる。建物・倉庫・容器・用具・装置などが共同で使用されるようになる。個々の労働者が個別的に独立して労働している場合に比べて、1人当たりの生産手段がより効率的に使用される。このコスト削減効果がより多くの生産手段を導入する動因になり、より多くの労働者が協業に組織される動因になる。

　生産手段の節約は社会的に賃金財を安価にし、結果的に相対的剰余価値をもたらす。あるいは不変資本と可変資本の有機的構成（C/V）を変化させ、剰余価値の比重を変化させる。

協業と集団力・類的能力　協業は個別的生産力を増大するだけでなく、それ自体が、集団力であり、生産力の創造である(S.345：訳567）。多くの人間が一緒に労働するとその社会的接触によって生気が生まれる。独自な興奮と競争心が沸き起こる。このような刺激で、個別的にばらばらに労働した場合にくらべて、協業形態のもとで労働する者はより多く生産するようになる。多くの労働者が同じ作業を同時並存して(Nebeneinander)おこなう場合も、異なる種類の作業を先後継起(Nacheinander)＝連結しておこなう場合も、労働生産性は高まる

（S.346：訳569）。こうして必要労働時間が短縮され、それだけ剰余価値が増える。これは同時空間で労働する場合の効果である。時間的な制約を克服する効果もある。羊毛刈取り、穀物収穫など時間の上で制約がある場合、大勢の者が同時に1個所に集まり一挙に仕事を遂行することができる。協業は「類的能力（Gattungsvermögen）」(S.349：訳573)を発展させる。個別的にばらばらの独立した生産者にはこのような協業効果は存在しない。集団に組織された労働者にこそ協業が潜在するポジティヴな要素が胚胎する。来るべき社会はここに拠点をもつ。[1]

空費節約　干拓・築堤・潅漑・運河・道路・鉄道など、協業によって労働の空間が拡大できるようになる。他方で、個々別々に労働していた者たちを1個所に集め協業させることによって、建物などの空間を縮小でき、多額の無駄な費用（空費）が節約できる。結合労働は「一定の有用効果を生産するのに必要な労働時間を減少する」(S.348：訳573)。

協業の指揮者　声楽の独唱ではソリストが単独で歌う。しかし合唱の場合には合唱団を1つにまとめる指揮者が必要である。同じように、協業形態をとる労働過程には労働全体を指揮する者（指揮者）が必要である。指揮者は集団の成員が集中する焦点である。資本主義的生産様式のもとでの協業はもともと資本家が組織したのであるから、資本家がその目的に適うように協業する労働者たちを指揮する。資本家は協業する労働者たちを指揮することを媒介にして、剰余価値を搾取する。こうして、

　「賃労働者たちの諸機能の連関と生産体総体としての彼らの統一は、彼らの外部に彼らを集め結合する資本の中に存在する。したがって彼らの労働の連関は観念的には(ideell)資本家の計画として、実践的には(praktisch)資本家の権威として、彼らの行為を自己の目的に従わせる他人の意志の力として、彼らに対立する」(S.351：訳576)。

---

[1]　内田義彦が『資本論の世界』で、独立生産者については挨拶程度の言及ですませ、相対的剰余価値論を基軸に「協業・分業・機械制大工業」を詳しく論じるのは、それを来るべき社会（市民社会）の母胎として評価するからである。その母胎はマニュファクチュア段階では胚胎しない。資本主義的原蓄は産業革命＝相対的剰余価値生産体制の定礎で終了する。マルクスは原蓄の要因に「技術原蓄」も入れていた（本書第Ⅵ章の第4節の原蓄論参照）。

労働生産力の仮象形態　したがって、協業による労働者たちの集合力は資本の力として現象する。資本家の指揮下の協業は、社会的労働過程であると同時に資本家の専制となる。この二重性は資本家が最小限度の貨幣資金を蓄積して協業を組織するようになると実現する。これまで生産に従事してきた者は所有資本家になり、指揮監督に専念する者を選び、彼らに産業将校・産業下士官の役割を担わせる。こうして、協業の指揮と産業の指揮は区別しがたくなる。

　「経済学者は、共同の労働過程の本性から生じるかぎりでの指揮の機能を、この過程の資本主義的な、それゆえ敵対的な性格によって条件づけられるかぎりでの指揮の機能と同一視する。資本家は彼が産業上の指揮者であるがゆえに資本家であるのではなく、彼が資本家であるがゆえに産業上の指揮官になるのである。……産業における司令は資本の属性(Attribut des Kapitals)になる」(S.352：訳578)。

　協業する労働者たちの社会的力が必要とする指揮が彼らを支配する権威となる。「労働者が社会的労働者として展開する生産力は資本の生産力である」(S.353：訳580)。労働者の生産力は資本の生産力として現象する。この事態こそ、マルクスが商品物神性に用いる用語「仮象(Schein)」が実現する事態である。この第11章は《②商品物神性論の展開した観点[U(V)]》から考察されている。

Ⅵ-1-3　分業とマニュファクチュア　　②［続き］(S.356-390：訳585-642)

資本の生産力として仮象する分業　「協業」の次は、「第12章　分業とマニュファクチュア」がとりあげられる。では、マルクスは分業とマニュファクチュアをいかなる観点から考察しているのであろうか。マルクスは、分業＝マニュファクチュア論の最後の「第5節　マニュファクチュアの資本主義的性格」で次のように指摘する。

　「単純協業のばあいと同じように、マニュファクチュアにおいても、機能している労働体は、資本の1つの実存形態である。多数の個別的部分労働者から構成された社会的生産機構は、資本家に所属する。したがって、諸労働

の結合から生じる生産力は、資本の生産力として現象する」(S.381：訳625。傍点強調は引用者)。

つまり、分業による生産力向上は結合労働者の社会的諸力としてではなくて、資本家の力として現象する。これは、協業する労働者群の社会的諸力が資本家の力として現象する場合と同じように、「仮象」である。つまり、マルクスは協業につづいて、分業＝マニュファクチュアも《②商品物神性論の観点[U(V)]》から考察しているのである。

マニュファクチュアの起源・諸要素・機構　マルクスは『資本論』第1部第12章の3つの節（第1節・第2節・第3節）でマニュファクチュアの起源・諸要素・機構を分析する。すなわち、その起源は歴史的には「おおよそ16世紀中葉から18世紀の最後の3分の1にいたる本来的マニュファクチュア時代」(S.356：訳585) である。(1) 客馬車を生産する場合のように、或る中心に同時に集まりさまざまな手工業的技能をもつ労働者が作業するマニュファクチュアがある。(2) 他方で紙・活字・針を生産する場合のように、さまざまな作業を1つの生産ラインに連結し目的物を生産するマニュファクチュアがある。すなわち、

「[1] 一方で、マニュファクチュアは種類を異にする自立的な諸手工業の結合から出発する。これらの手工業は自立性が奪われ一面化され同一商品の生産過程における相補的な部分作業をするにすぎないようにする。[2] 他方で、マニュファクチュアは同じ種類の手工業者たちの協業から出発するけれども、同じ個別的手工業のさまざまな特殊な作業を分解し、これらの作業を分立・自立させ、それぞれの作業が1人の特殊な労働者の専門的な職能になるようにする」(S.358：訳588。[ ] 引用者)。

手工業的技術と技術の科学的分析　結局、[1]の分離原理と[2]の結合原理の最終の姿は「人間を諸器官とする1つの生産機構」という同じ生産体制になる。マニュファクチュアは、手工業的活動を生産過程の特殊な部分作業に分解するけれども、その作業はなお手工業的作業である。個々の労働者が用具を使用する「力・熟練・敏速さ・確実さ」に依存する。したがって、「この狭い技術的

基盤は生産過程の真に科学的な分析を排除する」(S.358：訳589)。独立生産者にとって職人技は秘伝である。職人の作業を精密に観察し、それを標準化された仕事に転化することは拒絶される。手工業界で親方になるには長い修業年限が要求される。「長い就業年限が不要な場合でさえ、それは労働者たちの嫉妬心によって維持される」(S.389：訳639)。技はしばしば秘伝となり神秘化される(以上、第1節)[2]。

マニュファクチュアの手工業的な技術は元来、すでにマニュファクチュアの外部に存在していたものを取り入れた技術である。独立した手工業者のばあい、1つの製品を作るためにいちいち場所と用具を変えなければならない。マニュファクチュアはその煩雑さを、個別化された作業の連携と道具の改善によって解決し、労働生産性を高める。

> 「マニュファクチュア時代は、労働道具を部分労働者たちの専門的な特殊職能に適合させることにより、それらの道具を単純化し改良し多様化する。こうして、マニュファクチュア時代は同時に単純な道具の結合から成り立つ機械装置の物質的諸条件の1つを作り出す」(S.361‐362：訳594)。

道具の改善と単純化によって、それらが1つの機構に統合され機械装置になる。その意味でマニュファクチュア時代は、それ固有の技術的基礎をもつと同時に、次の機械制大工業の技術的基礎を胚胎するようになる(以上、第2節)。

マニュファクチュアの基本形態　次にマルクスはマニュファクチュアの2つの基本形態をあげる。「異種的マニュファクチュア」と「有機的マニュファクチュア」である。前者の異種的マニュファクチュアでは、例えば時計が代表的な

---

[2]　日本では最近、職人技にカメラを向けて記録し、それを職人に見せ、個々の作業で何をおこなっているのかを答えてもらい、そのうちどの作業が自動機械化できるかを検討し、職人はさらに高い技をめざすようになった。職人技と自動化の協力と競争である。別の例でみれば、いまではCDファイルのテキストで単語が一括検索できるようになった。『資本論』原書もそうである。テキストがデジタル化されていなかった段階では、或る重要な用語がどこにあるかを探すために、そのテキストを注意深く通読しなければならなかった。見つけた者が《その個所は知りたければ、自分で探せ》として秘すこともあった。結果的に研究がそれだけ遅れた。マルクス研究の独立生産者・マニュファクチュア段階もすでに過ぎた。今日の新しい段階で求められるのは異なる研究能力である。三木清は近代的技術の特性は《公開性・革新性・民主性・世界性》にあると指摘した。

生産物である。時計生産には「ゼンマイ工・文字盤工・穴石振り石工・針工・ネジ工・メッキ工・歯車工」などが細密な異種の諸部品を生産する。最後にそれらを1個所に集めて、「最終仕上工」が組み立てる。

先後継起と同時並存　他方で、例えば縫い針マニュファクチュアでは、72種から92種の特殊な部分労働者たちが一定の場所に集まっておこなう異なる作業を通過して、針金が縫い針になる。異なる場所で異なる作業をおこなう場合に比べて労働生産性は飛躍的に上昇する。同じように、製紙マニュファクチュアでも、その原料（木綿ぼろ・古亜麻ぼろなどのぼろ）が次々と連続する生産段階を経過して紙になる。この形態のマニュファクチュアで注目すべきことは、「さまざまな段階をなす諸過程が時間上の先後継起（zeitliches Nacheinander）から空間上の同時並存（räumliches Nebeneinander）に転化されている（verwandelt）」（S.365：訳599-600）ということである。製紙マニュファクチュアでは製紙ラインが複数設置され、さまざまな製紙段階が同一空間に並存している。この空間上の同時並存は時間上の先後継起を空間軸に横倒しした姿態と同じである。時間順序と空間並存とは相互的に同型であり相互に相対的である。

　この製紙マニュファクチュアの例は、哲学史的にはマルクスによるカントへの反批判を含意している。これは飛躍した指摘ではない。マルクスのアリストテレス『デ・アニマ』研究における「疎外と物象化」（1840年前後）がスミスの「分業と交換」に変換されるように（1844年）、彼の経済学批判は哲学概念を経済学概念に変換する作業でもある。カントは『純粋理性批判』超越論的ディアレクティーク論で、理性が《時間上の先後継起と空間上の同時並存の両立》について思惟すると、判断に迷う「仮象」に陥るからと見限って、その両立について思惟することを禁じた。しかし、製紙マニュファクチュアで現実に観察できるように、時間上の先後継起と空間上の同時並存の実例は存在するのである。

労働者群と比例率鉄則　さらに注意すべきことは、マルクスがこの第3節で「群（Gruppe）」という用語を用いていることである。ここで「群」は数学的な意味を含んでいる。マルクスはマニュファクチュアに労働者たちが成す「群の構造」を分析する。

　「各部分労働者の部分生産物は、同時に同じ製品の特殊な発展段階にすぎないのであるから、1人の労働者は他の労働者に、あるいは1つの労働者群

（Arbeitergruppe）は他の労働者群に、彼らの原料を供給する。一方の労働の成果は他の労働の出発点をなす」(S.365：訳600。傍点強調は引用者)。

生産過程の労働者たちがなす組織は重層的である。或る生産段階の生産物はその成果＝「終点」であると同時に次の生産段階の原料＝「始点」である。或る存在は終点かつ始点である。現実存在はその二面性をもつ[3]。

このことをマルクスがあげる活字マニュファクチュアの例でみる。鋳字工1人は1時間に2,000個の活字を鋳造する。分切工は4,000個を分切し、磨き工は8,000個磨く。したがって「生産の連続性」を維持するためには、このマニュファクチュアでは1人の磨き工に対して、4人の鋳字工と2人の分切工が必要である。2,000個：4,000個：8,000個が最小の生産単位（8,000個）で揃うためには、2000個×4人の鋳字工＝4000個×2人の分切工＝8000個×1人の磨き工＝8000個・人という「数学的に一定の比率」が要求される。これをマルクスは「比例数または比率性の鉄則」(S.376：訳617) という。この鉄則は生産規模を拡大する場合にも遵守されなければならない。或る生産ラインの1個所を変更すると、その変更は生産ライン全体に正確に転化＝鏡映する。その組織単位の比率にしたがって［生産量／人］×［人数］を変更しなければならない。

「一定の生産規模に対してさまざまな部分労働者群の最も適当な比例数が経験的に確定されているならば、その生産規模は、それぞれ特殊な労働者群の倍数を使用することによってのみ拡大できる」(S.366：訳602)。

生産ラインの各段階間の「比率」は経験が教え、それを規則として認識し自覚して遵守されるようになる。新しい生産物の生産ラインが設計される場合も、その比例数が予め計算できるようになる。

労働者群の多層　先の活字生産の場合、例えば生産量を2倍の16,000個に拡大するには、それぞれの部分労働者の人数は8人：4人：2人＝4：2：1という比率を維持しなければならない。マニュファクチュアは、同じ部分機能を担

---

3) 或る現実存在が終点かつ始点であるとは「先後継起＝同時並存」（並進対称）を根拠づける。カントの第1アンチノミーへのマルクスの反批判も含意する。

う労働者群が「単位要素」となり、複数の異なる質をもつ諸要素が「集合」となって編成される。マニュファクチュアは異質の労働者群が諸要素として組織される集合である。諸々の群は全体機構のそれぞれ特殊な器官である。例えばマルクスがあげている羊毛紡績では、「選毛(sorting)→洗毛(washing)→コーミング(combing 櫛削り・ゴミ落とし)→前紡→精紡→撚糸」の6つの工程で編成される。その中で最も生産性が高く労働者数が少ないのは精紡工程である。その生産性に合わせその前後の作業の労働者数と機械台数が決まる。

　労働者群はより高次の労働者群に編成される。労働者の「群そのもの（die Gruppe selbst）は1つの接合された労働体（ein gegliederter Arbeitskörper）である」(S.367：訳603)[4]。例えば、広義の繊維工場は①紡績工程・②織布工程・③仕上工程・④縫製工程の4つの工程からなる。生産全体機構は異種の労働者群からなり、労働者群は接合された労働者体からなる。労働者群は同じ作業を担う複数の労働者からなる。一定の比率で多層を成すように組織される「群（Gruppe, group）」こそ、マニュファクチュアの編成原理である。マルクスはマニュファクチュアの具体例に現代数学の群論(Group Theory)を洞察している。この原理はマニュファクチュアだけでなく、次の機械制大工業の機械装置を基本単位とする組織に継承される。翻って、『資本論』冒頭の商品集合は商品を要素(元)とする「商品群」として再定義できるし、資本の生産過程はその結果に大数法則が貫徹する膨大な「商品群」をもたらす。

作業場内分業と社会内分業　マルクスはついで「第4節　マニュファクチュア内部の分業と社会内部の分業」に移る。前者のマニュファクチュア内部の分業は「作業内部の分業」ともいいかえられる。これまでマニュファクチュアの分業は主に労働過程＝使用価値の観点[U]から考察されてきた。しかし、それは資本[V]が組織したものである[U(V)]。この考察の順序はすでに労働過程・

---

4)　引用文の「労働者体」は「労働者各々の個体」のことであろう。マルクスが、もし逆に「接合された労働者そのものは労働者体である」と書いていれば、群（Gruppe, group）がより高次の体（Körper, body）に関連づけられ、経済学批判が現代数学に連結する可能性が開かれたかもしれない。他方で、「男女両性および種々のさまざまな年齢の諸個人からなる労働体（Arbeitskörper）」(S.447：訳732)とも書いている。この場合は、男性群・女性群・各年齢群という異なる労働者群からなる高次の労働者群、すなわち労働（者）体であろう。マルクスが労働者群と労働（者）体を区別していたことは注目される。遠山啓『現代数学入門』（ちくま学芸文庫、2012年）、191頁以下（群）、231頁以下（体）を参照。

第Ⅵ章　相対的剰余価値・絶対的相対的剰余価値・資本蓄積

協業でも確認したことである。そこで、使用価値の観点と価値の観点を同一次元に並列して、マニュファクチュアをみると、使用価値の観点からは「作業場内分業」と価値の観点からは「社会内分業」がみえる。

そこでまず、社会内分業の起源をみる。社会内分業は一方で家族の内部の純粋に生理学的な基礎（性や年齢の差）から発生し、他方で異なる生産物を生産する共存体（Gemeinwesen）の間の剰余生産物の交換から始まる。

>「交換は、諸生産部面の区別を作り出すのではなく、異なる生産部面を開花させ、こうしてそれらを、1つの社会的総生産を多かれ少なかれ相互に依存し合う諸部門に転化させる」(S.372：訳612)

生理的分業は共存体間分業によって衝撃を受け分解・分裂する。異なる生産部面が商品として生産されるように自立する。共存体の接触する場所が交換点＝都市となる。都市は農村どうしが接合する場＝関係である。「あらゆる発展した商品交換によって媒介された分業の基礎は、都市と農村の分離である。社会のすべての経済史はこの対立の運動(Bewegung dieses Gegensatzes)に要約される」(S.373：訳613)。この凝集された文章の意味は、『要綱』「資本家的生産に先行する諸形態」で「アジア的・ローマ的・ゲルマン的諸形態」における都市と農村の関係の分析でより明確になっている。[5]

商品交換関係が「労働と所有の同一性」の原則のもとで発展する母胎である「ゲルマン的形態」こそ、資本主義的生産様式の基盤であるというのが、マルクスの判断である。資本主義への移行は、[1]生産手段を私有し自ら商品を生産する独立生産者と[2]問屋制支配をする商人資本によってもたらされるというのが、『資本論』のマルクスの見解である（原蓄論で後述）。しかし、『要綱』では[1]が歴史記述するに値しないくらいの可能性しかもたず、[2]が主要な要因であるとの見解をいだいていた。[6]「近代資本主義への道」が1本から2本に変更されたのである。

さて、マルクスは分業を基本的に「作業場内分業」と「社会内分業」に区分する。

---

5) 望月清司『マルクス歴史理論の研究』（岩波書店、1973年）「第6章『資本家的生産に先行する諸形態』分析」を参照。
6) 内田弘『経済学批判要綱の研究』（新評論、1982年、255頁）を参照。

それに関連して「地域内分業」(S.374：訳615)をあげる。地域内分業には複数のマニュファクチュアがある。分業には、各々のマニュファクチュア内部の「作業場内分業」とそれらが商品関係で関連する「社会内分業」がある。では「作業場内分業」と「社会内分業」との関係はどのようなものであろうか。

スミスは『国富論』冒頭の20弱の作業からなるピン・マニュファクチュアの例証で、使用価値生産の観点から、「作業場内分業」と「社会内分業」を労働過程として一括した。マルクスはこの場合を念頭に次のように指摘する。

> 「社会内分業の場合には、広い面積にわたって部分労働が分散しており、各特殊部門の従業者が多数であるために、その連関がみえにくくなっていると見込むこともできる。しかし、牧畜業者・鞣皮業者・製靴業者の独立した諸労働を関連づけるものは何であろうか。それは、彼らのそれぞれの生産物が商品として実存していることである」(S.376：訳616-617)。

社会内分業の存在証明は、広大な空間が一望しにくく細部は見えないという視覚の問題ではない。遠方に同じ個別資本の工場がある場合(作業場内分業)もある。場所が隣り合うマニュファクチュアの間でも、生産物を商品として売買する場合もある。さらに、同じマニュファクチュアの空間内部でも、生産物が売買関係で移転する場合もありうる(工場内下請け企業)。作業場内分業と社会内分業の区分は視覚が及ぶ空間の範囲の問題ではなく、売買関係の問題である。
欲求群に応える労働者群　作業場内分業では「商品売買関係なしに」という意味で「直接に(unmittelbar)」生産物が或る作業場から次の作業場に移動する。しかも、その作業場内分業を担う労働者たちは「同一の資本家にさまざまな労働力が販売され、その資本家がこれらを結合労働力として使用する」(S.376：訳617)。作業場内分業の労働力は他の作業場内分業の労働力と商品売買を媒介に結合する。同質の作業に従事する複数の労働者は労働者群をなす。労働者群どうしが一定の「比率数の鉄則」で編成され作業場内分業で結合し、さらに社会内分業に媒介されて、他の作業場内分業の労働者群と結合する。社会内分業は実践的には偶然と恣意による不均等化＝非対称化の力が働き、逆に均衡＝対称性を回復しようとするダイナミックな関係である。それは社会内の「多様な欲求群(Bedürfnissmassen)」(S.377：訳617)に対応しようとする働きである。多

層的な労働者群は社会の多様な欲求群に対応しようとする活動である。マルクスはカントを想起しつつ、次のように指摘する。

「作業場内分業にあっては、《ア・プリオリに a priori》計画的に守られる規則が、社会内分業にあっては市場価格のバロメーターのような変動で知覚できる商品生産者たちの無規律な恣意を圧倒する内在的な無言の自然必然性としてただ《経験的に a posteriori》のみ作用する」(S.377：訳 618)。

《ア・プリオリ》《経験的》《知覚》《規則》《自然必然性》などのカント用語をもちいて、マルクスはマニュファクチュアの間の社会内分業の動態を描写する。他方で、不均衡＝非対称性を媒介にしてのみ貫徹する均衡＝対称性を克服しようとする主張がある。資本家の代弁者は、その主張が「全社会を１つの工場に転化するものである」として危険視し、「個別資本家の不可侵の所有権・自由・および自律的な独創性への侵害として……非難する」(同) と指摘する。[7]

社会内分業は作業場内分業を包摂する　そこで、３つの作業場内分業 [P1, P2, P3] からなる社会内分業という簡単なモデルでその２つの分業の区別と関連を考察する。まず社会内分業を捨象した場合である。それは次のように略示できる。

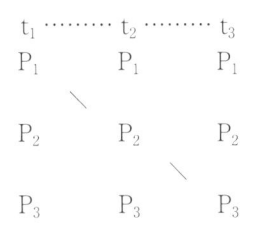

$$
\begin{array}{ccc}
t_1 \cdots\cdots & t_2 \cdots\cdots & t_3 \\
P_1 & P_1 & P_1 \\
& \searrow & \\
P_2 & P_2 & P_2 \\
& \searrow & \\
P_3 & P_3 & P_3
\end{array}
$$

この３つの作業場をすべて作業場内分業とみれば、当然そこには売買関係は

---

[7] とはいえ、商品＝貨幣関係は多様な異質労働を共通な単位に還元する「対称化のシステム」である。ポスト資本主義社会を、《商品＝貨幣関係なしの１つの工場》に変換し、そこにおける多様な異質労働を正確に公平に調整＝評価するシステムがあるとすれば、そのシステムとは何であろうか。その調整＝評価を特定の社会層（官僚）がおこなうとすれば、彼らはその任務を正確に遂行できるだろうか。彼らは特権化しないだろうか。現存してきたいわゆる社会主義諸国の経験はそう問うている。この問いを回避したいかなる社会主義論も実践的に無意味ではなかろうか。

存在しない。3つの時点（t_1, t_2, t_3）の間で、まず時点 t_1 では作業場 P_1 が生産した原料は時点 t_2 で作業場 P_2 へ移動する $[P_1 \rightarrow P_2]$。そこで原料はさらに加工され原料として時点 t_3 で作業場 P_3 に移動する $[P_2 \rightarrow P_3]$。作業場内分業はこのような無媒介の＝商品関係なしの有機的関連である。

時点推移（t_1……t_2……t_3）にそって生産物が作業場を（右下がりに）移動する「先後継起（$P_1 \rightarrow P_2 \rightarrow P_3$）」は、それぞれの時点（$t_1, t_2, t_3$）の（縦の列の）同一空間にも存在している（同時並存）。同時並存と先後継起は同型であり、相互に変換＝射影しあう。そこにはカント的な「空間と時間の絶対的区別」は存在しない。この同型性＝「時空の相対性」を根拠づけるのは、作業場内分業を構成する諸要素がそれぞれ「終点＝始点」となって相互依存関係にあることである。

次に、このような作業場内分業が社会内分業、いいかえれば、商品売買（W—G）に媒介されている、次のような場合をみよう。

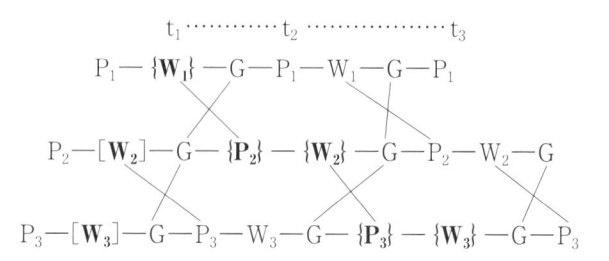

$$
\begin{array}{c}
t_1 \cdots\cdots t_2 \cdots\cdots\cdots\cdots t_3 \\
P_1-\{W_1\}-G-P_1-W_1-G-P_1 \\
P_2-[W_2]-G-\{P_2\}-\{W_2\}-G-P_2-W_2-G \\
P_3-[W_3]-G-P_3-W_3-G-\{P_3\}-\{W_3\}-G-P_3
\end{array}
$$

先ず確認できるのは、生産物は次の作業場であるマニュファクチュアに「直接に＝売買関係なし」には移動しないことである。生産物は商品として販売されることで、次の作業場であるマニュファクチュアに移動できる。上の事例 $\{W_1\}$ では、こうである。時点 t_1 で作業場 P_1 の生産物は商品 $\{W_1\}$ としてマニュファクチュアの作業場 $\{P_2\}$ に販売されて移動する。同じように時点 t_2 で生産物は商品 $\{W_2\}$ としてマニュファクチュアの作業場 $\{P_3\}$ に移動する。時点 t_3 では商品 $\{W_2\}$ がマニュファクチュアの作業場 $\{P_3\}$ に移動する。作業場どうしは直接（売買関係なし）には関連しない。このような時間軸（t_i）での「先後継起」の関連 $[\{W_1\}(t_1) \rightarrow \{W_2\}(t_2) \rightarrow \{W_3\}(t_3)]$ は、或る時点、例えば（t_1）の「同時並存」に再現している $[\{W_1\} \cdot [W_2] \cdot [W_3]]$。逆もいえる。作業場内に組織された労働者群は、「商品＝貨幣関係を媒介にして」という意味で「社会的に」結合する。社会内分業は売買関係を媒介にして作業場内分業を包摂す

る。社会内分業では、生産諸点の「先後継起」と「同時並存」は商品関係を媒介にして維持される。

　このようなマニュファクチュア論における「先後継起」と「同時並存」の確認は、すでに考察した「第３章　貨幣または単純流通」における商品変態の「先後継起」と「同時並存」の再定義である。その第３章の単純流通論では、「社会的分業」(S.120‑121：訳181) を前提にして商品と貨幣の交換が「商品—貨幣」とその逆の「貨幣—商品」の相互媒介関係で「対称性」を編成していることで確認された。この第12章のマニュファクチュア論では、作業場内分業＝商品生産過程を包摂した商品＝貨幣関係が「先後継起」と「同時並存」をなしていること (S.131：訳198) を確認しているのである。

インド共存体と分業　これまで資本主義的生産様式の１つとしてマニュファクチュアをみてきた。マルクスはそれを「農業と手工業が直接に結合して固定的分業を基礎とする」「太古的な小さいインド共存体」と比較する。そこでは、

　「生産そのものは、商品交換によって媒介されるインド社会 (Gesellschaft) の分業体制から独立している。(そこでは) 生産物の余剰だけが商品に転化される。この余剰の一部もまた大昔から一定分量が現物地代として流入する国家の手によってはじめて商品に転化する。インドでは地方が異なれば共存体 (Gemeinwesen) の形態も異なる。最も単純な形態では共住体 (Gemeinde) が土地を共同で (gemeinschftlich) 耕作し、その生産物を成員の間で分配する。他方、それぞれの家族は家内副業として糸を紡ぎ布を織るなどの仕事をしている」(S.378：訳621)。

　マルクス同時代のインドでは、剰余生産物が現物地代の形態で国家に収められ国家がそれを商品として販売する。国家は商人として剰余生産物を販売し貨幣地代を収奪する。インド国家の下の地域ごとの共存体は形態が異なる。共存体は土地を共同占有し (gemeinschaftlicher Besitz des Grund)、生産物を共存体内で配分する。家内副業で紡糸・紡織する。共存体には首長・記帳係・境界監視人・水番・宗教家・教師・鍛冶屋・大工・陶工・理髪師・詩人などのさまざまな職分を担う者がいた。国家と共存体とは二重構造になっている。現物地代を租税として納入する経路で両者は接合する。そこでは国家は地主である。

剰余生産物のみが商品に転化する。必要生産物にまで商品化が浸透し資本主義的生産様式が生まれることをブロックする障壁が国家である。[8]

マニュファクチュアの資本主義的性格　最初の資本＝賃労働関係は本来的マニュファクチュアである。その意味で資本主義的生産様式は本来的マニュファクチュア（本マニュ）から始まる。次第に労働者たちがマニュファクチュアに集結し、逆にその集結が一定以上の労働者数を「倍数の鉄則」で増加させるマニュファクチュアを生み出す。協業がそうであるように、マニュファクチュアの「諸労働から生まれる生産力は資本の生産力として現象する」（S.381：訳625）。

仮象としてのこの現象は《②商品物神性論の展開された観点［U(V)］》から認識できる。マニュファクチュアの労働者たちは手工業的技能でもって生産を担う。一旦マニュファクチュア労働者になれば、その細目的な熟練が温室のように助長するので、歪んだ労働に固定される。彼らが失ったものは資本の力になって現象する。「物質的生産過程の精神的能力を他人の所有物、しかも彼らを支配する力として対立させることは、マニュファクチュア的分業の１つの産物である」（S.382：訳628）。マニュファクチュア的分業によって、手工業的活動が分解され、労働用具も専門化し部分労働者たちが生まれる。

「１つの全体機構のなかに労働者たちを群に分類し結合すること（ihre Gruppierung und Kombinaton）によって、社会的生産諸過程の質的編成および量的比例性……を作り出す」（S.386：訳633）。

「マニュファクチュア的分業は、一方では社会の経済的形成過程における歴史的進歩および必然的発展の契機として現象するとすれば、他方では、文明化され洗練された搾取の１つの手段として（als ein Mittel zivilisierter und raffinierter Exploitation）現象する」（S.386：訳634）。

古典古代の著述家が「質と使用価値」の観点から経済を考察したのに対して、

---

8)　因みに、明治維新のさい、明治天皇は135万町歩（135万エーカー）以上の土地を無償で贈与された（里見岸雄『萬世一系の天皇』錦正社、1961年、268‐271頁を参照）。明治国家は小作人には現物地代を地主に納めさせ、地主には貨幣地代を収めさせた。当然、地主に剰余貨幣地代が生まれ、それが産業投資資金になった。明治原蓄国家の設計は巧緻（狡知）である。

アダム・スミスに代表されるような経済学者はマニュファクチュア的分業の観点から「量および交換価値」の観点から労働生産性の向上によって資本蓄積が進行するメカニズムを分析する。とはいえ、マニュファクチュアには、資本の観点からみて、[１]規律不足、[２]全労働時間の未支配、[３]企業年数の短命（連続性の未達成）という欠陥がある（S.390：訳640）。

マニュファクチュアは「複雑な機械的装置を生産するための作業場」(S.390：訳641)であった。真の弟子は恩師を超えるように（ゲーテ）、機械はマニュファクチュアを排除するようになる。機械は、部分的労働者を固定された作業から解放し、同時に資本を手工業的技能から解放する。

Ⅵ-1-4　機械装置と大工業　　　　　　　　　① (S.391 - 530：訳 643 - 870)

Ⅵ-1-4-1　機械装置の発展　　　　　　　　① (S.391 - 407：訳 643 - 668)

剰余価値生産のための機械装置　マルクスはこの「第13章　機械装置と大工業」の冒頭で「機械装置は剰余価値の生産のための手段である」(S.391：訳643、傍点強調は引用者)と言明して、ここの観点が《①価値形態論の展開された観点［V(U)］》にあることを確認する。

すでにみたように、不変資本は可変資本および剰余価値を吸収する生産手段の価値である。ここでは、不変資本は労働手段と労働対象に区分され、労働手段としての機械装置およびそれを編成した機械体系が、剰余価値搾取の動因になって、資本主義的生産様式に適合した生産形態であることをあきらかにする。「生産様式の変革は、マニュファクチュアでは労働力を出発点とし、大工業では労働手段を出発点とする」(同)。そこで出てくる問題は、何によって労働手段は道具から機械に転化するか、何によって機械は手工業用具から区別されるのか、である。

産業革命と道具機の創造　この問いに実践的に答えたのが産業革命である。ふつう産業革命はジェイムズ・ワットの「第２のいわゆる複動式蒸気機関」(S.398：訳653)で代表される。しかし注目すべきことがある。「17世紀末、マニュファクチュア時代中に発明されて18世紀の80年代はじめまで存続していたような蒸気機関そのものは産業革命を呼び起こしはしなかった。むしろ、逆に、道具機の創造こそが、蒸気機関の変革を公然としたのである」(S.395 - 396：訳650)。

なぜならば、「産業革命の出発点となる機械は、一個の道具を扱う労働者を１つの機構に取り替えるからである。この機構は多数の同一の道具または同種の道具で同時に作業し単一の原動力によって動かされる」(S.396：訳651)。作業機は労働者の手の作業より労働生産性が高いので労働者に代替する。作業機は資本家と労働者の生産関係を変革する。道具が機械装置の道具になるとき、労働手段は道具から機械に転化する。「道具機の道具」に転化したあと、原動力も人間力から自立した形態になる。そのとき、「個々の道具機は機械制生産の単なる１つの要素になる」(S.399：訳655)。手工業用具は機械に転化する。機械は機械制生産の単純な要素になる (S.396：訳651)。機械制生産は機械という「要素(元)」の「群(集合)」である。要素としての機械は機械制生産のさまざまな生産目的によって編成される。

機械の協業と機械体系　「機械の協業」では、例えば多くの並列した同じ織機が同じ種類の織物を生産するように、同じ種類の作業機が同じ種類の製品を生産する。「1862年のロンドン産業博覧会に出品されたアメリカの紙袋製造機は、紙を裁ち糊づけし折り曲げて、１分間当たり300枚を仕上げる」(S.399：訳656)。機械の協業は「同種の機械の並列分業」である。

他方、「機械体系」は、「労働対象が連関する１つの系列の相異なる段階過程を通過する場合である。それらの各段階過程は、種類を異にするけれども相互に補足し合う道具機の１つの連鎖によって遂行される」(S.400：訳657)。機械体系は「異種の機械の系列分業」である。マニュファクチュアでも段階を異にする作業の連関で生産物が生産されたけれども、その労働手段は手工業的道具である。機械体系は、生産過程が客観的に分析され、それに対応する道具機が開発され連結された体系である。「その理論的な着想は、やはり大規模な積み重ねられた実践的な経験によって仕上げられなければならない」(S.401：訳658)。

本来的マニュファクチュアが特殊な作業を担う労働者群が一定比率で編成されなければならないように、機械体系もまた「部分機械相互の絶え間ない連動がそれらの数・大きさ・速度の間に一定の比率をつくりだす」(同)。「多様な種類の個々の作業機およびその群からなる編成された１つの(機械)体系」(同)は「生産の連続性」をより完全に実現するように規定されている。機械体系は多様な機械群から編成される機械体である（同）。マニュファクチュアの労働者群

に代わって、機械群が主体になる。

機械装置の自動的体系　すでに『要綱』で自動機械体系が取りあげられ詳細に論じられた。『資本論』でもミュール紡績機の例と、新たに自動織機の例があげられる。「どれか1本の糸が切れるとすぐに自動的に紡績機を止める装置や、飛び杼の糸巻の緯糸が無くなるとすぐに改良式蒸気織機を止める《自動停止器》は、まったくもって近代的な発明品である」(S.402：訳660)。これらの自動機械は「生産の連続性と自動原理の実施」の実例である。

　さらに、マルクスは自動的生産の典型として近代的製紙工場の例をあげる。紙をいかに生産するかは、その生産がおこなわれる社会の生産様式を指示する。かつての中国とインドの紙の生産は古アジアの典型を、ドイツは手工業的生産の典型を、17世紀のオランダと18世紀のフランスは本来的マニュファクチュアの典型を、マルクス同時代のイギリスは自動的製造の典型を、それぞれ指示する。いかなる機械もマニュファクチュアにその原型があったわけではない。近代的印刷機・近代的蒸気機関・近代的流綿機のような機械は「マニュファクチュアよっては供給されなかったのである」(S.404：訳663)[9]。

機械制生産の動態的発展　或る国の内外の各々の生産は連鎖している。それらは「1つの総過程の諸局面として絡み合っている」(S.404：訳664)。したがって、或る生産法の改革は「生産の連続性」を維持するために、その他の生産法の改革を促す。綿紡績機の改革はより多くの棉花供給を求める。棉の花を手で採るとトゲにさされやすい。その需要に応えたのが「綿操機の発明」である(S.404：訳664)。マルクスが『資本論草稿』を書いているころ、ホイットニーの綿操機がエマリーの綿繰機に代替された(「注104」)。さらに、生産法の改革は、生産のために必要な運輸・通信手段を改革する。機械生産のためだけでなく機関車・貨車・鉄路などの運輸手段のために、膨大な鉄が必要になる。地質学が研究され、探検家が見知らぬ遠方に派遣され、鉄鋼脈が探査され、鉄鉱石が発掘・鍛冶・溶接・切断・穿孔・成型される。膨大な生産規模に応える原料運輸手段、迅速な市場情報の伝達が不可欠になる。「運輸・通信制度は川蒸気船・鉄道・大洋汽船・電信体系によって、徐々に大工業の生産方法に適合された」(S.405：訳664)。

　当初はマニュファクチュアで生産された機械は機械自身で生産されるように

---

9) 荒川泓『近代科学技術の成立』(北海道大学図書刊行会、1973年)を参照。地政学的な利害を代弁する工業化説は中国の現代産業革命に直面して静かになった。

なる。その決定的生産条件は、動力の多様な制御ができる原動機であった。その生産には「線・平面・円・円筒・円錐・球」のような幾何学的な諸形態（S.405：訳665）を生産する機械が不可欠であった。ヘンリー・モーズリーが「スライド・レスト（工具送り器）」を発明しそれに応えた。それはまもなく自動化され、工作機械になった。

　こうして労働手段は機械装置になり、人間の肉体的力を超える自然力が利用できるようになり、経験的熟練は自然科学の意識的応用に置き換った。マニュファクチュアの分業にもとづく協業は、同種・異種の機械群の複合的体系となり、労働者群はそれの付属品となる。一部の産業下士官がその体系を管理監視する。

Ⅵ-1-4-2　生産物への機械装置の価値移転　①　［続き］（S.407 - 416：訳668 - 682）

無償の自然力と有償の機械装置　次は第2節である。機械体系には、石炭は有償であるけれども、水・蒸気などの自然力は無償であった。「自然力はなんらの費用も費やせない」（S.407：訳668）。事情は科学でも同じである。磁気に関する法則は「一旦発見されれば一文の費用も費やせない」（S.407：訳668）。マルクスのこの言明は当時はまだ知的財産権がまだ普及し一般化されていなかったためである。

　機械装置には膨大な資本が投下されている。機械装置の使用価値は労働過程で全体的に関与するけれども、機械装置の価値は価値増殖過程で部分的に生産物に移転し、原価計算で販売価格に割り当てられ販売で回収され、全額が回収されるまで銀行預金などの形態で積み立てられる（その積立資金は利子を生む）。

　機械装置の耐用年数の長短に反比例して、機械装置の価値の生産物への移転量は決まる。経験的には機械装置の導入には膨大な資金が必要であるから、ここで利子について論究しないのはなぜかという問いを想定して、マルクスは、すでにみたように不変資本は新しい価値を生まないので、剰余価値を論じるここでは利子は捨象されると「注110」で注記する。ただし、現実的実践的には利子は機械装置の経済効率的な利用を促す。利子は、貨幣資金を蓄積する禁欲への報酬ではなくて、貨幣資金の使用権の価格という形態で取得する剰余価値であるけれども、借り手にとっては貨幣資金で購入した機械装置（固定不変資本）を効率的に使用するように促すインセンティヴである。そこに、商品物神性の相で現象する貨幣資金の《合理性》が存在する。

機械装置の価値の絶対量と比率　機械装置の生産物に移転する価値は「相対的

第Ⅵ章　相対的剰余価値・絶対的相対的剰余価値・資本蓄積

には増加するけれども、絶対的には減少する」(S.411：訳674)。なぜであろうか。

　いま、生産物の価値構成を（不変資本C＋可変資本V＋剰余価値M）であると仮定する。不変資本は労働手段(固定不変資本)と労働対象(流動不変資本)に区分できるけれど、労働生産性が上昇する割合とそれに対応する労働対象も同じ割合で上昇すると仮定する。労働生産性が生産手段部門でも生活手段部門でもa倍に上昇したとすると、生産手段（＝労働手段＋労働対象）の価値は1/aとなる。可変資本の価値は、［１］生活手段の価値が1/aになるだけでなく、［２］所定の生産量に必要な労働量は、労働時間一定とすると、労働者数が1/aになるから、可変資本の価値はVからV/a^2になる。剰余価値も労働者数が1/aになるから、MからM/aになる。新しい剰余価値は、M/aと減少した可変資本 $[V(1-1/a^2)]$ が剰余価値に転化しそれに加わるので $[(M/a)+V(1-1/a^2)]$ となる。したがって、新しい生産物の価値構成は、

　　不変資本 $[C/a]$＋可変資本 $[V/a^2]$＋剰余価値 $[(M/a)+V(1-1/a^2)]$

となる。この式によれば、可変資本対する不変資本の割合は、

　　$(C/a)/(V/a^2) = (aC/V)$

となり、相対的にはa倍に増えるけれども、絶対的にはCからC/aに減少する。マルクスはおそらくこの式で表現される事態を念頭に、「相対的増加→絶対的減少」という上の命題をのべているのであろう。

機械装置導入の条件　産業革命は機械装置の導入の画期である。機械装置の導入によって解雇され失業する労働者たちは「機械打ち壊し運動(ラダイト運動)」(S.452：訳741)をおこなった。より多くの剰余価値のために機械装置を導入する資本家よりも、解雇の直接の原因に見える機械装置を破壊すれば、解雇は免れると誤認したためである。

　では、資本家が機械装置によって労働者を代替するとき、何が基準であろうか。マルクスは次のような２つの基準をあげる。

　「［１］生産物を安くするための手段としてのみ考察すれば、機械装置の使用の限界は、機械自身の生産に必要な労働(Cf)がその充用によって代替される労働(V＋M)よりも少ないという点にある。……［２］資本にとっては、機

械の使用は、機械の価値(Cf)と機械によって代替される労働力の価値(V)との差(Cf－V)によって限界づけられている」(S.414：訳679。[ ]( )は引用者補足)。

［１］は、Cf＜(V+M)の条件を示す。［２］は、Cf＜Vを示す。マルクスのこの命題をさらに展開する。いま、生産手段および生活手段(賃金財)の両部門の労働生産性が同じ上昇率(a)であるとすれば、固定不変資本CfはCf/aになる。賃金財の価値は1/aになり、かつ両部門の労働者の生産現場の労働生産性もa倍になるから、可変資本VはV/a^2になる。その差V(1－1/a^2)は剰余価値に転化し、剰余価値は[M/a+V(1－1/a^2)]となる。固定不変資本の価値は年々減少する。

$$Cf/a_{(t1)} > Cf/a_{(t2)} > Cf/a_{(t3)} < [V/a^2+M/a+V/(1-1/a^2)]_{(t3)}$$

すなわち、固定不変資本の価値が価値生産物よりも年々減価するので、固定不変資本への代替が誘発されやすくなる。これを逆からみれば、機械装置の減価のペースで価値生産物も減少する。さらに、機械装置の減価のペースよりも賃金の減価ペースの方が高いから[$Cf/a_{(ti)} < V/a^2_{(ti)}$]、労働者を解雇し機械装置に代替する傾向が強まる。それでは、資本家の機械装置への投資を条件づけるのは、上記の２つの条件、［１］と［２］のどちらであろうか。マルクスは言明する。

「資本家自身にとっての商品の生産費を規定し、競争の強制法則によって彼が左右されるのは、第１の条件［１］だけである」(S.414：訳680)。

個別資本家の行動基準は市場価格競争である。個別的労働生産性を社会的労働生産性より高め、より安価な商品を供給し、特別剰余価値(Mx)の一部(d)を値下げに回し、その差(Mx－d)が獲得できる市場価格を設定できるか否かが資本家の機械装置の投資動機を規定する。逆に、もし機械装置の減価償却費よりも労賃が安価であれば、機械装置は導入されない。あくまで狭義の特別剰余価値(Mx－d)が資本家の投資基準である。その多寡を決定する要因が機械装置であるか労働力であるかは先験的には決まっていない。

したがって、産業革命以前から発達していた運河を航行する船を曳くものが、

第Ⅵ章　相対的剰余価値・絶対的相対的剰余価値・資本蓄積

馬よりも女性のほうが安価であれば、女性に運河船を曳かせる。これが資本家である。この事実は、イギリス社会科学振興協会が年次集会をエディンバラで開催した1863年の年次報告書に記載されている(「注119」を参照)。産業革命以後の蒸気船の時代に人力で動く運河船が並存する根拠がこの投資基準(Cf＜V＋M)である[10]。以上も、《①価値形態論の展開された観点[V(U)]》からの考察である。以下、相対的剰余価値論の最後の「都市と農村」まで、同じ《①価値形態論の展開された観点》からの考察である。

Ⅵ－1－4－3　労働者と機械経営　　①［続き］(S.416－440：訳682－724)

　この節は「a　資本による補助的労働力の取得。婦人労働と児童労働」・「b　労働日の延長」・「c　労働の強化」からなる。すべて機械経営の影響を、引き続き《①価値形態論の展開された観点[V(U)]》から考察する。

a　資本による補助的労働力の取得

　ここでは機械が筋力を不要とするので、婦人や児童が機械の補助として従事するようになる事態を解明する。

阿片使用の日常化　それまで生活慣習上おこなわれてきた「家族自身のための自由な家内労働」(S.416：訳683)は、機械装置へ従属する労働に転化する。労働婦人たちは自分の幼児をおとなしくさせるために、「ゴッドフリーの強心剤(一種の阿片剤)」を与えるようになる。阿片利用は工場だけではない。農場でも「工場地域のすべての現象が再生産されている。しかも、ひそかに幼児が殺され、児童に阿片が与えられている。その程度は工場地域より程度が高い」(S.421：訳

---

10)　この投資基準は国際労働力市場にも妥当する。労働力の国際移動は、移動する費用だけでなく当地の言語・生活慣習を習得するための費用などが必要であるからコスト高になる。労働力が再生産されてきた現場の歴史的社会的慣習が規定する賃金がより安価でかつ同じ水準の使用価値を生産できるかぎり、資本はそこに移動する。『資本論』の労働市場論は「労働力の国際移動」よりも「資本の国際移動」が妥当性をもつ。《ヴェトナムの米の生産に農業機械を導入しないのは農民を失業させないためである》という公式言明の背後には、農民労働の方が農業機械よりも安価に米が生産でき（Cf＞V＋M)、国際米市場で競争力をもつという根拠があると思われる。

689)。アメリカ南北戦争で起きた棉花恐慌で仕事が無くなり、それを与えなくてもよくなる。娘たちも労働から解放されて(仕事が無くなり)、裁縫を習うようになる (S.416：訳 683)。

資本主義と家父長制の接合　労働者家族内の家父長制についてもマルクスは見逃さない。法形式的には労働者は資本家と対等である。それが商品交換の規則である。しかし、資本家が剰余価値獲得のため労働時間を無限に延長しようとするように、機械経営で婦人労働・児童労働への需要が生まれると、労働者は夫として父として、妻子を資本家に商品として売るようになる。「彼は奴隷商人になる。児童労働に対する需要はしばしば形式の上でも黒人奴隷に対する需要に似ている。その需要はアメリカの新聞広告でよく見掛けるものである」(S.418：訳 685)。マルクスは新聞でもこまめに悲惨な事実を見ている。奴隷解放をめぐる南北戦争(1861-65年)の直後のアメリカのことである。

機械経営のための婦人労働・児童労働は彼らの知的荒廃をもたらす。そこで、

「ついにイギリス議会をさえ強制して、工場法の適応を受けるすべての産業において初等教育を 14 歳未満の児童の《生産的》消費のための法定の条件にさせるにいたった」(S.422：訳 691)。

しかし、その工場法の教育条項でさえいい加減につくられ行政上の管理を欠いていた。それでも工場主たちは反対した。

b　労働日の延長

機械経営は相対的剰余価値の生産のためのものである。むしろそれゆえに労働時間を延長する動因になる。同額の機械装置は時間当たりの剰余価値が一定とすれば、稼働時間が長ければ長いほど剰余価値量が増大する。しかも使用し

---

11)　インドからイギリスへの阿片流入については、加藤祐三『イギリスとアジア』(岩波新書、1980年)を参照。なお、日中戦争の戦費はほとんど阿片栽培＝密売から調達した。江口圭一『日中アヘン戦争』(岩波新書、1988年)を参照。劉明修『台湾統治と阿片問題』(山川出版社、1983年)も参照。竹内好も『現代中国論』で、十五年戦争中、中国の子供向けの阿片入りキャンディが販売されたことを指摘した。現代中国が麻薬犯罪に (5g 以上の所持は死刑と) 厳しいのはこのような歴史的背景がある。

ない機械装置は「自然力（Element）[12]による機械の消耗」(S.426：訳699) に晒される。手入れが必要であり費用が掛かる。稼働しない機械装置にかける費用は無駄(空費)である。それは回避しなければならない。そこで労働時間が延長される。単位生産物当たりの労働時間の短縮＝減価(Entwertung)によって獲得する相対的剰余価値の生産と、労働時間の延長＝絶対的剰余価値の生産という増価(Verwertung)とは両立し相互に加速し合う。しかも、個別資本は機械技術の優位が続くかぎり、労働時間は絶対的に延長する衝動に駆られる。「利得が大きいことが、いっそうより多くの利得をより激しく渇望させるのである」(S.429：訳703)。欲が欲を生む。特別剰余価値はより多くの特別剰余価値を欲望させ、労働時間の絶対的延長を加速する。マルクスは所持していたビーゼの『アリストテレスの哲学』[13]からアリストテレス『政治学』自動機械論を引用する。

「それぞれの道具が……自分のなすべき仕事を完成することができるとすれば、こうしてもし飛び杼がひとりで織るとすれば、親方に助手はいらないし、主人には奴隷はいらないであろう」(S.430：訳705)。

マルクスは同時代の紡績工場で稼働する「ミュール紡績機」にアリストテレスのオートマットが実現していると洞察する。それだけでない。その自動機械は親方＝助手、奴隷所有者＝奴隷という生産諸関係を止揚する可能態でもあることも見逃さない。労働時間短縮の可能性は労働時間の現実の絶対的延長にあるという「経済学的逆説」(同) のなかに、自由時間の可能性をみるのである。

c　労働の強化

機械経営がもたらすものは、労働時間の絶対的延長だけではない。単位当たりの労働時間の生産量、つまり労働密度（強度）を強化する。

---

12) この用語「Element（自然力）」は、ヘーゲル学会ではその日本語訳が異なるけれども、ヘーゲル『精神現象学』から継承されたものであろう。
13) マルクスはこのビーゼのアリストテレス研究書を所持していた。その復刻版が刊行されている。Vgl. Franz Biese, *Die Philosophie des Aristoteles*, Neudruck der Ausgabe Berlin 1835 in 2 Bänden, Scientia Verlag Aalen 1978.

「絶対的剰余価値の分析にさいしては、第1に、労働の外延的大きさが問題となり、労働の強度の程度は与えられたものとして前提された。いまでは、我々は、外延的大きさから内包的大きさ、あるいは内包的大きさの程度への転換を考察しなければならない」(S.431：訳707)。

したがって、労働時間は「外延的大きさ」としての労働時間の尺度であるだけでなく、「内包的大きさ」としての労働時間の密度の尺度に二重化する。［1］一定の労働密度で労働時間を絶対的に延長して生産させる生産量と、［2］一定の労働時間でより早く生産させ増加する生産量が同じ場合、［2］は［1］より労働密度が濃い。機械装置そのものが労働密度を高める技術をもっている。「機械は資本の手中にあって同じ時間内により多くの労働を搾取するための客観的かつ系統的に充用される手段となる」(S.434：訳712)。

資本家が所有する機械装置の速度の決定権は単純労働者たちにはない。労働現場の管理者＝監視者がその決定権を握る。労働者たちは決定された速度に受動的に従い作業するほかない。機械装置の速度をあげ労働密度が他の個別資本よりも相対的に高まれば、その格差は特別剰余価値となる。それこそが労働密度を強化する動因である。労働時間の法制的制限は資本にとって絶対的な限界ではない。労働密度を高めて特別剰余価値を獲得する活路があるのである。

以上の「a 婦人労働・児童労働、b 労働日延長、c 労働強化」は、より多くの剰余価値生産の手段の考察であり《①価値形態論の展開された観点［V(U)］》からの考察である。

Ⅵ-1-4-4　工場　　　　　　　　　①［続き］(S.441 - 450：訳724 - 739)

これまでの4つの節で考察したことを総括する場は工場である。そのもっとも完成された姿態である自動化された工場全体に焦点が当てられる。そこはどのようなところであろうか。

「自動化工場において分業が再現するかぎりでは、その分業はまず第1に、専門化された機械の間への労働者の配分および工場のさまざまな部門への労働者群——とはいえ編成された諸群を形成してはいないもの——の配分であり、後者では労働者群は並存する同種の道具機について労働しており、し

がって、彼らの間では単純協業がおこなわれるだけである。マニュファクチュアの編成された労働者群に代わって主要労働者と少数の助手との連関が現れる」(S.442 - 443：訳726)。

労働者群のリレー制度　工場は多数の単純労働者群の主要部類と、少数の「技師・機械専門工・指物師」など、工場の管理を担う比較的高度な科学的教養のある者と機械を修理する手工業的技能を持つ者の群から編成される。機械制工場の作動は労働者ではなく機械自体が決定する。資本家にとって機械制生産は中断することなく連続的に持続しなければならないから、労働者群をいくつかの組に分けて交替で労働させる「リレー制度」(S.444：訳728) が不可欠である。

　機械労働は筋肉を多面的に使用させず神経を疲労させる。「一切の自由な肉体的および精神的な活動を奪う。……機械は労働者を労働から解放するのではなく、労働者の労働を無内容なものにする（befreit ……seine Arbeit vom Inhalt）」(S.445：訳730 - 31)。労働過程のところでみたように、人間の活動は、マルクスが参照したアリストテレス四原因論によれば、①形相因（＝②目的因＋③始動因）＋④質料因からなる。資本家所有の機械制工場では、資本家の人格化である機械が、何を・いかに・どれだけ・いつまでに（②）、何を使って生産するか（③④）を決定し、その目的（②）を実現する活動（③）を機械自体が担う。労働者は機械の単なる付属品にすぎなくなる。労働者は労働の内容（①[＝②＋③]④）には関与できないから、労働者にとって自分の労働は無内容なのである。こうして、

　　「生産過程の精神的諸能力［②目的因］が手の労働［③始動因］から分離することおよび、これらの力能が労働に対する資本の権力［②＋③＝①形相因］に転化することは……機械を基礎として構築された大工業において完成される」(S.446：訳731、[ ] 引用者)[14]。

工場兵営の法典　自立した機械体系は「男女両性および種々さまざまな年齢の

---

14)　マルクスはすでに『経済学批判要綱』において、アリストテレス原因論で資本の生産過程を分析し自由時間の現実的胚胎を分析していた。前掲書、内田弘『経済学批判要綱の研究』終章を参照。

諸個人からなる労働体(Arbeitskörper)」に対して「1つの兵営的規律」をつくりだす（S.447：訳732）。その労働現場の規律を労働者たちに遵守させるのが監督労働者である。労働者体は監督労働者と被管理者に区分される。監督労働者は、奴隷酷使者の鞭を振るう代わりに、罰金・賃金カットという処分権をもつ。工場法典がそれを合法化する。

　「工場法典(Fabrikkodex)において、資本は工場以外のところではブルジョアジーによりあれほど愛好される権力の分割(三権分立)もなく、またそれ以上に愛好される代議制もなしに、自分の労働者に対する自分の専制支配を私法的にかつ意のままに定めている」(S.447：訳733、( ) は引用者補足)。

とはいえ、資本の専制支配を制限する工場法は、さまざまな欠陥や資本家の抜け駆けにもかかわらず、それを遵守させる強制が働けば、「以前の弊害は無くなったし……工場建物の構造の改良は労働者に有利なのである」(S.450：訳739、「注192」)。資本家の後から労働者がおずおずと入ってきた労働現場は初めから絵に描いたような「市民社会」として存在しはしない。労働現場に迫る粘り強い改革運動が労働者の労働条件と労働環境を改善するのである。
　この第4節が明らかにするのも、資本家の剰余価値吸着が工場という空間で総合されている実態である。この節でも《①価値形態論の展開された観点》から剰余価値搾取の現場を考察している。

Ⅵ－1－4－5　労働者と機械との闘争　　　①［続き］(S.451－461：訳740－757)
　機械装置はその導入に必要な費用が賃金より少なければ採用される。その結果、労働者は解雇され路頭に迷う。生存の危機である。当然、労働者たちは機械採用に反対する。労働者と機械との闘争が始まる。

　「機械の採用以後に初めて労働者は資本の物質的な現存様式である労働手段そのものに対して闘う。労働者は、資本主義的生産様式の物質的基礎としての生産手段のこの特定の形態に対して反逆する」(S.451：訳740)。

　マルクスはついで17世紀以後の労働者たちの機械に対する闘争史を記述す

る。産業革命においてその闘争はピークに達する。「ラダイト運動」(1811 - 1813年）である。イギリス政府は軍隊を出動させ鎮圧した。労働者たちは、機械装置の資本主義的利用法に対してではなく、機械そのものに直接立ち向かい、弾圧された。両者を区別するまでには「時間と経験が必要であった」(S.452：訳741）。

「機械はそれと競争する労働者層のなかに慢性的な窮乏をもたらす。その推移が急激な場合は大量にかつ急性的に作用する。イギリスの木綿手織工たちの破滅はじわじわと数十年にわたって続いた。その破滅は1838年に完遂した。それは恐ろしい光景である。世界史上まれに見るものである。彼らの多くの者は餓死した。……それとは対照的に、イギリスの木綿機械は東インドでは急性的に作用した。インドの総督は1834 - 1835年に次のように確言している。《この窮乏は商業史上ほとんど類例を見ない。木綿織布工の骨はインドの平原を真っ白にしている》」(S.454 - 455：訳746）[15]。

マルクスが『資本論草稿』を2回執筆していた1861 - 65年はアメリカ南北戦争の時期であり、棉花栽培地が戦場になり棉花恐慌がイギリス綿業を襲う。南北戦争がきっかけになって機械設備が飛躍的に改善された。マルクスは詳細にデータをあげてその改善を示している。南北戦争が終わると、イギリスの綿製品は世界市場を満たした（「注207」を参照）。

Ⅵ - 1 - 4 - 6　解雇労働者の補償説　　①［続き］(S.461 - 470：訳757 - 772)

機械採用で労働者たちは解雇される。では彼らはそれを補償する別の仕事にありつけるのであろうか。J. ミル、マカロック、トランズ、J. S. ミルなどの経済学者たちは再就職できるという。そうであろうか。この機械採用＝雇用問題は、リカードウが抱えた問題でもあった。彼は『経済学および課税の原理』の初版第2版では再就職できると楽観論を展開したけれど、友人リチャード・バートンの批判的忠告を受けて、その第3版では悲観論に変わった。機械採用には再雇用の条件をつけるべきであるというのである。マルクスは、最初は楽観

---

15)　Cf. Mike Davis, *Late Victorian Holocausts: El Niño Famines and the Making of the Third World*, Verso 2002.

論の初版を読んだけれど、1850年代の前半で悲観論の第3版を詳細にノートし論評した。マルクスは自分のその研究史をふまえて、ここでこの問題を論じているのである。マルクスはこの問題を或る数値例をあげて検討しているけれど、ここではこの問題を一般化する。

いま、労働生産性が a 倍上昇する機械装置を導入したとすると、そのため労働力に投下する可変資本 V は V/a に減少する。労働者を解雇して控除された可変資本は V − V/a = V(1 − 1/a) すなわち、特別剰余価値である。この可変資本を資本家がすべて新規業種に投下すると仮定しても、その業種には生産手段が不可欠であるから、その生産手段に投下する不変資本（ΔC）だけ、控除された可変資本 [V(1 − 1/a)] は減少する。すなわち、新規業種に投下される資本の構成は、ΔC + ΔV = ΔC + [V(1 − 1/a) − ΔC] となる。したがって、再就職させる雇用基金は ΔC だけ少ないのである。その差だけは再就職できず失業するか、より低額の賃金で雇用されるほかない。

利用＝搾取（Ausbeutung）　機械装置それ自体、労働時間の短縮の可能性をもつ。しかし機械装置を剰余価値生産のために採用すると、労働者は解雇され労働時間は絶対的に延長される。機械装置はそれ自体としては「自然力に対する人間の勝利であるけれども、それが資本主義的に利用されると自然力で人間を抑圧する」（S.465：訳764）。この矛盾に対して、経済学者たちは単なる一時的な摩擦として認めないわけではないけれど、早晩解決すると楽観する。

> 「機械による労働者の搾取（Ausbeutung）は、彼（ブルジョア経済学者）にとっては労働者による機械の利用（Ausbeutung）と同じものである」（同）。

事態はすぐれて対称的である。労働者［主体］が機械［客体］を利用することと、主客が逆転して、機械［主体］が労働者［客体］を搾取することとが、経済学者には、まったく同格なのである。《労働者が自然力を利用する活動》そのものが資本家によって利用対象に転化される【資本家→《労働者→自然力》】。マルク

---

16)　内田弘『中期マルクスの経済学批判』（有斐閣、1985年）を参照。
17)　この Ausbeutung の二重性を典拠に、内田義彦は『資本論の世界』（82頁など）で「自然力の開発」と「人間の搾取」の媒介関係を指摘したのであろう。山口拓美『利用と搾取の経済倫理』（白桃書房、2013年）を参照。

スは《すべてを搾取＝利用の相の下に》みる経済学者＝資本家の観点を指摘する。その観点からは、人間労働力も自然力も同じ《効用性の相の下に》すえられ同化する。工場に入ると労働者の人格権は消え去り、剰余価値の人的資源となる。人格権を名実共に回復することから、来るべき社会が始まるのである。
資本主義と奴隷制の接合　資本主義的生産様式が本格化した姿態である機械経営は、そのまま前進するのではない。自ら脱ぎ捨てた旧い生産様式に遡及しそれを使用する。奴隷制である。

「機械経営はこの(機械の)生産部門そのものをますます大きな規模で支配下におく。さらに原料についていえば、例えば、綿紡績業の嵐のような進展が、合衆国の棉花栽培およびそれとともにアフリカの奴隷貿易を温室的に促進しただけでなく、同時に黒人飼育をいわゆる境界奴隷制諸州(合衆国の南部と北部の境界諸州)の主な事業にしたことは、少しも疑う余地がない。1790年に最初の奴隷人口調査が合衆国でおこなわれたとき、その数は69万7000人であったけれど、1861年には約400万人になった」(S.467：訳767)。[18]

資本主義は奴隷制も必要ならば利用する。資本主義と奴隷制の生産様式の接合で生産される膨大な綿製品が世界市場に溢れ出てゆく。しかも資本主義は賢い。黒々とした側面を覆い隠す。資本主義は自らを洗練しその面を誇示する。

「社会的生産物の一層多くの部分が剰余生産物に転化され、しかも剰余生産物の一層多くの部分が洗練され多様化された諸形態で再生産され、消費される。いいかえれば、奢侈品生産が成長する。生産物の洗練と多様化は同じように大工業がつくりだす新しい世界市場における諸関連からも生まれる」(S.468：訳769-770、傍点は引用者)。

---

18)　次の最近の事実は奴隷制とは無関係であろうか。NHKテレビ番組「北朝鮮。権力と金の謎」(第1チャンネル、2014年4月13日午後9時〜9時50分)は、北朝鮮国家が外国に労働者を派遣し稼いだ外貨(ドル)の多くを横取りしている実態を報道した。『朝日新聞』は2日後の4月15日の朝刊で「北朝鮮の労働者は中国東北部で数万人に上るとみられ、賃金の約半分を政府に上納する。経済難の北朝鮮にとって、［このような出稼ぎ労働や］貿易や外資誘致事業が貴重な外貨獲得源である」(11面)と報道した。

剰余生産物は洗練されたさまざまな奢侈品になる。かつて紅茶は尊敬に値する社会的地位の象徴（respectability）であった。インドの紅茶、西インド諸島の砂糖に自分の所有する広大な農地で搾られたミルクで、午後の茶話会を開き、そこに同格の有産者を招く。奢侈品がティーから別の物に替わっても、それは有産階級の《地位の象徴》である。ゴージャスな邸宅で晩餐会が夜な夜な開かれ、紳士淑女が誇らしげに着飾り集い、社交用の笑みを和やかに交わし合う。そこで慈善基金が募られ、美徳も独占され誇示される。最大の地主である国王がその代表である。それを庶民が下層から羨望する。産業資本家でも、その世界になかなか入れてもらえない[19]。

Ⅵ-1-4-7　機械経営と労働者の解雇と雇用　①［続き］(S.471-482：訳773-794)

　先にみたように、機械経営は雇用労働者数を減少させる。では、一方的に減少するのであろうか。そうではない。長期傾向では雇用労働者数の増加と減少の交替を反復しつつ、長期的にはそれを減少してゆくのである。まず、産業革命の過程では、機械採用は次々とさまざまな産業分野で特別な利潤をもたらす。それは或るピークに達すると、労働者の雇用＝吸引と解雇＝反発を繰り返す。労働者の生活はその波に翻弄されて浮き沈みする。

　　「最初の疾風怒濤の時代の特別な利潤は機械装置が新しく採用される生産部門においては絶えず反復される。ところが、工場制度がある程度まで普及し一定の成熟度に到達すると、特に工場制度自身の技術的基礎である機械装置が、それ自身また機械によって生産されるようになるとすぐに、……全体として大工業に照応する一般的生産諸条件が形成されるとすぐに、この経営様式は、或る弾力性（Elastizität）を、すなわち突発的で飛躍的な拡大能力を獲得するのであって、その拡大能力は原料と販売市場についてのみ制限を受

---

19)　『資本論』第1・2部はもっぱら産業資本家を論じるけれども、第3部で始めて登場する地主貴族がいわゆる資本主義国の最高資産家であろう。ここで指摘される奢侈品の主な買い手はその地主＝レントナーであろう。産業資本家が資本主義国の中枢（政治的には国家権力・経済的には金融不動産）を制覇したことはない。さらに貴族層は商業資本家・レントナー（金融証券不動産資本家）に転化している。マルクスもその実態を『資本論』第3部や時事論文で指摘している。内田弘「イギリス資本主義」（的場昭弘・他編『新マルクス学事典』）を参照。

けるにすぎない」(S.474：訳779)。

　当時のイギリス戦略産業・綿工業に参入する機械経営資本は「労働力・生産手段(機械装置・原料)」を購買し、その綿製品を販売する。綿業資本の生産過程は自動化された機械体系であり、必須なのは棉花である。労働力は棉花調達市場と綿製品販売市場にあわせて雇用・解雇する。棉花はアメリカ南部諸州の奴隷制プランテーションで生産させればよい。奴隷が棉花を素手で採取するとき刺さるトゲの痛さの問題を「綿操り機」が解決する。販売市場問題は、運輸・通信制度を改革することで解決する。生産は注文制にする。通信で注文が入れば深夜間労働で対応させる。
　こうして、対称的な運動《購買市場―機械経営―販売市場・購買市場―機械経営―販売市場》がスムーズに連結し、機械装置が唸りをあげて稼働する。

　「安価な機械生産物と変革された運輸・通信制度は外国の市場を征服するための武器である。外国市場の手工業的生産物を破滅させることによって、機械経営は外国市場を強制的に自分の原料の生産地に転化させる。こうして東インドは大ブリテンのために棉花・羊毛・大麻・黄麻・藍などの生産を強制された。大工業諸国における労働者の絶え間ない《過剰化》は、促成させる移住と外国の植民地化を促進する」(S.474 - 475：訳779)。

　マルクスは「注232」(S.475 - 476：訳780) で、東インド(棉花)・アフリカ喜望峰(羊毛)・オーストラリア(羊毛)・合衆国(棉花・穀物)などから大ブリテンに搬入される原料が1846年から1865年にかけて急増する実態を数値でしめしている。例えば東インドからの棉花はこの10年間で13倍に増加した。合衆国は大ブリテンに多種の穀物の供給地であり、「合衆国はその今日の姿(1866年)でも、相変わらずヨーロッパの植民地とみなさなければならない」(S.475：訳780) と指摘する。
　マルクスはつづけて、工場制度を基盤とする資本主義の景気循環とそれにともなう棉花恐慌の歴史と跡づける(S.476 - 482：訳782 - 794)。その歴史は労働者の雇用＝吸引と解雇＝反発の歴史でもある。このように第7節では労働力に投下する可変資本の増減の問題を論じて、《①価値形態論の展開された観点》

223

がすえられている。

Ⅵ−1−4−8　大工業による伝統的諸部門の変革　①［続き］(S.483-504：訳794-828)
a　**手工業と分業とにもとづく協業の廃除**　アリストテレスが明言するように、驚きは探求の始まりである。驚きは不安をもたらす。不安を鎮めるには原因を探求し認識しなければならないからである。スミスは『国富論』冒頭で読者が驚くような例を分業生産性のピン生産で採用した。これに対して、マルクスは機械装置のピン生産性を対置する。『国富論』冒頭のピン・マニュファクチュアの例では概略、1人当たり4800本の縫い針を生産する。これに対して縫い針を生産する機械制大工業では1人当たり60万本の縫い針を生産する。125倍の早さである。このような機械装置が多数、動力で連結すれば、1人当たりの労働生産性はますます上昇して、手工業やマニュファクチュアは対抗できず、廃除されてゆく。同じ廃除は、封筒・鉄ペンなどの生産物でも起こった。機械制大工業による手工業・マニュファクチュアの破壊作用である。より高い労働生産性はより多くの特別剰余価値を生産するからである。

b　**マニュファクチュアおよび家内労働に及ぼした工場制度の反作用**
機械制生産の変革力　機械制大工業の影響はそれだけではない。労働者全体を把握しその性格を変える。

> 「工場制度が発展し、それにともなって農業が変革されるにつれて、あらゆる他の部門における生産規模が拡大されるだけでなく、またその性格も変わる。……全体労働者、すなわち結合された労働人員の構成が根底から変革される。……いまでは、婦人労働、あらゆる年齢層の児童労働、不熟練工の労働、要するにイギリス人がその特徴から名づけている《チープ・レーバー》、すなわち安い労働を使用できる場合には、常に分業の計画がこの使用を基礎にして立案されるのである」(S.485：訳797)。

《見えない糸》でつながれる労働者群　したがって、安価な労働力が使用することができ、より多くの剰余価値が獲得できるなら、なにも機械装置を導入した工場でなくてもよいのである。工場やマニュファクチュアがその外業部の事業として外部の安価な労働力を使用する。資本は、直接に指揮する工場労働者・

マニュファクチュア労働者・手工業者だけでなく「大都市のなかや農村に散在している家内労働者の別の一軍を見えない糸によって（durch unsichtbare Fäden）動かしている」(S.485 - 486：訳798)。単に安価な労働力であるからでない。婦人労働者・児童労働者は、きわめて危険な毒性のある物をそれとは知らせずに使用させ労働させやすいから、彼らを使うのである。彼らは機械制大工業から廃除された人々である。すがる思いでそのような仕事に従事している。その家内労働は不規則であり、狭く暗い空気の濁った作業場で、つまり生産手段を「節約」した労働環境でおこなわれる。労働力は「浪費」される。労働力の浪費は可変資本の節約のためである。

c　近代的マニュファクチュア　機械制大工業になお並存するのが近代的マニュファクチュアである。マルクスがあげる事業は《健康に有害な黄銅鋳造所・ボタン工場・エナメル作業・ラッカー塗り作業・新聞印刷所・書籍印刷所・屠殺所・蝋燭マニュファクチュア・絹織物業》などである（S.486 - 487：訳799)。なかでも詳しく説明されるのは「ぼろの選別作業」である。ぼろは肥料・寝具用毛屑・再生羊毛・再生紙などの製造に再生利用される。原料ぼろの主要供給国はドイツ・フランス・ロシア・イタリア・エジプト・トルコ・ベルギー・オランダであり、日本・南米・カナリア諸島からも流れ込む。ぼろを選別する女子工員は天然痘その他の伝染病を感染させる最初の犠牲者である。このような作業所に「イギリスでは新発明の機械はまだ散在的にしか使用されていない（1866年）」(S.487：訳800) と、マルクスは文末にそれを指摘する年を付記する。

d　近代的家内労働　マルクスはすでに機械制大工業やマニュファクチュアの外業部が支配する家内労働を指摘した。ここでは家内労働は「大工業の背後でつくりあげられた資本の搾取部面」(S.489：訳804) としてその実態が暴かれる。その典型がレース生産に従事する家内労働である。その家内労働の担い手が高い割合で肺結核を患っている統計が掲示される。レース製造女子工員のうち肺結核を患う患者は、1852年の45人中1人(2％)、1857年の13人中1人(8％)、1861年の8人中1人(13％)というように年々悪化している。

　貧しい彼女たちは、これまた貧しい女主人のもとで労働している。婦人や幼い児童たちが狭い作業場で長時間労働をしているので、作業が遅くなると、女主人の「長い棒切れ」が物を言う。同じ状態は麦藁編み作業場でも見られる。親は子を酷使し、子は大きくなれば親を見捨てる。家族の絆は育たない。その

状態をイギリス政府の報告書は非難する。イギリスという「模範的家族の母国は、キリスト教では確かに権威者であるモンタランベール伯爵にいわせれば、ヨーロッパのキリスト教の模範国なのである！」(S.493：訳810) とマルクスはイロニーを記す。

e　近代的マニュファクチュアおよび近代的家内労働の大工業への移行。それらの経営様式への工場法の適用によるこの変革の促進　この長い表題の意味することは、機械制大工業のほうが儲かるならこれまで家内労働・マニュファクチュア労働でおこなわれてきた作業を機械労働に吸収するけれども、儲からない場合にはマニュファクチュア労働・家内労働に委ね続けるということである。工場法はこの傾向に拍車をかける。その典型が服装品製造業である。《麦藁帽・婦人帽・縁なし帽・裁縫・シャツ・コルセット・手袋・靴・ネクタイ・カラー》などである。イングランド・ウェールズだけでも102万人が従事している。この人数は農業・牧畜業に従事している1861年の労働者数とほぼ同じである。

　このような業種がまずマニュファクチュアや小規模の手工業者によって営まれるようになると、家内労働者はもはや特定の顧客ではなくなる。彼らはマニュファクチュアや手工業者の下請けになる。こうして、或る都市や地域が或る特定の産業に集中するようになる。家内労働はマニュファクチュアや手工業者の外業部からのびる放射状の糸の先端に結合する。機械制大工業で生産された「大量の労働材料・原料・半製品」(S.495：訳813) が家内労働に加工されるべく配給される。それを加工する大量の安価な人間材料は大工業・大農業から遊離された者である（同）。これらの製品は単に国内市場で販売されるのではない。その販売市場は「特にイギリスにとってはイギリスの習慣や趣味まで普及した植民地市場」にもたえず拡大してゆく。英国消費文化が世界各地に普及し、当地が模倣する。

　ミシンが登場すると、事態は一変する。《婦人服製造業・縫製業・製靴業・縫物業・製帽業》など縫製作業に関連する業種をミシンが捉える。「機械時代を告げる鐘が鳴った」(同) のである。

Ⅵ-1-4-9　工場立法　　　　　　①［続き］(S.504-526：訳828-866)

　この節では工場立法の特に保健条項と教育条項が取りあげられる。両条項とも労働者の生活条件そのものに関係するからである。マルクスは保健条項が資

本家にとって回避しやすく貧弱なものであることを指摘し、その具体例をあげる。そのうえで次のように、その強制の必要を力説する。

「資本主義的生産様式には、最も簡単な清潔設備・保健設備でさえ、国家の強制法によって押しつけられる必要がある。これ以上に資本主義生産様式を特徴づけるものがほかにあるだろうか？」(S.505：訳830)。

労働者たちは狭く低い空間に押し込められて労働させられる。そこで、せめて1人当たり500立方フィート（≒ 2.4m × 2.4m × 2.4m）以上の空間にするように要求すると、保健関係局・産業調査会・工場監督者はそれに反対した。不変資本の節約のためである。ついで教育条項に移る。

「工場法の教育条項は、全体として貧弱に見えるとはいえ、初等教育を労働の強制的条件として宣言している。その成果はまず教育および体育を筋肉労働と結合する可能性、したがってまた、筋肉労働を教育および体育と結合する可能性を証明した」(S.507：訳831)。

教育条項・オウエン　マルクスは積極的なもの(Positive)に成長してゆく可能性のある「徴候的事実(symptomatic fact)」に注目する。それを洞察し積極的に育ててゆかなければならない。その1つが教育条項である。児童を劣悪な労働・労働諸条件から一時的とはいえ解放し、基礎的な知的陶冶を受けさせ、それと体育を結びつければ、児童はより健全に発育できるであろうと考える。それを工場主の最低限の義務として強制しなければならない。「最終1時間説」でマルクスに批判されたシーニアでさえ、イギリス社会科学振興協会のエディンバラ大会(1863年)で、上流・中流階級の児童に長時間授業を受けさせる弊害を批判し、学びかつ働くことの重要性を訴えたのである（S.507：訳832)[20]。ロバート・オウエンこそ、この真実を自分の経営する工場で実践してみせた。

---

20)　マルクスの同時代の19世紀50-70年代のイギリスの男性・女性の識字率は他の西欧諸国と比較して低く、さらに産業革命の時期よりも低下した。識字率の低い未熟練労働者が大量に雇用されたからである。西岡幹雄・近藤真司『ヴィクトリア時代の経済像』（萌書房、2002年、133-134頁）を参照。

「ロバート・オウエンを詳しく研究すればわかるように、工場制度から未来の教育の萌芽が芽生えたのである。この未来の教育は、社会的生産を増大するための1つの方法としてだけでなく、全面的に発達した人間をつくるための唯一の方法として、一定の年齢以上のすべての児童に対して、生産的労働を知育および体育に結びつけるであろう」(S.507‐508：訳832、傍点は引用者)。

オウエンは協同組合工場と協同組合商店の父である。彼は経営能力をもつ社会主義者である。彼の追随者が抱いていた幻想とは無関係であった。「彼は自分の試みで実際に工場制度から出発しただけでなく、理論的にも工場制度を社会革命の出発点であると宣言したのである」(S.526：訳865)[21]。のちに資本蓄積論の最後でみるように、マルクスは資本主義の後の社会（ポスト資本主義）という過渡的な社会の基礎をオウエンが実践したような協同組合的生産様式に求めているのである。

工場制度の積極面　したがって、マルクスはこの観点から現存する工場制度を評価する。資本主義的工場制度は革命的である。18世紀までの手工業では親方が技能を「秘伝術」として独占しあるいは少しずつしか弟子に伝承しない。技能は閉鎖され神秘化される。しかし、近代的科学技術は《革命的・公開的・民主的》である。伝統技能を一挙に解体するから《革命的》である。労働者は工場から工場へ移動＝転職するからさまざまな技術に接する「全面的可動性」(S.511：訳837) の機会があるから《公開的》である。教育制度は資本主義的生産様式の技術的発展のために不可欠になるから、「国民教育」の樹立と普及で教育の機会均等の道が開かれてくるから《民主的》である。それは可能性に留まるかもしれないけれども、その実現する可能性は工場制度が胚胎する。それ

---

21) 下記のオウエン研究によれば、オウエン(1771‐1858)は1799‐1825年の27年間に約40万ポンドの利潤をあげた。1年間に換算して1万5千ポンド強である。当時の労働者の日給が（マルクスの例にある）3(旧)シリングとする。労働者が週6日、年間40週働くとすると、年間賃金総額は［3 × 6 × 40 ÷ 20 ＝］36ポンドとなる。日本の現在の労働者の平均年収を300万円とすると、オウエンが獲得した年当たりの利潤は、今日の日本円で［3,000,000 ×（15,000/36）＝］1億2510万円である。オウエンの社会主義の実践は自分の強かな経営能力に裏づけられていたのである。オウエンに相当する近代日本の経営者は大原孫三郎（1880-1943）であろうか。Cf. J. Butt and I. F. Clarke, Robert Owen of New Lanark, in their edition, *The Victorian and Social Protest*, David & Charles Archon Books 1973, p.17.

とは別のところに解放の道を求めるのは幻想である。

「大工業は(手工業の)各部門の精通者にとってさえ謎であったヴェールを引き裂いた。各生産過程をそれ自体として当面は人間の手をなんら考慮することなく、その構成要素を分解するという大工業の原理は、技術学というまったく近代的な科学を創造した」(S.510：訳837)。

ポジ・ネガ・ポジ　いま、マルクスが考察しているのは、《①価値形態論の展開された観点》から見える、資本の価値増殖の具体的姿態である工場制度である。マルクスは機械制大工業を次のように評価する。

「大工業は、資本の変転する搾取欲のために予備として保有された自由に使用されうる窮乏した労働者人口という奇怪事[Negative]の代わりに、変転する労働需要のための人間の絶対的な使用可能性[Positive]をもってくることを ── すなわち、1つの社会的な細部機能の単なる担い手にすぎない部分個人[Negative]の代わりに、さまざまな社会的機能をかわるがわるおこなうような活動様式をもった、全面的に発達した個人をもってくること[Positive]を、死活問題にする」(S.512：訳838、[ ]は引用者補足)。

マルクスの工場制度への眼差しは複眼的である。工場制度は否定的な側面[奇怪事・部分人間（Negative）]を持つとともに、それを止揚する「絶対的使用可能性・全面的に発達した人間」という積極的な可能性(Positive)を胚胎している。ネガティヴな形態にポジティヴな可能性を宿している。その肯定的な可能性の淵源をさらに否定的な形態より前の肯定的な契機に遡及して、次のように指摘する。

「大工業の本性は、労働の転換、機能の流動、労働者の全面的可動性を条件づける[Positive]。他方、大工業は、その資本主義的形態においては古い分業やその骨化した分立性と共に再生産する。……これは否定的側面である[Negative]。しかし、労働の転換がいまや、ただ圧倒的な自然法則として……実現されるならば、大工業は、労働の転換、それゆえ労働者の可能な

ぎりの多面性を一般的な社会的生産法則として承認し、しかもこの法則の正常な実現に諸関係を適合させること［Positive］を、自己の破局そのものを通じて、死活問題とする」(S.511：訳 837 - 838)。

その遡及の結果であるこの引用文では《ポジ→ネガ→ポジ》というように観点を2回反転させている。省みれば協業・分業論の観点が《②商品物神性論の観点[**使用価値**(価値)]》であり、それを反転した観点がこの機械制大工業論の観点《①**価値**形態論の観点[**価値**(使用価値)]》である。それをさらに反転した観点が次の絶対的・相対的剰余価値論の最初の観点《②商品物神性論の観点[**使用価値**(価値)]》である。ボールド体で示した3つの主要契機《使用価値(ポジ)→価値(ネガ)→使用価値(ポジ)》の連結が上記の引用文を根拠づけている。2回反転する観点移動は、『資本論』のどこでもできる任意の操作ではない。或る言明を記述するにはそれに適合する論証順序がある。マルクスはそれぞれの内容を適合する順序位置で言明しているのである。[22]

近代資本主義と女性の解放　同じ観点から次のように、マルクスは近代資本主義が古い家族制度を解体する積極面を指摘する。

「資本主義制度の内部における古い家族制度の解体が、どれほど恐ろしくかつ厭わしいものに見えようとも、大工業は、家事の領域の彼方にある社会的に組織された生産過程において、婦人・年少者および児童に決定的な役割を割り当てることによって、家族と男女両性関係とのより高度な形態のための新しい経済的基礎をつくり出す」(S.514：訳 842 - 843)。

マルクスが『哲学の貧困』の最後に引用したフランスのジョルジュ・サンド(1804 - 1876)が求めたものはこれではなかろうか。中国の秋瑾(1875 - 1907)や日本の管野須賀子(1881 - 1911)がもとめていたものも同じであろう。明治末期

---

22)　内田義彦は『資本論の世界』(150 - 159 頁)でこの《ポジ→ネガ→ポジ》を力説する。この対称的なポジが「価値法則自体によって自然史的に成熟してくる側面」と「その自然史的過程が貫徹する形態」を媒介するマルクスの複眼を指摘する。本書の筆者はその複眼にマルクスの群論的射影を観る。この射影は内田義彦が『資本論』冒頭商品を「商品群」とくり返し呼ぶことに対応すると思われる。

の石川啄木（1886 - 1912）が直観しつつ夭逝したことからもこれであろう。ようやく日本に工場法の原型らしきものが生まれてはつぶされ、再生しようともだえているころである。[23]マルクスは工場立法の一般化の深部に胚胎する可能性を次のように指摘する。

　「工場立法の一般化は生産過程の物質的諸条件および社会的結合とともに、生産過程の資本主義的形態の矛盾と敵対を、したがって同時に、新しい社会を形成する要素と古い社会を変革する契機を成熟させる」(S.526：訳864)。

先に指摘したオウエンが協同組合制度の工場と商店で試行した実践がその典型である。このことをマルクスは確認する。改革は、それとは気づかない或る徴候に出発点をもつ。人間を解放する徴候的事実を発見する人（symptomatic fact finder）、これがマルクスである。彼は構想力を働かせて、思想が真実ならば、それに対応する事実は存在するし成長すると確信する。反映論のいう意識には未来は反映できない。

Ⅵ - 1 - 4 - 10　大工業と農業　　①［続き］(S.527 - 530：訳866 - 870)

すでに第12章第4節の作業場分業と社会内分業のところでみたように、発展した商品交換の基礎は「都市と農村の分離」(S.373：訳613)に存在する。そのことをこの第13章第10節で大工業との関連でみる。機械制大工業という高度に発展した商品生産が、都市と農村をいかに分離するかをみるのである。大工業で生産された機械は農業に使用されると労働者を過剰化し彼らは都市（産業革命都市）に職を求め流れゆく。農業人口は減少し都市人口が増大する。このような現象はマルクスの同時代のイギリスでもアメリカでも観察された。こうして、

　「資本主義的生産様式は、同時に農業と工業を対立させて形成された姿態を基礎にする。両者の新しいより高度な総合、両者の結合の物質的前提をつくり出す。……一方では、社会の歴史的原動力を蓄積するけれども、他方で

---
23)　内田弘『啄木と秋瑾』（社会評論社、2010年）を参照。

は、人間と大地(Erde)の間の物質代謝を、すなわち、人間により食料および衣料の形態で消費された土壌の成分(Bodenbestandteile)の大地(Boden)への再帰を攪乱し、したがって持続的な土壌の肥沃度の永久に続く自然条件を攪乱する。こうしてこの資本主義的生産様式は、都市労働者の肉体的健康と農村労働者の精神生活を同時に破壊する」(S.528：訳867‐868)。

しかし、ここでもマルクスは事態を複眼的に洞察する。彼はつづけて次のように指摘する。

「しかし、それは同時に、あの物質代謝の単に自然発生的に生じた状態を破壊する。このことを通じて、社会的生産の規制的法則として、また完全な人間の発展に適合した形態において、その物質代謝を体系的に再建することを強制する。……資本主義的生産様式は、すべての富の源泉、すなわち大地(Erde)[24]および労働者を破壊することによってのみ、社会的生産過程の技術および結合を発展させる」(S.528：訳868)。

では、マルクスのいう「社会的生産を規制する法則」とはいかなるメカニズムをもつのであろうか。それは資本主義的生産様式のメカニズムとはまったく無関係であり、それを更地にして築かれるのであろうか。資本主義で労働者は搾取され破壊されるだけなのであろうか。生産諸力の不可欠な担い手に成長していないだろうか。来るべき社会的生産過程は、資本主義的生産様式の深刻な問題を第一義にすえ、その深部に届くような諸改革を推進し、その諸改革を総合する長期の模索過程として構想できるのではなかろうか。その過程で資本主義の内部に高度に発達してきた「部分的な計画＝制御の諸々のシステム」をい

---

[24]　土地(Land, land)が所有の対象であるのに対して、大地(Erde, earth)は所有の対象ではない。高額な登山料が取られるヒマラヤも、もはや大地ではなく、土地になっていないであろうか。なお、「大地」に対応する「労働者」は賃金労働者ではなく、大地を物質代謝の対象とする生産者のことである。ハナ・アーレント(Hannah Arendt 1906‐1975)を紛らわせたマルクス労働(力)概念の多義性である。しかしその紛らわしさはブルジョア経済学の労働概念の曖昧さを批判する彼の独自の論証様式による。マルクスはその多義性の間を射影＝移動することで資本主義的生産様式のメカニズムを解明する。彼は『資本論』の冒頭を「労働」から始め、転化論で「労働力」に移行し、労賃論で「労働」に再帰する。「労働の生産性」が「資本の生産性」に射影＝仮象するのも同じ物象化機構による。

かに批判的に継承するのであろうか。その過程で「人間の発達」はいかなる形態をとるのであろうか。「社会主義の名」において蓄積された人類史の苦難の経験は、そのような方向に問題を提示していると判断される。

Ⅵ-2　絶対的および相対的剰余価値　　　　　　　　{②}-①-③

Ⅵ-2-1　絶対的および相対的剰余価値　　　{②}(S.531 - 541：訳 871 - 888)

　これまで相対的剰余価値を論じてきた。それでは、相対的剰余価値が生産されるようになると、絶対的剰余価値はもう無関係になるのであろうか。そうではない。まさに相対的剰余価値の生産がふたたび絶対的剰余価値の生産を要請するのである。『資本論』第1部の第5編が「絶対的および相対的剰余価値の生産」と題されているのはそのためである。ここでも《或る問いの答えが新しい問いを呼び起こし答えが探求される($Qi \to Ai = Qj \to Aj$)》という『資本論』固有の編成原理が貫徹する。

　まず「第14章　絶対的および相対的剰余価値」の冒頭で《②商品物神性論の展開された観点》から論じられた労働過程が再論される。

> 「労働過程は、何よりもまず、その歴史的諸形態にかかわりなく、人間と自然の間の［物質代謝］過程として、抽象的に考察された。……労働そのものは生産的労働として現象する」(S.531：訳 871)。

　労働過程は「人間の自然に対する関係」である。しかし、その後に考察された協業と分業は「人間の人間に対する関係」、人間集団が分離＝結合する社会的諸関係である。ここではその社会的諸関係を媒介して「生産的労働」が再定義される。

生産的労働の二重規定　生産的労働は、一方で［１］物質的富を生産する労働という意味を継承しつつ、他方で［２］剰余価値をもたらす労働ならばすべて生産的労働として現象するという、もう１つの規定が付加される。例えば、教育労働である。「学校教師は、児童の頭脳を加工するだけでなく、企業家を富ませるための労働にみずから苦役する場合に、生産的労働者である」(S.532：訳

872 - 873)。生産的労働の［２］の規定が［１］として現象する事態を解明する。生産的労働が［２］の剰余価値生産的である労働を内包し、かつ［１］の生産的労働として現象する事態を解明する。その論脈で絶対的剰余価値と相対的剰余価値が関連づけられて再定義される。したがって、次のように確認される。

　「生産的労働者の概念は、単に活動と有用効果との関係、労働者と労働生産物との関係を含むだけでなく、労働者を資本の直接的増殖手段とする、特殊に社会的な、歴史的に成立した生産関係を含んでいる」(S.532：訳873)。

ここで注目されるのは、マルクスが［a］労働過程、［b］協業＝分業、［c］絶対的剰余価値＝相対的剰余価値に対して同じ《②商品物神性論の観点》から、前の考察を後の考察に継承して考察していることである【②"［←②'（←②）］】。これがよく言葉としては用いられてきた、マルクスの「螺旋的な思惟様式」の側面、ただし１つの側面である。この②の観点は他の観点①、③とともに同じ原理で編成されている（序章および第Ⅵ章の最後の個所を参照のこと）。

形式的包摂と実質的包摂　マニュファクチュアでは、賃金労働者はまだ手工業的技能でもって生産していて、資本のもとに十分に組織されていない。逆からみれば、労働力を再生産する生活時間を限界まで短縮されてはいない。その意味で、資本との関係は形式的であり、資本への包摂は「形式的包摂」にとどまる。剰余価値生産も絶対的剰余価値である。これに対して、機械制大工業では、機械装置は資本の概念が実質化した姿態である。労働者は機械装置の付属品となり生活時間も限界にまで短縮される。資本への包摂は「実質的包摂」となり、剰余価値も相対的剰余価値となる。

では、絶対的剰余価値と相対的剰余価値は並行関係にあり、両者は無媒介であろうか。そうではない。マルクスは指摘する。

　「相対的剰余価値は絶対的である。というのは、相対的剰余価値は、労働者自身の生存に必要な労働時間を超える労働日の絶対的延長を条件としているからである。絶対的剰余価値は相対的である。というのは、絶対的剰余価値は、必要労働時間を労働日のうちに一部分に限定することを可能にするような労働生産性の発展を条件としているからである。しかし、剰余価値の運

第Ⅵ章　相対的剰余価値・絶対的相対的剰余価値・資本蓄積

動に注目すると、同一性のこの仮象(Schein)は消え失せてしまう。……絶対的剰余価値と相対的剰余価値の区別は感知されうるものとなる」(S.533‐524：訳875)。

剰余価値率の規定要因　なぜこの仮象は感知できるのであろうか。マルクスはここで、剰余価値率を規定する３つの変数、[a] 労働生産性、[d] 労働強度、[z] 労働時間をあげ、剰余価値率 [m'] の変化を考える。必要労働時間が労働時間全体に占める割合をn、剰余労働時間の延長率をeとすれば、必要労働時間は [nz] であり、剰余労働時間は [ez(1‐n)] に区分される。そこで剰余価値率の一般的定式で示せばこうなる。

$$m' = d[ez(1-n)+nz(1-1/a)]/d(nz/a) = [e(1-n)+n(1-1/a)]/(n/a)$$

この剰余価値率の定式では [z] 労働時間と [d] 強度は分母・分子に共通し省略される。剰余価値率を規定するのは、[e] 剰余労働時間延長率と [a] 労働生産性上昇率である。前者は絶対的剰余価値の動因であり、後者は相対的剰余価値の動因である。この２つの変数が剰余価値率を規定する。

しかし生産的労働によって生産される生産物の量は、[a] 労働生産性と [z] 労働時間だけでなく、[d] 労働強度によっても規定される。[a] 労働生産性が外延的に労働生産物の増減を規定する。[d] 労働強度は内包的に労働生産物量を規定する。もし元の労働生産物の量を１とし [a] 労働生産性も [d] 労働強度も２倍になれば、労働生産物の総量は $2 \times 2 = 4$ 倍に増加する。労働力再生産には物量で同じ生産物が必要である。しかしその割合は1/4になり、その差 [1‐1/4=3/4] が剰余生産物に加わる。生産物の総量は４倍に増加し、その内の1/4が労働力再生産財であるから、剰余生産物量の割合は [4‐1/3 = 3+3/4] に増加する。

しかしこのようなことは、剰余価値率を規定する諸変数の関係を分析してはじめて判明することである。生産物総量が増減する現象のみでは、それがいかなる諸要因によって増減するのかはわからない。生産物＝「使用価値」の量の増減の背後に剰余価値率＝「価値」の増加率を規定する諸要因が隠れている。この複眼は使用価値(U)の背後に価値(V)がひかえる事態を解明する《②商品物神性論の観点[U(V)]》に対応する。

235

以上、マルクスがあげた3つの変数を一般化した場合を敷衍した。
生産的労働の仮象　マルクスはここ第14章の観点がこのように《②商品物神性論の展開した観点》であることを再び強調するために、次のように注意する。問題の焦点は、本源的な自然の恩恵で生活手段や労働手段が容易に獲得できる場合、それを或る人格や資本の生産性に転化してみてはならないということである。

　「よくおこなわれることであるけれども、労働のこの自然発生的な生産性は神秘的な観念に結びつけることはできない」(S.534：訳876‐877)。
　「彼(自然の恵みを享受する者)の剰余生産物が、人間の労働に固有の神秘的な性質から生まれるということはないであろう」(S.538：訳883)。

ところが、自然生産力が人格的力量として現象する。自然に肥えた大地はそれを所有する(農業資本家を兼ねる)地主の人格の豊かさとして現象する。収穫時には祭を催して剰余生産物のほんの一部を村人にふるまう。《気前良い、たいした方じゃ》と喜ばれる。食料が自然に豊富な土地で操業する資本は賃金を安くできるから、そのぶん剰余価値が多くなる。それが資本家の能力として錯視される。
資本主義の母郷　では、近代資本主義はどこでも発生したのであろうか。この問題についてマルクスは次のように考える。

　「資本主義的生産様式は、自然に対する人間の支配を前提にしている。あまりにも豊かな自然は《幼な子を歩みのひもで支えるように、人間をその手で支える》。このような自然は、自然必然的に人間自身の発展をもたらさない。資本の母郷(Mutterland)は、植物の繁茂している熱帯風土ではなく、むしろ温帯地域なのである」(S.536：訳879)。

この言明はマルクスが近代資本主義の典型をイングランドにもとめたことに関係する。人間はあまりにも豊かな自然では自然支配に知恵を育てない。むしろ四季がはっきり循環する温帯地域こそ、自然力をいかに社会的に制御し管理

第Ⅵ章　相対的剰余価値・絶対的相対的剰余価値・資本蓄積

し節約するかを人間に考えさせる。その前提に近代資本主義は生まれてくる[25]。
マルクスは《②商品物神性論の観点》から経済学の歴史を省みる。

> 「リカードウは剰余価値の源泉には無関心である。……彼はただ、剰余価値の大きさ［量］を規定する原因を求めているにすぎない」(S.539：訳883‐884)。

リカードウにとって、価値とは人間主観とは無関係な客観的実在物である。リカードウがスミスにならって「商品」を「価値」とよぶように、価値は使用価値と未分化な概念である。その両者が一体化した現象は商品の物神的仮象にほかならない。彼はそのことがわからない。財の私有者が交換関係で無意識に「無限遠点(infinite point)」を想定し、そこに異質の財の同一性の根拠をもとめ《価値なるもの》を抽象することが理解できない。絶対的な価値と相対的な価値形態＝交換価値が区別できない。ただ、価値の絶対量が問題である。剰余価値も同じ観点から論じる。
　ジョン・スチュアート・ミルも同断である。マルクスはミルの『経済学原理』から引用する。

> 「なぜに資本が利潤をもたらすのかという理由は、食物・衣服・原料・労働手段が、それらの生産に必要な時間よりも長時間、長持ちするということにある」(S.539：訳884‐885)。

ミルは、［1］労働力再生産財(食物・衣服［・住居］)および生産手段(原料・労働手段)を生産する労働時間＝「労働時間の持続」(S.539：訳885、［　］は引用者補足)と［2］それらの耐久時間＝「生産物の持続」(同)とを同じ次元に存在する時間概念として位置づけ、その長短を比較する。［1］は労働時間であるのに対し、［2］は生産物の使用価値の耐久時間である。ミルは無自覚に［1］価値を［2］使用価値に転化させる。ミルは価値が使用価値に現象する物象化に無自覚である。

---

25)　しかし、中東の熱帯都市ドバイが代表するように、現代では資本主義はそのような自然環境の制約を人工的に突破している。

マルクスはこの第14章をあげて、《②商品物神性論の展開した観点》から絶対的剰余価値および相対的剰余価値を結合して解明しているのである。

Ⅵ-2-2　労働力の価格と剰余価値の大きさと率　①（S.542-556：訳889-913）

マルクスは「第15章　労働力の価格と剰余価値の大きさの変動」と「第16章　剰余価値率を表す種々の式」を《①価値形態論の展開された観点》から考察する。

まず第15章の冒頭で「労働力の価値は、平均労働者が慣習的に必要とする生活手段の価値によって規定されている」(S.542：訳889、傍点強調は引用者）と言明する。「労働力の価値」＝「生活手段の価値」というように価値をキーワードとする命題が提示される。明らかに《①価値形態論の展開された観点》からの考察である。この考察では［１］商品の等価交換、［２］労働力の価格が価値以下になる場合を捨象するという前提で分析する。

「労働力の価格と剰余価値の相対的な大きさ」を規定するのは、労働時間(z)、労働の強度(d)、労働生産性(a)の3つの変数である。ここでは便宜上、マルクスのいう「労働の生産力」を「労働生産性上昇率」(a)に再定義する。マルクスは第1節、第2節、第3節、第4節でこれらの変数のうち、一定の変数と変化する変数との組合せで考察する。すなわち、

「労働日の大きさおよび労働の強度が不変で、労働の生産力が変化する場合」（第1節）
「労働日と労働の生産力が不変で、労働の生産力が変化する場合」（第2節）
「労働の生産力と強度が一定で、労働日が変化する場合」（第3節）
「労働の持続・生産力・強度が同時に変化する場合」（第4節）
である。

まず、「労働力の価格と剰余価値の相対的大きさ」を一般化するとこうなる。

労働力の価格を$p(ak)$とすれば、価値生産物(w)と労働力の価格の差が剰余価値の価格表示の相対的大きさ$p(mr)$である。したがって、価値生産物は労働力の価格と剰余価値の価格表示との和である。

$$w = p(ak) + p(mr)$$

これに労働生産性上昇率(a)と労働の強度(d)を考慮して再定義すれば、こ

うなる。[26]

$$d(w/a) = d\{p(ak)/a^2+[p(mr)/a+p(ak)(1-1/a^2)]\}$$

マルクスは上記の4つの節で変数の多様な組合せで考察しているけれども、要はこの一般化された定式のうち、どの変数が一定(不変 constant)であり、どれが変化する(可変的である variable)のか、この定式にそれぞれ当てはめて判断すればよい。マルクスは第1節で、「第1に、所与の大きさの労働日はたとえ労働の生産力が、あるいはそれとともに生産物価値や個々の商品の価格がいかに変動しようとも、常に同じ価値生産物で表現される」(S.543：訳890)と断ったうえで、「第2に、労働力の価値と剰余価値とは相互に反対の方向に変動する」(S.543：訳891)という。この命題は価格タームでなく価値タームで言明されている。すでにみた価値生産物の構成【$V/a^2+[M/a+V(1-1/a^2)]$】がこの場合に適合する。その構成を変動するのは、労働生産性上昇率(a)である。それが増減するのとは反対方向で可変資本は変化し、剰余価値は同じ方向で増減する。このことをマルクスは「第3に、剰余価値の増加と減少は常に労働力の価値の減少と増加の結果であり、その原因ではない」(S.544：訳893)と確認している。

生存賃金か実質賃金上昇か　注目すべきは第1節の次の点である (S.545-546：訳894-895)。労働生産性上昇(a)の成果を資本家が独占せずその一部を労働者に配分する場合には、剰余価値率は$[M+V(1-1/a)]/(V/a)$まで上昇せず、実質賃金は抑制されたその差だけ上昇する。すなわち、労働力の価値は減少するが実質賃金は上昇する。賃金変動の重心はこの点にある。資本家は、国民教育・技術革新によって労働生産性を上昇し、その成果配分で労働者を体制内に組織する。スミスが『国富論』で強調したのはこの点である。

1960年代から80年代までの高度成長期の日本資本主義がこの体制であった。賃金生存費説とされる「家族の生活費や歴史的文化的要素を含む、労働力の再生産費(価値ターム)」は①絶対的剰余価値論における賃金規定である。マルクスにとって本来的資本主義とは相対的剰余価値生産体制、②労働力の価値を減らし実質賃金を上昇させる体制である。①から②への変化はマルクスの賃金観の訂正ではなく、賃金の歴史的変化である。20世紀後半からの世界資本主義

---

26) 労働の強度(d)の増加は「価値生産物の2つの部分である労働力の価格と剰余価値が同時に増大できる」(S.547：訳898)。

への低賃金諸国地域の参入で、先進国の賃金は②から①へ後退している[27]。

自由時間　マルクスはこの章の最後で、次のように自由時間論を再論する。

「労働の強度と生産力が与えられていれば、しかも労働が社会のすべての労働能力をもつ成員の間に均等に配分されていればいるほど……諸個人の自由な精神的かつ社会的な活動のために獲得される時間の部分がそれだけ大きくなる。労働時間の短縮のための絶対的限界は、この面からすれば、労働の普遍性（Allgemeinheit）である。資本主義社会では、1つの階級の自由時間（freie Zeit）は大衆のすべての生活時間を労働時間に転化することによって生み出されている」(S.552：訳906。傍点強調は引用者)[28]。

自由時間は『経済学批判要綱』だけの主題ではない。『資本論』の体系を貫徹するテーマでもある。『資本論』第3部の最後は自由時間論で締めくくられる。

次の「第16章　剰余価値率を表す種々の定式」も《①価値形態論の展開された観点》から考察される。剰余価値は増殖した価値であるから、当然である。価値は本性上、増殖する無限態である。なぜならば、交換関係に措定された相異なる使用価値の相違が観念的には消滅する＝捨象されるのは、それらが共に収束する「無限遠点」という場を想定せざるをえないからである。商品所有者のそのすぐれて観念的な無意識の想定から、価値は発生し搾取する資本に転化する。

剰余価値率が可変資本（価値）に対する剰余価値（価値）の比率である。すでに剰余価値率は、

［Ⅰ］剰余価値(m)／可変資本(v)＝剰余価値／労働力の価値＝剰余労働／必要労働

として定義されている。ここでマルクスはしかし別の用語で剰余価値率を定義

---

27) 宇仁宏幸［書評］中川スミ著（青柳和身・森岡孝二編）『資本主義と女性労働』（櫻井書店、2014年）、『図書新聞』（第3175号、2014年9月20日）を参照。
28) 三木清は「15年戦争」のさなか、この個所を引用し「閑暇」という用語で自由時間の重要性を力説した。内田弘『三木清』（御茶の水書房、2006年）を参照。三木清はInstitute版『資本論』を読んだ。法政大学の三木清文庫を参照。

する。

　　［Ⅱ］剰余労働／必要労働＝剰余価値／生産物価値＝剰余生産物／総生
　　産物

　これは古典経済学がしばしば用いる式である。「古典経済学では我々はむし
ろ次の派生的な定式に出会う」(S.553：訳 907)。そのさい、生産物価値のうち不
変資本の部分は、無自覚に生産物価値(C+V+M)から不変資本部分(C)を見落
とす《V+Mのドグマ》に陥って、捨象されている。マルクスはさらに次の定式
も提示する。

　　［Ⅲ］剰余価値／労働力の価値＝剰余労働／必要労働＝不払労働／支払
　　労働

『資本論』第1部ではすでに「第9章　剰余価値の率と総量」と「第16章
剰余価値率を表す種々の定式」でそれぞれ剰余価値率の定式をみている。これ
で三回目である。しかしマルクスは同じことを無意味に繰り返しているのでは
ない。第9章も第16章も同じ《①価値形態論の展開された観点》から定義し
ているけれども、それぞれの論証次元に対応した定式を提示しているのである。
最初の第9章では可変資本と不変資本の基礎的な定義を受けての定式である。
次の第16章では相対的剰余価値論の総括である。そこでは労働生産性の要因
を取り込んだ定式である。ここ第16章では剰余価値の絶対的形態と相対的形
態の相互媒介をふまえ生産物で表示される可変資本と剰余価値で剰余価値率が
再定義される。
　同じ《①価値形態論の展開された観点》から、しかも以前の論証を踏まえ豊
富化された剰余価値率の再定義に進展するのである【①"［←①'（←①）］】。

---

29)　ここでも元の日本語訳では「古典経済学（die klassische politische Ökonomie）」が「古
　　典派経済学」に誤訳されている。マルクスには、「限界革命」以前の経済学という意味の「古
　　典派経済学」は存在しない。ジョン・スチュアート・ミルの経済学は古典派経済学である
　　けれども、マルクスにとっての古典経済学ではなく、俗流経済学の端緒をなす経済学であ
　　る。『経済学批判要綱』「序説」第2節を参照。

Ⅵ-2-3 労賃　　　　　　　　　　　　③（S.557-588：訳915-966）

　この「第6編　労賃」は、「第17章　労働力の価値または価格の労賃への転化」、「第18章　時間賃金」、「第19章　出来高賃金」、「第20章　労賃の国民的相違」の4つの章からなる。これらの4つのいずれの章でも、労賃は《③交換過程論の展開された観点》から、すなわち「労働者の立場」および「資本家の立場」から(S.563-564：訳926-927)、複眼の観点から規定できることを論証する。なぜならば労賃は、労働者と資本家の間の労働力商品の売買関係で規定されるからである。まず第17章をみよう。

Ⅵ-2-3-1　労働力の価値または価格の労賃への転化
　　　　　　　　　　　　　　　　　　③［続き］(S.557-564：訳915-928)
等価交換と不等価交換の両立　労働力の売買関係は商品交換であるけれども、労働力商品という独自な商品の交換関係であるから、「貨幣すなわち対象化された労働と生きた労働との直接的な交換は、まさに資本主義的生産の基礎の上で初めて自由に展開される価値法則[等価交換]を止揚する」(S.558：訳917、[ ]は引用者補足)。「止揚する」とは「廃除する」ことではない。労働力の交換は、価値法則＝等価交換を基礎におこなわれるが、それとは反対の不等価交換をもたらすことを意味する。その意味で、この交換関係は逆説的である。
　マルクスが『資本論』で基本例としてあげる「慣習的な労働時間」は12時間である。「標準労働時間10時間」はすでに「第8章　労働日」でみたようにイギリスで法制化されたけれども、まだ実質的に定着していなかった。
労働力の日価値＝日労働の価値　いま、「労働力の日価値（Tageswert der Arbeitskraft）」3シリングが12時間という「日労働の価値（Wert der Tagesarbeit）」として表現されるならば、「12時間労働は3シリングの価値をもつという定式」(S.561：訳922)が生まれる。この定式では、労働力の価値と、労働力を活動させておこなう労働が対象化する価値とが無反省に等置されている。「労働力の日価値」＝「可変資本3シリング」が「日労働の価値＝価値生産物12シリング」＝「可変資本3シリング＋剰余価値3シリング」に等置される。《3シリング＝6シリング》、これが「労働の価値」という不合理な表現の意味である。「6シリングの価値をつくりだす労働が、3シリングの価値をも

つという、一見してすぐわかる馬鹿げた結論」(S.561：訳923) が正しいものとして通用する。それを疑わない意識、これが資本主義の通常の意識である。マルクスが商品交換は相互欺瞞の関係であるというとき、この不合理な表現を不合理とは思わない関係をさしている。
虚像の表現　では、「労働の価値」という表現はいかなる事態なのであろうか。

　「この表現は、例えば土地の価値と同じように、1つの虚像の表現（ein imanginärer Ausdruck）である」(S.559：訳919)。

　ここで微分学の変数(variable)・定数(constant)が可変資本(variables Kapital)・不変資本(konstantes Kapital)に応用される。マルクスはオイラーの数学を研究していたから数学の虚数(i ; imaginary number)の概念も知っていた。例えば実数で立てられた方程式（$x^2+1 = 0, x = + i, - i$）は虚数を秘め、解として表出する。それに応じ、実数を位置づける実軸に対して、虚数を位置づける虚軸が立てられる（複素平面）。同様に、実在態である「使用価値」どうしの私的交換関係は「価値」という観念態・虚像を生み出す。「使用価値」という実在物の私的交換関係から「価値」という虚偽の存在が生成し、それが使用価値という実在物に憑依＝物象化する。これが商品形態である。一見するところ実像にみえる商品は虚偽である価値が現象する虚像である。その際、財と商品とは厳密に区別される。商品形態が使用価値と価値を統一する形態である。マルクスが『資本論』で想定する論理空間は、「使用価値と価値」という次元を異にする存在が商品形態で統一される場である。商品が運動する平面は自己再帰する2次局面（クラインの面）である。商品形態がいまここで「労働の価値」に展開しているのである。[30]

---

30)　ただし、虚数(imaginary number)は実在性のない概念ではなく運動を表現する概念である（瀬山士郎『数学 想像力の科学』岩波書店、2014年、55頁以下を参照）。商品交換は取引相手との間の「商品の運動」である。次の別稿で指摘したように、商品aと商品bの交換関係は、ガウス平面（実軸＝使用価値、虚軸＝価値）で商品aを第1象限に商品bを第3象限に位置づけ、原点を対称点とする両商品の運動として規定できる。その全体の運動は1回転（$2\pi = i^2$）である。Cf. Hiroshi Uchida, Constant Symmetrical Structure of Marx's Capital, *Critique : Journal of Socialist Theory*, Vol.41, No.3, 2013, p.382, Figure 2 'Economic categories defined in complex plane'.

使用価値と価値との相互転化　こうして、「労賃の形態は、必要労働と剰余労働への、支払労働と不払労働への労働日の分割のあらゆる痕跡を消してしまう。すべての労働が支払労働して現象する」(S.562：訳923)。この転倒はいかなる根拠をもつのであろうか。

労働者から観ると、労働力という使用価値(U)の価値(V)に対して支払われる労賃[V(U)]は、資本家にとっては、価値(V＝v+m[価値生産物])の生産過程として想定された労働力の使用価値(U)の生産的消費過程[U(V)]に対応する。すなわち、両者の観点を統一すると、[V(U)：U(V)]となる。これは相対する者の相互関係を意味する《③交換過程論の観点》が展開されたものである。「現実的関係を見えなくし、まさにその関係の逆を示すこの現象形態」・「資本主義的生産様式のあらゆる神秘化」・「この生産様式のあらゆる自由の幻想」(S.562：訳924)という仮象は、この関係③[① V(U)：② U(V)]が①価値形態論と②商品物神性論の統一であり、その後者②商品物神性論 [U(V)] の要素からする認識であることに根拠をもつ。

ここの複眼的観点③は、すでにみた第8章の③「労働日をめぐる闘争」、第10章冒頭の③「相対的剰余価値の概念」と同じ観点であり、それらを内含しつつ展開してきた観点である【③"←③'(←③)]】。マルクスは自分の到達点に立って次のように確認する。

「世界史が労賃の秘密を見破るには非常に長い時間がかかるとしても、にもかかわらず、この現象形態の必然性、'存在理由'を理解することよりも容易なことは何にもない」(S.562：訳925)。

「労賃の秘密」は次の3点にある。
第1に、「資本と労働の交換」でも労働力は別の商品の交換と同じものと見なされるので、その交換は等価交換であるかのように現象する。
第2に、交換価値と使用価値とは「同じ単位では計量できない大きさ」(S.563：訳925) である。にもかかわらず、「労働の価値」と表現される場合、「棉花の価値」と同じように、「労働」が使用価値であり、「価値」が交換価値に対応すると想定されて、労働力商品の独自性が隠蔽される。
第3に、通常、賃金は後払いである。労賃は労働を提供した後に、日給・(日

第Ⅵ章　相対的剰余価値・絶対的相対的剰余価値・資本蓄積

本では稀な）週給・月給として支払われる。賃金後払い制では、賃金(V)が提供した労働＝価値生産物(V+M)と等価であるかのように現象する。

カントと古典経済学　資本と労働の交換は「我々の知覚(Wahrnehmung)」(S.563：訳925)には他の商品交換と同じように現象する。労働力商品の独自性も「通常の意識領域」(S.563：訳926)から落ちる。語法「知覚」・「通常の意識領域」はカント認識論批判を含意する。カントは人間の歴史貫通的な認識能力を限定＝批判したけれども、その批判からは、歴史的に独自な近代資本主義の内部に生きる人間が無意識にいだく虚偽意識の構造が抜け落ちていると批判しているのである。マルクスの経済学「批判」はカント批判哲学に対する反批判である。

マルクスは最後に「労賃」という現象形態についての批判的検討を敷衍して、次のように指摘する。

「現象形態は直接に自然発生的に普通の思惟形態として再生産されるけれども、その隠蔽された背景は学知(Wissenschaft)によって初めて発見されなければならない。古典経済学は、本当の事態にほぼ触れてはいるけれども、しかし、それを意識的に定式化してはいない」(S.564：訳928)。

Ⅵ-2-3-2　時間賃金　　　　　　③［続き］(S.565-573：訳929-942)

次は「第18章　時間賃金」である。まず、「第15章でのべた労働力の価格と剰余価値との大きさの変動に関する法則は簡単な形態変化によって労賃の法則に転化される」(S.565：訳929)と指摘する。この労賃への転化についてみよう。時間賃金は、1日の労働＝日労働に対して支払われる賃金をそれに対しておこなわれる労働時間で割った式、すなわち、

［労働力の日価値］／［労働時間（労働日）］＝時間賃金

である（S.568：訳935）。

時間賃金への複眼　時間賃金では労働者にとって自己の労働力を再生産する賃金財の価値＝賃金[V(U)]が資本家にとって労働力の使用価値(U)を生産的に消費して獲得する価値生産物と等しいものとして現象する[U(V)]。この両者を統一すれば、時間賃金を考察する観点が《③交換過程論[V(U)：U(V)]》を

245

展開した観点であることがわかる。

　時間賃金、すなわち「1労働時間の価格は労働の価格の尺度単位として用いられる」(S.566：訳930)。この式は［分数＝分子／分母］である (S.568：訳935)。3つの変数の関係は時間賃金のさまざまな変化を表現する。

　まず分母の労働時間は外延的な延長だけでなく、内包的な大きさも含意する。例えば、その内包的な大きさ＝労働密度が2倍になれば、分母が2倍になるので、分子が同じならば、時間賃金は2分の1になる。その差 (1－1/2 ＝ 1/2) は剰余価値に転化し、それまでの剰余価値に加算される。さらに例えば、労働者一家が労働する場合、婦人や児童の低賃金労働を含むから、名目的賃金の総額は増加するけれども、労働時間当たりの時間賃金は減少する (S.566-567：訳931)。

1時間単位の労働の実施　マルクスの時代のイギリスでは日給や週給が普通であった。さらに、実際1時間単位で労働させ、それに支払う文字通りの「時間賃金」が生まれてくる (S.568：訳933)。資本家は労働者の生活維持を考慮せずに、自分の利益のために任意に1時間単位で労働者に労働させたのである。ミクロ経済学が論じる労働市場での時間単位の労働は存在したのである。

　　「資本家は就業のいかなる規則も打破して、まったくの自己都合・恣意・
　　短期的利益にしたがって、法外このうえもない過度労働と、部分的失業ある
　　いは全くの失業を代わる代わる生み出すことができる」(S.568：訳934)。

　他方で、「資本家は《労働の標準価格》を支払うという口実で、労働日を異常に延長することができる」(同)。このような延長に対して1860年ロンドンの建設業労働者がストライキを打った(同)。「労働日の法制による制限」はこのような資本家の専横な不法行為を終わらせる。

　時間賃金があまりにも低いため、労働者は、任意に労働時間の長さを自由に選択できるどころの話ではなく、生き残るために超時間労働でもやむをえず就く。そのとき、「労働日の法制による制限」はこのように就業してやっと生存する活路を奪う (S.570：訳935)。「労働日の法制による制限」のジレンマである。

安い時間賃金と長時間労働　安い時間賃金は長時間労働を生み、その長時間労働がさらに低い時間賃金を生む。資本が相互に競争するだけでない。労働者も

労働市場で互いに競争する。低賃金でも生活のために甘んじて就業する労働者がいるので、資本家はそれをいいことに、低賃金で労働させ、それを慣行にする。低い時間賃金では生活できないので、1人の労働者が1人分以上の労働をする、その結果、他の労働者は仕事にあぶれ、労働する時間が少なくなる。そこで資本家は仕事に就けなくなった労働者にさらに低い時間賃金を提示し労働させる。こうして時間賃金はさらに低下してゆく。

　マルクスは明確には論じてはいないけれど、このような時間賃金低下傾向を加速させるのが機械制大工業であろう。それは、相対的剰余価値を目的とするだけでなく、固定資本のより早い回転をもとめ、連続する生産時間を要求し、夜間労働をふくむ交替制を導入させ、労働者を機械装置の付属品に転化し彼らに単純労働をさせ、単純労働であるから低賃金しか払わないという資本にとって好都合な活路を開く。相対的剰余価値が絶対的剰余価値をもたらすのである。

労働者間競争と低賃金　マルクスはこれに関連して、次のように指摘する。労働者の間の競争は低賃金をさらに低くする。このことによって、資本家は二重の不払い労働を獲得する。第1に、社会的平均以下の低賃金から獲得する不払い労働者を獲得する。第2に、労働時間の延長による「異常な…不払い労働分量」(S.571：訳939)の一部を「値引き」に当ててもなお存在する法外な剰余価値を獲得する。こうして、販売価格は次第に低下する。この価格低下傾向をさらに機械装置の労働生産性上昇傾向が加速する。資本間競争は、[1] 労働者間競争による労賃の低下傾向と、[2] 機械装置の導入・稼働による労働生産性上昇という二重の根拠をもって、価格低下を加速する。安価な商品供給の陰に労働者の悲惨が潜む。

　マルクスは価格低下の具体例をあげる。ロンドンの製パン業者である。安売りするパン屋は買い手を欺き不純物を混入したパンを売る。価格を安くするために労働者に賃金を支払わないこともある。労働者は「外国人か若者その他」(S.572：訳940)である。「その他」は婦人・児童であろう。

　その悲惨は資本家の眼中には入らない。「この嘆きは、資本家の頭脳のなかにはいかに生産諸関係の仮象(Schein)しか鏡映しないか(sich widerspiegelt)を示す」(S.572：訳941)。彼らにはいくら《科学的に》説明しても、「剰余労働時間」というカテゴリーは分かるとは限らない。剰余価値率が100％の場合、1時間の支払労働にも1/2時間の剰余労働が存在すること、時間外労働に2/3の割増

賃金を支払っても1/6(＝2/3－1/2)の剰余労働が含まれていることはわからないのである。あの「最終一時間説」のナッソー・シニアが好例である。

Ⅵ－2－3－3　出来高賃金　　　　　　　　　③［続き］(S.574－582：訳943－957)
マルクスはここでも《③交換過程論の展開された観点》から考察する。

> 「時間賃金が労働力の価値または価格の転化形態であるのと同じように、出来高賃金は時間賃金の転化形態以外の何ものでもない」(S.574：訳943)。

出来高賃金は「所与の労働時間当たりの労働力の価値」([労働力の価値]／[所与の労働時間])を生産物で表示する賃金形態である。出来高賃金制のもとでは賃金は「あたかも生産者の作業能力によって規定されるかのように見える」(S.574：訳943)。労働力の価値が生産物の使用価値に現象するかのように見えるからである。出来高賃金では、(労働力の)価値をみる観点[V(U)]と(生産物の)使用価値をみる観点[U(V)]が統一される[V(U)：U(V)]。したがって、ここでも《③交換過程論の展開された観点》で賃金が考察される。

出来高賃金に立ち入ってみよう。仮に通常の労働日が12時間であり、そのうち6時間が支払労働、残りの6時間が不払労働であり、全体の価値生産物が6シリングであるとする。加えて、12時間労働で1人の労働者が24個（3ペンス／個×24個＝72ペンス）を生産すると、1人の労働者は1時間に2個生産することになる。12時間労働の前半の6時間の支払労働で12個の必要生産物が、後半の6時間の不払労働で12個の剰余生産物が、それぞれ生産されることになる。この比率は単位を1時間にとっても同じである。前半の30分で1個の必要生産物が、後半の30分で1個の剰余生産物が生産されることになる。

仮象としての出来高賃金　しかしながら、「出来高賃金の形態は、時間賃金の形態と同じく非合理的である」(S.576：訳946)。なぜであろうか。上の例でみれば、2個の生産物から不変資本の価値を差し引けば、1労働時間の生産物である2個には6ペンスの「価値(Wert)」が存在する。しかし、労働者はこの2個の生産物に対して3ペンスの「価格(Preis)」を受け取る。ここで実在する6ペンスの価値に対して支払われる3ペンスは6ペンスの仮象形態であるから、マルクスは3ペンスの「価値」ではなく「価格」と表現する。6ペンスの価値から

3ペンス乖離する価値は「価格」である。この乖離する価格は、数学の虚数のように「想像されたもの」である。この語法は「価値からの生産価格の乖離」に継承される語法である。

「出来高賃金はなんの価値関係も直接に表現しない」(同)。6ペンスの価値生産物には労働者に支払われた賃金3ペンスの価値しか存在しないかのように現象する。出来高賃金では、差額の3ペンスの剰余価値は隠れて見えない。時間賃金と出来高賃金は同時代の異なる地域に並存する。ロンドンの植字工は出来高賃金で支払われ、地方の植字工には時間賃金で支払われる。ロンドンの馬具製造所では時間賃金が支払われ、フランスでは出来高賃金が支払われた。[31]

出来高賃金には独自な属性がある。その製品には平均以上の品質がなければならない。この要請が「(品質が劣れば)賃金を減額することやその他の資本主義的なごまかしの非常に実り豊かな源泉」(S.576：訳947) となる。それだけでない。例えば、1時間労働当たりのノルマ(成果)が課せられる。マルクスがあげる裁縫作業場の例では、ノルマは「1着のチョッキ」が「1時間」とか「半時間」という略称でよばれる。労働者個人ごとの能力差がある。労働者たちは生存競争しているから、能力が劣る労働者について《彼／彼女は貰っている賃金分の仕事をしていない》と陰口を囁やき、対立が激化すると本人への面罵になる。

横領される下請け賃金　出来高賃金制のものでは労働者たちは苛烈に競争する。したがって、監督労働者はいらない。マルクスは指摘する。

「この労賃の形態(出来高賃金)は…近代的家内労働の基礎をなすとともに、等級的に編成された搾取および抑圧の制度の基礎をなす。…出来高賃金は資本家と賃金労働者との間への寄生者の介入、仕事の下請け(Unterverpachtung der Arbeit, subsetting of labour)を容易にする。介在者の利得はもっぱら資本家の支払う労働価格と、この価格のうち介在者が労働者に現実に手渡す部分との差額から発生する。この制度はその特徴を表現して《苦汁

---

31) いわゆる「能力主義賃金」は概念上マルクスのいう出来高(個数)賃金である。能力主義賃金制では労働者は労働時間の自己管理権をもっているから時間賃金とは無関係である、と誤解してはならない。能力主義賃金制でも、労働者がこなす仕事の内容と量の決定権は労働者自身にはなく上司(監督労働者)が握っている。仕事量が増やされれば、労働者は自発的に労働密度を強化し、その限界を超えれば労働時間を伸ばさざるをえない。能力主義賃金(出来高賃金)は形態を変えた時間賃金である。

制度(Sweating System)》と呼ばれている」(S.577：訳947-948)。

　この制度の説明を読んで、現代日本の下請制度、特に原発労働調達の多層を成す下請け制度を連想しない者はいないであろう。幾重にも連結する下請企業の最下層に追い込まれ原子力発電の現場に就労する労働者に支払うと名目的に定められた最初の賃金から下請企業が次々とコミッションを横取りする制度である。はるか150年前のイギリス資本主義の鉱山労働に従事する最下層労働者は、現代日本の最下層の労働者に通底する。人がいやがる労働を引き受けないでは生きてゆけない労働者を踏み台にする《虚偽の豊かさ》がその上に聳える。その最高部の《虚栄の宴》はオモテナシで華やかである。
　出来高賃金制度は個人の能力差を厳しく査定する。「労働者個人の熟練・力・精力・持久力などの相違」(S.578：訳950)に応じて実際の収入を差別する。この格差を総合して得られる総賃金・総剰余価値にもとづく平均剰余価値率は一定以上に維持される。この制度は労働者たちを競争に駆り立てる。出来高賃金は《出来る個人の労賃は引き上げますよ》との呼びかけで労働者を刺激し、賃金全体の平均水準をじわじわ引き下げる。「出来高賃金は資本主義的生産様式に最も適合する労賃形態である。しかし、出来高賃金は決して新しいものではない」(S.580：訳953)。すでに14世紀のフランスとイギリスの労働法令に時間賃金とともに存在した。本来的マニュファクチュア期になって出来高賃金の有効性が本格的に確認され、大工業時代になると労働時間延長と賃金切下げの梃子として活用される。

Ⅵ-2-3-4　労賃の国民的相違　　　③［続き］(S.583-588：訳958-966)

　マルクスはこの「第15章　労賃の国民的相違」の冒頭で、労働力の価値の剰余価値に対する絶対的・相対的大きさを振り返り、他方で労働力の価格が表現される生活手段の分量が自立して運動することを指摘する。この第15章ではまず次のことを確認する。労働力の価格を $p(ak)$ とすれば、価値生産物(w)と労働力の価格の差が剰余価値の価格表示の相対的大きさ $p(mr)$ である。すなわち、

$$w = p(ak) + p(mr)$$

これに労働生産性上昇率(a)と労働の強度(d)を考慮して再定義すれば、こうなる。

$$d(w/a) = d\{p(ak)/a^2+[p(mr)/a+p(ak)/(1 - 1/a^2)]\}$$

マルクスはこの定式で次のことが表現されるという。すなわち、

「この運動の内部では組合せの時間上の変動として現象するものが、異なる諸国にとっては国民的諸労賃の同時的な大きさの相違として現象しうる」(S.583：訳958。強調傍点は引用者)。

賃金推移と同時代他国の賃金　すなわち、或る国の賃金の歴史的変化＝「先後継起(Nacheinander)」は、同時代の諸国の間に「同時並存(Nebeneinander)」するのである。

「個々の国々を構成部分とする世界市場においては……これらの(労働強度の異なる)国民的諸平均は段階状をなし、その度量単位は世界的労働の平均単位である。……価値法則は……世界市場では……より生産的な国民的労働が強度のより大きい国民的労働として計算されるということによって、修正される」(S.584：訳959)。

いま仮に、3つの資本主義国A[第1の国民]、B[中位の労働生産性の国民]、C[第2の国民]があり、その労働生産性の水準がA国＝3、B国＝2、C国1であるとする。B国が中位の労働生産性にある。その労働生産性を考慮した1単位当たりの労働を貨幣(G)で表示すれば、A国の労働は1.5 G、B国の労働は1G、C国の労働は0.5 Gで表示される。「貨幣で表現された労働力の等価物も、やはり第1国(A国)の国民のもとでは、第2(C国)の国民のもとでよりも高いであろう」(S.584：訳960)。では、生産物表示の賃金はどうであろうか。マルクスは注目すべきことを指摘する。

「しかしこのこと(貨幣表示の名目賃金の格差)が、現実の労賃、すなわち労働者の自由な処分にゆだねられる生活手段についても同じように妥当する

(gilt)ということを決して意味しない(keineswegs besagt)」(同)。

いま仮に、第 1 の国民と第 2 の国民の投下労働量が同じで、第 1 の国民の労働生産性(a_1)が第 2 の国民の労働生産性(a_2)より高いとすると($a_1 > a_2$)、生産物の量は第 2 の国民の生産量に対する第 1 の国民の生産量の比率は[$(a_1/a_2) > 1$]である。両国の比率表示[a_1/a_2]の価値生産物の構成はで次のようになる。

第 1 の(A)国民：[a_1/a_2]【$V/a_1+[M+V(1-1/a_1)]$】
第 2 の(C)国民：1【$V/a_2+[M+V(1-1/a_2)]$】

まず、「(生産物表示の) 日賃金や週賃金は第 1 の国民のもとでは第二の国民のもとでよりも高い」(S.584：訳960)。なぜならば [a_1/a_2](V/a_1^2) $> V/a_2^2$ だからである。しかし A 国および B 国の剰余価値に対する労働価格の比率は、

【$(V/a_1)/[M+V(1-1/a_1)]$】 ＜ 【$(V/a_2)/[M+V(1-1/a_2)]$】

となり、「第 2 の国民のもとでは第 1 の国民のもとでよりも高い」(同)。なぜなら、上の不等式の両辺を分子と分母のそれぞれの大小関係で示せば、「(左辺) 小 / 大 ＜ (右辺) 大 / 小」となるからである。マルクスが指摘するように、《労賃は労働生産性に正比例する》という H. ケアリの命題は成立しないのである (S.587：訳964)。

マルクスはついでイギリスの綿業がドイツやロシアに技術を輸出しイギリス人の支配人[ein englischer Direktor(manager)]が現地のイギリスの工場(die englische Fabrik)で指導している状況を紹介する(S.585 - 586：訳961 - 962)。現地ではいまだ労働権が存在せずに、労働者はかつてのイングランドと同じように勝手に酷使されているけれども、その生産物はイギリスでよりも遙かに少ない。厳しい労働、少ない報酬である。

資本と技術の輸出誘因　さらにマルクスはイギリス(イングランド・大ブリテン)とプロイセンなどのヨーロッパ諸国の 1 工場当たりの平均紡錘と 1 人当たりの平均紡錘のデータをあげる。工場平均紡錘数は例えばイングラントが126,000 錘、プロイセンが1,500 錘で、84 倍である。1 人当たり平均紡錘数では［イングランドだけでなく、スコットランドやアイルランドなど後進地域を含む］大ブリテンが74 錘で、プロイセンが37 錘であり、2 倍である。当時の紡錘の生産力の事例では、「2,200 錘の紡錘を備えたミュール紡績機が、ただ 1 人の男子(見

張工）と 2 人の女子補助工によって見張られて、1 日に 220 ポンドの綿糸（長さにして 400（英）マイル［= 644 キロメートル］が製造されている」例があげられている（S.586：訳 963）。マルクス同時代の諸国間の生産力格差の代表例である。

労働生産性格差が労働力の価値を急速に減価し剰余価値を急速に増大させる。とはいえ、綿糸重量ポンド当たりの（賃金・運賃保険料などの）総生産費がイングランドで生産するよりもヨーロッパ後進地域で生産する場合の方が確実に安価であれば、そこで生産させる。上のドイツ・ロシアの例がこれであろう。

資本および技術の輸出の動因は、労働費用を含む安価な生産費である。異国の安価な労働者がイングランドに移動する必要は必ずしもない。労働力移動費が掛かるし移住地への適応がうまく進むとはかぎらない。「労働力の国際移動」よりも「資本の国際移動」のほうが、費用が少なく収益性が高い場合もあるのである。その場合は、イングランドの資本が安価な労働力が豊富な国地域に移動すれば良いのである。このことをマルクスの記述は含意する。フランスの産業革命（1810 年代〜 1870 年代）はイギリスから技術を輸入することで展開した。イングランド資本主義は「自由貿易帝国主義」（貿易および資本の文明化作用）であるだけでなく、すでに「資本輸出・技術輸出の自由帝国主義」であったのである。

VI - 3　資本の蓄積過程　　　　　　　　　　　　 {①} - ③ - ②

VI - 3 - 1　資本の蓄積過程［前書］　　 {①}（S.589 - 590：訳 967 - 969）

ここから『資本論』第 1 部「第 7 編　資本の蓄積過程」に入る。第 7 編は大別すると、資本蓄積論と原蓄論からなる。資本蓄積論は展開された《①価値形態論および③交換過程論の観点》から考察される。原蓄論はもっぱら展開された《②商品物神性論の観点》から考察される。

ではまず、第 7 編の前半は何を論証しようとするのであろうか。これまで第 3 編・第 4 編・第 5 編で剰余価値の生産をあとづけてきた。では生産された剰余価値はそのあとどのような過程に進んでゆくのであろうか。この問いを立てそれに答えるのである。つまりここでも、《或る問いの答えがさらに新しい問いを生みその答えが探求される（Qi → Ai = Qj → Aj）》という『資本論』の編成

原理が貫徹するのである。

　マルクスは第7編の冒頭で、5つのパラグラフからなる表題のない文章を書いている。本書ではこれを「蓄積論への前書き」あるいは「前書き」とよぶ。この前書きは、短いので読み飛ばされてきたけれども、『資本論』第1部の資本蓄積論の『資本論』全3部体系における位置を知るうえで重要である。『資本論』形成史の観点からは、次のような重要な含蓄が読める。

前書きの価値形態論の観点　前書きは、次のように第1部の資本蓄積論の範囲と課題を規定する。

　「或る貨幣額が生産手段と労働力に転化することは、資本として機能すべき価値分量がおこなう第1の運動である。この運動は市場で、すなわち、流通部面でおこなわれる。資本の第2の局面である生産過程は、生産手段が商品に転化されると同時に完了するけれども、この商品の価値はその構成部分の価値を超えている。したがって最初に前貸しされた資本に剰余価値を加えたものを含んでいる。これらの商品はそれから再び流通部面に投げ込まれなければならない」(S.589：訳967。傍点強調は引用者)。

　上の引用文のゴチック体で明らかなように、マルクスはこの前書きで資本の運動を《①価値形態論の展開された観点[V(U)]》から考察している。資本の価値増殖の運動を、最初の局面である貨幣資本の生産資本への転化[貨幣資本G－生産資本W(労働力Ak＋生産手段Pm)]でとらえる。ついで第2の局面である資本の生産過程とその結果である商品資本でとらえる[……生産過程P……商品資本W′]。最後に、第3の局面、剰余価値を含んだ商品資本の貨幣資本への再転化過程[商品資本W′……貨幣資本G′]でとらえる。つまり、次のような貨幣資本循環範式になる。

$$[G － W(Ak+Pm)……P……W′－G′]$$

価値と使用価値は同格ではない　マルクスが『資本論』第1部の「資本の蓄積過程」で先ず使用価値の再生産を前提にして(その論証は第2部第3編にゆだねて)、もっぱら価値の再生産＝蓄積過程として論じる。なぜならば、資本主義的生産様式はなによりも「価値の再生産＝蓄積過程」を動因とするからであ

る。なによりも資本主義的生産様式のこの独自性を論証する『資本論』第1部にとって、「価値の再生産＝蓄積過程」と「使用価値の再生産＝流通過程」は同格ではない。最初から価値と使用価値を同格であると想定すると、価値と使用価値は相互に相対化し、資本主義的生産様式の独自性は論証できない。『資本論』第1部は、資本主義的生産様式が価値の増殖と蓄積を自己目的とする生産様式であることを論証することが使命である。そこでは価値の蓄積＝再生産の物的諸条件（使用価値）は前提される。

その論証を受けて、『資本論』第2部第3編では、資本の価値の蓄積＝再生産がいかに他の資本との使用価値の社会的再生産＝流通で媒介しあっているかを論証する。『資本論』第3部が「生産価格ターム」で展開されるのに対して、第1部と第2部とは同じ「価値ターム」の次元で展開される。しかし、第1部が「単数資本」であるのに対して、第2部（第3編）では「複数資本」の間の社会的再生産＝流通が論証される。第3部では第2部の「複数資本」の観点を継承し、「複数資本」が「競争関係」をつうじて、剰余価値を平均利潤に転化しそれを諸資本が分配しあう様式が論証される。第2部第3編（価値ターム・複数資本の社会的再生産）は第1部（価値ターム・単数資本）を第3部（生産価格ターム・複数資本間の競争）に媒介する位置にある。

第1部の価値の再生産＝蓄積過程は使用価値の再生産過程を前提とする。このことは、『資本論』の論証の始元が価値形態論に存在することに対応する。価値は歴史貫通的な所与ではない。価値は、使用価値が質的に異なる商品が交換関係で相互に媒介し否定しつくす収束点＝「無限遠点」から生成する。商品所有者はその極点に依拠して交換していることに無自覚である。生成した価値はまず価値形態の第1形態で使用価値を自己の表現媒態とする。『資本論』第1部の資本蓄積論は根源的に価値形態の第1形態に照応する。このような価値と使用価値の前提＝措定関係は、古典経済学（なかでもスミスの『国富論』）の批判的継承に起因する。

スミス価値概念の批判　スミスは『国富論』第1編第4章貨幣論の終りで価値（VALUE）には使用価値（value in use）と交換価値（value in exchange）とがあるという。マルクスはスミスの《価値＝使用価値、価値＝交換価値》という「1概念＝2定義」の曖昧さを分析し、なぜ価値が使用価値でもあるかのように現象するのかを解明することこそ経済学批判の基礎作業であると判断する。『経

済学批判要綱』以来、使用価値と交換価値との古典経済学的な並行関係をいかに批判するか、価値と使用価値がいかに媒介しあい資本主義的生産様式を編成しているか、その編成様式を探求してきた。『経済学批判要綱』（1857-58年）のあとの２つの『資本論草稿』である『1861-63年草稿』も『1863-65年草稿』も、その探求の記録である。その様式の出発点は、心身並行論に立つスピノザの『エチカ』の基本順序《実体→属性→様態（個物）》を転倒した順序、すなわち《個物（様態）［商品］→属性［使用価値と交換価値］→実体［具体的有用労働（自然的実体）・抽象的人間労働（社会的実体）］》という順序を、『経済学批判』と『資本論』の冒頭の２つの節に採用して、定礎する。マルクスは《始元は個物である》とする点でアリストテーカーである[32]。

実現過程の２つの問題　「前書き」での問題の要点は「第３の局面」＝「商品資本の実現過程（W'－G'）」にある。そこには次の２つの問題がある。

　［１］商品資本の貨幣資本へ再転化＝実現の諸条件とは何か（実現問題）。

　［２］実現諸条件と剰余価値の諸収入への分配。

　この２つの問題はいずれを先に論証すべきか、という問題である。

　実は、マルクスはこの問題に最初に『経済学批判要綱』「資本章」「Ⅰ．資本の一般性」で遭遇し、『1861-63年草稿』で相対的剰余価値を論じた直後に再び遭遇した。その取組はその相対的剰余価値から「第３章　資本と利潤」へ執筆順序を移したことに記録されている[33]。この「再生産と分配の順序問題」の起源は、マルクスが1844年に『経済学・哲学草稿』を執筆するさいに『国富論』ノートを作成したときにある。ここでその要点を記せば次のようになる。

---

32)　マルクスは『要綱』の「貨幣章」を「実体→属性→様相（個物）」というスピノザのタームで書き始め、用語「使用価値」の代わりに用語「属性（Eigenschaft, Attribut）」を援用する。「貨幣章」後半になってようやく「使用価値」を用いる。「資本章」ではスピノザの「実体→属性→様相」に対応するヘーゲルの推論第１格「個別→特殊→一般」を転倒した順序「一般→特殊→個別」を「資本章」の体系編成の基準に援用する。『要綱』の最後に「1) 価値」、すなわち単純商品＝個別という経済学批判の始元を定める。マルクスは『要綱』で、スミスの交換価値と使用価値との並行論をスピノザの心身並行論の経済学的形態であるとみて、両者が転倒した体系であることを論証する作業にとりくんだのである。

33)　この執筆順序については、大村泉「『資本論』第３部の端緒項目－未発表草稿《第３章　資本と利潤》の一部公表によせて」『（北海学園大学）経済論集』第28巻第２号、1980年を参照。内田弘「二重の不変資本問題の理論射程」（『専修経済学論集』第21巻第１号、1986年３月）を参照。

『国富論』は、第1編前半の転倒した順序、すなわち《分業論(第1章)[34]→交換本能論(第2章)→市場(商品・貨幣)論(第3章)→貨幣論(第4章)→単純商品論(第5章)→第6章の商品価格要素論》から、第1編後半の《分配論》を経て、第2編の《資本蓄積論》へという順序に編成されている。「転倒した順序」というのは、《商品＝貨幣関係(第1～3章)→貨幣(第4章)→単純商品(第5章)》という順序のことである。この順序は《商品→貨幣→商品＝貨幣関係》に逆転しなければならない。

注目すべきことに、スミスは、次の第1編「第6章 商品の構成諸要素について」で商品の構成諸要素は「賃金・利潤・地代」であるという[35]。その商品価格要素(賃金・利潤・地代)論(第6章)を受けて、次の第7章の自然価格・市場価格論で価格論を媒介に、その諸要素を賃金論(第8章)→利潤論(第9章)→賃金＝利潤関係論(第10章)→地代論(第11章)という順序で展開する。その後、第2編の流動資本・固定資本論(第1章)→貨幣＝収入論(第2章)→資本蓄積論(第3章)→利子論(第4章)→投資産業順序論(第5章)とすすむ。第5章の投資論は産業順序のかたちの再生産論である。

つまり、『国富論』第1編の単純貨幣論(第4章)＝商品論(第5章)の後に分配論(第8章～第11章)がつづき、そのあと資本蓄積＝再生産論(第2編)が置かれるという順序である。しかし、分配されるパイがいかに生産されるか、その生産過程の解明が先決問題である。したがって、第1編後半の分配論から第2編の資本蓄積＝再生産論へという、これまた「転倒した順序」は《再生産＝蓄積論→分配諸形態論》に入れ替えなければならない。

さらに問題がある。剰余価値を含んだ商品資本(第1編第6章)は他の経済主

---

34) 『国富論』冒頭の分業＝マニュファクチュア論は、マルクスの読みでは、作業場内分業・社会内分業の二重の意味を含み、さらに社会内分業は単純商品論次元のそれと個別資本間分業の二重の意味を含む。

35) マルクスは『1861-63年草稿』でその構成要素には不変資本が欠落しているとして「V＋Mのドグマ」と批判した。このドグマ問題と実現問題は不可分である。なお、スミスのこの価格構成要素論に「集合(価格)と諸要素(賃金・利潤・地代)の関係」が読み取れる。商品集合はその価格諸要素に比例して配分できる。この関係を一般化すれば、『資本論』冒頭の商品集合とその構成要素としての個別商品との関係になる。集合は要素に転態しより高次元の集合に包摂される。この集合と要素の関連が再生産可能領域を構成するので資本主義的生産様式は存続できる。部分と全体はカントのいうように絶対的に対立するアンチノミーではなく、相補的である。

体に販売して貨幣資本に再転化できる。その買い手は資本家・賃金労働者のいずれであっても競争関係にある。販売はスムーズに進行するとはかぎらない。実現可能な最低限の諸条件とは何か。これは再生産表式の問題である。その実現諸条件は、同時に諸資本との競争関係に結合しているから、利潤率の問題に絡んでいる。したがって、資本の実現過程という第3の局面（W'―G'）は、『資本論』の第2部と第3部の内容が相互に含み合った難問である。すなわち、すでに第Ⅲ章転化論でみたように、

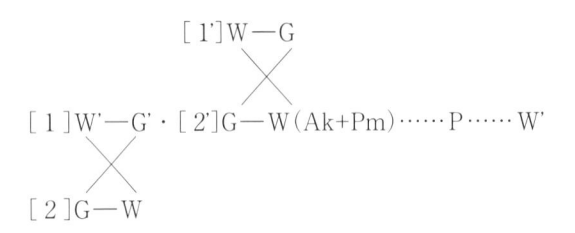

$$
\begin{array}{c}
[1']W\text{―}G \\
\diagdown \diagup \\
[1]W'\text{―}G' \cdot [2']G\text{―}W(Ak+Pm)\cdots\cdots P\cdots\cdots W' \\
\diagup \diagdown \\
[2]G\text{―}W
\end{array}
$$

という［1］販売と［2］購買の媒介関係である。［1］W'―G'の販売過程を媒介する［2'］G―Wの購買は、［1］に接続する［2'］購買と同じ形態転換である。［2］G―Wには［1'］W―Gが媒介する。販売W―Gから購買G―Wへの移行は、その逆の順序で購買G―Wと販売W―Gが媒介する。『資本論』第1部の主題が価値増殖する資本の論証であるから、まず［2］を所与として前提する。そのあと、第2部第3編でその前提条件そのものを主題にする。「借りのある論証」はのちに返済（論証）される。［1］前進したあとで［2］遡及することで、［2']次の前進が論証されるという順序である。

　［1］（W'―G'）は、［2］（G―W）とは「(左右)反転対称」の関係にあり、［2'］（G―W）は貨幣（G）を軸に180度回転した「回転対称」の関係にある。しかも、その［2']購買を［1']販売が媒介する。取引相手の過程（G―W）は自己の次の前進する過程（G―W）と同じである。こうしてこの過程全体で「並進対称」をなす。貨幣の資本への転化からの過程を［1］で閉じて貨幣資本循環範式（G……G'）を提示する。［1］と［2］の媒介関係は第2部第3編の商品資本循環範式（W'……W'）で論証する。その範式は『資本論』第1部に潜在する。冒頭商品から直接的生産過程の結果までの過程（W……W'）がそれである。

　その問題に本格的に取り組んだのが『1861‐63年草稿』と『1863‐65年草稿』

258

である。特に、後者の草稿の中の「第1部第6章　直接的生産過程の諸結果」で最初に書かれた草稿「資本の生産物としての商品」では、『資本論』の「第2部　資本の流通過程」および「第3部　総過程の姿態形成」への移行の諸条件が綿密に考察されている。[36]

このような『資本論』形成史的成果を背景に、「蓄積論への前書き」は『資本論』第2部および第3部への関連の要点を次のように記す。

「以下では、資本がその流通過程を正常に通過することが前提されている。この過程のより詳しい分析（再生産表式）は第2部でおこなわれる」(S.589：訳967)。

「剰余価値はさまざまな部分にわかれる。剰余価値の諸断片はさまざまな部類の人々の手に入って、利潤・利子・商業利得・地代などのような相互に自立したさまざまな形態を受け取る。剰余価値のこれらの諸形態は第3部ではじめて取り扱うことができる」(S.589：訳968)。

「剰余価値の分割と流通の媒介運動とは、蓄積過程の単純な基本形態をあいまいにする。それゆえ、蓄積過程を純粋に分析するためには、蓄積過程の機構の内的作用を覆い隠す一切の現象をしばらく度外視することが必要である」(S.590：訳969)。

第1部の資本蓄積論は「蓄積過程の単純な基本形態」の解明である。その解明では、価値としての資本が剰余価値を生産し、生産された剰余価値が資本に再転化され蓄積される過程に限定する。そのさい、「蓄積過程の機構の内的作用を覆い隠す一切の現象」、つまり、第2部第3編の使用価値（生産手段および生活手段）の再生産や第3部の剰余価値の分配が、いかに展開するか、その解明は後回しにする。第1部の価値としての資本の蓄積の側面は端的に、貨幣の資本への転化から資本の生産過程を経て商品資本が貨幣資本に再転化する、貨幣資本循環［G － W(Ak+Pm)……P……W' － G'］が表現する。

その点を考慮して第2版以後の価値形態論に、『資本論』初版の価値形態論で主題化されなかった貨幣が導入されるようになる。価値論を構成する①価値

---

36)　内田弘『中期マルクスの経済学批判』（有斐閣、1985年）、第4章を参照。

形態論・②商品物神性論・③交換過程論は、価値論の範囲だけで問題になるのではない。価値形態論の内容の変化は『資本論』体系の編成と内面的に関係する。それらのモメントが『資本論』体系にいかに媒介されるかという複眼から、マルクスは価値論の構成を修正したのである[37]。

Ⅵ-3-2　単純再生産　　　　　　　　　③（S.591 - 604：訳970 - 992）

剰余価値・使用価値の再生産　『資本論』第１部の資本蓄積論は単純再生産論（第１節）、拡大再生産論（第２節）および両者の統一論（第３節）からなる。資本蓄積論の基本的観点は①価値形態論である。その観点①を前提にして、その前提条件としての使用価値を最小限にしぼって確認する作業が価値および使用価値の複眼＝③《交換過程論》の観点からおこなわれる（①から③への遡及）。
　したがってマルクスは、再生産を「使用価値の再生産」および「剰余価値の

---

[37] 『資本論』価値論のこれらのモメントが初版から第２版にかけて、いかに変化したかについての詳細な研究書として、榎原均『《資本論》の核心』（情況新書、2014年）がある。その榎原書を論評した新田滋「『資本論』初版本文の価値形態論と抽象的人間労働」（『情況』2014年7・8月合併号）も参照。なお、内田弘「『資本論』第２部「第１草稿」の対称性」（『（専修大学）社会科学年報』2014年3月、第48号）では、第１部の蓄積論が①《価値形態論》の単数主体＝理論的観点からの考察であるのに対して、第２部の単純再生産・拡大再生産＝流通論は③《交換過程論》の複数主体＝実践的観点から展開されていることを論証している。『資本論』第２版以後の①価値形態論に登場する貨幣論は、③交換過程論に初めて登場する人格（商品所持者）が実現する貨幣の現実的措定にとっての理論的前提であり、交換過程論でその前提（借り）は返済される。この両者（①と③）の対応関係が①第１部の蓄積論と③第２部の再生産＝流通の関係に再現する。②の商品物神性論は、第３部冒頭の価値タームの①利潤論につづく②費用価格論を展開する観点でもある。転形問題は②商品物神性論の観点からの論証であり、単なる「総価値＝総生産価格」の数値計算問題ではない。価値の生産価格への論理的転形過程で資本間競争に晒されると想定されるのは剰余価値部分だけではなく、生産物価値の総体（C+V+M）である。主要競争要因である労働生産性上昇率（a）で規定される生産物の価値構成は、$1/a\{(C+V/a) + [M+V(1-1/a)]\}$ である。そのうち $\{C/a+V/a^2\}$ が k（費用価格）に、$\{M/a+V/a(1-1/a)\}$ が p（平均利潤）に同時に転形する。この同時転形過程を資本家に隠蔽するのが②商品物神性＝仮象である。それを『資本論』形成史的に裏づけるのが、第３部「主要草稿」の費用価格論の基本用語が「物神性・仮象・神秘化」であることである（Vgl. MEGA, II/4.2,S.50ff.）。この同時転形は３つの三角形（『資本論』第１・２・３部）が相互に変換可能な双対空間における価値次元から生産価格次元への変換であろう。岡崎乾二郎『ルネサンス 経験の条件』（文藝春秋、2014年、157 - 162頁）を参照。この注目すべき著作の主題は美術史を貫く射影変換の問題史である。『資本論』はこのような学際的傑作に対比される。

再生産」の二面に分析する。あらゆる生産形態は自己の社会的再生産のために必要な使用価値を再生産する。すべての生産形態を通して歴史貫通的に社会が存続するのは、生産が繰り返しおこなわれるからである。「生産過程はその社会的形態がそのようなものであっても、継続するものでなければならない」(S.591：訳970)。「社会的生産は同時に再生産過程である」(同)。社会的再生産は、社会に生きる人間の生存条件＝再生産の条件である生活手段を生産し、再生産の物的な条件である生産手段(労働手段・原材料・補助材料など)を補填する。生活手段の消費は「個人的消費」であり、生産手段の消費は「生産的消費」である。

　しかし、使用価値の再生産過程は資本主義的再生産の前提条件である。剰余価値という価値が主体であり、使用価値の再生産はそれに従属する前提条件である。マルクスはこのことを確認して次のようにのべる。

　　「資本主義的生産様式のもとでは、労働過程が価値増殖過程のための１つの手段としてのみ現象する。それと同じように再生産も、前貸価値を資本、すなわち自己増殖する価値として再生産するための１つの手段としてのみ現象する」(S.591：訳971)。

　引用文でいう「手段」は前提のことである。資本が生産する剰余価値は資本から生まれる「収入」として現象する。この収入が資本家の消費元本となる。この収入がすべて資本家の消費元本として消費される場合は資本の価値は増殖せず、単純再生産が進行する(S.592：訳971)。「この(単純再生産の)過程は単なる孤立した過程の経過であるかのような仮象上の性格を消滅させる」(S.592：訳972)。消滅して何が見えてくるのであろうか。

賃金後払い　労働者は資本家に雇われて労働に従事する。そのさい注意しなければならないのは、「労働者は自分の労働力が働いて自分自身の価値と剰余価値とを商品のなかに実現した後で、初めて(賃金が)支払われる」(同)ということである。つまり、「賃金の後払い制」である。このことは賃金論でみた。それは次のような仕組みによる。労働者は資本の生産過程で自分自身の生活手段を商品資本のなかの可変資本の部分で生産し、さらに資本家の収入となる剰余価値を生産したあと、「後払い賃金」を受取り、それでもって生活手段を買い戻す。貨幣賃金は、労働者が自分で生活手段を生産しそれを消費する労働力の再生産

過程を分離することで、剰余価値搾取を隠蔽する。

貨幣賃金の自立化　貨幣賃金は、生活手段の生産とその後の生活手段の購買＝消費をまるで無関係な事柄であるかのように分離し自立させる。けれども資本の生産過程の連続性＝「再生産過程の相の下で」みるならば、分離＝自立した2つの事柄は関係づけられ、その正体が判明する。労働者は自分の労働力を再生産する「労働元本」(S.593：訳973) を自分で生産し自分で消費しているのである。可変資本は労働元本が現象する資本主義的形態である。それだけではない。労働者は、資本家の「収入」という形態で取得される剰余価値を体現する資本家用の生活手段までも生産している。こうして、資本の生産過程が継続する再生産過程でみると分離＝自立した形態が消滅しその実態が顕現してくる。

　「我々が資本主義的生産過程をその更新の絶えざる流れのなかで考察するやいなや、可変資本は資本家自身の元本から前貸しされた価値であるという意義を失ってしまうのである。しかしやはり、この過程はどこかでいつかは開始されなければならない」(S.594：訳975)。

そこでもちだされるのが「本源的蓄積」の物語である。《実はね、資本主義のそもそもの始めでは、資本家の先祖は自分の労働で獲得した価値を無駄づかいしないでせっせと貯め込み、やっと投資に必要な最小限度の価値以上の価値を蓄積したあと、その蓄積基金を労働市場と生産財市場に投下したのですよ。本源的資本は資本家の自己労働の蓄積物なのです》という《勤労と禁欲の物語》である。勤勉と禁欲が資本家を生んだというのである。《自己努力（自助）と自己責任こそが、あなたを幸せにするのです》というわけである。このイデオロギーは、厳しい生存条件にじっと耐え生きている者を《他にもっと我慢強く耐えている人がいる。自分にはまだまだ忍耐と努力が足らない》という自責の沈黙に追い込む。この物語については、第24章の原蓄論で本格的に検討される。

元本食いつぶし論　ここではマルクスは異なる反論を展開する。「前貸元本食いつぶし論」である。果たして、資本家のいうところの勤労と禁欲による「自己労働の蓄積物」は手付かずにいつまでも存続するか、という疑問である。マルクスはわかりやすい例をあげる。

第Ⅵ章　相対的剰余価値・絶対的相対的剰余価値・資本蓄積

「もしも或る人が自分の財産の価値に等しい借金をするとして、その全財産を消費し尽くす(aufzehren)とすれば、まさにこの全財産は借金の総額を表しているにすぎない。資本家が自分の前貸資本の等価を消費し尽くした場合も同じである。この資本の価値は、彼が無償で取得した剰余価値の総額を表しているにすぎない」(S.595：訳976 - 977)。

借金の場合は、自分の財産は全額(利子抜きであるとして)を貸主に渡さなければならない。財産はゼロになる。マルクスがあげる例では、前貸資本総額が1,000ポンド・スターリングであり、資本家が毎年200ポンド・スターリングを個人的消費に充当する例である。この例では、(1,000 ÷ 200 =)5年で元本は食いつぶされてしまう。しかしなお、彼の資本が1,000ポンド・スターリングありその額で運動し続けているとすれば、それはなぜであろうか。理由はこうである。

毎年生産される200ポンド・スターリングの剰余価値(M)が資本家の消費元本(Ki)200に当てられ、それでもって減少した前貸資本(F)200が置き換えられてきたからである。このことを数値例でみよう。最初の年度末で(1,000F － 200Ki) + 200M = 800F + 200M = 1,000、2年度末には(800F － 200Ki) + (200 + 200)M = 600F + 400M = 1,000 となる。年々前貸資本が200ポンド・スターリングずつ減っていく(1,000 → 800 → 600 →……)。年々減ってゆく前貸元本の価値が剰余価値で補填される。10年度末には、(200F － 200Ki) + (200 + 200 + 200 + 200 + 200)M = 0F + 200M × 5 = 1,000M となる。5年後には資本はすべて剰余価値に置換されているのだ。

「資本は、それが生産過程に入ったときにはその充用者が自ら労働して獲得した財産であったとしても [本源的資本は資本家の自己労働の蓄積物であると仮定しても]、早晩、それは等価なしに取得された価値に生成する。つまり、貨幣形態であろうとなかろうと、他人(労働者)の不払労働の体化物(Materiatur)に生成する」(S.595：訳977、[ ] は引用者補足)。

資本に生成する価値　資本は結局、他人(労働者)の労働の体化物である。ここに価値論で用いられた用語「体化物」が再現していることに注意したい。価値

論は展開を重ねて資本蓄積論に連続しているのである。資本家のいうところの《自己労働の蓄積物》としての前貸資本 1,000 は、これすべて剰余価値という他人からタダで対価なしに獲得した剰余価値に置換し蓄積されている。その意味で、仮にそもそもの資本が自己労働の蓄積物であったとしても、早晩それは他人労働＝剰余価値の蓄積物に置換する。その意味で資本は剰余価値の蓄積物である。資本は剰余価値なのである。価値を体現する貨幣が主体の運動《貨幣 a —商品—貨幣 b》は貨幣 b ＞貨幣 a、貨幣 b －貨幣 a ＞ 0 であった。価値は増殖する価値、剰余価値を生産する価値である。その剰余価値が資本に置換＝転化する。価値＝剰余価値＝資本（蓄積された剰余価値）、価値＝資本である。冒頭商品が商品資本であるように、価値は資本価値である。価値がなぜ・いかにして資本に生成するのか、その生成過程をいままで論証してきたのである。

見えない糸で　労働者は、資本家に労働力を販売する関係を通じて、自分の労働元本を生産するだけでなく、資本家の消費元本も生産する。その行為で、この関係も再生産される。物質的富の再生産だけでなく、その関係そのものも再生産されるのである。この２つの再生産は不可分である。資本家と労働者のこのような関係をその継続性＝連続性でみると、個々の資本家も個々の労働者もそれぞれ分類されて（klassifiziert, classified）現象する。彼らは労働者階級と資本家階級として２つの階級（Klasse, class）に分離して現象する。

　「労働者階級の不断の維持と再生産は、資本の再生産のための恒常的条件である。資本家はこの条件の実現を、安心して労働者の自己維持本能と生殖本能にゆだねることができる」（S.598：訳 981）。

個々の労働者と個々の資本家の雇用関係は自由で平等であるかのように現象するけれども、両者を一括して総体としてみると、まったく別の相がみえてくる。労働者階級に生まれた子は《頑張れば偉くなれるよ》と励まされるけれど、ほとんどやはり労働者になる。

　「社会的観点からみれば、労働者階級は直接的な労働過程の外部でも死んだ労働用具と同じように資本の付属物である。彼らの個人的消費でさえも、或る限界内では、ただ資本の再生産過程の１つの契機にすぎない。……ロー

マの奴隷は鎖によってその所有者につながれているのに対して、賃労働者は見えない糸によって(durch unsichtbare Fäden)、その所有者につながれている。賃労働者の独立という仮象は、個々の雇い主が絶えず交替することによって、しかも契約という《法的擬制》によって維持される」(S.598‐599：訳983)。

労働者自立の仮象　マルクスは労働者が資本に拘束されている実例をあげる。「イギリスでは機械労働者の移住は1815年に至るまで重刑をもって禁止されていた」(S.599：訳983)。機械工としての技能をもった労働者が後から産業革命を推進するフランスなどに移住されてはかなわないというわけである。フランスの産業革命は1810年代から1870年代までである。イギリスより数十年遅れて始まったけれども、競合する時期はあった。その期間に重要な機械工がイギリスからフランスへ移住されてはかなわない。禁止しよう、というわけである。同じことはアメリカ南北戦争のときに起きた。そのために発生した棉花恐慌で失業した労働者がイギリスの植民地や合衆国に移住したいという要求の声があがったとき、マンチェスター商工会議所の前会頭は、棉花恐慌のあとに再びビジネスチャンスがくるから、熟練労働者にはイギリスに定住させていくべきであるという「労働力に対する資本の所有権」(S.600：訳984)を世論に訴えた。庶民院では「確かに労働者は財産ではない。ランカシャーおよび雇い主の財産ではない。しかし、彼らはこの両者[ランカシャーと雇い主]の強みである。一代では補充することはできない精神的で訓練された力なのである」(S.600：訳985)と力説したのである。その美辞麗句を剥いでみえる彼らの本音は、労働者は資本の所有物であるということである。不況で解雇した期間でも、資本家には労働力の事実上の所有権があるというのである。

　「事実上、労働者は自分を資本家に売る前にすでに資本に属している。労働者の経済的隷属は、彼自身の販売の周期的更新や、彼の個人的雇い主の交替や、労働の市場価格の変動によって媒介されると同時に隠蔽される。……したがって、資本主義的生産過程は、その連関のなかで考察すれば、すなわち再生産過程としては、商品だけを、剰余価値だけを生産するのではなくて、資本関係そのものを、一方には資本家を他方には賃労働者を生産し、再生産するのである」(S.603‐604：訳990‐992)。

単純再生産過程は、労働者の労働元本の再生産であり、かつ資本家の消費元本の再生産過程である。さらにこのことを通じて、労働者階級および資本家階級の関係そのものの再生産過程である。労働者階級は資本家階級が存続することを自己の存続の条件としている。このことによって、逆に資本家階級も労働者階級の存続を自己の存続の条件としている。相対立する存在が相互に相手を自己の存在の前提条件としている。この関係は本源的には《③交換過程論》における《価値の実現は使用価値の実現を条件とし[V(U)]、かつその逆に、使用価値の実現は価値の実現を前提条件としている[U(V)]という矛盾[V(U)：U(V)]》と同型である。両階級の再生産関係はその展開形態である。

　すでにみたように《賃金後払い・貨幣賃金の自立化・元本食い潰し・元本無限小化・見えない糸・労働者の自立性》が《②商品物神性＝仮象》の観点から解明されている。その解明が権利づけられるのは、単純再生産論の観点《③交換過程論》が観点①《価値形態論》と観点②《商品物神性論》の統一であるからである。使用価値の再生産を前提とする①剰余価値の蓄積[V(U)]は、その裏面に②使用価値に価値が憑依する事態[U(V)]が前提になっているからである。この観点②が、拡大再生産論・一般的傾向論の深部にも貫徹して、後の原蓄論の基本的観点が《②商品物神性論の展開された観点[U(V)]》であることに連結するのである。

Ⅵ-3-3　剰余価値の資本への再転化　　③［続き］(S.605-639：訳993-1052)

　この第22章は5つの節からなる。いずれも《③交換過程論の展開された観点》からの考察である。

Ⅵ-3-3-1　拡大再生産と領有法則の転回　　③［続き］(S.605-614：訳993-1008)

　第21章の単純再生産論では剰余価値はすべて資本家の消費元本になって消費される場合であった。そこでは剰余価値は前貸資本と置換されるという意味では蓄積された。しかし資本の価値量は維持されるままであり、増大しない。その「増大しない」という意味では、単純再生産では資本は生産した剰余価値を資本に再転化してはいない。固有の資本蓄積は拡大された規模で剰余価値の蓄積がおこなわれることである。この第1節では固有の意味の資本蓄積を解明

第Ⅵ章　相対的剰余価値・絶対的相対的剰余価値・資本蓄積

する。

拡大再生産の例証　『資本論』の剰余価値論では「どのように資本から剰余価値が生じるか」(S.605：訳993) が考察された。拡大した規模で剰余価値が再生産されるという意味で「どのように剰余価値から資本が生じるか」(同) が第1節から考察される。

　マルクスは10,000ポンド・スターリング(PS)の前貸資本が8,000PSの不変資本と2,000PSの可変資本に投下され、剰余価値率100％で2,000PSの剰余価値が生産される具体例をあげる(同)。その2,000PSの剰余価値は父親である元の資本構成の比率をまねて、2,000PSを1,600PSの不変資本と400PSの可変資本に投下し、400PSの剰余価値を生産する。以下同じように400PSの剰余価値は80PSの剰余価値を生産する。最初の前貸資本は10,000PSであったけれども、次の年には10,000 + 2,000PS = 12,000PSの資本になる。次々年には10,000 + 2,000 + 400 = 12,400PSの資本額になる。次々々年には12,480PSになる。資本の価値は累積的に並進対称的に増大する。これをマルクスは「拡大された規模で開始される」(S.606：訳994)資本の生産という。

拡大再生産の物的諸条件　以上は資本の価値額という抽象的側面からの考察である。しかし、資本の価値は無条件で増加できない。それには物的な再生産条件が不可欠である。上の例に振り返ると、10,000PSの前貸資本がさらに次年度に生産を続けるためには、「年生産はさしあたってまず、その年のうちに消費される資本の物的構成部分を補填すべきあらゆる物(使用価値)を提供しなければならない」(S.606：訳995)。

　さらに、その本源的資本が生産した2,000PSの剰余価値が父親と同じ、2,000PS = 1,600C+400Vという資本構成で生産過程に投下できるためには、その価値に対応する物的生産諸条件＝追加生産手段および追加労働力が存在しなければならない。ということは、「剰余価値が資本に転化できるのは、剰余生産物……がすでに新しい資本の物的諸構成部分を含んでいるからである」(S.607：訳996)。

　ここでマルクスは、資本の拡大再生産＝蓄積を、単に価値の側面において分析するだけでない。剰余価値の蓄積に適合する使用価値が剰余生産物で生産されていることを前提としているのである。この諸条件を主題として考察するのは『資本論』第2部第3編の再生産表式論である。ここではそこまで立ち入ら

267

ない。剰余価値の蓄積にはその蓄積比率に照応する剰余生産物が生産されることまで言及するにとどめる。マルクスはその追加生産手段および追加労働力は与件であると前提する。そのさい彼が想定するのは次のような世界資本主義である（「注21a」）。

「ここでは、1つの国民がその媒介によって奢侈品を生産手段や生活手段に転換し、またその逆の転換をすることも可能にする輸出貿易は捨象する。研究の対象をその純粋性（Reinheit）において、撹乱的な付随的事情に惑わされることなくとらえるために、ここでは全商業世界を一国とみなし、また資本主義生産がどこでも確立されていて、あらゆる産業部門を征服したことを前提にしなければならない」(S.607：訳996)。

「全商業世界」とは世界規模で資本主義的生産様式が確立している状態である。カント的に純粋なその理論空間には、追加生産手段も追加労働力も調達できる再生産可能領域が存在するという前提がある。ここでは蓄積は「累進的規模」(同)で進行する。単純再生産の循環は「1つの螺旋」(同)に転化する。

領有法則の転回　この拡大再生産論でも、最初の前貸資本＝「本源的資本（das ursprüngliche Kapital）」(S.607：訳997)は何に由来するのかという問題は回避できない。

マルクスは『新約聖書』マタイ伝の冒頭を念頭に《アブラハムがイサクを生み、イサクがヤコブを生み、云々という昔話》(S.607：訳997)を引く。男が男を《生み》という家父長制的な可笑しさは別にして、現在運動している資本を過去に遡り切り、本当の始点が存在すると仮定して《では、その本源的資本とは何か》と問うのである。この解答は第24章の原蓄論で本格的に解明される。ここでは、その本源的資本は次第に異質なもの（他人剰余労働の蓄積物）に転回してゆかざるをえないという論証がおこなわれる。いわゆる「領有（取得）法則転回論」である。

その論証の前提は、

［1］商品交換は自己労働の生産物で他人労働の生産物を取得（領有）するという法則である。

［2］商品交換は等価交換であり、不等価交換ではないという法則である。

では、この２つの前提は資本の再生産過程でいつまでも維持されるであろうか。先の 10,000 ポンド・スターリング(PS)の例でみよう。その 10,000PS の前貸資本がその所有者の自己労働の蓄積物であると仮に認めよう。その前提のうえで、その前貸資本の成り行きを追跡すると、どうなるであろうか。

[始め＊＊＊＊＊＊＊＊第１循環＊＊＊＊＊＊＊＊終り]
G─W(Ak+Pm)…P…W'─G'(= G+g[2,000PS])
　　　　　　　　　　g─w(ak+pm)…p…w'─g' = g+Δg [400PS]
　　　　　　　　　　　　　[始め＊＊＊＊＊＊＊第２循環＊＊＊＊＊＊終り]

10,000PS の前貸資本は、第１循環の終わりに 2,000PS の剰余価値を取得する。その 2,000PS の剰余価値は 1,600c と 400v にわかれ 400PS の価値をもつ労働力を購買する。これは「自己労働で他人労働を取得する」という法則［１］に反する。しかも、2,000PS の剰余価値はさらに第２循環の終わりで 400PS の剰余価値を取得する。剰余価値 2000PS は不等価物である。その不等価物 2000PS がさらに不等価物 400PS を搾取する。これは［２］等価物交換という法則に反する。
対称性と非対称性の両立のパラドックス　こうして、前貸資本が「自己労働の蓄積物」であるという主張を《仮に認めたとしても》、第１循環の始めで自己労働による取得という原則［１］は、他人労働による他人労働の取得に転回する。さらに第２循環の終わりでは、等価交換という交換法則［２］は不等価交換による不等価交換に転回する。

このように、マルクスは、仮にブルジョア経済学者などのイデオローグが主張するように資本家と賃労働者との交換が等価交換(量的な対称性)であると前提しても、早くも資本の蓄積過程の第二循環の終わりでは、不等価物(剰余価値)による不等価物(剰余価値)の生産(量的な非対称性)が始まるということを論証して、彼らの主張が破綻することを論証する。

資本主義のシニシズム　このような彼らイデオローグに対する「内在的な批判」によって内側から反証する「ソクラテス的なイロニー」を採用する。マルクスの批判はシニカルである。資本主義の蓄積体制自体がシニカルであるから、マルクスによる資本主義の内在的批判もシニカルになるのである。この点がマルクス理解の核心である。リカードウ派社会主義やプルードン派のように、ただ外在的に、資本家と賃労働者の間の「不等価交換の非対称性」を声高く力説す

るだけでは、ブルジョア社会のイデオロギーである「平等＝等価交換」を論駁できない。そのような外在的批判は、すでに指摘したように、《コップの水の中のストローはなぜ曲がって見えるのか》という問いに、ストローをコップの水から取り出して、《ほらごらん、真っ直ぐ(非対称性)だよ》と答えるのと同じ「問題の勘違い」である。論証の結果(非対称性)のみを力説するのは、空疎な正義論である。賃労働者は自分たちの個別的売買は等価交換であると了解して生きている。しかし、所得格差(貧富の差)が進む。なぜか。この問いに答えるのが、マルクスの等価交換を前提する商品論から始まり蓄積論まで持続する内在的な批判である。「剰余価値論一本槍の批判」では資本主義の狡知に対抗できない。この批判のスタイルは、内田義彦がつとに『資本論の世界』で指摘しているように、戦前の日本資本主義の「絶対的剰余価値生産段階」の批判であった。マルクスが経済学批判を単純商品論＝等価交換から始めたのはなぜかと熟慮しなければならない。単純商品論抜きの『資本論』理解は、資本主義批判の肝心の前提(基礎理論)を省いているのである。

転回論の哲学史的背景　こうして資本の再生産＝蓄積過程は[１]自己労働による取得法則と[２]等価物交換という法則を転回する。この２つの転回をまとめて、マルクスは次のように指摘する。

「商品生産および商品流通にもとづく取得法則、または私的所有の法則は、明らかに、それ独自の内的で不可避的な弁証法(Dialektik)によって、その直接の対立物に転回する。最初の操作として現われた等価物どうしの交換は転回し仮象だけになって(nur zum Schein)交換がおこなわれるようになる。というのは、労働力と交換される資本部分そのものが、第１に、等価なしに取得された他人の労働生産物の一部分にすぎず、第２に、その生産者である労働者によって補填されなければならないだけでなく、新しい剰余をともなって補填されなければならないからである」(S.609：訳1000)。

この引用文でいうディアレクティーク (Dialektik) とは、カントの弁証論 (Dialektik) に対する批判である。カントは『純粋理性批判』のアンチノミー論で、有限と無限、部分と全体などの「対立」は人間の理性にとって絶対的なものであって、その対立を超えようとすることは「仮象＝迷妄」に陥るからと

して禁じた。しかし、マルクスは、自己労働が他人労働に転回すること、等価物交換が不等価交換に転回することを論証して、絶対的に見える対立は止揚されることを論証して、カントを批判したのである。

引用文の「仮象」は、カント仮象論批判だけでなくヘーゲル仮象論批判も含意する。ヘーゲルは『法=権利の哲学』(§83)で、詐欺は不法行為(Unrecht)であって、正当な行為(Recht)とは相対立すると規定した。しかし、マルクスの領有法則論は正当な行為が事実上の不法行為に転回することを論証する。他人の剰余労働でもってさらに他人剰余労働を獲得できる。しかもそれが正義に適った行為をして通用するのが近代資本主義である。マルクスは、事実上の詐欺が合法的取引として通用することを論証して、ヘーゲルが不当行為と正当な行為を異次元なものとして絶対的に区分したことを、つまりアンチノミーを止揚できずにカントと同次元にとどまったことを指摘しているのである。

本源的資本の無限小化 剰余価値の全部を蓄積ファンドに転化すると仮定すると、どうなるであろうか。前貸資本=本源的資本をKとし剰余価値率をm(m＞0)として同じ蓄積をn回、繰り返すとすれば、前貸資本はK(1+m)^{n}となる。最初の前貸資本Kに対する比率は(1+m)^{n}となる。nを限りなく繰り返せば、この比率は、

$$K(1+m)^n/K = (1+m)^n \to \infty \quad [m > 0]$$

となる。つまり最初の前貸資本が幾らであろうとも、蓄積過程が持続するにつれて、それは剰余価値の蓄積物に比べて取るに足らない大きさに、「しだいに消滅してゆく大きさ(magnitudo evanescens)(数学的意味の「無限小」)」(S.614：訳1007)になってしまう。そのとき運動し続けている資本はほとんど剰余価値の蓄積物である。

以上のように、拡大再生産論は、資本の価値蓄積が賃労働者および資本家が再生産=流通過程で媒介される関係を論証するものである。

［1］拡大再生産の条件は、価値が量的に増大する蓄積であるだけでなく、その蓄積には使用価値の前提条件(追加生活手段と追加労働力)が不可欠である。

［2］労働者と資本家が対等な関係でおこなう「自己労働と等価物による交換」が「他人労働と不等価物による交換」に転回する。

［3］資本家のいう「自己労働の蓄積物」が運動する資本価値のうちの無限に

小さい比率になってゆく。

　拡大再生産論で論証された［１］［２］［３］は、「価値と使用価値の相互媒介関係」が「資本の価値と労働力の使用価値の相互媒介関係」に展開していることに根拠をもつ。したがって、拡大再生産論は《③交換過程論の展開された観点［V(U)：U(V)］》から論証されている。

Ⅵ-3-3-2　拡大再生産の誤解　　③［続き］（S.614－617：訳1008－1014）

　この第２節は『資本論』第２部第３編で展開される「再生産表式」に関連する。
古典経済学と資本蓄積　古典経済学は資本蓄積に関して、一方で、旧貴族的な奢侈欲と闘わなければならなかった。その奢侈欲とは、せっかく獲得した剰余生産物を「そこに有るものは全部食い尽くしたい」という欲望である。他方で、資本蓄積とはシャイロック的な「蓄蔵貨幣の形成」（S.615：訳1009）のことであるという通俗的な誤解とも闘わなければならなかった。前者の奢侈欲は、個人的消費生活に必要な召使いなどの「不生産的労働者」を沢山召し抱える。スミスはその不生産的労働を批判したかぎりで、資本蓄積を正しく把握していた。

　ところが、スミスは次のような根本的誤謬を犯した。

> 「各個別資本は不変的構成部分と可変的構成部分とにわかれるとしても、社会的資本はただ可変資本のみに帰着する、すなわち労賃の支払いのみに支出される」（S.616：訳1011）。

資本とは結局のところ、可変資本に還元されるという誤謬である。生産手段は労働力によって生産的に消費される。その労働力は生活手段によって再生産される。したがって生産手段は生活手段に帰着するという誤謬である。生産手段に投下した不変資本は労働力によって生産的に消費される。その労働力に投下された貨幣賃金は労働者が労働力の再生産のために生活手段の購買に支出する。したがって、不変資本は可変資本に還元される、というのである。[38]

---

38)　マルクスは『経済学批判要綱』で、スミスのこの誤謬を多義的な「流動資本ターム」で批判的に再構成した。前掲書、内田弘『経済学批判要綱の研究』を参照。マルクスはヘーゲルの「一般→特殊→個別」を援用する。これはヘーゲル推論の第１格「個別→特殊→一般」の「逆の順序」である。その転倒した順序「一般→特殊→個別」はスピノザの「実体→属性→様態（個物）」に対応する。『要綱』の編成原理はスピノザの順序に再編されたヘーゲル論理学の応用である。しかし『要綱』は、その最後に草稿「1) 価値」という表題で冒頭商品（個別）を定め「個別→特殊→一般」というヘーゲル推論第１格に復帰し、スピノザの順序が逆転していることを確認する作業でもあった。

第Ⅵ章　相対的剰余価値・絶対的相対的剰余価値・資本蓄積

スミスのこの「愚かな結論」(同)は、マルクスの眼から内在的にみると、生産手段部門の可変資本および剰余価値が生活手段部門の不変資本部分と交換される部門間交換($V_1+M_1 = C_2$)を社会的総生産に一般化した誤りである。その一般化は「生きた労働の二重作用」がわからなかったことによる。

V+Mのドグマ　すでにみたように、資本のもとに包摂された「生きた労働」は「具体的有用労働」としては、生産手段の使用価値を生産的に消費することを媒介にその生産手段の価値＝不変資本を新しい使用価値＝新生産物に移転・保存する。同時に「抽象的人間労働」としては、労働力の購買に投下された可変資本に相当する価値を再生産しかつそれを超える剰余価値を生産する。こうして新生産物の価値構成は$[(Cv+V)+(Cm+M)] = (C+V+M)$となる。このことは両部門に妥当する。すなわち、

$$[(Cv_1+V_1)+(Cm_1+M_1)] = (C_1+V_1+M_1)$$
$$[(Cv_2+V_2)+(Cm_2+M_2)] = (C_2+V_2+M_2)$$

ここから単純再生産表式$C_2 = V_1+M_1$が導き出される。しかし、生活手段部門の可変資本と剰余価値(V_2+M_2)は生活手段の姿態を取っているから、スミスの視野から「収入」として落ちる。同時に生産手段の部門内交換の対象であるC_1も、「生きた労働の二重作用」がわからないからスミスの視野から落ちる。こうして社会的総再生産が《生産手段の生活手段への還元($C_2 = V_1+M_1$)》の繰り返しとして一般化され、マルクスのいう「スミスのV+Mのドグマ」となる。[39]

---

39)　当然のことながら、資本家の指揮下の賃労働が生産する生産物(商品資本)は、賃労働者(および資本家たち有産者)の生活手段($C_2+V_2+M_2$)だけでなく、生産手段($C_1+V_1+M_1$)も含まれる。ところが、スミスのように総生産物を収入(V+M)に還元する(V+Mのドグマ)どころか、賃金収入(可変資本Vの賃労働者の立場からの規定)のみに還元していることに無自覚に、賃労働者と消費者は同一人格の二面にすぎないから連帯できる、という主張がある。「その場合(資本の生産物の販売過程では)、生産物を買う消費者のほとんどは、賃金労働者とその家族です。……ゆえに、消費者運動は労働者の運動の一形態である」という(「『トランスクリティーク』から『帝国の構造』へ」『現代思想』2014年1月号59頁における柄谷行人の発言)。この「Vのドグマ」を脇においても、賃労働者と消費者は分権的に相対する制度の方が消費者主権で問題が少ないことは、「現存した社会主義経済」で経験ずみである。柄谷提案が再現するのは、ノルマティーフ制度で生産される粗悪品を買わざるを得ない消費者の長蛇の列であろう。労働者が消費者に対して生産者として対面する使命と責任をもつ主体になることが要点である。黒瀬直宏の『複眼的中小企業論』(同文館、2012年)はその可能性を探求する力作である。

273

マルクスはこのような詳細な説明をここでは省いて、年々の社会的総再生産については、次のように略説する。

　「個別的諸資本と個人的諸収入の運動が全般的な場所変換……では交錯し混雑し合い、消失する。この全般的な場所変換が見る目を混乱させ、非常にもつれた課題を研究し解決しなければならない。私は［『資本論』］第2部第3編でその現実的連関の分析をおこなうであろう」(S.617：訳1013)。

　この第2節でも、社会的総再生産が「価値と使用価値が相互に媒介しあう関連」を構成することを論じて、《③交換過程論の展開された観点》から考察していることがわかる。

Ⅵ-3-3-3　剰余価値の資本と収入への分割　③［続き］(S.617-625：訳1014-1028)
資本家とカント・アンチノミー　「第21章　単純再生産」では資本蓄積のファンドである剰余価値を全部、資本家の個人的消費に費やされる場合を考察し、本章(第22章)第1節では逆に剰余価値が全部蓄積ファンドに転化される場合を考察した。しかし、資本家も人間である。一方で資本の人格化としてできるだけ多くの剰余価値を蓄積に回さなければならないという意志を維持しつつも、資本家として生きてゆくために、剰余価値の一部を個人的消費に消費しなければならない。《蓄積か、消費か》、その比率が問題なのである。資本蓄積とは「使用価値で体現される価値[V(U)]」の蓄積である。資本家の消費とは「価値を内在する使用価値[U(V)]」の消費である。この両者を統一する観点は《③換過程論の展開された観点[V(U)：U(V)]》である。

　資本家が資本の人格化として行動するかぎりで、彼は「1つの歴史的価値」(S.618：訳1015)をもつ。「資本家自身の過渡的な必然性が、資本主義的生産の過渡的な必然性の内部に含まれる」(同)。ここで「歴史的価値」・「過渡的必然性」とは、カントが第3アンチノミーでいう「自然必然性」に対する批判を示唆する。カントは、人間は生来、自由な存在であるのか、それとも「自然必然性」に生きるように予め決定されているのかという問題を理性が問うことは迷い＝仮象に陥るからよしなさい、と禁じた。マルクスは、いや、そうではない、と考える。我々が生きる資本主義的生産様式は資本家に彼が自覚しない使命を

与えている。資本主義の担い手として「使用価値と享受ではなく、交換価値とその増殖が彼［資本家］の推進動機である」(同)。しかし、資本家は結果的に「社会的生産諸力を発展させ……各個人の完全で自由な発展を基本原理とする、より高度な社会形態の唯一の現実的土台となりうる物質的生産諸条件を創造させる」(S.618：訳1016)と展望する。そのさい、マルクスのいう「各個人の自由な発展」とは、自由か必然性かではなく、歴史的必然性を媒介して潜勢してくる自由の問題に対するカントの判断停止に対する批判を意味する。

資本家のファウスト的悩み　無意識にそのような使命を担う資本家にとって、個人的消費は固定したものではない。資本主義が発展するにつれて、資本家はただ価値を蓄積する者ではなくなる。《禁欲だって？　それは古風な資本家の偏見ですよ》と考えるようになる。「近代化された資本家は、蓄積を自己の享楽衝動の《禁欲》であると理解できるようになる」(S.620：訳1018-1019)。資本主義の始めでは致富衝動と貪欲に没頭するけれども、やがて《享楽の世界》だけでなく《投機・信用制度》という突発的な金儲けの源泉も開拓する。《上手く儲けて、贅沢する》ことが流行る。《奢侈》が《富の誇示》となる。富は《地位の象徴》である。同時に「労働者には相変わらず生活上の享楽をすべて禁欲するように強制する」(S.620：訳1019)。かつて資本家の内面の《禁欲か享楽か》というアンチノミーの問いが、いまでは社会に外面化して、《資本家には享楽を、労働者には禁欲を》配分するようになる。

　エレガントでゴージャスな生活を謳歌する資本家の「背後には、常に最も汚らしい貪欲と最もコセコセした打算が潜んでいる」(同)。とはいえ、彼は無制限に享楽できるわけではない。やはり《禁欲か享楽か》のアンチノミーは持続する。「資本家個人の気高い胸の内では、蓄積衝動と享楽衝動との間のファウスト的葛藤が展開されるのである」(S.620：訳1020)。この葛藤は、産業資本利害の代表者リカードウの論敵である、地主階級の弁護者マルサスに《資本家には蓄積を、土地貴族には浪費を》という分担論を主張させた (S.622：訳1022)。スミスの分業論はマルサスにかかると、このように変質する。

　しかし、基本路線は蓄積である。「蓄積せよ！　蓄積せよ！　これがモーゼであり、預言者である」。スミスを代表とする古典経済学は「蓄積のための蓄積、生産のための生産の定式でブルジョア時代の歴史的使命を表明したのである」(S.621：訳1021)。

Ⅵ-3-3-4　蓄積規模の諸要因　　③［続き］(S.625 - 636：訳 1029 - 1046)

　ここ第4節の問題は蓄積規模を規定する要因を把握することである。その諸要因は、この節の表題にあるように、［1］労働力の搾取度(m')、［2］労働の生産力(a)、［3］充用される資本と消費される資本の差額の増大(d)、［4］前貸資本の大きさ(Ku)である。

　［1］搾取度(m')は剰余価値率であることはすでにみた。注意したいのは、搾取度が［2］の労働の生産力(a)と結合することである。労働生産性がa倍になれば、可変資本はV/aになり、搾取度M/Vは[M+V(1-1/a)]/(V/a)倍になる。労働生産性が生産手段部門でもa倍に上昇すれば不変資本(C)は(C/a)になる。「もし労働生産力がこうした労働手段の出生の場所で増大するならば……より安価な機械・道具・装置などが旧式のものに取って代わる」(S.631 - 632：訳 1039)。すべての生産部門で労働生産性がa倍になれば、資本の生産物の価値構成は次のようになる。

　　　C/a+【V/a^2+[M/a+V/a(1-1/a)]】

　そのさい、可変資本(V)は、生活手段部門の労働生産性がa倍になり、かつ当該部門の労働生産性もaになるから、労働生産性は累積してa^{2}倍になる。「労働生産性の上昇につれて、労働者の低廉化が、したがって剰余価値率の上昇が進行する。実質賃金が上昇する場合でさえそうである。実質賃金は決して労働生産性に比例しては上昇しない」(S.631：訳 1039)。実質賃金は、労働生産性が上昇した後で、上昇する可能性があるけれども、その必然性はない。賃金が後払いされるのが通例である本性がここにも現れる。

　いまもし剰余価値のうち資本蓄積に充当される割合をαとすれば、剰余価値総額［M/a+V/a(1-1/a)］は蓄積ファンド【α[M/a+V/a(1-1/a)]】と資本家の個人的消費ファンド【(1-α)[M/a+V/a(1-1/a)]】に分かれる。先に見たような資本家の奢侈的生活がゴージャスになればそれだけ蓄積率αが減少し、逆に慎み深い生活に徹すれば、蓄積率αは大きくなる。

　［3］の「充用される資本と消費される資本の差額の増大」とは『資本論』第2部資本回転論の用語では機械装置などの「固定資本(Cf)の耐用年数(d)」のことである。例えば50,000ポンド・スターリング(PS)の価値のある固定資本の耐用年数が5年であれば、単純な割算計算では、50,000/5 = 10,000PS/年

の価値が生産物に移転・保存される。耐用年数が10年であれば、50,000/10＝5,000PSの価値が生産物に移転・保存される。つまり、耐用年数が長いほど、「充用される資本と消費される資本の差額」が増大するのである。逆に生産物に移転・保存される価値が少なくなる。それが小さくなれば、その生産物の販売価格が安価になり、販路拡大が容易になる。資本の年回点数が多くなり、1回転の剰余価値率が同じであれば、前貸資本の回転数(n)が大きいだけ年剰余価値率(M'＝m'×n)は上昇する。

最後の[4]前貸資本(Ku)の大きさは、すでにみたように、資本家の個人的消費ファンドに消尽され、あるいはその後に増大する剰余価値量と上昇する剰余価値率による剰余価値の累積的蓄積に比較して、取るに足らない無限に小さくなる部分になってゆく。したがって、剰余価値の蓄積物である資本額が増大すれば、「資本家はいっそう贅沢な暮らしをしながら、同時により多く《禁欲》すること[資本蓄積すること]ができるのである」(S.635-636：訳1046)。

Ⅵ-3-3-5　労働元本　　　　　　　③［続き］(S.636-639：訳1046-1052)

労働元本の変動要因　前の第4節でみたように、資本額は「前貸資本・剰余価値率・労働生産性・機械装置(固定資本)の耐久性」という経済的諸変数によって変動する弾力的な値である。機能資本が所与の値としても、「その資本に合体される労働力・科学・土地(土地は経済学的には人間の関与なしに自然に現存する一切の労働対象と理解すべきである)[40]は、一定の限度内では、資本そのものの大きさに関わりのない作用範囲を資本に許容するような、資本の弾力的な力能を形成する」(S.636：訳1047)。

したがって、その中の変数である可変資本も変動する。労働者はこの変動する可変資本によって雇用されあるいは解雇される。こうして、労働者の生活ファンドは資本の運動の一コマとして翻弄される。

「可変資本の素材的実存、すなわち、可変資本が労働者のために代表する生活手段の総量、またはいわゆる労働元本(Arbeitsfonds)は、社会的富のうちで、自然の鎖に縛られて超えることのできない特殊部分であるとでっちあ

---

40) マルクスのこの但し書きの土地の概念規定は注目すべきである。つまり、土地は「資源」なのである。ただし、いわゆる「人的資源」は労働力である。

げられたのである」(S.637：訳1048)。

資本は労働元本ゼロ＝自己崩壊をめざす　それでは労働元本が増えるのはいつか。それは剰余価値量が増大しかつ資本家が個人的消費を禁欲するときである。しかも、どれだけ雇用ファンドに充当するかについて労働者はまったく関与できない。資本家にとって、望ましいのは労賃＝ゼロである。「労働者がただであるということは数学的な意味での極限なのである。絶えず近づくことができても決して到達できないものである」(S.626：訳1030)。ここでマルクスが無限概念を用いている。先に見たように、可変資本が労働生産性の上昇によってゼロに無限に接近する運動であること($V/a：a→∞$)にその本性が顕現する。個別資本は価値増殖のために価値を減少する。このことをすべての個別資本がおこなうのであるから、総資本＝資本主義自体は、自己の土台を削り取りながら上層を築こうとする自己矛盾である。部分(個別資本)と全体(総資本)とは自己崩壊するシステムとして統一されている。カントが第2アンチノミーで主張するように、部分と全体は絶対的な対立関係(無関係)ではないのである。

　注目すべきことに、マルクスは本節の「注65」でJ.S.ミル『経済学原理』から「労働の生産物は、こんにちでは労働に反比例して分配される——労働の生産物の大部分はまったく労働をしない人々に……分配される」という文を引用する。さらに、「J.S.ミルたちのような人々は、彼らの古い経済学的ドグマとその近代的傾向との間の矛盾ゆえに非難されてしかるべきであるとしても、彼らを俗流経済学的弁護論の連中と混同することはまったく不当であろう」(S.638：訳1050)と注記している。マルクスは『経済学批判要綱』「序説」第2節で、J.S.ミルがスミスの『国富論』の「生産・分配・交換・消費の推論構造」をばらばらに分解し、それらを個別的に論じていることを批判し、それらのカテゴリーを生産の契機を中心とする生産有機体の推論構造に再統一してみせた[41]。ミルはそのスミスの推論構造の解体を開始して俗流経済学への道を開いた。けれどもミルは、労働者が真の富の生産者であることを直観し、上記のように抗議している。その点をマルクスは見逃さないのである。マルクスは批判で原則を堅持する。

---

41)　『国富論』の推論構造はベルン時代の初期ヘーゲルに論理学的推論を示唆したと思われる。

第Ⅵ章　相対的剰余価値・絶対的相対的剰余価値・資本蓄積

Ⅵ-3-4　資本主義的蓄積の一般的傾向　　③［続き］(S.640-740：訳1053-1220)

　この第23章は「資本主義的蓄積の一般的法則」を論証する第1節から第4節までと、その一般的法則を例証する第5節からなる。まず前半の論証をみよう。このそれぞれの節でも、資本家と労働者の関係を総括する《③交換過程論を展開した観点》から考察される。

Ⅵ-3-4-1　蓄積と労働力需要　　③［続き］(S.640-649：訳1053-1070)

資本の技術的構成と有機的構成　すでに第6章で、資本が生産手段に投下される「不変資本」と、労働力に投下される「可変資本」に区分されることを知った。ここでマルクスは、生産手段と労働力の比率を「資本の技術的構成」と定義する。「資本の技術的構成によって規定された技術的構成の変化を鏡映する（widerspiegeln）かぎりでの資本の価値構成を資本の有機的構成と命名する」(S.640：訳1053)。ここでいう技術的構成も有機的構成も社会的総平均である。その総平均は個別的産業部門の構成の平均をさらに平均したものである。

> 「諸資本の個別的構成の平均が、この生産部門の総資本の構成となる。……すべての生産諸部門の平均的構成の総平均が、一国の社会的資本の構成となる。以下では結局この社会的資本の構成のみが問題になる」(S.640-641：訳1054)。

　社会的資本の平均のみを問題にするのは、『資本論』が「資本の一般的本性」を主題とするからである。

資本蓄積による可変資本の増大　剰余価値が資本に再転化して蓄積される場合、可変資本も絶対的に増大することがある。労働者にとって優位なその場合について、マルクスは次のように記述する。

> 「資本の増大は、資本の可変的構成部分の増加、すなわち労働力に転化される構成部分の増加を含む。追加資本に転化される剰余価値の一部は、常に可変資本、または追加的労働元本に再転化されなければならない［からである］。……資本の蓄積欲求から労働力または労働者数の増加を凌ぎ、労働者

に対する需要がその供給を凌ぎ、したがって労賃が騰貴することもありうる」(S.641：訳 1054)。

このような状態を一般化すれば、次のようになろう。『資本論』では社会的一般的な有機的構成を前提とするから、すべての産業の労働生産性の上昇率（a）を考慮する。その場合の生産物価値は【$C/a+V/a^2+[M/a+V/a(1-1/a)]$】である。蓄積ファンドはそのうちの剰余価値［$M/a+V/a(1-1/a)$］である。これを Fa とおく。ここでは剰余価値がすべて資本に蓄積される場合のみをとりあげる。

蓄積される不変資本の比率は【$(C/a)/[(C/a)+(V/a^2)]$】＝ΔC となり、蓄積される可変資本の比率は【$(V/a^2)/[(C/a)+(V/a^2)]$】＝ΔV となる。蓄積ファンド Fa は不変資本部分は［ΔC×Fa］、可変資本部分は［ΔV×Fa］に配分される。このΔV×Fa だけ労働者需要が増大する[42]。

そのような局面は労働者にとって幸運な時期である。「労働者たちは自分の享受の範囲を拡大し、自分の衣服や家具などの消費元本を比較的十分に準備し、僅かながらの積立金をつくることができる」(S.646：訳 1064)。このようなとき、資本主義への楽観論が流行する。富が勤労者にも普及する《豊かな社会》になったではないか、窮乏化論など認識不足である、というわけである。《貧困大国》になるなど夢にも思わない。しかし、マルクスは釘を刺す。「しかし、衣服や待遇が改善され《特有財産》が増えても奴隷の従属関係と搾取とがなくならないのと同じように、賃労働のそれもなくなりはしない」(同)。資本家の目的は資本の増殖である。彼が支払うよりも多くの価値を搾取することである。賃金労働者は「不断に労働力の再販売の必然性と、資本としての富の不断の拡大再

---

42) このあとに、古典経済学者たちがこのような場合についてどれほど正確に把握していたか否かについての論評が続く。その最後で、サー・イーデンこそ、アダム・スミスの弟子の中で 18 世紀中になにがしかの重要な仕事をした唯一の人物であると賞賛する。その後、非常に長い「注75」でさまざまな人物の名をあげて論評する。なかでも注目されるのは、ヒュームとスミスの関係である。ノリッジの高教会の主教ホーンは「ヒュームの無神論を肯定するスミスが『道徳感情論』で国中に無神論を宣伝するという恐ろしい悪意をいだいている」と非難した事実をマルクスは注記している。本書の序章でみたように、無神論の問題は真偽が相うう天文学史に深く根を張っている。この「注75」全体はマルクスの近代イギリス思想史の内在的探究の深さを示唆する。『資本論』は狭義の経済学書ではないし、そのようなものに単純化できない。

賃金騰貴の帰結　資本蓄積から発生する賃金価格の騰貴には、次の２つの場合がある。第１に、賃金価格の騰貴が蓄積の進行を妨害しない場合がある。賃金が増えても資本が増加するかぎり資本蓄積の可能性は持続する。この場合は、「資本の増加こそが、搾取可能な労働力を不足にする」(S.648：訳1067)。第２に、賃金が騰貴し蓄積が減少する場合も、資本は雇用数・賃金を減らし、資本蓄積にとっての不均衡を打破して、資本蓄積の障害を除去する。この場合は、「資本の減少こそが搾取されうる労働力を過剰にする」(同)。このような資本家と労働者の関係は、「数学的な表現を用いれば、蓄積の大きさは独立変数であり、賃金の大きさは従属変数であって、その逆ではない」(同)。

　資本と蓄積と賃金率を別々の独立した変数として論じるのが、自然的人口法則である。《資本には労働力人口の動態を包摂できないという無理がある》というのも、その種の法則観である。[43]「人間は、宗教において自分自身の頭脳の産物によって支配されるのと同じように、資本主義的生産においては、自分自身の手の産物によって支配される」(S.649：訳1069-1070)ことに気づかない。

Ⅵ-３-４-２　蓄積過程の可変資本部分の減少

③　［続き］(S.650-657：訳1070-1081)

労働生産性と資本構成　すでに相対的剰余価値の概念の論証のところで知ったように、個別資本は他の同業者と市場価格競争で優位に立てる特別剰余価値(利潤)獲得で競争している。その目的のためには労働生産性がより高い条件を実現しなければならない。より高い労働生産性を実現する機械装置を導入し労働者数を減らす。こうして生産資本の変化はまず技術的構成の変化から始まる。マルクスは労働生産性を次のように定義する。

　「労働の社会的生産性の度合いは、１人の労働者が所定の時間内に労働力の同じ緊張度をもって生産物に転化する生産諸手段の相対的な量的大きさである」(S.650：訳1071)。

---

43)　働きながら次世代(人口)を育てる保育所は、国家予算のほんのわずかな予算で建設できるのに、渋って予算を出さない。ところが、ビジネス・チャンスの五輪には膨大な予算を使う。それでも人口は「自然法則」といえるのであろうか。

いま必要生産物を生産するための生産手段の総量をPm、必要労働時間に対象化する労働量をLとすれば、物的タームの労働生産性は[Pm/L]と定義される。それを価値タームで再定義すれば、[Cv/V]となる。労働生産性が高まれば、労働力が過剰になる。労働生産性上昇率をaとすれば、減少した労働力の価値ターム＝可変資本は(V/a)に減少する。したがって、価値タームの労働生産性は[Cv/(V/a)]となる。労働生産性を上昇する機械装置が導入され、それによって労働力が代替される。その代替が不変資本を増大させ可変資本を減少させる。有機的構成［(Cv+Cm)/(V/a)］が高まる[44]。技術的構成の変化が有機的構成を変化させる誘因である。「資本の技術的構成におけるこの変化は…資本の価値構成に、すなわち資本価値のうちの可変的構成部分を犠牲にする不変的構成部分の増加に鏡映する（spiegelt sich wider）」(S.651：訳1072)。

労働生産性上昇が有機的構成を高めれば［$Ct_1/(Vt_1/at_1) < Ct_2/(Vt_2/at_2)$］、可変資本が減少する。可変資本は労働者1人当たりの賃金wとその雇用者数nの積(n×w)である。可変資本の減少は、賃金と労働時間を一定のまま、不要になった労働者数(n)を減らし、失業者が増加する。したがって、資本間競争は労働者の生活を悪化させる現実的可能性をはらんでいる。マルクスが問題にする核心はここにある。

集積と集中　労働生産性が上昇することで、既存の市場が飽和状態になると、新規の生産部門が開発され、資本は枝わかれしてそこに投下される。資本蓄積が「複比例して」(S.653：訳1075)進行すると、ますます資本は多くの部門に扇型に広がる。これが資本の「集積(Konzentration)」(S.654：訳1076)である。このような資本の多くの諸資本への相互反発に対して反作用が起こる。多くの諸資本に分離した資本への吸引が起こる。「1」が「多」に反発すると、「多」は「1」に吸引される。この「1」と「多」の動態はヘーゲル論理学の援用である。多くの諸資本が1つの資本に結合する。この事態を「蓄積および集積と区別される本来的集中」(S.654：訳1077)という。

1つの社会＝1つの株式会社　資本の集中は信用制度と株式会社制度によって加速する。こうしてバラバラな慣行で運営されてきた生産過程は「社会的に結

---

[44]　置塩信雄の有機的構成の定義は(Cv+Cm)/(V+M)である。この再定義は、その逆数をもちいると、利潤率の傾向的低下を論証するときに有効である。（置塩定義の逆数＝）(V+M)/(Cv+Cm)＞M/(Cv+Cm)＞M/[(Cv+Cm)+V]（＝利潤率）。

合され科学的に配置された生産過程にますます変換されてゆくための出発点となる」(S.656：訳1080)。社会的資本の集中の具体例が「鉄道」である(同)。鉄道は株式会社を媒介にして、たちまちのうちに敷設された。マルクスの同時代は、インドなど非西欧世界を含め、鉄道資本主義の時代であった。

資本蓄積は「円形から螺旋に移行する再生産による資本の漸次的増加である」(同)。集中は「社会的資本の構成部分の量的群別(quantitative Gruppierung)を変更するだけでよい」(同)。資本の蓄積過程は各生産部門の技術的諸条件に応じて社会的総資本を「新しい群」に再編成＝配分する過程である。集中は資本の数を減少する。その極限が「1つの資本」である。これまで個別諸資本に分割＝所有されてきた「生産諸手段と労働力が成す諸群」が同一種類の群ごとに統合され、1つの社会的資本に集中される。マルクスの構想力はさらに前進する。

「1つの与えられた社会で社会的総資本がただ1人の資本家(ein einzelne Kapitalist)の手か、あるいは、ただ1つの資本家会社(eine einzige Kapitalistengesellschaft)の手かに統合されるようになれば、その瞬間に初めて、集中はその外部から迫る極限(ihre äußerste Grenze)に到達することになるであろう」(S.655 - 656：訳1079)。

資本が1つの所有主体に集中するという社会像、1つの社会が1つの組織に集中するという社会像は、第1節「注77a」(S.649：訳1070)に引用されたチューウネン『孤立国』の社会像に関連する。或る社会が1つの株式会社になり、1人の資本家が所有するその「会社＝社会(Gesellschaft)」がそこで勤労する者たちが共同で所有するようになり、その株を均等に所有する株主になる。すると、それはもはや資本主義的生産様式が支配する社会ではないのではなかろうか。資本の集中が進行するにつれて接近する極限はこの問題を胚胎している。この問題は次の第24章の最後(S.791：訳1306)で本格的に論じられる。

Ⅵ-3-4-3　相対的過剰人口＝産業予備軍　③［続き］(S.657 - 670：訳1081 - 1100)

相対的過剰人口　いままで資本蓄積が可変資本に対する不変資本の比率を増大することをみてきた。可変資本が減少する結果、就業できない労働者がでてくる。資本の労働力需要に比べて労働力が過剰になる。その過剰人口をマルクス

は「相対的過剰人口」という。相対的過剰人口はいつか資本に雇われることを期待している。現役の軍隊に対して、いざというときに備えられている軍隊を「予備軍」ということに因んで相対的過剰人口を「産業予備軍」という。

資本の有機的構成は蓄積の進行とともに加速度的に高度化する。なぜなら「総資本の絶対的拡張が総資本の個別的諸要素を集中させ、しかも追加資本の技術的変革をともなうからである」(S.657-658：訳1082)。資本の集中は、機械装置を操業するにこれまでよりも少ない労働力ですむことを明るみにだし、その過剰労働力は解雇される。労働力への需要も総資本の増大につれて累進的に低落する (S.658：訳1082)。

なるほど、資本に再転化される剰余価値は追加不変資本と追加可変資本に区分され、その追加可変資本だけ労働力需要は増える。しかし、技術革新は累積的に加速度的に進行するので、追加可変資本は「絶えず減少する比率で増加する」(S.658：訳1083)。その結果、資本蓄積が進行するにつれて、過剰な労働者人口が絶えず生産される。

「労働力人口は、それ自身によって生み出される資本の蓄積につれて、それ自身の相対的過剰化の手段をますます大規模に生み出す。これこそが、資本主義的生産様式に固有な人口法則である。……抽象的な人口法則というものは、人間が歴史的に介入しない限りにおいて動植物にとってのみ実存する」(S.660：訳1084)。

資本蓄積と機械問題　ジョン・バートン、デイヴィッド・リカードウ、リチャード・ジョーンズなどの古典経済学者は、資本蓄積にともなって可変資本の相対的大きさが累進的に減少することを感づいていた。特に、バートンはその点で最大の功績があるとマルクスは称える。バートンは、機械採用について楽観論を抱いていたリカードウを反省させ『経済学および課税の原理』の第3版でその楽観論を訂正させた。マルクスが最初に読んだ『原理』は楽観論の『原理』初版である。1850年代前半に悲観論の第3版を詳細に解読し評注をつけた。[45]『資本論』におけるリカードウ『原理』の典拠は第3版である。

---

45)　内田弘『中期マルクスの経済学批判』（有斐閣、1985年）を参照。

相対的過剰人口に属する労働者は、生存線ぎりぎりの生活を強いられなんとか生き延びて、雇用される機会を待つ。その間、資本家は彼らにびた一文も負担しない。彼らが「産業予備軍」である。景気が良くなり生産規模を拡大したいときに、より取り見取りで、待機中の労働者から選んで雇う。マルクスは『経済学批判要綱』を執筆しているとき、エンゲルスに機械装置(固定資本)の平均的な耐用年数をたずねた結果、それは約10年であると推計した。その推計に対応するように、ほぼ10年周期の景気循環を経験する。その循環は労働者たちの生活状態を周期的に上下運動させる。もっとも、フランス語版『資本論』で注記しているように、この10年は固定的ではない。むしろ技術革新が加速化するにつれて、その周期は短縮されることになるだろう。

景気循環と賃金削減 特に景気循環が底をついたとき、失業者が増える。このときこそ、労賃を減らすチャンスである。資本家はより安価な労働力に代替する。熟練労働者でなく不熟練労働者に、男子労働者でなく女子労働者に、成人労働者でなく児童労働者に、それぞれ代替する(S.665：訳1093)。社会の底辺には産業予備軍が雇用機会を求めて待機している。《なにも君でなくてもいいんだ、他に沢山いるからな》といって賃金を値切る。労働者は泣く泣くそれに応じて低賃金・長時間労働に就く。

このような状態に対して雇用者と産業予備軍との壁を破ろうとする運動が起こる。マンチェスター近郊の都市(ブラックバーン)の綿糸紡績工は《雇用者は長時間労働を強いられ、他方で失業という「強制的怠惰」を強制されている者がいる。我々はなにも過大な要求をしているのではない。現在の労働時間を短縮しその分の仕事を失業者に担ってもらうようにしようと主張しているだけなのだ》(S.666：訳1094‒1095)。この運動は今日にいう「労働時間短縮＝ワークシェアリング(仕事のわかち合い)」である。[46]

資本蓄積と労働力人口 労働力人口に関して、資本の運動は人口数の絶対的運動に依存するという説がある(S.667：訳1096)。資本蓄積の結果、《労働力需要増大→賃金騰貴→労働力人口増大→労働力供給過剰→賃金低下→労働力人口減少→労働力需要増大→……》という循環が展開するという説である。賃金騰貴するとそれに素早く対応して労働力人口が増加し労働力供給が増加するという

---

46) 内田弘『自由時間』(有斐閣、1993年)を参照。

説である。その説は完全雇用が実現している状態を想定している。

 しかし、労働者が子供を産んでその子が労働者として働けるようになるまで少なくとも十数年はかかる。しかし、他の商品と同じように、市況に素早く反応して労働力が供給されるのは、いつでも働ける労働者が予めプールされているからにほかならない。その貯水池こそ、産業予備軍である。労働者たちが《労働組合》を創って就業者と失業者の間の計画的協力を組織しようとすると、資本のへつらい屋である経済学は永遠の聖なる需給法則を侵害すると非難する（S.669‐670：訳1100）。このような人口論をマルクスは「経済学的ドグマ」（S.667：訳1096）と判断する。

 逆に、労働力人口の動態は資本蓄積と無関係な自然法則であるという説がある。一方で、人間の繁殖欲は食糧供給とは無関係に人口を幾何級数的に増加させるから賃金財を騰貴させるというマルサス的な人口論である。他方で、自然人口は資本蓄積のための労働力需要に反応しないから、資本蓄積が実現できず、景気が悪化するという説もある。この自然人口論は、労働者人口の動態は労働力再生産費である賃金とは無関係であると主張していることになる。

Ⅵ‐3‐4‐4　相対的過剰人口の諸形態　③［続き］（S.670‐677：訳1101‐1113）

 資本蓄積が累積的に頒布する結果生み出される相対的過剰人口は、「流動的形態・潜在的形態・停滞的形態」（S.670：訳1101）からなる。

流動的形態　相対的過剰人口の流動的形態は、資本蓄積にともなって、就業したり失業したりを繰り返す形態である。或る産業から別の産業に移動する場合もある。年数を重ねて行くうちに労働条件が悪化する労働現場に次々と落ちてゆく形態もある。

潜在的形態　次の潜在的形態は資本主義的生産が農業部門に浸透してゆくことによって発生する。農業部門の資本蓄積が進行するにつれて、農村労働者人口に対する労働力需要が次第に減少し、その分、労働力は潜在的形態で過剰になる。過剰化した農村人口は都市に向かって流出する。都市に出稼ぎに出てくる。都市にスラム街ができる。流出してくる農村人口は都市労働者の労働条件を押し下げる。

停滞的形態　最後の停滞的形態は受救貧民である。それは3つの部類からなる。［1］労働能力がある者、［2］孤児および受救貧民の子供、［3］零落者・ルン

ペン・労働無能力者からなる。なぜ労働能力がないのだろうか。危険な機械装置・鉱山作業・化学工場などでの作業で労働災害に遭った者たちである。

「受救貧民の生産は相対的過剰人口の生産のうちに含まれ、受救貧民の必然性は相対的過剰人口の必然性のうちに含まれている。受救貧民は相対的過剰人口とともに、富の資本主義的生産および発展の実存形態をなす」(S.673：訳1106)。

産業予備軍　マルクスは資本蓄積にともない相対的過剰人口が増大し、産業予備軍が現役の労働者軍に比較して増大する事態の帰結を次のように総括する。

「産業予備軍の相対的大きさは富の力能につれて増大する。しかし、この予備軍が現役の労働者軍とくらべて大きくなればなるほど、固定的人口、すなわち彼らの労働苦がなくなるのに反比例して貧困が増大してゆく労働者諸層がそれだけ大量になる。最後に、労働者階級中の貧民層と産業予備軍とが大きくなればなるほど、公認の受救貧民がそれだけ大きくなる。これこそ資本主義的蓄積の絶対的・一般的な法則である」(S.673 - 674：訳1106 - 1107。強調傍点は原文)。

富を生産する力の増大が対極に貧困を生産する関係、これこそ資本主義的生産様式の基本関係である。これは一般的法則であり、その実現形態は多様である。資本一般を主題とする『資本論』ではこの一般的法則の解明を主題とする。

以上、第23章の第1節から第4節までみてきた。その基本主題は資本蓄積に規定される労働者の動向である。その基本観点は一方の資本蓄積[V(U)]が他方の労働者の生存条件[U(V)]を決定する関係を捉える観点である。その観点は《③交換過程論の観点》と同じ複眼的な観点である。その関係は、投下される蓄積ファンドのうちの可変資本がますます累積的に減少し、労働者の生存手段を決定する関係である。その関係は、資本の蓄積＝増価(Verwertung)が可変資本の減価(Entwertung)を条件とすることを必然的な帰結とする。

Ⅵ-3-4-5 資本主義的蓄積の一般法則の例証

③［続き］(S.677-740：訳 1113-1220)

これまでは資本主義的蓄積の一般法則の論証であった。では、その法則は近代資本主義の典型的な場であるイギリスの同時代（19 世紀の 40〜60 年代）では実際にどのように具体的な姿で現象しているのであろうかと問う。ここでも、或る問いの解答が次の問いを生み、その解答が求められるという『資本論』の編成原理（Qi → Ai = Qj → Aj）が貫徹している。

その実証に当てられるこの第 5 節は、[a 1846-1866 年のイギリス]、[b イギリスの工業労働者階級の薄給層]、[c 移動民]、[d 労働者階級中の最高給部分におよぼす恐慌の影響]、[e 大ブリテンの農業プロレタリアート]、[f アイルランド] の 6 つの部からなる。いずれも《③交換過程論の展開された観点》からの考察である。

a　1846-1866 年のイギリス　　　　　(S.677-683：訳 1113-1123)

冒頭でマルクスはこの時期のイギリスをとりあげる理由を説明する。

「近代社会の時期のうちでも、最近 20 年間の時期ほど資本主義的蓄積の研究に好都合な時期はない。……イギリスがまたしても典型的な実例を提供する。なぜなら、イギリスは世界市場で首位の座を確保し、資本主義的生産様式はこの国でのみ十分に発展しており、しかもついには 1846 年以来の自由貿易の千年王国の開始は俗流経済学の最後の逃げ場を遮断したからである」(S.677-678：訳 1113)。

パックス・ブリタニカ　マルクスは『資本論』第 1 部初版刊行直前までの同時代イギリスの 20 年間(1846-1866 年)を資本主義的生産様式が典型的に発展した時期であるとみている。その間に、穀物法撤廃・10 時間労働法制定・ロンドン万博・（インド）セポイの反乱・南北戦争(棉花恐慌)などを経験している。「イギリス社会科学振興協会」(1857 年発足-1886 年閉会)がイギリスの社会問題に体制内改革で取り組みはじめている。資本主義的生産様式とは何かを知るには、《パックス・ブリタニカ(イギリス中心の世界体制)》の中心地イギリスを観察すればよい。そのイギリスの生産力をいかに労働者階級が担ってきたか、所有階

第Ⅵ章　相対的剰余価値・絶対的相対的剰余価値・資本蓄積

級のために巨大な生産力をいかに進展させたか、その様相はすでに絶対的剰余価値論および相対的剰余価値論の個所で詳細に説明してある。俗流経済学がいかに誤っているかはその事実が雄弁に証明する(S.683：訳1121)。

資本蓄積と人口増加　資本蓄積の時期は人口が増大する時期である。マルクスは1811年から1861年までの時期を10年刻みの5つの時期に区分し、その増加率を掲示する（S.678：訳1114）。最初10年間（1811 - 1821年）の増加率が1.5％であり、もっとも高い。しかし次第にその増加率は低下してゆく。初めの4つの時期はイギリス産業革命の後半の時期であり、技術革新の時期であるだけでなく、それが呼び起こした社会的政治的改革の時期である。最低賃金法撤廃・団結禁止法撤廃・帝国内奴隷制撤廃・（商工業者）参政権獲得・穀物法撤廃・労働時間法制定など1850年代以後のイギリス資本主義の基本枠組ができた時期である。工業労働者の参政権承認が1864年、農業労働者の参政権は1896年である。女性は次の世紀の1928年であった[47]。

際立つ所得格差　人口増加に随伴するように、この間(1853 - 1864年)の所得も増加する。特に採石場(7.7％)・ガス工場(11.5％)・鉄道(7.6％)が著しい(S.679：訳1115)。社会全体の所得格差が極端である。総人口2,389万人のうち、所得税納税者はわずか約1％の31万人である。99％は納税義務のない低所得者である。その納税者の約1％の約3,600人（したがって総人口の0.01％）が総所得9,584万ポンド・スターリングのうちの約4割弱の3,641万ポンド・スターリングを独占している(S.680：訳1117)。10,000人のうち1人の割合の者が富の40％を独占している。実に660倍の格差である。

パーマストン内閣の蔵相グラッドストンは人民の消費力が減退し労働者階級の窮乏と貧困が増加しているのに、上流階級に富が蓄積され拡大していると慨嘆してみせた。富が巨大に増加し少数の富裕層がそれを独占し、その対極に貧困層が累積する。消費財が1850年代初頭に比較して1860年代の初頭で20％も騰貴した。その後「1863 - 1865年の3年間に、肉・バター・牛乳・砂糖・塩・石炭その他の多くの生活必需品が累進的に騰貴した」(S.682：1119訳)。当時の

---

47)「議会制民主主義の国イギリス」の参政権承認の実態がこれである。なお、アダム・スミスは、労働者の賃金は納税義務が発生するにはほど遠い水準であり、彼らに参政権を認めようとは考えていなかった。スミス高賃金論の政治的限界はやはり確認しておく必要がある。スミス研究も「ネガ」を忘れない「ポジ」でありたい。

或る教授が平然と指摘するように、富者は急速にいっそう富裕になり、労働者はほとんど彼らが借金している小売商人の奴隷となるほかないのである（S.682：訳1120）。

b　イギリス工業労働者階級の薄給層　　　　　　（S.684 - 693：訳1123 - 1139)

工業労働者の飢餓状態　工業労働者こそイギリス資本主義の生産力の直接の担い手である。しかし、彼らも飢餓の危険すれすれの生活に追い込まれている。或る医師がイギリス枢密院に依頼されて工業労働者の栄養状態の実態調査を実施した。その結論はこうである。飢餓病を避けるために最低限必要な栄養は、成年工業労働者は1週間少なくとも28,600グレーンの炭素と1,330グレーンの窒素を含んだ食事が不可欠である。しかし1862年の綿業労働者は、29,211グレーンの炭素と1,295グレーンの窒素を摂取しているにすぎなかった。まさに生存線ぎりぎりの状態である。

翌年の1863年に同じ医師が枢密院に依頼されて、農業労働者・絹織物工・女子裁縫工・革手袋製造工・靴下編み工・手袋製織工・靴工の栄養状態を調査した。その結果はわずかな例外を除けば、飢餓病になる危険な水準をほんのわずかに超えている状態であった（S.684：訳1124）。

劣悪な住宅事情　労働者の住宅状態も最悪である。或る保険会社代理店の記録に次のような事実がある。その記録は、全部異なる番地にある25部屋に305人が住んでいる実態を記す。1部屋平均12人も住んでいる。住所の異なる5つの地下室には35人住んでいた。1部屋に平均7人住んでいることになる（S.693：訳1137 - 1138）。産業革命都市に工場ができると、そこに人々が殺到する。住宅需要が高まる。そこに《斡旋屋》が活躍するチャンスが生まれる。《先んずれば制す》である。土地を手早く買い占め「公的査定価格」で売り飛ばし儲ける。

ロンドンでは、不良建築地区の取り壊し、銀行・問屋などのための豪壮な建物の建築、営業運輸業や豪華儀装馬車のための道路拡張、鉄道馬車の敷設などの《改良》がすすむ。それにともなって古い街路や家屋が取り壊される。都心部で工場と人口流入が増える。家賃が都市の地代と共に値上がりする（S.689：訳1131）。このような動向を背景にロンドンの土地購入者は誰もが、何らかの大企業が近くにできると土地が異常に値上がりするだろうと予測（思弁）して、

その差額をくすね取ろうと思惑に走る(同)。異常に劣悪な部屋も極貧の労働者の住居になる。マルクスは次のようにまとめる。

「勤勉この上ない労働者層の飢えの苦しみと、資本主義的蓄積にもとづく富者の粗野な消費や上品な消費との内的な関連は、経済的法則を知ることによってのみ暴露される。……生産手段の集中が大規模になればなるほど、それに応じて労働者は同じ空間にますます堆積される。したがって、資本主義的蓄積が急速になればなるほど、労働者の住宅状態は悲惨なものになる」(S.687：訳1128)。

イギリス支配層のリアリズム　それにしても、マルクスが労働者のこのような悲惨な状態を指摘できたのも、『公衆衛生報告書』など、主にイギリス政府の公的調査が文書で報告されたからである。先にふれた「イギリス社会科学振興協会」などの体制内社会改革運動も『年次報告書』を刊行した。マルクスは『資本論』でそれも活用した。産業革命直後の自分の足で立ちあがったイギリス資本主義の支配層がもっている現実直視と遅ればせながらの軌道修正のリアリズムにも注目しなければならない。

c　**移動民**　　　　　　　　　　　(S.693‐697：訳1139‐1145)
家族ぐるみの移動労働　移動民とは、定住できず家族ぐるみで或る労働現場から他の労働現場に移動し労働し生きている農村出身の労働者たちのことである。彼らの労働現場は「建設・排水作業・煉瓦製造・石炭製造・鉄道建設」などである。例えば鉄道建設現場の近くに臨時的に建てられた、便所など衛生設備のない狭い木造小屋に寝起きする。請負業者はそのような移動民を労働者として雇い作業させる。

同時に借家人として小部屋を貸して二重に搾取する。移動民は「天然痘・チフス・コレラ・猩紅熱」などの病原菌を、それとは知らず、ばらまいてしまう。上下水設備がないので、小屋の近くに水が溜まり排泄物の悪臭が広がる。伝染病で家族を亡くしても黙っている。解雇されるからである。そのため伝染病がさらに広がる。

同時代の農奴制　イングランド北部のダラムなどの鉱山で働く坑夫の住宅も極

めて劣悪かつ高価なものである。その住宅とは、どのようなものであろうか。家主でもある鉱山企業家は、小さな家の上にさらに家を重ねて建て、あるいは小屋の内部を間仕切りして狭い空間をいくつもの部屋に分割し、それを単位に賃貸する。労働現場の監督は、自分を労働者が煩わせたらそれを記録し毎年の契約更新のときに解雇する。賃金は現物支給制度であり、指定された家屋に住むように強制する。水質が保障されない水も、彼の所有者から受取ることになっている。水の代金も賃金から天引きされる。

　或る医師は、ダラム教区の鉱山で働く坑夫の身分は「坑夫はすべて12ヶ月の間、鉱山の賃借人または所有者に契約で縛られている」と証言する。「縛られている（bound）という表現は隷農身分（bondage）と同じように農奴制時代に由来する」とマルクスは注記する（S.696：訳1143）。その医師は「その坑夫はどうみても農奴である。彼の所有者［鉱山企業家］以外の誰が彼を助けるかどうか疑わしいものである」と証言する（同）。資本主義的生産様式は事実上の農奴制と接合し活用する。そのような鉱山で発掘された鉄鉱石は、製鉄所の溶鉱炉で溶解され鉄鋼になり、機械製作所で精紡機になり、精紡機は綿糸を紡ぐ。近代と近代以前とは共存し利用し合う。

d　労働者階級中の最高給部分に及ぼす恐慌の影響　（S.697 - 701：訳1145 - 1153）
貨幣恐慌と失業　待遇が例外的に良い労働者でさえも恐慌の時には零落する。『要綱』を執筆したきっかけは1857年の貨幣恐慌であった。『資本論』第1部初版を準備中に起きた1866年の貨幣恐慌で「労働貴族」（S.697：訳1145）も生活苦のどん底に落とされる。棉花恐慌を見込んで、資金が産業投資から引き上げられていたので、この恐慌は金融的性格をもっていた。1866年5月にロンドンの或る大手銀行の破産が連鎖して無数の金融泡沫会社が倒産した。鉄船建造業者も思惑で過剰融資を受けて過剰生産したところに、この恐るべき反動が襲った。その余波は他の産業に波及する。そのため失業した労働者とその家族は幾ばくかの貯金を下ろしながら不安な生活をし始め、いずれ貯金もゼロになる。《労役場》で花崗岩を舗装用の石に打ち砕く仕事にありつく。或る《労役場》では

---

48)　若い竹内好が日中戦争開始（1937年）以後の1940年代初頭の上海に目撃したのも、同じ住居形態である。当時の上海には雲霞のごとく人々が殺到してきた。竹内好『日本と中国のあいだ』（文藝春秋社、1973年）、「旅日記抄」「上海の民家」243頁以下を参照。

7,000人も働いている。仕事が終わり日当として3ペンスとパン券1枚を受取り、文字通り家具など一切無い宿で家族と貧しい食事にありつく。この労働者たちは製鉄工・造船場などで比較的高給で働いてきた者である。

水晶宮と貧者　マルクスは「注136」で1867年1月20日の或る新聞から引用する。ロンドンの貧民街には次のようなポスターが貼られては剥がされ、また貼られた。《肥えた雄牛たちはその水晶宮を出て贅沢な住まいにいる金持ちどもを太らせに行き、一方の飢えた人間たちはその惨苦の茅屋で朽ち果てて死ぬ》。「水晶宮」とは鉄とガラスでできたロンドン万国博覧会の会場ことである（第1回は1851年ハイゲートで、第2回は1862年サウスケンジントンで開催された）。「パックス・ブリタニカ(大英帝国を中心とする世界秩序)」の象徴である。やがて万博に加えて五輪も世界資本主義の定期的な祝宴になる。その主催者は資本家と王族・貴族の連合体である。《労働者たちが飢えているときに、イギリスの労働者の生産物である何百万ポンド・スターリングのイギリス資金がロシア・スペイン・イタリアなどに借款で投資され出て行く》(S.699：訳1149)。より高い利回りをもとめる資金は無国籍である。

e　大ブリテンの農業プロレタリアート　　　(S.701 - 725：訳1154 - 1196)

冒頭でマルクスはイギリス資本主義のもとでの農業について、次のように指摘する。「資本主義的生産および蓄積の敵対的性格がもっとも残忍に実証されているは、イギリスの(牧畜を含む)農業の進歩とイギリスの農村労働者の退歩においてである」(S.702：訳1151)。

18世紀の70年代から80年代まではイギリス農業労働者の「理想的状態」であった。その後の生活水準は低下する一方であった。

複合する階級同盟　反ジャコバン戦争(1793 - 1815年)の間、土地貴族・借地農場経営者・工場主・商人・銀行家・相場師・軍需品納入者などは法外に儲けた(S.703：訳1156)。ところが農業労働者の賃金は低下し、彼らはますます受救貧民になり「教区の農奴」に転落していった。その戦争のあと産業資本家は穀物法撤廃を推進すべく、労働者を同盟者に組織して土地貴族と争った。10労働時間法では逆に、土地貴族が労働者を味方にして産業資本家と争った。「支配階級の両派の間で展開された、どちらが労働者を最も破廉恥に搾取しているかという問題についての騒々しい激論は、真理の産婆となった」(S.704：訳1158)。

嘘つき２人が争うと、真実が暴露される。喧嘩相手の弱点を正確に突き合うからである。逆に、仲良しは虚偽を隠蔽しあうかもしれない。

土地貴族の農業革命　自由党機関紙『モーニング・クロニクル』は土地金融貴族シャフツベリー伯爵の所有地で何がおこなわれているか、農業労働者家族と地主の実名をあげて報道した。ここでも「労働者の惨めな賃金のうちから、大きな部分を家賃という口実で着服していたのである」(S.705：訳1159)。その背景には穀物法撤廃がある。それはイングランドの農業に大きな衝撃を与えた。「大規模な排水・畜舎飼育や秣の人口栽培の新方式・機械を用いた施肥装置・粘土地の新処理・鉱物性肥料使用・蒸気機関などの新しい作業機の使用・集約的耕作」が導入され、相対的費用が半減した。同時に農業従事者も半減した(S.705-706：訳1159, 1161)。土地金融貴族は、大規模な排水路工事のために国庫から極めて低利な基金を借り出し、それを利用する借地農場経営者はその利子を２倍にして返済しなければならなかった(「注147」)。『資本論』第１部でも、剰余価値搾取だけでなく、レントナー(土地金融貴族)の暴利が指摘される。マルクスは穀物法撤廃後に進展する「農業革命」を、「イングランド農業史上に比類をみない土地生産物の増加、土地所有者の地代収入の激増、および資本主義的借地農場経営者が所有する富の膨張、これらのことと手をたずさえて、農村労働者人口の積極的な減少が進んだ最近の時代」(S.706：訳1161)として特徴づける[49]。

　ところで農業労働者の状態はどうか。オックスフォード大学のロジャーズ教授は『イギリスにおける農業および物価の歴史』(1866年)で、「農業労働者は再び農奴になった」と明言する。農業労働者は《自分は何も持っていないので、何も心配しない》と証言する。これ以上不幸になりようがないから、心配はないのである。《失う物は見えざる鉄鎖のみである》。農業労働者は借地農業経営者の計算の上ではゼロである。農業労働者の生活条件は受刑者より厳しい。両者の食事を比較すれば、１週間の食物は、農業労働者は（窒素含有成分・無窒

---

49) マルクスは1850〜60年代の時事論文や『資本論』第３部でも、同時代のイギリスがレントナー資本主義であることを力説している。いったい、イギリスで産業資本家が同国のヘゲモニーを握った時期があるのだろうか。19世紀イギリスの産業資本家は資金がたまると、土地を買い田園生活をするジェントリーになりたがった。内田義彦は『資本論の世界』(139頁)で、なぜか「土地所有支配の社会にかわって現われる産業資本制覇の時代」を指摘する。『資本論』は、やはり第３部まで包括してみないと、マルクスの資本主義像が浮かばないのではなかろうか。

素成分・鉱物性成分の合計で）139.1 オンスである。これに対して、囚人は 183.7 オンスを摂取する。しかも農業労働者に要求される労働量は服役者の 2 倍である (S.708：訳 1164 - 1165)。

閉鎖村から開放村へ　土地貴族は救貧税を逃れるために、自分の領地に住んでいる農民を追い出す。これが《閉鎖村》である。「[土地貴族の] 追い立て権は単なる理屈ではない。それは実際に極めて大規模に実行されている。それが農村労働者の住宅事情を支配する 1 つの事情である」(S.711：訳 1170)。それには受け皿が待っている。《開放村》の割高で劣悪な小屋宿である。《開放村》では建築投機師が小さな地面を買い、そこに最も安上がりで密度濃い陋屋を建て、農業労働者が押し込められる。その 1 例がリンカンシャーの或る地域の 12 戸の家である。1 戸の 1 階の奥行きが僅か 3.7m で間口が 2.9m である。寝室は 2 階にある。2 階は奥行きが 2.9m で、間口も 2.9m である。このような小屋に平均 6 人が住んでいるのである (S.718 - 719：訳 1183)。

労働隊制度（ギャング・システム）　農村労働者は、雇用者である大借地農場経営者にとって、賃金が割高な労働者が過剰であり、かつ安価な労働力が過小である。そこで生まれたのが「労働隊」である。リンカンシャーなどかつては沼沢地であったところが、蒸気機関で排水し埋め立てられた土地になり農地に転化し穀物を実らせ地代を生む。この土地は、草刈り・畑の掘起こし・施肥作業・石拾いなどの畑仕事が必要である。この作業が労働隊によって担われる。

　労働隊は、婦人と 13 〜 18 歳までの年少者が 10 人から 40 人・50 人までの人数で組織される。隊を指揮するのは労働隊長である。借地農業経営者が直接に労働隊を雇うのではなく、労働隊長が自分のもとに労働者を募集する。彼は借地農業経営者から出来高で仕事を請け負う。請負賃から労働隊に賃金を支払った残りが彼の収入となる。労働隊長は労働隊をひきつれて農場から農場へと移動し、年間 6 〜 8 ヶ月働かせる。労働者家族にとって、子供を雇わない借地農業経営者よりも労働隊長を頼りにしたほうが、収入が多い。労働隊長は子供を親から引き離し個別に貸し出すことがある。労働隊で子供が生まれれば、その子供も「阿片で滅ぼされないかぎり」労働隊の新兵になる (S.723-724：訳 1190 - 1192)。親たちは好んで子供を出稼ぎに出すわけではない。教区の役人や雇い主が、協力しないと親自身を解雇するぞと脅すから、泣く泣く協力するほかない (「注 180」)。

労働隊制度は労働隊長のためではなく、大借地農業経営者・地主のために存在する。労働隊長は彼らに利用されているにすぎない。借地農業経営者はできるだけ少なく安価に農業労働者を利用する。労働隊長はそのために農業労働者を集め働かせる。借地農業経営者や地主はその手荒い仕事に手を染めないで済む。

f　アイルランド　　　　　　　　　　　　　　　（S.726 - 740：訳 1196 - 1220）
人口減少と資産所得の増加　マルクスはまず、1846 年の飢饉から始まったアイルランドの人口の減少を指摘する。それは 1841 年の 822 万人、1851 年の 662 万人、1861 年の 585 万人、1866 年の 550 万人というように、1801 年の水準にまで減少した。第 1 回ロンドン万博の年 1851 年から南北戦争最後の年 1865 年までのアイルランドの移民は 159 万人に達した。それにともなって、居住家屋数・借地農場数・生産物総量も減少した。マルクスは家畜数・耕作地面積・作物品種別作付面積の統計数値を掲示する（S.727 - 729：訳 1198 - 1201）。
　ところが、「人口の減少とともに、地代と借地農業利潤は引き続き増加した」（S.730：訳 1202）。1860 年の地代 1,289 万ポンド・スターリング（PS）は 1865 年の 1,380 万 PS に増加した。1860 年の借地農業経営者利潤 277 万 PS は 1865 年の 295 万 PS に増加した。1860 年の産業利潤 489 万 PS は 1865 年の 485 万 PS でほぼ同額である。1864 年の産業利潤総所得は 437 万 PS である。その分配総人数 17,467 人のうち、わずか 121 人が 108 万 PS を独占している。その割合は 0.7 ％である。つまり、1,000 人のうち 7 人が富の 25 ％を独占している割合である。
　したがって、1846 年の飢饉で死んだのはまったくの貧者だけである。その飢饉はアイルランドの富にいささかも損害を与えなかった（S.731：訳 1205）。或る事柄は単純に一般化できない。アイルランドは移民の貧困を遠方の新大陸に神隠しする（wegzuhexen）方法をあみだした。しかもアメリカ合衆国に移民した者は、毎年アイルランドに送金する。アメリカに移住すると他の者たちを呼び寄せる。これは有産者たちにとって無償の「組織的過程」である（S.732：訳 1206）。
移民と農業革命　移民と共に「農業における革命」（S.732：訳 1207）が展開する。農業革命は作業地にある小屋を最大規模で撤去することから始まった。追い出

された多くの労働者は村・都市に避難所を探した。見つかったのは屋根裏部屋・穴・地下室である。「工業国イングランドでは産業予備［軍］は農村で補充される。農業国であるアイルランドでは、農業予備［軍］は放逐された農村労働者の避難所である都市で補充される」(S.736：訳1213)。アイルランドでは農村過剰人口が農村と都市の間を往復し、劣悪な条件で労働する。自分の領地に住むアイルランドの典型的地主は、地代を外国で浪費せずに、耕地の牧場化・機械充用・労働節約でもって農業革命を推進する。マルクスはその代表例としてアイルランド土地貴族であるロード・ダファリンをあげる。先の例で示したように、多額の所得の多くの部分が極めて少数の富者に独占される。このことを念頭にマルクスは指摘する。

「イングランド、スコットランドおよびアイルランドにおける実に微々たる少数の土地貴族が国の年地代の中から飲み込む獅子の分け前は実に膨大な額にのぼる。そのためイギリス国家の賢人たちは、地代の分配については、利潤についてと同じように統計資料を提供しないほうが適当であると考える。ロード・ダファリンはこうした土地貴族の1人である」(S.737－738：訳1216)。

王侯貴族の優雅な生活の実質的根拠はここに存在するにもかかわらず、その根拠を飛び越えて、彼らに憧れる民衆がもしいるとすれば、その心情はなぜ生まれるのであろうか。1815年の穀物法によってアイルランドは大ブリテンへの穀物貿易の独占権をにぎった。1846年にそれが撤廃されるや、本来この土地は小麦栽培に最適であるといって、それまでお墨付きを与えてきた農学者・経済学者が、こんどは青秣（あおまぐさ）以外には適しないと主張したのである（「注188b」）。マルクスはアイルランドについての分析を次のように締めくくる。

「こうした儲けの多い方法も、この世のあらゆる善きものと同じようにその欠陥をもっている。アイルランドにおける地代の蓄積に歩調をあわせてアメリカでアイルランドの蓄積がすすむ」(S.740：訳1220)。

『資本論』第1部は産業資本家と賃労働者との関係を基本的な考察対象にす

る。ところが、1846年から1866年までの例証では、以上のように産業資本だけでなく土地所有者も分析対象になる。なるほど農業革命の詳細な考察は『資本論』第3部でおこなうと断っている（S.739：訳1219）。これは論証対象＝産業資本と実証事例＝土地所有を含む総所得とは乖離していて妥当性を欠くのであろうか。土地所有と地代の概念の本格的論証のまえに、剰余価値の分配形態をその具体的事実をあげて立証することは、論点先取りの部分がある。その意味では、第5節で土地所有＝地代の具体例をあげるのは「借りのある実証」である。その借りの余白を後に埋めるという条件でこの実証は許容される。マルクスが「注188b」でそのように断っているのはこのことを認めていることを傍証する。

　この長い第5節は、単に「資本主義的蓄積の一般的法則の例証」にとどまらず、『資本論』のこれまでの理論展開、特に転化論以後の理論展開を事実でもって例証し総括する。理論展開はその抽象度に応じて経験的事実に鏡映することが例証可能である。逆にみれば、同じ事実はそれが置かれる理論次元に応じてそれが開示する意味次元を変容させる。決して、理論次元と経験的事実が異次元に存在し両者が絶対的に切断され相対立する関係にはない。

　以上の長い「第23章　資本主義的生産の一般法則」の理論と例証は、資本家と労働者の蓄積諸関係の理論と例証であるから、両者の関係の原理である《③交換過程論の展開された観点［V(U)：U(V)]》からする考察である。

Ⅵ-4　本源的蓄積　　　　　　　　　　②（S.741 - 791：訳1221 - 1307)

　この「第24章　いわゆる本源的蓄積」は次の「第25章　近代的植民理論」とともに『資本論』第1部「第7編　資本の蓄積過程」の最後の部分である。これまで、できあがった資本主義を前提にしてその資本主義の編成を把握してきた。それはマルクスが「序説」(Einleitung 1857年）でいう近代市民社会の経済構造の「精神的再生産」に相当する。その資本主義認識を前提と基準に、《では、前提としての資本主義はいかに歴史的に生成したのか》という問いをたててそれに答えるのがこの第24章である。ここでも《或る問いに答えると、その答えが次の問いを生む（Qi → Ai = Qj)》という『資本論』固有の論証法が貫徹している。この第24章は7つの節からなる。いずれも《②商品物神性論の

展開された観点》からの考察である。その理由は次のようである。

Ⅵ-4-1　本源的蓄積の秘密　　②［続き］(S.741-744：訳1221-1227)

　第1節はこの章の主題を明らかにする。マルクスは、貨幣の資本への転化から剰余価値の生産を経て剰余価値の資本への再転化までを振り返って、まだ説明されていない「1つの空白」があることを指摘する。それは「本源的蓄積」、あるいは「原始的蓄積」といわれる問題である。

循環論法からの脱出口　すでにみた第2編の転化論では、或る諸条件を前提(所与)にして展開した。その前提とは、一方に生産手段・生活手段が大量の商品として現存し、他方に大量の労働力も商品として現存するという前提である。転化論はその前提に立って論証された。それ以後の剰余価値も資本蓄積も、その前提を継承しその前提が再生産されることを論証した。したがって、この論理的に最初の前提はまだ説明されていないのである。したがって、

　　「このどうどうめぐりから抜け出すためには、資本主義的蓄積に先行する《本源的》蓄積(アダム・スミスのいう先行する蓄積 previous accumulation)[50]、すなわち資本主義的生産様式の結果ではなくて、その出発点である蓄積を想定するよりほかの道はないのである」(S.741：訳1221)。

蟻とキリギリスの物語　通常の経済学では、この最初の本源的蓄積を次のように説明する。《なぜこの方が豊かで、あれは貧乏なのかといえば、この方は勤勉で無駄遣いせずに稼ぎを着実に蓄積してきたからです。ところが、あれは怠け者で無駄遣いをするだめな性根をもっているから、ああなったのですよ。つまり、自業自得、自己責任です。あるいは、それぞれの先祖にこのような違いがあったから、それが代々引き継がれてきたわけです。貧富は本人の違い、あるいは先祖の違いですね》(S.608：訳998を参照)。つまり、貧富の差は制度ではなく、個々人の生活態度の違い、先祖の違いによるというのである。勤勉・禁欲の方は次第に富者になり、だらしのない者はいつしかその富者に雇われないでは生きていけなくなったのです、という物語である。『イソップ物語』の「蟻

---

50)　ただし、スミスは「本源的蓄積」を『国富論』第1編第6章などで《precede ……accumulation of stock》とか、《previously……accumulated》と表現している。

とキリギリス」に通じるお話である。経済学はこれを「労働と所有の同一性」から「労働と所有の分離」が始まったと説明する。スミスはこの分水嶺を直観してはいるけれども、それをいきなり飛び越える（『国富論』第1編第5章と第6章の間）。リカードウはその分水嶺にさえ気づいていない。

　俗流経済学者は貧富の格差を『イソップ物語』のように説明する。このような説明を念頭に、マルクスは「この本源的蓄積が経済学で演じる役割は原罪が神学で演じる役割とほぼ同じである」（同）と指摘する。「原罪」といえば、その用語はすでに資本蓄積論でもつかわれていた。「原罪はいたるところで作用する。資本主義的生産様式、蓄積および富の発展につれて、資本家は資本の単なる化身ではなくなる」（S.619-620：訳1018）。資本家に蓄積された富が大きくなれば、《禁欲》よりも《富の象徴としての奢侈》が不可欠になる。資本家のつとめは、罰としての苦役ではなく、原罪としてのアダムが食べたリンゴ（贅沢）になることである。禁欲と勤労は労働者に集中して要求される。

　こうして、原罪の始めをとりあげるところまで、我々は到着したのである。
近代資本主義の起源　スミスが貿易型マニュファクチュアとして指摘しているように、資本主義的生産の発端は14世紀および15世紀に地中海沿岸の都市で散発的におこなわれていた。しかし資本主義時代が本格化するのは16世紀初頭のイングランドからである。そこは13世紀初頭から事実上の「農奴制の廃止」＝「労働と所有の同一性」が徐々に実現した。農民が自分の労働の成果を自分の財産として所有する「労働と所有の同一性」を実現する。しかし直にその解体が始まり資本主義的生産に移行する。このような原蓄過程の起点である「農民からの土地の収奪」が典型的に展開したのはイギリスである。したがって、マルクスはイギリスにその例証の場を定める。

　注目すべきことにこの節の「注189」（S.744：訳1226）で、イギリスとイタリアが比較される。イギリスでは農奴が長期借地権を獲得するのに対して、イタリアではそれを獲得しないうちに土地から解放＝分離され都市に流れ着く。「地理上の発見」以後に北イタリアは商業覇権を失い都市労働者は逆に農村に追い込まれ、小規模の耕作に従事するようになる。イギリスでは16世紀冒頭に短期間ではあるが「労働と所有の同一性」が農民層に実現し「農奴制の廃止」が実現していたけれども、イタリアではそうではなかった。この違いである。
原蓄論と冒頭商品　マルクスはこの第1節の冒頭で、《転化論→剰余価値論→

資本蓄積論》という前進する過程とその逆の遡及過程《資本蓄積論→剰余価値論→転化論》をたどり、それを「循環論法」であるという(S.741：訳1221)。ところが、『資本論』冒頭の商品論・貨幣論には論究しない。しかし、それがいかなる商品であるかは論定可能である。

　商品＝貨幣論は、第1に、資本主義的生産のイタリア的形態を想定するのではなく、できあがった資本主義的生産過程の結果としての商品＝商品資本の抽象的形態である。『1863 - 65年草稿』のうち「第1部第6章　直接的生産過程の諸結果」のうち最初に書かれた草稿「資本の生産物としての商品」がこの想定を根拠づける。資本の生産過程の結果としての商品資本の分析はすでに『経済学批判要綱』で詳細におこなわれ、それを発展させた研究がその草稿である。[51]

　第2に、その資本主義的商品を歴史的過去に射影して浮かび上がる商品形態は、過去のいかなる生産形態にもみられる局地的・部分社会的な商品ではなく、16世紀初頭イングランドの自由な独立生産者の商品である。彼らこそ自分の労働の成果を事実上所有していたからである。彼らの「労働と所有の同一性」とは彼らが享受した「個々人的所有」である。それを「再建する」実践的可能性は、その同一性を解体したあとの産業革命以後の資本主義的生産様式に胚胎してくる。「再建」とは、事実上の農奴制廃止＝独立生産者の「黄金時代」における「労働と所有の同一性」の再建である。

産業革命＝相対的剰余価値生産体制確立　ただし、この最初の同一性はいまだ《協業・分業・機械制大工業》、つまり「産業革命」を経験していない同一性、本来的マニュファクチュアでさえ経験していない「同一性」である。「本来的マニュファクチュア時代には根本的な変化は何も現われない。……大工業が初めて資本主義的農業の恒常的な基礎を与え……産業資本のために国内市場全体を征服する」(S.776 - 777：訳1281)のである。本格的な資本主義的生産様式の始動期である産業革命が大工業を定礎する。本来的マニュファクチュア期の絶対的剰余価値ではなくて、機械制大工業の相対的剰余価値こそが資本主義固有の剰余価値の形態である。[52]

---

51)　内田弘『中期マルクスの経済学批判』（有斐閣、1985年）の第4章を参照。
52)　『経済学批判要綱』が剰余価値論を相対的剰余価値から始め、そのあと絶対的剰余価値を論じるのは、相対的剰余価値が資本主義固有の剰余価値であるからである。内田義彦『資本論の世界』（岩波新書、1966年）が相対的剰余価値を基軸におくのも同じ判断である。

なるほど『資本論』相対的剰余価値論におけるマニュファクチュア論では、本来的マニュファクチュアが参照されている。けれども、それは歴史的実在としてではない。それは機械制大工業の組織的基礎として再編＝継承された分業‐協業である。『資本論』では過去の歴史的実在は資本主義の論理的生成過程に射影されその要素に止揚されている。《資本主義の論理的生成の原蓄論（資本主義の歴史軸）への横倒し》もこの射影が可能にする。

　資本主義的生産様式が確立したのは、「産業革命＝相対的剰余価値生産体制」が確立した後のことである。すでにみた機械制大工業が胚胎する《ポジ（積極的可能性）→ネガ（否定的契機）→ポジ（積極的可能性）》の《ポジ》は、大工業を担う直接生産者に属する。マルクスは原蓄論の最後で（S.791：訳1306）、将来社会像を展望して《個々人的所有を再建する》というときの「個々人的所有」の実質的内容は、機械制大工業の担い手の生産諸力であり、形式的には16世紀初頭の直接生産者の「所有と労働の同一性」であろう。

　商品や貨幣は資本の運動形態であって資本そのものではない。生産手段も生活手段も資本そのものではない。それらは或る一定の関係のなかで資本の運動諸形態になる。その関係とは、一方に貨幣・生産手段・生活手段の所有者と、他方の二重の意味で自由な労働者（身分的拘束から自由で、かつ生産手段・生活手段から分離されたという意味で自由な労働者）が相対し契約する関係である。したがって、残された課題は、このような関係がいかにして生まれてきたのかを立証することである。

原蓄の諸契機　その関係が生まれる画期は農民が土地から強制的に分離されプロレタリアになる過程である（本章第2節）。プロレタリアは賃金労働者になるように強制される（第3節）。土地から分離された者は土地・道具機械などの生産手段に再結合され商品生産の担い手になる。こうして生活手段と生産手段は商品として生産される（第4節・第5節）。その商品生産を企画・指揮・管理する産業資本家が生まれる（第6節）。資本主義的生産様式の発展は何を胚胎しているか（第7節）。このような諸過程を跡づけるのが本章の基本課題である。

　すでに第Ⅲ章の転化論で指摘したように、本章の本節（第Ⅵ章の第4節）の対象である『資本論』第1部の第24章の原蓄論は次のような順序で編成されている。（1）土地（生産手段）と農奴（労働力）の分離、（2）分離された労働力の商品への転化（Ak）、（3）生活手段（Lm）と生産手段（Pm）の商品への転化、（4）産業

第Ⅵ章　相対的剰余価値・絶対的相対的剰余価値・資本蓄積

資本家の登場（貨幣資本Ｇの蓄積）。これらの諸契機は、次のように産業資本の運動過程を逆に遡及する順序で構成する。

　　（４）G―W[（３）Pm＋（３）Lm＝（２）（１）Ak]

　マルクスは原蓄論の編成まで一貫して厳密に論理的である。

仮象論としての原蓄論　この原蓄論の究極の主題はなんであろうか。それは、所有物はみな自己労働の蓄積物であるという神話に対する批判である。この課題は理論的にはすでに蓄積論で確認した「本源的資本」に関する「食いつぶし論」と「無限小化論」で解決されている。残る課題はその理論的立証を歴史軸に射影して、「食いつぶし論」と「無限小化論」の前提である「自己労働にもとづく所有」といわれることの歴史的な起源を問うことである。所有している財産の正当性の根拠は「所有＝自己労働」の歴史的起源にある。それが反対物の「所有と労働の非同一性」であることが立証されれば、その正当性は根拠を失う。その正当性が「見かけ＝仮象（Schein）」であることが暴かれる。つまり、原蓄論への観点は《②商品物神性論の展開された観点》である。「労働と所有の同一性」とは、実は「労働と所有の歴史的分離」に起源をもつ仮象である。原蓄論はすべて《②商品物神性論の展開された観点》から考察されるので、本章の冒頭に番号②がつけてある。

《黄金時代》のイデオロギー化　あの直接生産者の黄金時代は生成するや否や消滅した短期で局地的な幸運である。資本主義で仮象として現象する「所有と労働の同一性」を歴史的に遡及すると、たどりつくのが彼らの「黄金時代」である。しかし、「黄金時代」の「所有と労働の同一性」は、ジョン・ロックの所有論が果たすように、資本主義的所有が「所有と労働の同一性」として仮象するさいのイデオロギーとしてひきあいにだされる。マルクスが『要綱』でも『資本論』でも、その直接生産者のみを資本主義的生産様式の起源として限定しなかったのはそのためである。

　労働と所有の資本主義的分離の起源と契機を摘出する課題は、まず本章の第２節から第６節まででおこなわれる。この課題は続く「第25章の近代的植民理論」にも貫徹する。第25章はマルクスの同時代に展開する現代原蓄に関する章である。それゆえ、この長い第24章と第25章は、すべて《②商品物神性論の展開された観点》から考察される。

Ⅵ-4-2　農村民からの土地の収奪　　②［続き］(S.744-761：訳1227-1257)

　まずは第2節である。この節では土地がその直接生産者(という意味での労働者)からいかに分離されたかを明らかにする。なぜならば、資本主義は、「生産手段と労働力の分離」を基本前提にするからである。

自営農民からの土地収奪　収奪される土地は、まず第1に、自営農民の土地および彼らの共同地である。事例はイギリス14世紀末から15世紀のものである。そのころ農奴制は事実上消滅していて、身分的拘束がなくなっていた。その意味で自由な自営農民は、［1］他の者に雇われないで自分の土地で農業を営む自営農民と、［2］大土地所有者のもとで余暇を利用して労働しながら、自分の農地でも労働する自営農民でなりたっていた。［2］の農業労働者は、さらに、［2-1］副業として雇用労働をおこなう自営農民と、［2-2］本来的賃金労働者でありながらも、自分の農地で農業労働をおこなう者がいた。しかし［1］も［2-1］も［2-2］も、多少の差はあっても自分の農地を事実上所有していた。彼らは「共同地の用役権」、いいかえれば、彼らの共同の所有であり、慣習にしたがってそこで家畜の放牧や薪や泥炭の採取ができる権利をもっていた。封建領主の点在する領主直営地以外の土地は、小農民の経営に委ねられていた。その意味で「資本の富」ではなく「民(衆の)富」が広がっていた。

家臣団解体・プロレタリア　ブルジョア的発展がもたらした王権＝議会は封建領主の家臣団を解体し、家臣団は文無しのプロレタリアに転落させていった。対抗する封建領主は、自由な農業の土地と共同地を収奪し、そこで農業を営んでいた農民をプロレタリアに転落させた(**労働力原蓄**)。この土地収奪に刺激を与えたのがフランドルの羊毛マニュファクチュアの発展からでてきた羊毛(原毛)に対する需要であり、原毛価格の騰貴である。それを目当てに農民の土地を牧草地に転化する。没落する封建貴族に代わって新たに登場した土地貴族は貨幣を権力の中枢にすえた(**貨幣原蓄**)[53]。「農耕地の牧羊地への転化が新貴族の合い言葉になった」(S.746：訳1230)。

---

53) 「労働力原蓄」と「貨幣原蓄」は、望月清司「本原的蓄積論の視野と視軸」(『思想』1982年5月)による。のちに筆者が指摘する「土地原蓄」と「技術原蓄」とあわせた4つが基本的な原蓄要素であろう。技術原蓄は産業革命の成果であるから、相対的剰余価値生産体制の確立をもって資本主義的生産様式は成立する。

第Ⅵ章　相対的剰余価値・絶対的相対的剰余価値・資本蓄積

小生産者の黄金時代の終焉　この激変は15世紀から16世紀にかけて起こった。イギリスの直接生産者の舞台は「黄金の時代から鉄の時代へ」と回った。事態の進行は、《交換本能・勤労本能・蓄積本能》という天与の能力が自由に発揮できるようになって、文明が発達し富が社会の底辺にまで普及してゆくであろうというスミスの楽観的な主張とは違った。とはいえ、「《国民の富（Wealth of the Nation）》、すなわち資本の形成と民衆の容赦ない搾取と貧困化が、一切の国策の《極致》とみなされる文明水準には、いまだ到達していなかった」（S.746-747：訳1231）。

土地のない者は借家せよ　食事や住処のないプロレタリアがあちこち放浪する。このような事態に対処すべく、イギリス絶対王制は次々と御触れをだす。農民家屋破壊を禁止するヘンリー7世の法、同法を更新するヘンリー8世の法などである。その効果はなく、かえって逆の結果、「一定の標準規模の農業経営と農家をつくり出した」（S.747：訳1232）。土地のない者が土地を借りて家屋を建てることが禁じられた。家無し者は家主から狭い住居を借りて寝起きするほかない。ピューリタン革命の指導者である「クロムウエルもまた、4エーカーの土地のついていない家をロンドン周辺4マイル以内の地に建てることを禁止した」（S.748：訳1233）。この制限はなお18世紀まで続く。

　小さな土地でも小屋を建てられるならば、労働者は独立生産者になる。それを禁じないといけない。この禁止は、のちの第25章の近代植民理論の個所でみる制約、すなわち、アメリカへの移民が土地を買えないので独立生産者になれず賃金労働者になるように、政策で地価を高く吊り上げる方法と原理的に同じである。「地主と借地農場経営者とはこの点では提携する」（同）。地主から広い土地を借りた借地農場経営者は、そこを農場経営に利用し労働者を雇うだけでなく、その一角に狭く劣悪な住宅を建て労働者に賃貸して儲ける。労働者が独立できないように狡猾に先手を打つ。この実例はすでに第23章でもみた。

宗教改革・教会領収奪・救貧税　土地収奪はさらにカトリック教会の土地にもおよぶ。ヘンリー8世の婚姻問題から発したイギリスのヴァチカンのカトリックからの独立はエリザベス1世のスペイン無敵艦隊の撃破（1588年）で決着がつく。それまではヴァチカンの領地であったイングランドは女王の領地になった。国王は領土保全のため先頭に立つ。国王が軍服を着るのはその象徴である。戦前の日本の天皇も軍服を着た。イギリス宗教改革は16世紀にカトリックから

離脱してイギリス国教会を樹立する。宗教改革はそれに留まらない。「カトリック教会は、宗教改革の時代には、イギリスの土地の一大部分の封建的所有者であった」(S.749：訳1234 - 1235)。

ところが、奪われた「教会領そのものは国王の強欲な寵臣に贈与されるか、捨て値で投機的に借地農場経営者や都市ブルジョアに売り飛ばされた」(S.749：訳1235)。土地は商品に転化したのである(**土地原蓄**)。その後、地主は土地の所有権は売らなくなったとしても、地代を取って土地の使用権(占有権)を販売するかぎり、土地は商品であり続ける。新しい地主はそれまでそこに住んでいた小作人を追い払った。こうしてプロレタリアはいたるところに徘徊するようになる。この事態を目撃してエリザベス1世も嘆きつつ、救貧法(1601年)を導入せざるをえなかった。

貧民は監獄へゆけ　マルクスは「注197」(S.750：訳1235 - 1237)で、その救貧法をめぐる動向を紹介する。イングランド南部地方の教区では地主と富裕借地農場経営者が判事に申し入れをした。彼らは監獄を建て貧民がそこに入ることを同意しないかぎり救済しない、貧民を賃借りしたい者には応じるけれども、もしも賃貸中に貧者が死んだら責任は契約者にある、としたいというのである。その措置を合法化するように庶民院に申し込んだ。そのほぼ百年後のスコットランドにも乞食が20万人いた。彼らを奴隷にすることが唯一の救済策であるという議会演説が堂々とおこなわれた。イギリスの帝国内奴隷制撤廃は1833年である。

イギリス絶対王制を打破した「清教徒革命期」(1640 - 1660年)の指導者クロムウェルの主力は独立農民層ヨーマンリーであった。彼らの数は借地農場経営者より多かった。農業労働者でさえまだ共同地の共同所有者であった。ところが、名誉革命体制の1750年ごろになると、ヨーマンリーは消滅していた。18世紀後半には農耕民の共同地も消滅してしまった。

王政復古期の土地収奪　清教徒革命を覆した「王政復古期」(1660 - 1689年)でも、土地収奪は持続した。イギリスはフランスとは違って《合法的に》土地を横奪した。イギリスの地主たちは封建的土地所有を廃止した。「農民層が封建的権利名義を所有していたにすぎない土地の近代的私的所有権を要求し、定住法を制定した」(S.751：訳1238)。

今度は王政復古を覆した「名誉革命期」(1689年以後)になっても、土地収奪は

第Ⅵ章　相対的剰余価値・絶対的相対的剰余価値・資本蓄積

持続する。名誉革命はオレンジ公ウィリアム 3 世と共に地主・資本家の貨殖家を支配層に押し上げた。彼らはそれまでは控えめにおこなってきた国有地の盗奪をいまでは公然と大規模に実行した。土地は贈与され、あるいは捨て値で売却された。これで「土地の商品化(土地原蓄)」がさらに進む。エンゲルスは第 4 版への「注201」補注で、「こんにちのイギリスの大土地所有者たちがどのようにしてその大土地を所有するにいたったかは N. H. Evans, *Our old Nobility*, London 1879 のなかに詳しい記述がある」と注記する(S.752：訳1240)。21 世紀の今日でもその土地支配は持続しているのでなかろうか。

少数貴族の土地支配　宗教改革期に奪われずに残っていた教会領も国有地と一緒に「イギリスの少数貴族支配(die englische Oligarchie)のこんにちの王侯直領地の基礎をなしている」(S.752：訳1239)。マルクスはこの引用文への「注202」で、その少数貴族の中にベッドフォード家があり、その子孫がロード・ジョン・ラッセル(John Russell 1792 - 1878)であると指摘する。彼は 1846 - 52 年にイギリス首相としてチャーティスト運動に対処し一連の改革を実行し、イギリス資本主義の体制改革運動である「イギリス社会科学振興協会」の主催者であった。マルクスはそのラッセルに注目していた。

　ブルジョア的資本家は土地貴族と同盟する。なぜなら土地貴族の土地略奪は「土地を純然たる取引物品に転化させ農業大経営の領域を拡大し、農村から彼らへの鳥のように自由なプロレタリアの供給を増加させる」(S.752：訳1239)からである。加えて、新しい銀行貴族・大金融業者・大製造業者とも盟友となる(同)。こうしてレントナー層が成立する。

共同地の横奪　国有地とは異なる共同地は、15 世紀末から 16 世紀までは個人的暴力で横奪された。18 世紀になると共同地の盗奪は合法的に「共同地囲い込み法」で実行される。それは、「地主が民衆共有地(Volkesland)を私有財産として自分自身に贈与する布告」(同)である。この手法は、現代の中国の官僚が自分で管理している公有地を自分の会社に売却する手法と酷似している。

　国有地盗奪と並んでおこなわれた公有地の盗奪で 18 世紀に「資本借地農場」あるいは「商人借地農」といわれた大借地農場が膨張した。同時にそこから追われた農村民がプロレタリアとなって工業都市に流れ込んだ。このような「国富と民衆の貧困が同じ根源をもつこと」が 19 世紀になると知られるようになったけれども、18 世紀にはまだよく知られてはいなかった。農耕民が共同地

を共同して所有していたことは歴史の記憶から失せていた。共同地351万エーカーが1801年から1831年までに農村民から盗奪され議会で地主から地主へ贈与されたけれど、農村民はなんの保障金も渡されていない(S.756：訳1247 - 1248)。

スコットランドの土地清掃　農民からの土地収奪の最後の仕上げが「土地清掃」である。最後に掃き捨てられるのは、独立農民ではなく「小屋」である。スコットランド高地がその典型例を提供する。スペインの無敵艦隊を打破したエリザベス1世(1533 - 1603年)以来、マルクス同時代のヴィクトリア女王も「イギリスの女王が全国土の名義上の所有者である」(S.757：訳1248) ように[54]、スコットランド高地の氏族の長(おさ)はその土地の名義上の所有者であった。長はついに自分の名義上の土地を私的所有地に転化し氏族の民を追い払う。工業都市グラスゴウなどに追い込むためである。その代表例がサザーランド公爵夫人の土地盗奪である。

のちのアメリカ西部劇映画でお馴染みの騎兵隊(旧米陸軍)が先住民を掃討するように、スコットランド高地に残っていた1万5千人の「住民の清掃」を「イギリスの兵士」が執行した(原蓄国軍)。先住民の老婆は抵抗し抗議して焼身自殺をした。公爵夫人は79万エーカーの土地を獲得した。「彼女の一族のために自分の血を流してくれた氏族員たち」(S.758：訳1250)を追い払い、約6千エーカーの不毛地の海浜に移住させた。しかもこの土地は無償ではない。1エーカー平均2シリング6ペンスの地代を取った。彼らは漁労で生活するようになった。侯爵夫人は盗奪した土地は分割し貸与しイングランド人の農業労働者家族だけを住まわせた。マルクスはすでに1850年代前半にサザーランド公爵夫人のことを時事論文で詳述している(MEW, Bd.8, S.485)。

牧羊地を狩猟場に　盗奪された土地はまず牧羊地に転化される。やがて、その一部は狩猟場に再転化される。より儲かるからである。イングランドには本来の森林はない。貴族の狩猟園にいる鹿は本質的に狩用の家畜である。自分の狩猟園で飼っているその家畜を「高貴な情熱」(S.759：訳1253)でもって狩るわけである。スコットランドには森林がある。そこの牧草地を狩猟場に転化すると

---

[54]　1851年にロンドン万博を主催したヴィクトリア女王は、1876年にインド皇帝を兼ねるようになった。第1インターナショナルが解散した年である。大英帝国の領土野心は7つの海に翻る。冒険家が非西欧地域の資源を探査する先兵である。地質学が新興し後押しする。

第Ⅵ章　相対的剰余価値・絶対的相対的剰余価値・資本蓄積

それを「貴族的な肉感的満足や狩猟道楽」を満たしたい愛好者が高値で買ってくれる。儲かるのである。鹿が広大な土地に遊び、人間は狭い居留地に押し込められる。この状態はアメリカ大陸やオーストラリアにイギリスやヨーロッパから来た文明人に排除される先住民が経験する受難と同じである。

マルクスはこの節を次のように締めくくる。

「これら［教会領略奪・国有地詐取・共同地盗奪］は、資本主義的農業のための耕地（Feld）を征服し、土地を資本に合体させ、都市工業のためにそれが必要とする鳥のように自由なプロレタリアートを供給した」(S.760-761：訳1257)。

教会領・共同地・国有地は、非合法的か・合法的かの実質的な区別がない手法で、収奪された。土地に《雇用関係無しにという意味で直接に》結合していた直接生産者の「労働と所有の同一性」は解体され、彼らはプロレタリアート（無産者）に転落した。このことで資本主義的生産様式が生成する可能性が生まれる。まずはその根源的な条件を確認したのである。この解体は、近代資本主義における「労働と所有の同一性」が見かけ＝仮象であり、その深部には「労働と所有の分離」が潜んでいることを開示する。

このページ数が最も長い第2節には第23章の約29％を当てている。第2節から第6節までは、『資本論』第1部第2編の「貨幣の資本への転化」でさしあたって前提とした諸条件、特に労働力商品が歴史でいかに措定されたかを立証する。「借りのある論証」としての転化論のその借りをここで返済するのである。こうして論証は円環を閉じ、資本主義的生産様式が自立した存在として認識されるのである。その最初の長い節でその論証が始まる。

Ⅵ-4-3　流血立法　　　②［続き］(S.761-770：訳1258-1271)

無産者の賃労働者への強制的転化　ここでは第3節をみる。第2節でみたような暴力的な土地収奪が生んだプロレタリアートは直ちに賃金労働者になったわけではない。彼らは大量な乞食・盗賊・浮浪人になった。マニュファクチュアができていても、そこに吸収されるわけではなかった。15世紀末から全16世

紀にわたって、西ヨーロッパに浮浪罪を罰する流血立法が制定された。流血立法は、もはや存在していない古い諸関係を前提にして、それに従わないのは自発的な意志によるものであると決めつけて、彼らを罰した。流血立法は古い秩序を前提にそこに浮浪者を戻そうとしたかぎりでは、主観的には無産者を賃労働者へ転化し資本主義の発達を加速する意図はなかった。けれども結果的にはそのように作用したのである。歴史のパラドックスである。

あい続く流血立法制定　マルクスはイギリスの流血立法を中心に賃金労働者の強制的生成過程をみる。流血立法はチューダー朝のヘンリー7世の治世(1485-1509年)から始まる。ヘンリー8世の時代(1509-1547年)では、高齢の乞食に乞食鑑札をつけさせる。強健な浮浪人は鞭打ち刑と拘禁刑で罰した。ヘンリー8世は1533年に、二度目は鞭打ち刑に加えて耳を半分切り取る刑罰を追加した。エドワード6世の時代(1547-1553年)では、労働を拒む者は告発人の奴隷にしてもよいと認めた。奴隷の主人となった者は奴隷を鞭と鎖でどんな労働をさせてもよく、ほんのわずかな食事を与えるだけでよいことになった。奴隷は2週間労働しなければ、終身奴隷にされる。額や頬に奴隷(slave)の印であるSの烙印を押される。3日逃亡すれば死刑に処せられる。主人は奴隷を売却・遺贈・賃貸できる。奴隷は主人に逆らえば死刑に処せられる。浮浪者は3日ぶらぶらしていれば、灼熱の鏝でV印(浮浪者 vagabond のV)を烙印され、街路工事などに従事させられる。浮浪者の子供は取りあげて徒弟にして使用してよろしい。逃げれば、今度は親方の奴隷になり首・腕・脚に鉄の鎖でつながれる。特定の貧民は19世紀になるまで教区奴隷として雇用された。

エリザベス1世の時代(1558-1603年)の1572年に、鑑札のない乞食は雇用者がなければ鞭打ち刑に処し左耳たぶに烙印するようにした。再犯の場合には彼らを雇う者がなければ、死刑に処した。再々犯の場合は無条件で死刑に処した。マルクスは「注221a」(S.764：訳1260-1262)で、ヘンリー8世の時代に7万2千人の盗賊が処刑された記録、エリザベス2世の時代に浮浪者たちが列をなして絞殺された記録、そのころ毎年300人か400人が絞首刑に処せられた記録を引用している。近代資本主義成立の起源は血で真っ赤にぬられている。

ジェイムズ1世の治世(1603-1625年)には、放浪し乞食をする者は浮浪人と宣告され、公衆の面前で鞭打たれ入獄させられた。再び乞食をすると死刑になった。この規定はアン女王の時代(1702-1714年)になってやっと廃止された。

これと類似した法律はフランスやネーデルランドにもあった。

人為が自然になるまで待て　労働諸条件が資本になり、他方に労働力以外に売る物は何もない者が登場するだけでは、資本主義的生産様式が成立するには不十分である。プロレタリアートは土地収奪・追放・鞭打ち・烙印・拷問・死刑によって賃金労働者になるように冷酷に訓練された。「資本主義的生産が進むにつれて、教育・伝統・慣習によって、この生産様式の諸要求を自明の自然法則として承認するような労働者階級が発展する」(S.765：訳1263)。その発展までは流血立法はまだ撤廃されない。籠は簡単には外さないのである。労働者が資本主義的生産様式をまるでいつと知れないときから続いてきた「自然な秩序」として、何の疑いもなく自発的に受け入れる状態こそ、資本主義にとって望ましい秩序である。むろん、必要があれば「経済外的な直接的な暴力」(S.765：訳1263) を出動させるけれども、それはただ例外的措置であるし、そうであってほしいのが資本主義である。「ものごとが普通に進行する場合には、労働者は《生産の自然法則》に、すなわち、生産諸条件そのものから発生し、それらによって保証された永久化された資本への労働者の従属にまかせておくことができるのである」(同)。社会で「自然」と見えることの正体はほとんどこれである。

形式的従属と強制法　ところが、資本主義の初期では事情は異なっていた。「勃興しつつあるブルジョアジーは……労賃を貨殖に適合する制限内に押し込めるために、また労働日を延長して労働者自身を標準的な従属度に維持するために、国家権力を必要とし利用したのである。これこそが、いわゆる本源的蓄積の本質的な1つの契機である」(S.765 - 7667：訳1263)。労働の資本への従属は形式的でしか (nur formell) なかった。資本の有機的構成は低く、したがって、資本が蓄積されるにつれて、賃労働に対する需要が高まった。けれども、その需要に追い着くほど労働力は供給されなかった。「国民生産物の大部分は、のちには資本の蓄積元本に転化されたけれども、当時はまだ労働者の消費元本のなかに入っていた」(S.766：訳1264)。いいかえれば、労働力再生産ファンドである生活手段はほとんど商品に転化していなかったし、蓄積された資本の可変資本部分に入っていなかったのである。そこで、労働力を商品に転化するだけでなく、生活手段も商品に転化しなければならないという政策課題がうまれる。

最高賃金法　賃労働搾取を目的とする立法は、エドワード3世の治世 (1327 - 1377年) の1349年に「労働者規制法」から開始される。労働者の高賃金要求に対

抗してできたこの法律は、都市と農村についての出来高賃金と日決め賃金（日当）を法定賃金として決めた。農村労働者は1年契約で、都市労働者は公開市場で、雇用しなければならなくなった。法定賃金以上の賃金の支払いは禁固刑で罰せられた。エリザベス1世の徒弟法はさらに法定賃金以上の賃金を受け取った者も禁固刑で罰するようにした。煉瓦積み工・大工の団結は無効としてよいことになった。「労働者の団結は14世紀から団結禁止法が廃止された1825年まで、重罪としてあつかわれているのである。……しかし賃金の最高額は国家によって命令されるけれども、賃金の最低額は命令されないのである」（S.767：訳1265）。

本来的マニュファクチュア時代になると、もう労賃の法律的規制は必要がないほど資本主義的生産様式は強力な体制に成長していた。つまり、「自然な秩序」として受け入れられていた。しかし、「それでも人々［ブルジョアジー］は非常事態に備えて古い武器庫を武器なしですませようとはしなかった」（S.768：訳1267）。ようやく19世紀前半になって産業革命期にその撤廃が始まる。しかし、賃金規制は執拗に持続する。

名誉革命体制下のジョージ2世の治世（1727-1760年）の1734年に、ロンドンやその周辺の裁縫職人の日賃金の上限を設けた。ジョージ3世の治世（1760-1820年）の1772年に、絹織工の賃金を規制した。1799年になっても、スコットランドの鉱山労働者の賃金はエリザベス1世などの法律で規制されていることが確認された。ようやく「1813年になって賃金規制に関する法律が廃止された」（S.768：訳1268）。1349年から1813年までの465年間、賃金はその最高額を可能な限り低く法的に抑圧されてきたのである。最高賃金法は、産業革命以後に社会政策としての制定される最低賃金法のことではない（念のため）。

団結禁止法　労働者の団結も禁止されてきた。スミスは『国富論』第1編賃金論で団結禁止法を批判している。マルクスは『経済学・哲学草稿』を執筆したとき、『国富論』のノートをとり、団結禁止法について詳しく知った。

団結禁止法の一部分は1825年に廃止された。マルクスの『経済学批判』刊行の年である1859年になってやっと全廃された。しかしそのとき、「暴力・脅迫・妨害に関する刑法改正法」が成立し、労働者の団結を刑法で処罰する規定が生まれた。しかもその刑法は、治安判事を兼務する工場主が解釈することになっ

ているのである。後退すると見せかけて、代替策を出してきたのである。[55]

　イギリス産業革命のさなか、フランス革命の2年目の1791年に労働者の団結は「自由と人権宣言に対する侵害」であるとの理由で「ル・シャプリエ法」が制定された。この法律は元来、同業組合を禁止する目的をもっていたけれども、台頭する労働者の団結を禁止する法律に転用されたものである。その法律によって、労働者の団結は500リーヴルの罰金と1年間の公民権剥奪をもって罰せられた。労働者は、「彼らの《かつての親方》であり今では企業家になっている者の自由」の侵害は容認しないというのである（S.770：訳1270）。マルクスはジャコバン独裁でさえ「これには手をつけなかった」（同S.770：訳1270）と注意を促している。《ジャコバン・ラディカリズムの特性とは何かを考えよ》というのである。急進改革は旧体制を解体するから旧体制で呻吟してきた貧者はその解体に自己の解放の望みを託し解体作業に協力するけれども、解放の保証はない。

『資本論』最終部の商品物神性論　このように第3節では、流血立法・団結禁止法・最高賃金法を柱とする、無産者の賃労働者への強制的転化をあとづけている。注目すべきことに、賃金労働者がその強制をそうとは思わず自然秩序として受容するまで、国家権力は長期に執拗に発動する。そのような歴史的過程があってはじめて、資本主義的生産様式が確立する。けれどもその確立のあとでは、その歴史過程は消失する。存在したものが表面からは消えてみえなくなる事態、これは《②商品物神性論の展開された観点》からみえてくる事態である。内部から自然に発生するかのようにみえる欲望が実は他人を模写するような人為操作（依存効果）で生み出された欲望であるように、《自然的秩序》の深部に《人為的強制史》が潜むのである。すでにみた「労働過程・協業・分業」も、一見するところ「歴史貫通的なもの」にみえるけれども、それをいったん資本主義的生産様式の作動様式の次元に射影する点検が欠かせないのも、同じ問題性があるからである。商品物神性論の観点は第1章第4節だけの課題ではないのである。それは『資本論』貫通的な課題である。ここ原蓄論という『資本論』

55）この手法は、日本の支配層が1925年、成年男子に普通選挙権を認めると同時に、1900年の「治安警察法」を「治安維持法」に改定し社会運動を抑圧した手法に酷似する。当時の日本は産業革命の最終過程（社会改革過程）であった。内田弘「総論1」（『東アジアにおける市民社会の形成』専修大学出版局、2013年）を参照。

の最終部にまで理論射程をのばしているのである。因みに、『資本論』第3部「主要草稿」最後の「三位一体範式」(MEGA, II/4.2, S.834 - 853)も《②商品物神性論の展開された観点》からの考察である。『資本論』の3つの部はそれぞれの最終部分を《②商品物神性論の観点》から総括する。商品物神性論は『資本論』を体系的に編成する理論核心である。

Ⅵ-4-4　資本主義的借地農場経営者の創世記　②［続き］(S.770 - 772：訳 1271 - 1276)

　次は第4節である。いままで労働者と土地の強制的分離(第2節)、無産者となった労働者の賃労働者への強制的転化(第3節)をみてきた。それらをふまえて、この第4節の冒頭でマルクスは「次に問題となるのは、資本家たちは本源的には(ursprünglich)どこからやってきたのかということである」(S.770：訳1271)と問う。資本家はまず農業部門で借地農場経営者という形態で生まれる。

借地農場経営者の創世記の三段階　その生成過程は次の三段階である。

［1］借地農場経営者の最初の形態はベイリフとよばれた荘園の土地管理者である。イギリスの14世紀後半に彼らは借地農場経営者、すなわち、大地主から種子・家畜・農具を提供される者にとって代わられた。借地農場経営者はやがてメチエとよばれる半借地農場経営者になる。彼は大地主と農業資本を共同で出資し生産物を折半する。この借地農場経営者も急速に消滅し、本来の借地農場経営者が登場する。

［2］15世紀を通じて、借地農場経営者は、独立自営農民や賃労働する傍ら自分の土地で自作もする農僕たちがそれなりに余裕のある生活をしているあいだは、鳴りを潜めていた。しかし15世紀の後半から16世紀の後半まで続く「農業革命」で事態は一変する。借地農場経営者は共同牧場を横奪し無償で家畜を増やし家畜の排泄する豊富な肥料を獲得する。

［3］借地農場経営者に16世紀の「価格革命」が加勢する。新大陸からの大量の金が旧大陸に流入し旧大陸の価格を上昇させ価格体系を再編するこの出来事は、借地農場経営者に非常に有利に作用した。「穀物・羊毛・肉類、要するにすべての農産物の価格が持続的に上昇した」(S.771：訳1273)。ところが、借地契約は長期の99年間であり、地代は旧来の貨幣価値で契約されていたから、実質地代は低下した。さらに実質賃金も低下した(同)。貨幣収入が膨張し、地

代・賃金という費用が実質的に下落する。こうして「借地農場経営者は何もしないでも、自分の貨幣資本を膨張させた」(同)。これは資本主義的生産様式の確立に必要な「**貨幣原蓄**」である。マルクスは次のように要約する。

「借地農場経営者は、彼の賃労働者と彼の大地主を同時に犠牲にして、自分を富ませた。したがって、イギリスは16世紀末当時の事情からみれば、富裕な《資本主義的借地農場経営者》という1つの階級が存在していたのである」(S.771‐772：訳1273)。

借地農場経営者という仲介者　借地農場経営者は大地主(土地)と農業労働者(労働力)との間を媒介し結合する仲介者(Vermittler)である。マルクスは「注229」(S.771‐772：訳1275)で次のように指摘する。

「社会生活のすべての部面で獅子の分け前は仲介者の手に入る。……経済界では金融業者・取引場仲買人・卸売商人・小売商人［レントナー層］が事業のうまい汁を吸い取る。民事訴訟では弁護士が事態当事者からむしり取る。政治では議員は選挙人よりも偉く、大臣は君主よりも偉い。……宗教では神が《仲介者》(神と人間の媒介者キリスト)によって背後に押しやられる。……僧侶もまた善き羊飼い(キリスト)と彼の羊［信徒］の間にはなくてはならない仲介者である」(S.772‐773：訳1275)。

「仲介者」の重要性については、すでに1844年の『経済学・哲学《第1》草稿』の「(労働者の)賃金・(資本家の)利潤・(地主の)地代」という「三位一体」の仲介者である資本家の利潤や、ミル評注における「神─キリスト─人間」=「私的所有─貨幣─社会」の図式の「キリスト=貨幣」で指摘されている。『経済学批判要綱』(MEGA, II/1.1, S.246‐247)ではより詳しく仲介が連鎖する経済構造を分析している。問題は、《何がなにゆえにいかにして仲介者を生み出すのか》である。相対立する存在はその対立を止揚し調停する運動形態(仲介者)を生み出すのである。このことは『資本論』第1部第3章の貨幣論の第2節の冒頭でも、商品論における貨幣生成論を総括するように省みて、指摘されている(S.118‐119：訳177)。ここでは、借地農場経営者が大地主と農業労働者との仲

介者であり、土地所有・資本所有・賃労働という資本主義的諸関係の仲介者である貨幣を体現する人格である。資本主義は「仲介者」が重層的に変態する編成である。

仲介者と商品物神性論　マルクスがここで借地農場経営者を「仲介者」として規定するのは《②商品物神性論の展開された観点》からである。土地および労働力の自然力が借地農場経営者の人格的能力を示す農業利潤として現象する。その現象は実は「仮象」である。借地農場経営者は、地主の「土地」と労働者の「労働力」を経済的に媒介する。この媒介によって発現する生産力を借地農場経営者はまず自分の所得（総農業利潤）として取得し、その一部を地代と賃金に分配する。貨幣の結合力(V)が人格的力および自然力(U)として現象する[U(V)]。これは商品物神性論的仮象である。

Ⅵ-4-5　農業革命と国内市場の形成　　②［続き］(S.773 - 777：訳 1276 - 1283)

農業革命による生産力増強　この第5節では農業革命と国内市場の形成をみる。流血立法の強制装置を媒介にして、独立自営農民は工業プロレタリアートに転化された。けれども農業は以前と変わらない水準で農産物を供給した。そうできたのは「農業革命」による。「土地所有諸関係における革命が耕作方法の改良、より大きな協業、生産手段の集積などをともなっていたからである。しかも農村賃労働者の労働の強度が高められただけでなく、彼らが自分自身のために労働する生産耕地（Produktionsfeld）がますます縮小した」(S.773：訳1276)。

農産物の資本諸要素への転化　農業部面での直接生産者（という意味の労働者）が土地から分離されて賃労働者に転化すると、彼らが生産する農産物（食料・

---

56)　マルクスは、カントの『純粋理性《批判》』に対する批判の広場を哲学的思弁内部ではなく資本主義的実践そのものに求める。ヘーゲルのカント批判の核心は、カントのアンチノミー（対立）を運動する媒態がいかなるメカニズムで生成するかの論証にある。マルクスはヘーゲルにならいつつ、資本主義存立の基盤にもとめる。すなわち、カントのアンチノミーが止揚される様式を、商品の交換関係における相異なる使用価値が捨象され「第三者＝価値」が抽象される「無限遠点」にもとめる。この着想はヘーゲルの論文「信仰と知」（1802年）による。いわゆる《哲学から経済学批判へ》の実質的内容はこれである。経済学批判は、神学による地動説弾圧が生んだ観念論哲学に対する批判＝神学批判である。マルクスはその意味でコペルニクス革命の継承者である。彼の経済学批判の出立は天文学史（1841年学位論文）にある。

工業用原料）も資本家の所有物に転化する。賃労働者は、労働力商品を販売した代金＝貨幣賃金で、自己の労働力を再生産するための食料を資本家から購入し消費し労働力を再生産する。したがって「この食料はいまや可変資本の素材的要素に転化する」(S.773：訳1277)。農業から生産される工業用原料も資本家の所有物である。それは「不変資本の１つの要素に転化した」(同)。農産物の「使用価値の相違」が可変資本と不変資本という「資本の価値の実存形態の相違」へと媒介される。

社会的魂が使用価値に侵入する　例えば、これまで独立自営農民として亜麻を紡いできた農民が亜麻紡績工場で働く日雇い労働者に転化すると、亜麻は外見上、使用価値としてはいままでと同じである。けれども実は「その体内に１つの新しい社会的魂(eine neue soziale Seele)が侵入しているのである」(S.774：訳1277)。いまでは亜麻は単なる使用価値ではない。「価値魂(Wertseele)」(S.66：訳88)を内包する使用価値なのである。亜麻は、以前は自分で栽培し家族ぐるみで紡ぎ多くの小生産者に分配されていた。いまでは１人の資本家の下に包摂された多くの賃労働者が生産する。亜麻糸・亜麻布を生産する大きなマニュファクチュアは小農の小さい生産現場を合成したものである（合成マニュファクチュア）。そこでは紡錘・織機・原料は剰余労働を吸収する媒態である。使用価値の深部に資本価値が潜む。これも《②商品物神性論の展開された観点》からみえる事態である。

国内市場の創造　小農民を土地から切り離し賃労働者に転化する過程は、彼らが産業資本家に雇われ賃労働者として生産する商品（食料・工業用原料）が販売される「国内市場」が創造される過程でもある。かつては小農自身が生活手段や原料を生産した。「［農民が賃労働者に転化する］以前は、農民は家族ぐるみで生活手段や原料を生産し加工し、その大部分を自ら消費していた」(S.775：訳1280)。小農の生産物はほとんど自家消費が目的である。そのわずかな剰余部分が商品に転化していたにすぎない。そのような状態では商品経済が満面開花することはない。ところが、彼らが賃労働者になると、これらの原料や生活手段はすべて商品として生産されるようになる。食料は借地農場経営者のもとで生産される商品となる。糸・織物はマニュファクチュア製品になり、まさにその農村地域がその販売市場に転化する。剰余生産物だけでなく、労働力を再生産する必要生産物も商品に転化する事態は、必要生産物で再生産される労働力

も商品に転化している事態である。

必要生産物の二重の意味の検討　なるほど必要生産物には、［１］労働力再生産ファンドの意味と、［２］社会的平均的に必要な労働生産性を基準に評価された生産物という二重の意味がある。そのさい注意しなければならないのは、［２］の「社会的必要」という規定の前提である。その前提とは、商品交換を媒介にする社会的過程ではじめて規定される「必要な水準」という前提である。マルクスが「社会的(gesellschaftlich)」というときは、なによりも「商品＝貨幣関係を媒介にして」という意味である。商品に転化していない生産物は「社会的平均」規定の対象にはならない。『資本論』では商品関係とは無関係な「社会的平均」概念は存在しない。［２］の規定をもつ生産物が総生産物の「部分にすぎない」ときは、生産物はほとんど商品に転化していない。したがって社会的平均は現実的に成立しない。［２］の規定は［１］を前提にする。生産物の商品化は剰余生産物から始まる。［１］その商品化が必要生産物まで浸透したとき、必要生産物で再生産される労働力も商品に転化する。したがって、理論的には総生産物(＝剰余生産物＋必要生産物)が商品に転化したときに、［２］の社会的平均が現実的概念になるのである。この意味でも、『資本論』冒頭商品が「資本の生産物としての商品」の抽象的規定であることが判明する。本来的マニュファクチュア時代はいまだ［１］の規定が社会的総体で実現していない過渡期である。したがって、［２］の規定も実現していない。機械制大工業が［１］と［２］の両規定を実現する。

本来的マニュファクチュア時代の特質　資本主義的生産様式が確立するのは、機械制大工業時代である。つまり、相対的剰余価値生産可能な体制を構築する産業革命以後である。翻って、「本来的マニュファクチュア時代には根本的な変化は何も現れない」(S.776：訳1281)。資本主義的生産様式は部分的・断片的にしか浸透していない。マニュファクチュアには、都市手工業・農村家内工業という背景が広がる。一方で資本主義的生産様式が或る地域で或る部門を征服すると、他の地域で同じ部門が非資本主義的セクターで発生する。「イギリスは時代によってときには主に穀物栽培国であり、ときには主に牧畜国であり、時代の変遷につれて農民経営の規模が変動する」(S.776：訳1281)。過渡期は産業配置でも不安定である。機械制大工業こそが、資本主義的生産様式をイギリスに決定的に浸透させる。

「大工業がはじめて、機械によって資本主義的農業の恒常的な基礎をあたえ、農村民の巨大な大多数を徹底的に収奪し、家内的農村的工業である紡績と織布の根を引き抜いて、それと農業との分離を完成する。したがってまた、大工業がはじめて産業資本のために国内市場を征服するのである」(S.776 - 777：訳1281)。

マルクスの「注237」(S.777：訳1282 - 1283)が面白い。J.S. ミルやスミスたち博愛主義的なイギリス経済学者たちや、ジョン・ブライトなどの自由主義的工場主たちは、イギリス土地貴族に《数千の自由土地保有者はどこへいってしまったのか》と問う。ところが、なぜか《独立織布工や紡ぎ手や手工業者たちはどこで行ってしまったのか》とは問わない。資本主義的生産様式の基盤の歴史的生成過程は《不問のまま》なのである。《隠された問い》である。この第5節でもマルクスは《②商品物神性論の展開された観点》から論じている。

Ⅵ-4-6　産業資本家の創世記　　②［続き］(S.777 - 788：訳1283 - 1302)

近代資本主義の起源　この第6節では産業資本家の創世記をみる。それは借地農場経営者の創世記のように漸進的な仕方ではすすまなかった。
［１］　まず小さな資本家が、同業組合小親方・独立生産者・賃労働者から生まれた。彼らは搾取と蓄積で文字通りの資本家になった。しかしそれは「カタツムリのようなのろのろとした歩みであった」(S.778：訳1283)。
［２］　高利貸資本と商人資本は資本主義的生産様式以前にも存在し、さまざまな経済的社会構成のなかで成熟していた。高利貸資本と商人資本は貨幣を蓄積してきたけれども、農村の封建制度や都市の同業組合は、その蓄積貨幣が産業資本に転化する障害になってきた。やがて封建家臣団解体・農民収奪によって、その障害は消滅した。蓄積された貨幣資本は外国貿易型の都市マニュファクチュアをつくり、かたや古い都市制度や同業組合制度の外部に農村マニュファクチュアができた。

貨幣資本の産業資本への転化に道を開いた本源的蓄積の主な契機は、［a］新大陸金銀産地発見、［b］原住民の絶滅と奴隷化、［c］東インドの征服＝略奪、［d］アフリカの商業的先住民奴隷狩りなどである。この原蓄の諸契機は時間

順序に［a］はスペイン、［b］はポルトガル、［c］はオランダ、［d］はイギリスによって、それぞれ実行された。マルクスは［a］〜［d］の国々が東南アジア・南アジア・東インドでおこなった奴隷狩り・阿片独占などで例証している（S.779‐782：訳1286‐1290）。例えばイギリスの属領であった北アメリカである。

「あの思慮深いプロテスタントの名匠たちの国であるニュー・イングランド［1614年から建設されたアメリカ東部6州］の清教徒は、1703年には彼らの《集会》の決議によって、戦勝品である先住民の頭蓋皮1枚または捕虜1人に40ポンド・スターリングの賞金を懸けた。1720年には頭蓋皮1枚に100ポンド・スターリングの賞金を懸けた」（S.781：訳1289、［ ］引用者）。

原蓄諸契機の体系的総括　近代ヨーロッパの最後の覇権国イギリスでは、資本主義的生産様式は原蓄の諸契機によって加速度的に成長する。

「これらの契機は17世紀末には植民制度、国債制度、近代租税制度および保護貿易制度において体系的に総括される。これらの方法は、一部は残虐きわまる暴力（Gewalt）にもとづく。例えば植民制度がそうである。しかし、どの方法も、封建的生産様式の資本主義的生産様式への転化過程を温室的に促進して過渡期を短縮するために、国家権力、すなわち、集中され組織された社会の暴力（Gewalt）を利用する。暴力は新しい社会を孕むあらゆる古い社会の助産婦（Geburtshelfer）である。暴力はそれ自身が1つの経済的産出力（Potenz）である」（S.779：訳1286）。

マルクスは体系的に総括された原蓄の諸契機それぞれを個別的に考察する。まず「植民制度」は温室で育てるように商業と航海を育成した（S.781：訳1290）。次は「国債制度」である。

「公信用制度、すなわち国債制度の起源はすでに中世にジェノヴァやベネチアで見出す。それはマニュファクチュア時代に全ヨーロッパに普及した。海上貿易や商業戦争をともなう植民制度は国債制度の温室として役だった。……国債、すなわち国家の譲渡行為は、資本主義時代にその公印を押す」

第VI章 相対的剰余価値・絶対的相対的剰余価値・資本蓄積

(S.782：訳1291)。

　国家が国債発行で集めた借金は、名目上そのときの国民全体の所有となる。したがって国債を発行すればするほど、(将来の国民ではなく)現在の国民は豊かになる。しかし国債で入手した富の運用法は国家権力を握っている者たちが決定する。聖霊に対する不信はともかく、国債の信用性を疑ってはいけないタブーである。「公信用は資本の信条になる」(同)。

原蓄資金と公債　産業投資や高利貸投機にはリスクがともなう。ところが公債は国家が保証人である。公債が原蓄資金になれば、原蓄はそれだけ安定して進む。国債を買った者はそれを公債証書に転化し転売できるから、国債の債権者は、実際のところは、国家に何も与えてはいないのである。公債証書は現金と同じように流通する。公債証書の利回りが一般金利より高ければより高い値段がつき、他人に譲渡し儲ける。こうして、「仕事をしない暇なレントナー(金利生活者)や、政府と国民の仲介者である金融業者」(S.783：訳1292)が抜け目なく機敏に富を獲得する。さらに「国債は、株式会社やあらゆる種類の有価証券の取引や株式売買を、つまり取引所投機と近代的銀行支配を勃興させたのである」(同)。

イングランド銀行　イングランド銀行は、イギリス国王ウィリアム3世の財政難を救済する代償として銀行券の発行権が賦与されて、1694年に創立された。それは「出生の当初から政府を援助する見返りに獲得した特権のおかげで政府に貨幣を前貸しできた私的投機業者たちの会社にすぎなかった」(同)。この銀行株が値上がりすれば、蓄積された国債の評価が決まるから、「これらの銀行の株式が継続して騰貴すること以上に確かなことはない」(同)。

　イングランド銀行は、[1] 最初の業務を自分の貨幣を利子付きで政府に貸し付けることから、始めた。[2] 同時に、議会がイングランド銀行に銀行券発行権を賦与したので、イングランド銀行は銀行券を発行した。国民はイングランド銀行券を借りて生活や仕事に使用することになった。[3] イングランド銀行は、業者が発行した手形を換金する業務もおこなう。そのさい手形割引手数料を取る。業者にはその分を差し引いた金額を業者の取引銀行の預金口座に振り込む。[4] 商品を担保に取って貸付もおこなう。[5] 貴金属の購入も公認された。イングランド銀行はこの貴金属で鋳貨を鋳造しそれを担保に国家

に貸付をおこなう。国家の負担で公債の利子を取得するようになる。[6] イングランド銀行は国内の蓄蔵貨幣の貯蔵庫であり、商業信用全体の重心である。

こうしてイングランド銀行は貸し与えたもの以上のものを受け取る。その返済を受け取りながら、同時に銀行券使用・手形割引・国債引受（利払い）などで、国民に対する永遠の債権保持者でありつづける。イギリスでは魔女狩りは1735年の妖術行為禁止令以後は、魔女火炙りが禁止されたけれども、「その同じ時期に、銀行券の偽造者を絞首刑にするようになった。[それとともに]銀行貴族・金融業者・レントナー・仲買人・株式取引人・証券投機師などという連中が突如として出現してきたのである」(S.783：訳1293)。このように、マルクスはイングランド銀行の成立と機能を深部まで掘り下げている。

レントナー国の交替史　次は「国際的信用制度」である。「国際的信用制度はしばしばあれこれの国民のものとですすむ本源的蓄積の隠された源泉の1つである」(S.783 - 784：訳1293)。或る国が衰退してゆくとき、レントナー国家に変貌し他国に資金を貸し付けて金利を獲得して生き延びようとする。ベネチアがオランダに対してレントナーになった。「オランダは17世紀の典型的な資本主義国であった」(S.779：訳1286)。スピノザ(1632 - 1677)の時代のオランダである。オランダを無視・軽視してイギリスのみをみていればよいのではない。両国間の国際金融ヘゲモニーの推移をみなければならない。かつてのベネチアのように、こんどはオランダがイギリスに対してレントナーになる。

> 「オランダはすでに18世紀の初頭にオランダのマニュファクチュアが遙かに追い越されて、もはや支配的な商工業国ではなくなった。したがって1701 - 1776年のオランダの主要事業の1つとなったのは、巨額の資本貸出し(das Ausleihen ungeheurer Kapitalien)、特に自分にとって強大な競争相手であるイギリスへの貸出しである」(S.784：訳1293)。

今度はイギリスがオランダのようにレントナーになる。マルクスの同時代のイギリスがアメリカ合衆国に対して資本の貸出国になっている(S.784：訳1294)。その背景で若きケインズが「自由放任の終焉」(1923年)でイギリス資金のインドなどへの海外投資から国内産業資金への還流を訴えた。実物経済で衰退すると資本貸出国＝レントナー資本主義国になる。これは一般的傾向であろう。

近代的租税制度　次は「近代的租税制度」である。発行された国債は期限が来れば償還しなければならない。その返済資金は税金である。したがって国債制度と租税制度とは生まれからして結びついている。

「次々に契約される負債の累積によって引き起こされる増税のために、政府は新しい臨時支出をするときはいつでも、余儀なく新しく起債する。したがって、生活最必需品に対する課税（したがってその値段の騰貴）を回転軸とする近代的国家財政は、それ自身のうちに自動的累進の萌芽を芽生えさせている。過重課税は偶然に起こることではなく、むしろ原則である」（S.784：訳1294）。

次第に重くなってくる税負担に国民は堪え忍ばなければならない。これは不可避の命題である。スピノザの『神学・政治論』（1670年）を擁護したヤン・デ・ウィット（Johan de Witt, 1625 - 1672）はこの制度を称えて箴言を残した。[57]《租税制度は賃労働者を従順・倹約・勤勉にさせ……労働者に労働の重荷を背負わせる最良の制度である》（同）。[58] 労働者が生産する価値生産物は私的資本の剰余価値と国家の税金の両面から絡め取られる。租税制度でかき集められた資金は、外国貿易から保護するために、戦略産業に集中して注入される。それ以外の農民・手工業者は逆に重税で収奪され非保護のもとで没落してゆく。「保護貿易制度は、製造業者を製造し独立した労働者を収奪し、国民の生産手段と生活手段を資本に転化し、古い生産様式から近代的生産様式への移行を強制的に短縮するための人為的な手段であった」（S.784 - 785：訳1295）。

これまで本源的蓄積を公的に推進する原蓄国家の制度と政策をみてきた。これは本来的マニュファクチュア期に始まるけれども、機械制大工業体制の確立まで持続する。「植民制度・国債・重税・保護貿易・商業戦争など、本来的マニュファクチュア時代のこれらの若芽は、大工業の幼年期中に巨大に繁茂する」（S.785：訳1296）。

57）柴田寿子『スピノザの政治思想』（未来社、2000年、41頁）を参照。『神学・政治論』刊行の2年後青年カルヴィニストがウィット兄弟を虐殺し狂喜している様を目撃したスピノザが、ひごろの冷静さを失い震え泣き忘我の行動に走りかけたと伝えられる。

58）マルクスの死後30年の1913年の年末に、アメリカ合衆国は欧米の巨額な資金を基礎に「連邦準備銀行制度」を創設し、次の1914年、「所得税法」を成立させた。その年に第1次世界大戦は始まる。

技術原蓄と自動機械装置　つまり、原蓄過程は産業革命期を包含するのである。このことはすでに前節(第5節)で次のように確認されている。

>「大工業がはじめて機械によって資本主義的農業の恒常的な基礎を与え、農村民の巨大な大多数を徹底的に収奪し家内的・農村工業的工業である紡績と織布の根を引き抜いて、それと農業との分離を完成する。それゆえまた、大工業がはじめて、産業資本のために国内市場全体を征服するのである」(S.776 - 777：訳1281)。

産業革命過程で本格的に開発される技術も資本主義的生産様式の不可欠な基礎要素である。その意味でも、本源的蓄積過程は産業革命を包含する。原蓄要素には「**技術原蓄**」も含まれるのである。人間は自然過程と人間の組織を媒介して、自ら定立した目的を実現する。その「対自然的＝対人間相互関係行為(Verhalten zur Natur und zueinander)」の中の要因《いかに実現するか》が技術である。アリストテレス的にいえば、技術とは質料因に対する目的因と作用因との統一である。資本主義的生産様式は、その技術を科学技術にまで深化し生産諸力を飛躍的に発展させ、産業革命以後ますますその発展を加速化してゆく。

マルクスは同時代の科学技術の粋をミュール紡績機の自動停止装置に洞察していた。ミュール紡績機には人間の頭脳労働の一部[ミュール紡績機の例では、混ぜられ引き延ばされ巻き取られる(draft and blend)糸が切れれば、紡錘(spindle)を止める労働者の作業]が機械装置の機能に移転している。この事実に、マルクスはアリストテレス『政治学』第1巻第4章のオートマトン(自動機械)の定義「道具が自分の成すべき仕事を完成すること」に対応することを確認したのである(S.430：訳705)。[59]

---

59) マルクスにとってアリストテレスは単なる古代哲学者ではない。マルクスが最も評価した哲学者は「差異論文」以後一貫してアリストテレスであった。本書の主題である《『資本論』を鏡映理論で読む》という問題意識はアリストテレスの『分析後書』の中項論の群論的展開である。《マルクスとアリストテレス》問題については次のような主要文献がある。Cf. Scott Meikle, *Essentialism in the Thought of Karl Marx*, Duckworth, 1985; George E. McCarthy, *Marx and the Anscients*, Rowman & Littlefield Publishers, Inc, 1990; G.E. McCarthy (ed.), *Marx and Aristotle*, Rowman & Littlefield Publishers, Inc, 1992; Jonathan E.Pike, *From Aristotle to Marx：Aristotelianism in Marxist Social Ontology*, Ashgate, 1999.

第Ⅵ章　相対的剰余価値・絶対的相対的剰余価値・資本蓄積

原蓄と奴隷制　マルクスはこの第6節の最後で、原蓄が奴隷制度を含むことを指摘する。

　「マニュファクチュア時代を通じて資本主義的生産が発展するにつれて、ヨーロッパの世論は羞恥心や良心の最後の残滓までも失ってしまった。諸国民は、資本蓄積の手段としてのあらゆる醜行を恥知らずにも自慢した……イギリスは1743年まで年々4,800人の黒人をスペイン領アメリカに供給する権利を獲得した。……リヴァプールは奴隷貿易を基礎に大きく成長した。奴隷貿易はリヴァプールにおける本源的蓄積の方法である。……リヴァプールが奴隷貿易に使用した船は1730年には15艘であった。1751年には53艘、1760年には74艘、1770年には96艘、1792年には132艘であった」(S.787：訳1299‐1300)。

あのビートルズのリヴァプールである。奴隷貿易によって「莫大な貨幣」を獲得した。これも「貨幣原蓄」である。阿片がインドから中国にだけでなくイギリスにも浸透したように、奴隷制も西インド・アメリカ合衆国南部諸州だけでなく、イギリス本国に浸透した。ブリストル、グラスゴウがその代表的な港である[60]。

　「綿工業はイギリスに児童奴隷制を導入した。……一般に、ヨーロッパにおける賃労働者の隠蔽された奴隷制は、その台座として新世界での《露骨な》奴隷制を必要としたのである」(S.787：訳1300)。

資本にとって安定は望ましいものであるけれども、無条件に安定なのではない。むしろ利潤のないことが一番の恐怖の的である。利潤率が高ければ高いほど、危険であっても進んで冒険する。マルクスは「注250」(S.788：訳1302) で或る記者の次の文章を引用する。「争乱と紛争が利潤をもたらすならば、資本はその両方を鼓舞するであろう。その証拠が密貿易と奴隷貿易である」(S.788：訳1302)。今日では、国際短期金融取引とタックス・ヘイヴンであろうか。

---

60)　現在、イギリスのブリストル駅前には「奴隷制記念館（Museum of Slavery）」が建設されている。そこには自己の過去を厳しく反省する理性が記されている。

産業資本家創世の歴史的前提　この第6節で産業資本家の創世記には「(1)植民制度・(2)国債・(3)租税制度・(4)保護貿易・(5)奴隷制」という歴史的諸前提が必要であったことを確認した。その諸契機は本来的マニュファクチュア時代に本格的に実現したものである。

(1)植民制度は、資源を埋蔵する場所という広義の土地の略奪である(**土地原蓄**)。これは、先住民を掃討し彼らの土地を奪うことで、次の「第25章　近代植民理論」の前提を築く。この2つの植民地概念は不可分にむすびつく。中央銀行が引き受ける(2)国債制度は、中央銀行が一定の資金を担保に国家に貸し出すために新たに仮想的な貨幣(中央銀行券・信用貨幣)が創造される制度である。(3)近代的租税制度は、その国(家の負)債を償還する資金を国民が納税で負担する制度である。(4)保護貿易の資金は国債で調達する。(2)(3)(4)は原蓄のための貨幣を調達し活用する(**貨幣原蓄**)。(5)の奴隷制は一方で金銀・たばこ・砂糖・阿片・紅茶・棉花などを収奪的に生産させる制度であると同時に資本主義的生産様式に陰に陽に導入される(**労働力原蓄＝賃金奴隷制**)。

4つの原蓄要素の接合　本来的マニュファクチュア(絶対的剰余価値生産)時代には「**土地原蓄・貨幣原蓄・労働力原蓄**」が本格化する。マニュファクチュア期に自生してきた機械装置の部分的諸要素が産業革命(相対的剰余価値生産)の時代に接合して「**技術原蓄**」が実現する。「広義の土地」は狭義の土地(人間の活動の場所＝空間)であるだけでない。すでにマルクスの但し書きでみたように、人間の生産活動に必要な資源が潜在する場である。土地に潜在する資源は労働に媒介されて生産手段となる。こうして、資本の生産過程の諸要素である、貨幣(G)・労働力(Ak)・生産手段(Pm)・技術(Ak+Pm)が有機的に接合し、商品を生産する資本の生産過程(G—W[Ak+Pm]……P……W'—G')が成立する。資本主義的生産様式の4つの要素「**土地原蓄・貨幣原蓄・労働力原蓄・技術原蓄**」がマニュファクチュア期から産業革命期までに実現され、接合される。このことによって、近代資本主義体制は確立するのである。イギリス資本主義以後の各国各地域の資本主義もこの4つの要素の接合で成立する。先進資本主義は特に「資金と技術」を提供し、後発国の資本主義国の「安価な労働力・土地」を結合してその成立過程に介入し剰余価値を取得する。現代中国・ベトナムなどの開発戦略はこの様式を採用する現代原蓄である。

原蓄過程は総じて、「自由・平等・所有・ベンサム(最大多数の最大幸福)」と

はまったく逆の制度であり事態である。その意味で、この第 6 節も《②商品物神性論の展開された観点》から考察されているのである。

Ⅵ-4-7　資本主義的蓄積の歴史的傾向　②［続き］(S.789 - 791：訳 1303 - 1307)

　第24章原蓄論の最後のこの第 7 節では、まず原蓄過程を総括し、ついで原蓄過程で成立した資本主義的生産様式の将来を展望する。

　最初にマルクスは、「資本の本源的蓄積、すなわち資本の歴史的な創世記とは、結局のところいかなることであろうか？」(S.789：訳 1303) と問う。「それは奴隷および農奴の賃労働者への直接的転化を意味するにすぎない」(同) と答える。マルクスは資本主義的生産様式の否定的形態の究極の形態を奴隷制・農奴制に見出だす。労働力と生産手段が商品＝貨幣関係で分離していないという意味で直接に (unmittelbar gesellschaftlich = gemeinschaftlich) 結合している状態としては、奴隷制と農奴制は同格であり、資本主義的生産様式の対極である。なぜならば、資本主義では労働力と生産手段は商品として生産され売買されてという意味で社会的に (gesellschaftlich) 初めて結合するからである[61]。

農奴制・奴隷制と近代資本主義　奴隷制・農奴制と資本主義の間には「無限に多様な配色」(同) が存在する。そのなかで労働力と生産手段が未だ分離しておらず、しかもそれらが私的所有の対象になっている状態が存在する。労働力と生産手段の非分離としては奴隷制・農奴制と共通し、かつ私的所有としては資本主義的生産様式と共通する状態である。直接生産者の意味での労働者が自分の生産手段を私的に所有している「小経営」がそれである (同)。マルクスはこの状態を一面で肯定的に評価する。「小経営は、社会的生産と労働者自身の自由な個性との発展のための 1 つの必要条件である」(同)。小経営は奴隷制・農奴制およびその他の生産形態の内部にも実存する。その「古典的形態」は「農民が自分で耕す畑の自由な私的所有者である場合と、手工業者が練達した技能で

---

61)　「労働と所有の同一性」から奴隷制と農奴制とを一括する、マルクスの独自な観点については、望月清司『マルクス歴史理論の研究』(岩波書店、1972 年) を参照せよ。ただしマルクスのこの観点は、奴隷制・農奴制だけに射影されるのではなく、経済学批判の体系的展開を可能にする基本的な観点である。歴史的に到達した結果から最深部の前提に遡及し、そこから結果に前進する方法である。

もって自分で使用する用具の自由な私的所有者である場合だけである」(同)。

しかし小経営には限界がある。その限界を打破したのが資本主義的生産様式である。なぜなら小経営は「生産手段の分散を想定する」(S.789：訳1304)からである。小経営は生産手段の集積だけでなく、協業・分業・科学技術を排除する。小経営は生産と社会の狭い自然発生的な限界とだけ調和する。

小経営解体と資本主義　しかも小経営は一定程度まで発展すると自己解体に向かう。マルクスはここでは、小経営の自己解体作用について説明していないけれども、すでに本章の第5節でみたように、剰余生産物の交換から始まった商品生産が労働力再生産ファンドである必要生産物にまで浸透すると、労働力も商品に転化して、資本主義的生産様式が生成し始める。そのときから必要生産物の商品への転化の水準に応じて、剰余生産物も産業資本の剰余価値に転化する。この二重の転化過程は人為的介入がなければカタツムリのようにのろのろとした歩みのままである。生まれてきた近代資本主義は、その二重の転化を加速度的に推進する政策を要求する。その要求に答えたのがイギリスの場合、原蓄政策を体系的に総括した名誉革命体制である。まさにアダム・スミスの同時代である。マルクスはこの時代を「広範な人民大衆からの土地・生活手段・労働用具の収奪、この恐るべきかつ非道な人民大衆の収奪こそは、資本の前史をなしている」(S.790：訳1304) と特徴づける。その結果は、労働と所有の私的同一性の解体、すなわち、労働と所有の資本主義的分離＝結合である。

この資本主義的分離＝結合で、労働力および生産手段の社会的組織化が加速度的に進む。自然力の科学技術的な開発および協業・分業を媒介とする労働力の組織的搾取が深化する。その深化は分散していた小経営の労働力と生産手段を資本の下に包摂＝支配する過程である。包摂過程は「形式的包摂＝絶対的剰余価値生産」から「実質的包摂＝相対的剰余価値生産」へと進む。その過程は小経営の外部の家族経営などの労働力・生産手段も統合する集積過程でもある。

集積から集中へ　しかし小経営の分散状態を止揚し集積する過程は、集積してはいるけれども、なお労働力と生産手段が分散している多くの諸資本の状態それ自体を止揚することを資本が要求する。資本は諸資本を飲み込み包摂する。資本の集積は資本の集中に帰着する。

「それぞれ1人の資本家が多くの資本家を打破する。この集中、すなわち

少数の資本家よる多数の資本家の収奪と並存して、ますます増大する規模の労働過程の協業的形態、科学の意識的な技術的応用、土地の計画的利用、共同的にのみ利用できる労働手段への労働手段の転化、……生産手段の節約、世界市場の網のなかへのすべての国民の編入、したがってまた資本主義的体制の国際的性格が発展する」(S.790：訳 1305-1306)。

労働力と生産手段が直接結合した小経営的結合様式が資本主義的生産様式に移行したように、資本主義的生産様式が推進する「労働力と生産手段の社会的組織化」は資本主義的生産様式それ自体も超える潜勢力を孕む。次の文節はその潜勢力を分析する。

「資本主義的生産様式から生まれる資本主義的取得様式は、それゆえ資本主義的な私的所有は、自己労働にもとづく個々人的な私的所有(das individuelle Privateigentum)の最初の否定である。しかし、資本主義的生産は、自然過程の必然性をもってそれ自身の否定を生み出す。これは否定の否定である。この否定は、私的所有を再建するわけではない。しかし、資本主義時代の成果──すなわち、協業と土地の共通占有(Gemeinbesitz)および労働そのものによって生産された生産手段の共通占有──を基礎とする個々人的所有(das individuelle Eigentum)を再建する(wiederherstellen)」(S.791：訳 1306)。

この文節をめぐって『資本論』研究史は重要な見解を生みだした。なかでも平田清明の「個体的所有の再建」論は日本のマルクス研究史に1つの時代を画した。

ブレイ・個々人的所有・共通占有　ところで、引用文中の訳語「個々人的所有」・「共通占有」は広西元信「『誤訳』が育てたマルクス経済学」(『経済評論』1993年5月)による[62]。両方の訳語とも民法学界が共用する、ドイツ語からの訳語である。『資本論』研究史はこの用語の意味を正確に理解してきたとはいえない。この用語の意味に関連する重要な文献がある。それは、ジョン・ブレイの『労働者の苦難、労働者の救済 (Labour's Wrong, Labour's Remdy)』である。こ

---

[62]　なお、広西元信《資本論》の誤訳』(青友社、1966年、92頁)では、Gemeinbesitz は「共通占有」ではなく「共同占有」と訳されていた。

のリカードウ派社会主義文献は 1839 年に刊行され、マルクスは『哲学の貧困』(1847 年)で、この文献(英文)をフランス語に翻訳して引用し、さらに重要な個所では英文のまま、引用している。

マルクスが注目したブレイの主張は、《労働者の救済とは、労働者が株式会社のすべての株を個々人的に所有するようになることにある》という主張である。この主張は、遙かに遠い未来社会像ではなく、資本主義的生産様式から移行する過渡期(ポスト資本主義社会)の所有制に関するヴィジョンである。

ブレイのこのアイディアには、マルクスもエンゲルスも 1847 年 1 月頃の往復書簡で賛同している。マルクスは『哲学の貧困』で、プルードンが『貧者の哲学』で主張したアイデアは、実はブレイのこのアイデアを剽窃したものであると批判した。マルクスはブレイのそのアイデアを 20 年後、『資本論』に採用したのである。[63] ただし、この文節の「個々人的所有の再建」にはブレイ文献への注がつけられていない。

仮象としての資本家の所有　この第 7 節も、直接生産者としての労働者がその成果を所有するのか(労働と所有の同一性)、所有できないのか(労働と所有の分離)という問題点から考察している。近代資本主義では労働する者とその成果を所有する者とは同じであるという前提に立っているけれども、実はそうではない。そのようにみえるのは仮象である。とはいえ、その仮象は物質的な生産と生活を媒介にした仮構であるだけに、《ヴェールを剥ぐ》というような手順で解決する事柄ではない。このような批判的観点からの考察である。その意味でこの第 7 節も《②商品物神性論の展開された観点》からする考察である。

しかも、その資本主義的仮象が消滅する実践的可能性が資本主義の発展自体によって徐々に胚胎してくる。「労働＝所有」から「労働＝所有の否定」へ、さらにその「否定の否定」へ、すなわち「労働＝所有の再建」へと展望する。

その二重否定は《資本主義的生産の「自然過程の必然性」》でもって実現する可能性が高まるとマルクスがいうとき、「自然過程の必然性」はカント『純粋理性批判』超越論的弁証論における第 3 アンチノミーを想定している。カントによれば、人間は生まれつき「自由」か、それともすべて予め定まっている「自然必然性」に生きるほかないのかというアンチノミーは、人間理性が陥る迷い、す

---

63)　この論点については、すでに内田弘「『資本論』形成史における『哲学の貧困』」(『(専修大学) 社会科学年報』第 47 号、2013 年 3 月) が詳論している。

なわち「仮象(Schein)」であると批判する。マルクスの語法《自然過程の必然性》はこのカントの主張を批判したものである。

　資本主義的生産様式という歴史的個体は「自然必然性」をもって、人間に「自由な」個性者の世界を創造する可能性を胚胎してくる。資本主義はそれを自覚できない。「商品物神性」にとらわれているからである。マルクスは商品物神性にとらわれた現象を「仮象」という。そのとき、マルクスはカント仮象論(Schein)への批判を含ませている。マルクスはカントのそのアンチノミー＝仮象が止揚される実践的歴史的可能性を洞察するのである。

Ⅵ-5　近代的植民理論　　②［続き］(S.792-802：訳1308-1325)

現代原蓄と生産様式の接合　これまで第24章で、いかに近代資本主義は生成してきたかという問いに答えてきた。そこで次に、《では、原蓄はたんなる過去の一回性の出来事かという問いをたて、問いにそうではない。現代でも原蓄は進行している。原蓄は現代原蓄でもある》と答える。つまり、ここでも《問いの答えが次の問いをたてる($Q_i \rightarrow A_i = Q_j$)》という『資本論』の編成様式が貫徹する。答えという終点は次の問いという始点をもっている(終点＝始点)。答えは次の問いを孕んでいるのである。

　この第25章でマルクスはこれまでの第24章の原蓄論の観点を同時代の西ヨーロッパ以外のところに射影し、当地で起こっていることを判別する。そうすると、西ヨーロッパでは原蓄は基本的に完了しているけれども、その他のところでは、まさに原蓄過程が進行中であるか、これから始まることがわかる。その意味で、本源的蓄積は決して過去のことではない。現在進行形の出来事でもあり将来の出来事でもある。過去の原蓄は現在の原蓄に再現＝再生産しているし、さらに他のところでも生起するだろう。この観点から、主に北アメリカを観察する。マルクスのインド・中国論にみられるように、西ヨーロッパの資本主義は商品交換関係を媒介にして「非ヨーロッパとしてのアジア」[64]を自己の内

---

[64] 現代のイギリス・ヨーロッパにとっても、アフリカ・中南米も「アジア」である。その意味で「非ヨーロッパとしてのアジア」は現代にも生きる概念であろう。筆者は比較的最近、南米と日本を一括した「アジア映画特集」をイギリスで観たことがある。西欧のアジア概念は現在のイギリスで(も)生きている。

部に包摂しそれを資本主義的生産様式に転化しつつあるとみていた。したがって、将来はアジアも資本主義になり、その究極に世界市場が形成されてくるであろうとみていたと判断される。マルクスの現代原蓄論は21世紀に届いているのである。

先住民掃討の後の自由植民地　マルクスはこの第25章のタイトルに注をつけて、ここでいう植民地とは「実際の植民地、すなわち自由人の移住者によって開拓される処女地」（S.792：訳1308）であるという。主にアメリカ合衆国を想定している。ヨーロッパからの移民は、先住民（いわゆるアメリカ・インディアン）を駆逐し殺戮し最後には申し訳の程度に居留地に追い込んだ。したがって、「処女地」というのは、その掃討のあとにできた広大な更地のことである。「自由人」としての「移住者」とはそのような存在である。イギリスやヨーロッパから追い出されるように移住してきた人間が旧大陸で自分たちがされたことを今度は新大陸で先住民におこなった。このように被害は加害に再生産することがある。[65]

ここでもマルクスは2種類の私的所有、すなわち「生産者の自己労働にもとづく私的所有」と「他人労働の搾取にもつづく私的所有」との区別と関連を基本観点にすえている（S.792：訳1308）。経済学は原蓄完了後に「自己労働＝所有」という前資本主義世界の法観念と所有観念をもちだして、資本主義的所有である「労働と所有の分離」を隠蔽する。この転倒を認識する観点は《②商品物神性論の展開された観点》である。

原蓄政策としての組織的植民　ところが、「植民地では違う。そこではいたるところで、資本主義的支配体制は自分自身の労働条件の所有者として、自己労働によって資本家でなく自分自身を富ませている生産者の妨害にぶつかる」（S.792：訳1309）。「2つの生産様式」（同）、すなわち、小経営的生産様式と資本主義的生産様式とがアメリカでは正面から対立している。このような事態のもとで、資本主義的生産様式を加速度的に進めようとするのが、E.G. ウェイクフ

---

65)　アメリカ映画の「ダーク・リヴァー」や「天国への門」はそのような土地収奪史を深刻に省みる作品である。前者は先住民からの土地を収奪し彼らに残した居留地が原爆実験地として汚染された史実を描き、後者は先住民掃討のあと、先着の移民が後から来る移民を排撃する、入植者どうしの土地争奪戦を描く。日本では「政治的リアリティをもった映画」がかつてほど製作されない。

第Ⅵ章　相対的剰余価値・絶対的相対的剰余価値・資本蓄積

ィールドの植民理論である。「ウェイクフィールドの功績は……植民地のうちに母国の資本主義的諸関係についての真理を発見したことである」(S.793：訳1309)。彼の植民理論は、植民地で賃金労働者を生みだすにはどうしたらよいか、その方法を提案する政策理論である。彼はこれを「組織的植民」と名づける。

　すでに転化論・剰余価値論でみたように、資本の生産過程は、単に「貨幣(G)・生産手段(Pm)・生活手段(Lm)」が存在するだけでは成立しない。肝心な要素が欠けている。それは労働力商品(Ak)である。すなわち、

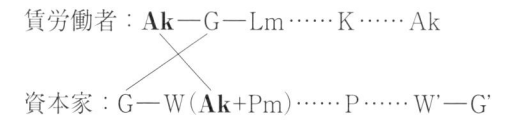

　　　賃労働者：**Ak**—G—Lm……K……Ak

　　　資本家：G—W(**Ak**+Pm)……P……W′—G′

という賃労働者と資本家の間の交換関係＝労働力商品の売買関係(×)が必要である。自分の労働力商品を販売して生活手段を獲得する他に生きる方法がない者が大量に「製造」されなければならない。このことにウェイクフィールドは気づいている。「彼が［事実上それとは自覚しないで］発見したことは、資本は物ではなくて、物を通じて媒介された人と人の間の社会的関係であるということである」(S.793：訳1310、［　］は引用者)。賃労働者が存在する経済関係で初めて生産手段も生活手段も資本に転化する。しかし経済学者はそれがわからない。

　「生産手段および生活手段のこのような資本主義的魂(kapitalistische Seele)は、経済学者の頭の中ではそれらの質料的実体(stoffliche Substanz)と極めてぴったりと結合されているので、彼らはそれらをいかなる事情でも……資本と命名するのである」(S.794：訳1311)。

　この引用文の「資本主義的魂が質料的実体に結合する」は、《価値魂→商品魂→貨幣魂→資本魂》という連鎖し展開する価値の物象化運動の帰結を要約するものである。経済学者にはその物象化が自然現象のように見えるのである。
ウェイクフィールドの錯誤　ウェイクフィールドも同じ錯誤に陥っている。彼は小経営者の生活手段が分散している状態を「資本の均等な分離」とみている(同)。彼の資本概念も商品物神性に囚われたものである。ウェイクフィールドはさらに神学的に資本主義的生産様式を説明する。「人類は資本の所有者と労

働の所有者とに分割された。……この分離は自由意志による了解と結合との結果であった」(S.795：訳1312)と想定する。彼にとって資本主義は神の創造物である。ところが、植民地では大量の土地が存在し移民がそれを獲得できるので独立生産者になれるため、賃労働者が大幅に不足している。だから資本主義が成立しない。移民は土地を所有し、家具・道具・石鹸・蝋燭・靴・衣服などを自己労働で生産する。鍛冶・製粉・販売もおこなっている。土地が安価であるから、「いま賃労働者である者も明日は独立自営農民または手工業者になる。彼は労働市場から消える」(S.797：訳1316)。これではアダムの時代からの人類の目的である資本主義的生産様式は確立しない。

地価つり上げと賃労働創出　では、どうするのか。賃労働者を政策的に創出するには、政府が職権で土地の価格を人為的に高くつり上げることが最善の策である。その地価の高さとは、「移住者が土地を購入して独立農民になれるだけの貨幣を稼げるまでに、いまよりももっと長期間賃労働に従事せざるをえない」(S.800：訳1321)ように仕向ける高さである。賃労働者に彼が長い間の辛苦のすえ貯めた資金で、このように政策で高くつりあげた地価で土地を買わせることによって資金を獲得する。その資金には上手い活用法がある。その貨幣基金を、さらにヨーロッパから移民を《約束の地・アメリカ》に輸入するために必要な費用に充てるのである。アメリカに夢をみてやってきた移民は同じように長期間賃労働者として資本家に雇われることになる。これがウェイクフィールドの提案する「組織的移民」である。

> 「イギリス政府は、このウェイクフィールド氏によって特に植民地用として処方された《本源的蓄積》の方法を多年にわたって実行してきた。……ヨーロッパからの移民の波は、[アメリカの]西部への移民の波が彼らを一掃できるよりも急速に、人間を東部の労働市場に投げ込む。他方でアメリカの南北戦争は、その結果として莫大な国債、それとともに租税負担、最も下劣な金融貴族の創造、鉄道・鉱山などの開発のための投機会社への公有地の巨大な部分の贈与——要するに、最も急激な資本の集中が随伴したのである」(S.801：訳1323)。

アメリカにおけるこのような動向に対応して、イギリスでもイギリス政府が

貴族や資本家に特にゴールド・ラッシュで沸き立つオーストラリアの植民地の未耕地を恥知らずな捨て値で払い下げた(同)。先住民を排除した「処女地」には資本主義的生産様式が根づき発展してゆく。近代資本主義の典型国イギリスでは、スコットランドの公爵夫人などが進める政策原蓄を追加しながら、確立した資本主義的生産様式がさらに発展する。イギリス以外のところでは現代原蓄として資本主義的生産様式の政策的実現が進んでいるのである。

過去の原蓄から現代原蓄をみる　このように、マルクスは同時代までの資本主義国における原蓄過程をあとづけたのちに、その歴史時間軸をさまざまな生産様式が同時並存する同時代(現代)の世界に射影する。その射影によって、近代資本主義の本源的過去から現在までの歩みが同時代の空間に並存していること、歴史的な先後継起が現代空間に同時並存していることが判明するのである。

　省みれば、貨幣・生産・商品の先後継起の関係は、その展開の前提として、貨幣・生産・商品が空間上に同時並存する。(a)時間上の先後継起は(b)空間上の同時並存に再生産される。カントは第1アンチノミー論でこの(a)と(b)の相互媒介関係を存在しないものとして否認した。けれども、マルクスはその媒介関係を重層的に、資本主義の構造分析だけでなく過去の原蓄と現代原蓄の関係にも、確認するのである。この了解はマルクス固有の群論的対称性の方法による。この方法を生産様式の次元に射影すると、原蓄の歴史的過程が現代原蓄に再生産されていることが了解できる。資本主義的生産様式の内在的理解とその歴史的個体としての認識とは、観点の定め方としては同型である。

　マルクスは『資本論』第1部の最後のこの第25章でも、ウェイクフィールドが資本を物として誤認していることを批判し、資本主義的な「労働と所有の分離」を「労働と所有の非分離」にすり替えることを批判している。ここに《②商品物神性論の展開された観点》が定められていることが確認できる。総じて、『資本論』第1部の第24章の原蓄論および第25章の近代的植民理論は《②商品物神性論の展開された観点》からする資本主義的生産様式の歴史的生成の認識に当てられているのである。

結　語

『資本論』第１部編成原理の総括　これまで『資本論』第１部全体が《①価値形態論》《②商品物神性論》《③交換過程論》という３つの観点を規則的に変換する操作で編成されていることをあとづけてきた。その操作は資本主義的生産様式が時々刻々と自己を編成してゆく過程をあとづけてゆくこと(精神的に再生産すること)にほかならない。「資本主義の生成過程を追思惟する観点変換」を一括すると基本的に次のようになる。ただしすでにみたように、『資本論』第１部第１章の第１節(使用価値と交換価値)と第２節(生きた労働の二重作用)は、その３つの編成原理の基準を準備する考察であるから、下記には入らない。

［Ⅰ］『資本論』編成の３つの観点（要因）
　　価値形態［第１形態｛①｝- 第２形態② - 第３形態③］
　　商品物神性［｛②｝-③ -①］
　　交換過程［｛③｝-① -②］
［Ⅱ］貨幣の３機能
　　価値尺度［｛①｝-③ -②］
　　流通手段［｛③｝-② -①］
　　蓄蔵貨幣・支払手段［｛②｝-① -③］
［Ⅲ］貨幣の資本への転化
　　資本の一般的範式［｛②｝-③ -①］
　　一般的範式の矛盾［｛③｝-① -②］
　　労働力の購買と販売［｛①｝-② -③］
［Ⅳ］労働過程と価値増殖過程
　　労働過程［｛②｝-① -③］
　　価値増殖過程［｛①｝-③ -②］
　　労働過程と価値増殖過程の統一［｛③｝-② -①］
［Ⅴ］絶対的剰余価値
　　不変資本・可変資本［｛③｝-① -②］
　　剰余価値率［｛①｝-② -③］

労働日　［{②}-③-①］
[Ⅵ]　相対的剰余価値　［その概念{③}-協業・分業②-機械制大工業①］
　　　絶対的・相対的剰余価値{②}-剰余価値率の定式①-労賃③
　　　資本蓄積［前書{①}-再生産③-原蓄②］

　まず注目すべきことは、最初の［Ⅰ］の価値形態の①第１形態→②第２形態→③第３形態の順序［①→②→③］が①価値形態・②商品物神性・③交換過程の順序［①→②→③］に再現することである。その意味で、①第１形態は、価値形態の系列の首座を占めるだけでなく、①価値形態→②商品物神性→③交換過程の系列の首座も占める。この二重の意味で①に{ }をつけ{①}と記す。このように、『資本論』第１部を編成する全系列は「２階(rank)」をなしている。しかも、②商品物神性論は、②第２形態→③第３形態→①第１形態という順序［②→③→①］からなり、③交換過程論は、③第３形態→①第１形態→②第２形態という順序［③→①→②］からなる。以上の順序をまとめると、こうなる。

　　価値形態論　　［①→②→③］
　　商品物神性論　［②→③→①］
　　交換過程論　　［③→①→②］

　価値形態論の横の順序［①→②→③］は、①価値形態論→②商品物神性論→③交換過程論という縦の順序［①→②→③］に再現する。同じように商品物神性論の横の順序［②→③→①］は、価値形態論・商品物神性論・交換過程論の各々の中項の縦の順序［②→③→①］に再現し、交換過程論の横の順序［③→①→②］は、価値形態論・商品物神性論・交換過程論の各々の最後の項の縦の順序［③→①→②］に再現する。つまり、各行（横）の順序は各列（縦）の順序に再現する。［Ⅰ］を引き継ぐ［Ⅱ］から［Ⅵ］までの順序も同じ規則で配列されている。行の順序を「時間上の順序」とし列の順序を「空間上の順序」とすれば（あるいはその逆のばあいも）、まったく同型である。資本主義的生産様式の編成原理は、時間順序と空間順序が相互に区別されない同型性＝「時空間の相対性」をもつのである。『資本論』の論理構造は一貫してこのような「時空間の相対性」をなしている。

編成原理は単純商品論から原蓄論まで貫徹する　「時間上の先後継起」と「空間上の同時並存」が同型性を維持し自己を再生産するかぎり、資本主義的生産様

式は円滑に自己を再生産する。逆からみれば、その同型性が維持できなければ、維持できない範囲で再生産可能性領域が自ら破壊する。マルクスがはやくも単純商品論次元で「恐慌の抽象的可能性」を指摘したのは、そのようなシステム編成の同型的な連続する特性を認識していたからである。[66] その可能性は論証次元がより重層的になるにしたがって、その経路にそって恐慌が実現する可能性が胚胎してくる。すでに指摘したことであるが、「先後継起と同時並存」はもともとカントが(時間上の始元と空間上の限界をめぐる)第1アンチノミーを論証するときにもちいた語法である。カントは「先後継起と同時並存」の両立はありえないと限定=批判した。しかしマルクスは、資本主義のカテゴリーが終点かつ始点である二重の規定性をもつカテゴリーであることによって、「先後継起と同時並存」の両立を前提にしていることを論証して、カントを反批判したのである。

しかもすでにみたように、『資本論』第1部最後の原蓄論(近代植民論)は現代原蓄論である。原蓄は過去の1回性の出来事ではない。地球上の各時代各地域に再現する出来事である。原蓄は現代原蓄でもある。このことを論証し「先後継起と同時並存の現実的可能性」を指摘した。こうして、『資本論』の編成原理(①，②，③)は冒頭から最後まで貫徹する原理であることが立証されたのである。

『資本論』が含意する群論　さて理論内容を捨象し、3つの要因の順序のみ配列を記せば、次のようになる。

$$
\begin{aligned}
&[\text{I}] \ \{①\}-②-③, \ \{②\}-③-①, \ \{③\}-①-② \\
&[\text{II}] \ \{①\}-③-②, \ \{③\}-②-①, \ \{②\}-①-③ \\
&[\text{III}] \ \{②\}-③-①, \ \{③\}-①-②, \ \{①\}-②-③ \\
&[\text{IV}] \ \{②\}-①-③, \ \{①\}-③-②, \ \{③\}-②-① \\
&[\text{V}] \ \{③\}-①-②, \ \{①\}-②-③, \ \{②\}-③-① \\
&[\text{VI}] \ \{③\}-②-①, \ \{②\}-①-③, \ \{①\}-③-②
\end{aligned}
$$

①と②と③は全部で $3 \times 3 \times 6 = 54$ 項あり、それらは規則的に配列されて

---

66) 長洲一二「価値の独立化について―恐慌理論のための覚書―」(『エコノミア』創刊号、1950年)を参照。『資本論』を価値の独立化(自立化)の重層的過程として読むこの論文は、自立化する価値の姿態変換が或る一定の規則にもとづいていることを論証する本書の主題を先駆けるものである。

いる。では、上の配列はいかなる規則で編成されているのであろうか。経済学批判の内容を捨象し一般化する。

　まず[Ⅰ]の{①}-②-③が次の{②}-③-①に移行する場合を考える。その移行はまず{①}-②-③の第1項{①}を動かさないで第2項②と第3項③を置換する操作φ（フィー）と、ついでその結果である{①}-③-②の第2項を動かさないで第1項と第3項を置換する操作Ψ（プシー）の結果、{②}-③-①が得られる。以下同じように[Ⅰ]から[Ⅵ]までのそれぞれの内部の或る項から次の項への移行は、操作φをおこないついで操作Ψをおこなうことで実現する。

　[Ⅰ]の最後の{③}-①-②から[Ⅱ]の最初の{①}-③-②への移行は各々の第3の項②を固定し第1項と第2項を置換する操作[操作φ']で実現する。

　[Ⅱ]の{②}-①-③から[Ⅲ]の最初の{②}-③-①への移行は、操作φで実現する。[Ⅵ]の最後の{①}-③-②から[Ⅰ]の{①}-②-③への移行も操作φで実現する。[Ⅵ]は規則的な操作で[Ⅰ]に再帰し円環を閉じる。

　以上要するに、[Ⅰ]から[Ⅵ]までは、左端か右端かの一方を固定して残る2項を反転する「反転対称(inverse symmetry)」(φ、φ')と、中央の項を固定し左右両端の項を入れ替える「回転対称(rotational symmetry)」(Ψ)で編成される。しかも、この反転対称と回転対称は「並進対称(translational symmetry)」を構成し資本循環範式を根拠づける。例えば貨幣資本循環(G—P—W'—G)は生産資本循環と商品資本循環と次のように連結し合う。

　　　　　[① G—② P—③ W'—① G'] —② P—③ W'—① G'
　　　　　① G—[② P—③ W'—① G'—② P] —③ W'—① G'
　　　　　① G—② P—[③ W'—① G'—② P—③ W'] —① G'

　上記の3つの[ ]で括られた内部の配列は先にみた《①価値形態論》《②商品物神性論》《③交換過程論》を規則的に置換した場合と同型である。それぞれの最後の項① G' ② P ③ W' は最初の① G ② P ③ W' への再帰である。それは反転対称と回転対称から編成されている。したがって1コマずつずれて「並進対称」をなす貨幣資本循環は「反転対称」と「回転対称」から編成されているのである。ということは、《①価値形態論》《②商品物神性論》《③交換過程論》の編成原理は資本循環範式にまで貫徹する。したがって、その範式で編成され

「デザルグの定理」と「不変の対称性」

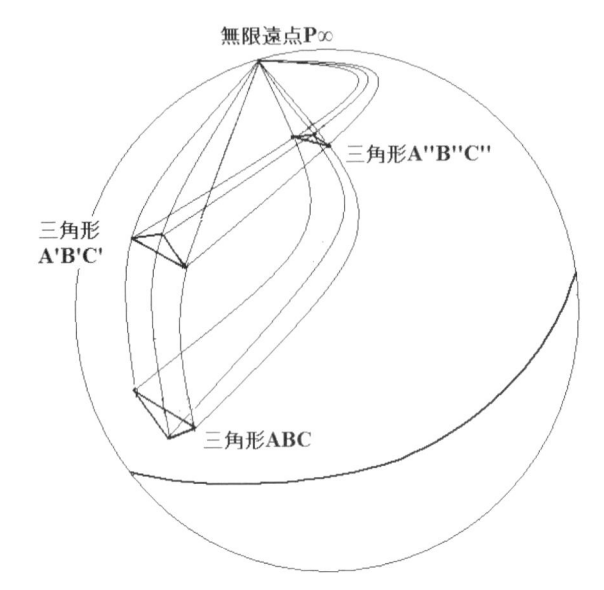

無限遠点P∞

三角形A''B''C''

三角形A'B'C'

三角形ABC

　三角形ABC、三角形A'B'C'、三角形A''B''C''のそれぞれの頂点を結ぶ直線が一点に収束するならば、そこに「双対の定理」が成立する。デザルグは、直線が収束せず平行でも無限遠点で収束するとした。上図のように、球体の上半分の球面にある三つの三角形は無限遠点に収束し「双対の定理」が成立する。すなわち、球面上の三つの三角形の間には「要素変換に対して不変のシンメトリー」が存在する。
　マルクスが経済学批判で前提にする「不変のシンメトリー」は、①価値形態論、②商品物神性論、③交換過程論の三つの観点を「不変のシンメトリー」をなすような規則で変換する。すなわち、①V(U)→②U(V)→③U(V):U(V)。この規則は、カントの「構想力の図式機能」を止揚したマルクスの「経済学批判の図式機能」であろう。

ている『資本論』の第1部・第2部・第3部の全体系を貫徹する。[67]
『資本論』のシンメトリー　『資本論』第1部は、単純商品から始まって商品資本で終わり商品形態に再帰する商品資本循環(W(')—W')、転化論の貨幣から

67）　本書はそのうち『資本論』第1部の編成原理を立証し、前掲拙稿「『資本論』第2部「第1草稿」の対称性」は第2部の編成原理を立証した。第3部については別稿を準備している。ただし、第1部が重層（{①}-②-③,{②}-③-①,{③}-①-②；{①}-③-②,{③}-②-①,{②}-①-③……）で編成されているのに対し、第2部草稿と第3草稿は単層（①-②-③,①-③-②……）である。公刊された第1部と比較して編成の密度が低い。この編成原理の未成熟が第2部と第3部の刊行が遅れた理由であり、その未成熟は理論内容分析の未達成によるのではなかろうか。

始まって貨幣資本で終わり貨幣形態に再帰する貨幣資本循環(G―G')、資本蓄積論で指摘される「生産のための生産」、すなわち生産資本から始まって生産資本で終わり生産形態に再帰する生産資本循環(P―P)から編成されている。その3つの循環はそれぞれ「反転対称」と「回転対称」からなる「並進対称」をなす。並進対称をなす3つの資本循環の①、②、③のそれぞれは一直線に結ばれる。『資本論』第2部は、貨幣資本循環・生産資本循環・商品資本循環の資本循環論、生産資本循環の資本回転論、商品資本循環の社会的総資本の再生産＝流通論から編成される。『資本論』第3部は商品資本循環の観点から利潤論・利子論・地代論が展開され、最後の三位一体論で利子・賃金・地代から構成される商品資本論で総括される。こうして、『資本論』は単純商品から出発して商品資本で終結する体系をなす。つまり、『資本論』総体は反転対称と回転対称からなる並進対称の体系なのである。

　このように、『資本論』は「重層的に自己を維持する不変の対称性」で編成されている。『資本論』冒頭の用語、「使用価値と交換価値」、「通約性＝対称性(symmetria)」、原物と鏡像の対称性を生み出す「価値鏡(Wertspiegel)」・動詞「鏡映する(sich spiegeln)」などに注目し、それらを拠点にして『資本論』を貫徹する3つの編成原理《①価値形態》《②商品物神性》《③交換過程》を分析し、それが『資本論』を貫徹していることを論証し、もって本書を「『資本論』のシンメトリー」と題する根拠はここにある。本書の「不変の対称性」の立証は『資本論』への徹底した内在による。

『資本論』編成における配景的対応　『資本論』の「不変の対称性」を別の角度から解明する。別掲図《「デザルグの定理」と「不変の対称性」》のように、2つの三角形の3組（ABCとA'B'C'、ABCとA"B"C"、A'B'C'とA"B"C"）の各々の3つの頂点を結ぶ3本の直線は透視図(perspective)をなす。このように1点に収束することを「配景的対応(perspective correspondence)」という。配景的対応にある三角形は相互に対称的である。その3つの収束点が一直線で結ばれるとき、3つの三角形ABC、A'B'C'、A"B"C"は相互に変換できる。これを「デザルグの定理」という。いままでみてきた『資本論』第1部の3つの要素①・②・③からなる「不変の対称性」とは「デザルグの定理」の1つの例である。[68]

「配景的対応とは、図形どうしに対称性を見いだすこと、すなわち、その3つの図形を互いに変換されたものとして見なすことである。観点とはその対称性を支える幾何学的な点にすぎない」[69]。

配景的対応では、点と直線、直線と平面、平面と点などの2つの要素は、変換しても結合可能性は不変である。この不変性は射影空間における図形の基本特性である。要素が規則的に結合する順序が示す類比性・比例性は、射影空間で定義される図形の本質である。配景的対応では、類比性を軸にまったく異なる命題への変換が可能になる。要素を変換しても論理構造は不変のまま維持される。これを「双対原理(principle of duality)」という。

『資本論』(第1部)には、すでに本書でみてきたように、「双対原理」に妥当する、次の3つの論理形式がみられる。
（1）「或る問いの解は次の問いを生みその解を求める($Qi \rightarrow Ai = Qj \rightarrow Aj$)」。
（2）「前提→措定＝前提→措定……」という継承関係。
（3）「資本循環の3つの範式($G - G', P - P, W' - W'$)」。

これらは「要素を変換しても不変な構造」として同型である。それらは「並進対称」の論理構造で共通する。『資本論』(第1部)は、多様な並進対称の「双対原理」で編成されているのである。この隠れた編成原理こそ、マルクス自身が自分の方法を自覚して操作する『資本論』の文法学である。

配景的対応の思想史　省みれば、「類比性・比例性」は中世神学の「神の似姿(imago Dei)」を論証するさいに用いるキーワードであった[70]。人間と神の関係は類比《人間は神の似姿である》で表現されるけれども、果たして人間は神の本性を部分的にでも有しているのか、有しているとすれば、神の人間に対する絶対的超越性とは何か。それとも逆に、神は人間を絶対的に超越しているとす

---

68)　岡崎乾二郎『ルネサンス 経験の条件』(文藝春秋、2014年、158-159頁)を参照。この書は単なる美術史書ではない。ルネサンス美術史・建築史に貫徹する射影幾何学の研究書である。この観点は天文学史にも貫徹するであろう。

69)　前掲の岡崎『ルネサンス』158頁。

70)　山内志朗「アナロギアと共約不可能性」『哲学―(特集) アナロギアと神―』(哲学書房、1989年夏、Vol.Ⅲ-2) を参照。ドゥンス・スコトゥス「神は類の内にあるか」(山内志朗訳、『哲学』Vol.Ⅱ-2、1988年)、高桑純夫『中世精神史序説』(みすず書房、1947年)も参照。

れば、人間は何を根拠に神を知り愛することができるのか。《神は人間に内在するのか(Gott in uns)》、それとも《神は人間を超越するのか(Gott über uns)》をめぐる論争史は、神と人間との「類比性・比例性」からこの論点を推論する方法を生みだした。その神学論争がその目的を超えて「配景的対応」・「類比性」・「比例性」の概念を産出してきたのである。

　ヘーゲルの（『大論理学』の推論ではなく）『小論理学』の推論も、それぞれの格は「回転対称」と「反転対称」の操作で編成され「並進対称」で連結している。第１格「個別→特殊→一般」から第２格「一般→個別→特殊」への移行はその２つの操作による。まず回転対称で「一般→特殊→個別」をつくり、それに反転対称の操作をほどこせば第２格「一般→個別→特殊」になる。第２格から第３格への移行、第３格から第１格への再帰も同じ操作による。注目すべきことに、「個別」は３つの格で右下に傾斜し連結する。その「個別」を媒介軸に「一般」と「特殊」が対称的な三角形となって対応する[71]。その対称性は、１回捩れて表裏が連結する２次曲面「メビウスの帯」で、《ＡからＥを媒介にＢへ》と《ＢからＥを媒介にＡへ》、二重に編成されている。「二重のメビウスの帯」とは「クラインの面（壺）」に他ならない（次頁の図《資本の運動が編成する「回転対称」と「反転対称」の円環》を参照）。ヘーゲル『小論理学』推論三形式（《個別→特殊→一般》→《一般→個別→特殊》→《特殊→一般→個別》→《個別→……》）も配景的対称性をもつ。この同型性こそ、マルクスがヘーゲル推論を価値形態論に援用した根拠である。

商品売買も二重の《メビウスの帯》をなす　商品の取引関係も「二重のメビウスの帯」＝「クラインの面（壺）」を編成する。商品ａと商品ｂの交換で、それ

---

71) ヘーゲル『大論理学』の推論は、第１格が「個別－特殊－一般」で『小論理学』のそれと同じであるけれども、第２格が「特殊－個別－一般」、第３格が「個別－一般－特殊」であり、それぞれ主語と述語が『小論理学』のそれらと逆であり、規則的な一貫した推論になっていない。その欠陥を『小論理学』で訂正したと判断される。『大論理学』の推論には看過できない点がある。それは、推論の第１格および第３格には変更はないけれども、第２格［F2］はまず「特殊－個別－一般（Ｂ－Ｅ－Ａ）」として提示したにもかかわらず、のちに選言的推論では特段の断りもなく「一般－個別－特殊（Ａ－Ｅ－Ｂ）」という『小論理学』の第２格と同じ形式をも提示していることである。Vgl. Hegel Werke 6, Suhrkamp Verlag, S.365［F2：Ｂ－Ｅ－Ａ］, S.384［F2：Ａ－Ｅ－Ｂ］, S.398［F2：Ａ－Ｅ－Ｂ］. 第３格には変更は存在しない。『大論理学』の推論形式は未確定であり、『小論理学』で完成するのである。マルクスは1860年前後に『小論理学』の摘要を作成している。

資本の運動が編成する「回転対称」と「反転対称」の円環

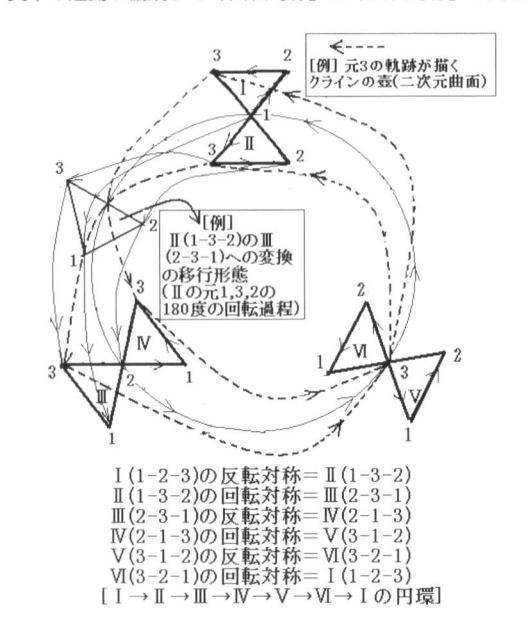

Ⅰ(1-2-3)の反転対称＝Ⅱ(1-3-2)
Ⅱ(1-3-2)の回転対称＝Ⅲ(2-3-1)
Ⅲ(2-3-1)の反転対称＝Ⅳ(2-1-3)
Ⅳ(2-1-3)の回転対称＝Ⅴ(3-1-2)
Ⅴ(3-1-2)の反転対称＝Ⅵ(3-2-1)
Ⅵ(3-2-1)の回転対称＝Ⅰ(1-2-3)
[Ⅰ→Ⅱ→Ⅲ→Ⅳ→Ⅴ→Ⅵ→Ⅰの円環]

天動説から地動説への対称的な転回

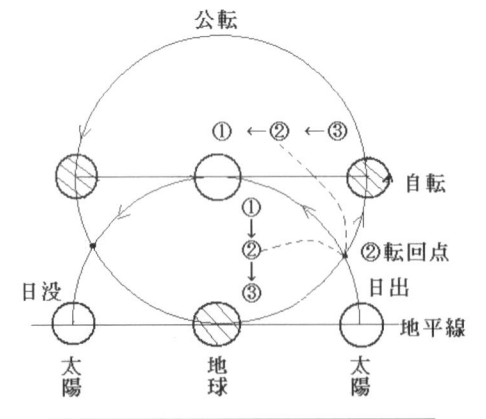

天動説①②③から地動説③②①への転回は『資本論』のシンメトリーでは下記のⅠからⅥへの操作に対応する。

Ⅰ①②③ [天動説]
Ⅱ①③②
Ⅲ②③①
Ⅳ②①③
Ⅴ③①②
Ⅵ③②① [地動説]

天動説：①太陽→②転回点→③地球
地動説：③地球→②転回点→①太陽

ぞれの使用価値および価値は反対の方向に運動する。商品 a の使用価値は商品所有者 A から商品所有者 B へ移転するのに対して、その対価である価値は商品所有者 B から商品所有者 A へ移転する。商品 b の売買では使用価値と価値は商品 a の場合とは逆の方向に運動する。つまり、2 つの相異なる商品の直接交換では、使用価値の運動とその逆の方向への価値の運動が二重に展開する。使用価値はヘーゲル用語では「特殊」であり、価値は「一般」である。その運動は、まさにヘーゲル『小論理学』推論が編成する「メビウスの帯」と同じく、2 次曲面を逆の方向に二重に運動する「クラインの面(壺)」と同型である。このように、ヘーゲル推論と商品取引関係は「二重のメビウスの帯＝クラインの面(壺)」として論理構造が同じである。この事実は『資本論』とヘーゲル『論理学』の関係を問う者にとって、刮目すべき事実である。なお、ヘーゲルは推論第 2 格から第 3 格への移行はアリストテレスにしたがって「類推（Analogie）」によるとする（§190 補遺）。

「配景的対応」は 3 つの資本循環の間にもみられる。貨幣資本循環①②③①［G－P－W－G］：生産資本循環②③①②［P－W－G－P］：商品資本循環③①②③［W－G－P－W］の 3 つは「並進対称」の関係にあり、この関係で資本主義的生産様式は自己を維持＝再生産する。このことは、資本主義の再生産＝蓄積過程は論理的には「デザルグの定理」が妥当するような論理空間を媒介に展開することを意味する。本書の序章冒頭で紹介したコペルニクス『天体回転論』のいう「不変の対称性」はこのように『資本論』の「不変の対称性」に継承されている［別掲図（344 頁）の下段《天動説から地動説への対称的な転回》を参照］。それは次のような一般的な根拠をもつのである。

　　「対称性(正確には配景の軸)をもつことは観点(配景の点)をもつことへ自動的に変換される。……この[変換の]操作を延々と繰り返していくと、空間が無限に折り返されていく「メビウスの帯」とよばれる状態に近づく」[72]。

対称的な 3 つの三角形をその各々の 3 つの頂点が収束する点に変換する操作を無限に繰り返すと、原理的に「メビウスの帯」に無限に接近する。この変換

72）　前掲の岡崎『ルネサンス』162 頁。[ ] 内は引用者補筆。

は「対称性の観点への変換」、あるいは「配景の軸の配景の点への変換」である。「メビウスの帯」は、表と裏が折り返されて連結する2次元曲面である。その曲面上では前進運動は出発点に後方から再帰する。つまり「終点＝始点」であるような諸点の集合が「メビウスの帯」である。この曲面はカントのアンチノミー（始点の無限遡及）が止揚される場である[73]。そのような場をヘーゲル推論も商品交換も含意している。

マルクスは『資本論』第1部のどこにも、このようなシンメトリーの収束点への変換操作について明記していない。けれども、『資本論』第1部を解読すると、《①価値形態論》、《②商品物神性論》、《③交換過程論》の3つの要因＝観点からなる編成原理は、操作順序（operational order）として、群論における正三角形の3つの頂点の置換操作とまったく同型であることが判明する[74]。この同型性は、19世紀のマルクスが『資本論』で同じ世紀のアーベル（Niels Henrik Abel 1802-1829）やガロア（Évariste Galois 1811-1832）の群論と基本的に同型の論証を経済学批判でおこなっていることを意味する。マルクスの経済学批判は中世からのアナロジーの思想史や同時代の数学史に対応する論理構造で編成されているのである。マルクスの『資本論』はこのような次元と側面で再評価されなければならないと思われる。しかも、次の「終章」の［5］以下でみるように『資本論』は、「微分＝積分学の対称性（Symmetrie）」を継承するだけでなく、それと同型のカントからヘーゲルまでのドイツ古典哲学史における「主観‐客観の重層的な対称性」を批判的に継承するものである。

文法的正確さと文法学的正確さの区別と関連　以上のような『資本論』のシンメトリーをなす編成の論証が正しいとすると、『資本論』第1部の読者は、いま自分が読んでいる個所は、いかなる観点から、いかなる問題が解明されているのか、その個所は上記の54の観点の対称的配列のうちのどの個所なのか、それを確認することで、当該個所の主題と前後のコンテキストが明確に理解できるのである。そのような理解は、例えば、

《［1］日本語を文法的に正確に話すこと》とは区別された、

---

73) 前掲論文、内田弘「『資本論』の自然哲学的基礎」27頁以下を参照。
74) Cf. Paul Alexandroff, *An Introduction to the Theory of Groups*, Dover Publications, Inc., Mineola, New York, 2012, p.20f. 宮本敏雄訳『群論入門』（東京図書、1964年、48頁以下）、遠山啓『現代数学入門』（ちくま学芸文庫、2012年、191頁以下）を参照。

《［２］日本語を文法学的に正確に話すこと》に対応する。

　［１］が《文法的な正確さを自覚しないで、ただ自然に正確に話す》のに対して、［２］は《文法的に正確であることを自覚しつつ、正確に話すこと》を意味する。［１］が理論的（文法学的）な正確さの自覚を欠いた、実践的にのみの正確さであるのに対して、［２］は理論的な正確さを自覚し、かつ実践的にも正確であることを意味する。［１］の単なる実践的正確さと［２］の理論的かつ実践的正確さの区別に対応するように、マルクスは『資本論』の編成原理で、理論的正確さと実践的正確さ（実際におこなう記述）を区別し関連づける。

　価値（V）を他の商品の使用価値（U）で表現する事態を分析する①価値形態論は、商品交換の**理論的基準**を提示する［V(U)］。②商品物神性論は逆に、使用価値に価値が現象し価値そのものが隠蔽される事態、価値形態論の理論的基準が転倒し隠蔽されて現象する事態を**理論的**に分析する［U(V)］。③交換過程論は、商品所有者たちが商品交換を**実践する場**である。彼らには①の理論的基準が②の転倒した事態として現象し、彼らはただ自己の商品の価値および使用価値の社会的実現を目指して無我夢中に行動する。その無自覚な行為がその結果に一般的等価形態＝貨幣をもたらす。①の理論的基準は、交換過程にある彼等には見えず、彼等の意識を超えた商品交換の社会的過程に貫徹する。商品交換者は、［１］のただ実践的に（文法的に）正確な行為をそれとは自覚しないでおこなう。［２］の理論的かつ実践的な正確さのうち、理論的な（文法学的な）正確さは『資本論』を記述する者（editorial we）に帰属し、ただ実践的な正確さが商品所有者たちに帰属する。２つの正確さは分離している。マルクスは『資本論』をこのような複眼で編成している。

　したがって、『資本論』の理解も、商品・貨幣・資本などのカテゴリーの連鎖をその次元であとづけることだけで自足しないで、《なぜ、経済学の諸範疇がこのような順序で配列されているのか、その配列の規則とは何か》と問い、その規則の理論的根拠（文法学的正確さ）を解明し、その配列の規則（『資本論』のシンメトリー）の根拠から経済学批判のカテゴリーの配列を把握することによって、マルクスの経済学への批判の真の意味が正確に理解できるのではなかろうか。『資本論』の《文法学的に正確な理解》とは、マルクスの資本主義把握があくまで**資本主義内在的**な観点を徹底する理解であり、しかもその理解の徹底によって、資本主義がそれ自身の発展の規則にしたがって運動することで、そ

の自己消滅(非対称性 asymmetry)＝**超越**の実践的可能性を胚胎してくることを理解することであると思われる。資本主義は個別資本の価値増殖(Verwertung)が総資本の価値減少(Entwertung)をもたらすような体制である。つまり、資本主義の「要素変換に関して不変な対称性」はいずれ消滅する「歴史的なシンメトリー」である。この点でコペルニクスのいう天文学的な自然史的な「不変の対称性」とは異なる。『資本論』はいわゆる「経済学」を超えている。『資本論』のこのような普遍性に『資本論』の古典的生命が息づいている。「対称性」は現代の諸学が共有する理論である。その共通の場に『資本論』が内在していることに『資本論』の読者・研究者は気づかなければならないと思われる。[75]

---

75) なお、『資本論』第3部「主要草稿」は、①価値形態論、②商品物神性論、③交換過程論という3つの観点が下記のように展開されている。最後の第Ⅶ章がすべて、②商品物神性論の観点から考察されていることは、『経済学批判要綱』の最後が「疎外」[②商品物神性論]で閉じられ、『資本論』第1部の最後が原蓄論[②商品物神性論]で閉じられるのと同じように、資本主義的生産様式が天動説のように「転倒した世界像」を結ぶことを論証すること[②商品物神性論]が、経済学批判の眼目であることを示す。

「主要草稿」は次のような未完成の順序を示す。
　Ⅰ①②③→Ⅱ①②③→Ⅲ②③①→Ⅳ②③①→Ⅴ③①②→Ⅵ③②①→Ⅶ②
　ⅠとⅡ、ⅢとⅣが同じ順序であるのに対し、ⅤとⅥは対称的な順序である。詳細は近く公表する予定の拙稿にゆだねる。
　第Ⅰ章　剰余価値の利潤への転化
　　　第1節[①価値形態論]→第2～5節[②商品物神性論]→第6～7節[③交換過程論]
　第Ⅱ章　利潤の平均利潤への転化
　　　第1節[①価値形態論]→第2～3節[②商品物神性論]→第5～4節[③交換過程論]
　第Ⅲ章　資本主義的生産の進行にともなう一般的利潤率の低下傾向　[節の区分なし]
　　　[②商品物神性論]→[③交換過程論]→[①価値形態論]
　第Ⅳ章　商品資本及び貨幣資本の商品取扱資本および貨幣取扱資本、あるいは商人資本への転化
　　　第1～2節[②商品物神性論]→第3節[③交換過程論]→第4節[①価値形態論]
　第Ⅴ章　利潤の利子及び企業者利得への分裂(産業利潤または商業利潤)。利子生み資本
　　　第1節[③交換過程論]→第2～3節[①価値形態論]→第4～6節[②商品物神性論]
　第Ⅵ章　剰余価値の地代への転化
　　　a)[③交換過程論]→c)[②商品物神性論]→b)[①価値形態論]
　第Ⅶ章　収入(所得)とその源泉
　　　第1～5節[②商品物神性論]

終　章

『資本論』のパラドックスのシンメトリー

1　はじめに——『資本論』の編成原理の検証課題

　本書の第Ⅰ章から第Ⅵ章までで、『資本論』第1部の「シンメトリーをなす編成原理」をあとづけてきた。

　そこでこの終章の前半（［1］から［4］まで）では、『資本論』のシンメトリーをなす編成原理が正しいことを、マルクスが経済学を批判するさいに援用するパラドックスで検証する。まずその準備作業としてマルクスが経済学批判で論証したパラドックスについて考察し、ついでパラドックスに帰結する論証法が「シンメトリーの編成原理」を媒介にしていることを論証する。

　それを受けこの終章の後半（［5］から［9］まで）では、「『資本論』のシンメトリー」が、微積分の数学史と対応関係があることを論証し、さらにカントからフィヒテとシェリングを経てヘーゲルにいたる哲学史を批判的に継承するものであることを論証する。

　さて、マルクスはパラドックスが好きである。というよりは、資本主義自体が《始めに了解した前提が最後までの運動過程で反対物に転化するというパラドックス》に満ちた構造になっているのである。だから、資本主義の運動過程を解明するとパラドックスを展開することになるのである。したがって、マルクスのパラドックスは、けっして論理遊びではない。資本主義で真理といわれた個別的部分がそこでは真理に見えるとしても、その部分が他の部分へ連結してゆく過程をあとづけてゆくと、天文学史で天動説が地動説に旋回したように、真理に見えたものが反対の虚偽に転化することが分かる。これがマルクスのパラドックスの論法である。自由が実は不自由であり、平等が実は不平等である

ことなどを暴露する論法である。マルクスが「個別的なものへの観点」を「総体的な観点」に媒介するのは、真偽反転のメカニズムを解明する方法を指示している。《『資本論』は資本主義の構造のパラドックスを解明する》という特徴に気づかないで『資本論』を読むと、『資本論』の独特の語り口がわからない。『資本論』の記述がパラドックスの手法をもちいていることを知ること、そのパラドックスはいかなるパラドックスなのかを論証の具体例で理解することで、はじめて『資本論』は理解できるし、資本主義がパラドックスで編成されていることも理解することになる。しかもそのパラドックスは、もう一度反転する《パラドックスのシンメトリー》を成す。本章はこのことを『資本論』の具体例でじっくり論証する。そのあとで、そのようなパラドックスを根拠づけるマルクスの経済学批判の方法が、哲学史と数学史の背景をもっていることを解明する。

　《パラドックスとしての『資本論』》とはまったく逆の見解がある。しばしば聞く見解は、マルクスは「科学的社会主義者」であり、『資本論』も科学的に記述されているという見解である。『資本論』は直線のような真理を明らかにしているという『資本論』観である。その見解からは、パラドックスなどという、奇妙にひねくれたことなどに『資本論』は無関係であるとみえるであろう。

　このような直線的な真理を『資本論』に読もうとする者は「レトリック嫌い」と固く結びついている。プラトンの『ゴルギアス』の慧眼な読者は、レトリックの大御所ゴルギアスを論駁するソクラテスが実は見事なレトリックを駆使しているというパラドックスに気づく。レトリック嫌いな者はそのパラドックスに気づかず、ソクラテスは透明な真理のみを語る人である、という一面性理解に留まる。しかし、《ソクラテスのイロニー》というではないか。そのイロニーはパラドックスである。《言葉を適切に操作して一定の事柄をのべるという目的》では、詭弁を弄することと哲学的真理を論証することとは共通の場をもつのである。哲学的真理を説得するためにも、レトリックを駆使しなければならない。真理命題の言明は、いかなる用語をいかなる順序で配列するかというレトリック問題を回避できない。その意味で哲学はレトリックとして実現するのである。詭弁と真理言明はレトリックという共通の場に入り、そこで闘わざるをえない。そこは真理と虚偽が競合するきわどい場である。そのきわどさを知ることで、虚偽を暴き真理を語ることができるし、虚偽を詭弁で相手に注入する誘惑を拒絶できるのである。

終　章　『資本論』のパラドックスのシンメトリー

　さらに、いかにも嘘つきらしい者がたとえ真理を語ったとしても、人は容易には信じない。真理表現はそれにふさわしい風格を求める。逆に、もしユダがいかにも真実の人であるように見えたのなら、人は彼を師イエスの裏切り者とは見なかったであろう。イエスの教えを広めるために、ユダは《虚偽の人》を演じなければならなかったはずである。馬鹿正直が必ずしも真理・真実を伝えるとはかぎらない。真理を確かに伝えるためにも、レトリックを知りレトリックを運用する能力が必要なのである。レトリックの場は言論抗争の場である。沈着で強かな見通しと表現技術を鍛えた者どうしの戦いの場なのである。

　孔子のいう格言「言葉巧みに人に近づいてくる者は人としての誠が少ない(巧言令色鮮仁)」を好む傾向と「レトリック嫌い」はつながっている。マルクスの語り口は直線の論理で真理のみを語っているという見解も、レトリック嫌いと仲良しである。その見解からは、オモチャの積み木を横に並べたように、あるいは積み木を縦に積み重ねたように『資本論』を読むのが正確な読み方であるという見解がでてくる。しかし資本主義こそ、レトリックを駆使し商品化を浸透するシステムである。現代のコマーシャルの拡大浸透を思えば、《『資本論』とレトリック》という問題は絵空事ではない。

　多様なメディアでレトリックを駆使して、モノ、モノ、モノを買いましょうと繰り返し語られると、いつしかモノだけが信じるに足る存在であるかのような信念をもつようになる。好きなタレントがモノを愛好する演技をテレビでくり返し見せられる。《同じことが繰り返される、反復されると、人はそれを信じるようになる》とは、あのアドルフが言明したことである。モノを過剰に買わせ、逆にモノを思い切り捨てさせることもビジネスである。同時にエコロジーも産業化する。エコロジーは、[1]エリートの[2]最重要な価値という二重の意味での《トップ》の社会的価値になる。自然の生命過程も人間の生命過程に包摂される。生命(bios)は政治の対象、《生－政治(bio-politics)》に限定されてはいない。人間生命も、医療・製薬・健康食品・サプリメント・美容・スポーツ・生命保険・精神ケアなど《生命産業(bio-industry)》に転化している。人間生命は最後の産業フロンティアである。生命は《生－資本主義(bio-capitalism)》の標的になっている。

　陰影は存在してはならない、昼も夜も煌煌と照らし出される生活世界に生きよ、すべてを「露出せよ」(立木康介)と命ずる文明に生きるうちに、我が眼に見えるモノこそ真実であるという《モノ憑かれ》になる。そこから生まれる真理

観が即物的な実証主義である。この現代のモノ化の傾向は、反映論的唯物論という伝統思考と混淆して、人々の思惟を支配する。

マルクスが学位論文「デモクリトスの自然哲学とエピクロスの自然哲学の差異」(1841年)で論じたデモクリトスは、事実を無限に追い求める。しかし、その経験的事実の蓄積は自動的に真理を開示するか。天動説枠内の天体観測に相当しないか。マルクスは《事実なるもの》を「相互欺瞞の関係諸行為」が生み出した事態として根底から批判する。その観点を、アリストテレス『デ・アニマ』研究の真偽論の批判的検討で獲得した物象化論として定位した。マルクスの真偽論の第1のモチーフは、天文学史上の真理を抑え弾圧し世俗社会を支配してきた宗教的権威・権力に対する批判である。1616年から始まった地動説禁止が解禁されるのはやっと1822年のことである。マルクスがライン河ほとりの古都トリーアで生まれた年(1818年)の4年後のことである。マルクスの若いころはまだその禁止の余韻が街に漂っていたであろう。その余韻は、近代日本の十五年戦争(1931-1945年)の直後の戦後日本にはなお天皇制ファシズムの余韻が漂い、そのあと戦後社会の深部に影を潜めてきたのと似ている。青年マルクスがなめた屈辱は、虚偽が真理をねじ曲げ平然としている事態にある。その抑圧・弾圧を受けてきた理性の傷にある。青年マルクスが出した書簡にはその悶える心が記されている。この精神の傷は生涯を貫いて痛む深い傷であり、生涯を賭けて癒すべき傷である。所与の世界はまず否定形で存在している。その肯定への道はいかにして開かれてくるか。マルクスのイロニーとパラドックスはその肯定的解放への不可避の表現様式である。現存する世界が悲惨なとき、それを明るく描くのは無責任で楽天的な虚偽・欺瞞である。マルクスのテキストを読む者はそのような表現様式をもとめる内面的動機を知らなければならない。[2]

---

1) 内田弘「『資本論』の自然哲学的基礎」(『専修経済学論集』2013年3月、通巻111号)を参照。
2) マルクスはこの精神の傷を直接記すことはなかった。そのほぼ170年前、スピノザは、1672年、青年カルヴィニストがウィット兄弟を虐殺して狂喜する民衆をみて怒り震え落涙し、忘我の行動に出ようとして家主に止められた。スピノザの心のこの傷は、1670年匿名で刊行された『神学・政治論』が1674年に禁書にされたことでさらに深まったであろう。マルクスからほぼ100年後、丸山眞男は自分の被爆体験をほとんど語らなかった。原爆投下のとき広島の近郊・宇品にいて自分よりはるかに酷い被爆者を目撃した丸山は「被爆者ヅラをするのがいやで、今も原爆手帳の交付を申請していません」と語った(『丸山眞男書簡集』第3巻、みすず書房、2004年、158頁)。深刻な体験は語られない。その例外、中国侵略日本兵士がカメラに向かって語る記録映画『日本鬼子(リーベンクイズ)』をみよ。

2　真理は必ず所与の事実に存在するか

　《真理は事実に与えられているので、事実を集積すればわかる》という直線的な無媒介な考えでは、『資本論』のキーワードである「価値魂・商品魂・貨幣魂・資本魂」という用語は、無自覚に読み落とされる。その場かぎりの洒落、ちょっとした言葉遊びとして、軽く読み飛ばされる。その「魂」の転態で浮かび上がってくる資本主義の内的構造は読めない。まして、これらの一連の語法が、カントの『純粋理性批判』初版における「誤謬推論（Paralogismus）」の基本用語「魂（Seele）」に対するマルクスの批判的再定義であることなどとは思いもよらない。カントはデカルト『方法序説』の結論「我は思惟する・故に・我は実在する（cogito, ergo sum）」を、「思惟する自我の観念性」を「故に」という媒辞によって「（その思惟する）自我の実在性」にすり替える推論として、「故に」を「媒辞概念の誤謬」として、「理性の仮象（Schein）」として、却けた。

　それに対して、マルクスはいや、カントは仮象をあるまじき理性の仮象（迷い）＝誤謬推論として、単なる思惟上の事柄として批判するけれども、そのような仮象は実在するのだと反論する。「神と貨幣」がその典型例である。『経済学・哲学草稿』（1844年）より3年前の1841年の「差異論文」での指摘である。そこにすでに《経済学批判＝宗教批判》というマルクスの生涯を賭ける主題が定位されている。[3] マルクスはヘーゲルだけでなくカントも熟読した。『資本論』の「価値の特徴づけ」が「実体性・単純性・人格性・観念性」であることは、カントの誤謬推論批判における「魂（Seele）」の基本定義「実体性・単純性・人格性・観念性」とぴたりと対応する。[4]

　価値魂は商品魂・貨幣魂・資本魂に姿態を変換してゆく。この変換をマルク

---

[3] 「シーザー（カエサル）のものはシーザー（カエサル）に、神のものは神に」とは、政教分離のことではない。ユダヤの民が納めなければならない、古代ローマ帝国に納める税とユダヤ神殿に収める神殿税とは、どう違うのかというイエスの反語である。田川建三『批判的主体の形成』（三一書房、1971年、123-124頁）を参照。田川建三『イエスという男』（三一書房、1980年、193頁以下の「神殿貴族の権力」）も参照。イエスのこの反語にマルクスは「貨幣＝神」という批判すべき同一性をみたのではなかろうか。『資本論』が宗教批判でもある所以はここにある。

[4] Vgl. Kant, *Kritik der reinen Vernunft*, Felix Meiner Verlag, 1976,（A348ff.）. 中山元訳『純粋理性批判』（光文社文庫、2011年）第4分冊155頁以下、参照。

スは「物象化(Versachlichung)」とも表現した。物象化とは、価値という社会的実体の観念的な特性＝「観念性」が自然的実体である使用価値＝「実在性」に憑依する事態である。したがって、マルクスの物象化論がカントの誤謬推論批判への内在的批判であることがわかる。ただし用語「物象化」は『資本論』第1部では貨幣論でただ1回出てくるだけである。その貨幣論では、商品という物象の人格への転態を「物象の人格化」という。その代替用語に「物化」・「体化物」・「価値対象性」・「神秘化」・「仮象」などがある。[5]

マルクスが厳しく批判し退けたのは、「科学・科学的」という言葉遊びである。フロイトの精神分析にしても、一見不可思議不合理にみえる夢のイメージに内在し、そこから固有の解釈法を分析したからこそ、プシュケー(psychē = Seele 魂)が解読可能な論理(logos)の対象になったのであろう。その成果としての精神分析・心理学(psychology = psychē+logos)を客観主義的な科学としてのみ受容する態度からは、フロイトが人間の魂の深淵の不合理といかに格闘したか、その実像がわからないし、彼の分析のメスの意味はわからないだろう。

因みに、『経済学・哲学草稿』(1844年)に用語 Psychologie が出てくる。フロイト以前のマルクスがいう Psychologie を無意識にフロイト以後の観点に立って「心理学」と訳すのは科学主義の誤訳例である。マルクスの時代には「心理学」は存在しなかった。存在したのはアリストテレスの『プシュケーに関する研究（デ・アニマ）』である。マルクスにとって『デ・アニマ』こそ、カントによる誤謬推論批判を再考察するための真偽論展開の基本テキストであった。彼は「差異論文」準備中、『デ・アニマ』のヌースの部からノートを開始し、評注で「物象化論の端緒」を記している。[6]

『資本論』第1部第1章第3節の価値形態論で、プルードン派こそ、ブレイなどリカードウ社会主義者の著作から剽窃しながら、口では「科学(science)」という

---

5) 元来、「宗教(religion)」は再結合＝エデンへの再帰を意味する。物象化は疎外と対をなす概念である。「疎外」は「分離」に、「物象化」は「結合」に対応する。スミスのいう「分業と交換」はそれぞれ「分離＝疎外」、「交換＝結合」として対応する。だから、マルクスは「疎外」語と「物象化」語を『ドイツ・イデオロギー』から『資本論』まで対語として使用したのである。分離は宗教的には「エデンの園」から「エデンの東」への追放に対応し、物象化はエデンの園への「虚偽の再帰」を意味する。したがって、疎外＝物象化論は宗教批判を含意する。マルクスは「神＝貨幣」批判、すなわち「宗教批判＝経済学批判」を展開する。

6) 前掲論文、内田弘「『資本論』の自然哲学的基礎」を参照。

言葉を乱用した学派はかつてなかった」と指摘している[7]。自己の主張がまさに科学的であることを立証しなければならないときに、自己の主張は科学的である、と先陣争いをいう。こういうのは、「科学的であるから、科学的である」・「科学＝科学」という同義反復である。自己主張が科学的であるか否かは、立証の結果において判断されることであり、立証に前提することではない。科学的論証では「科学・科学的」語は論証されるべき主語であり、科学を説明する述語には用いられない。論証では禁ずべき用語である。同じことは、例えば、「社会主義」についてもいえる。「社会主義とは何か」が問題であるとき、「社会主義・社会主義的」は説明用語（述語）には使えない。先の戦時ファシズムが吹き荒れるなか、「科学主義」は流行語であり推奨された思想態度であった。いま、それは《科学村》になって蘇生していないだろうか。

3 『資本論』のパラドックスの例証

3-1 商品論のパラドックス

　マルクスはしたたかである。マルクスは論争相手の土俵のなかに堂々と入ってゆき、論争相手の主張の前提を共有する。論争相手も容認せざるをえない「共通の広場（locus communis）」を設ける。マルクスの論敵プルードンは商品の生産と消費は認める。しかし、貨幣や資本は認めない。商品を生産する労働は神聖であるから、賃金労働者のストライキは罰すべきであると主張した[8]。しかし、マルクスはプルードンが容認する単純商品を共通の広場にする。《プルードンさん、さあ、ここにいらっしゃい。ここで議論しましょう》と誘う。その単純商品から論証を開始する。すると、商品から貨幣が生まれ、貨幣は資本に転化する。プルードンのように商品は認めるが、貨幣や資本は認めないことは不可能であることを論証する。それは次のような論法である。

---

7) Karl Marx, *Das Kapital*, Erster Band, Dietz Verlag Berlin 1962, S.83: 訳『資本論』新日本出版、1982年、117頁。以下では本文で（S.83：訳117）と略記する。
8) 内田弘「『資本論』形成史における『哲学の貧困』」（『（専修大学）社会科学年報』第47号、2013年3月）を参照。

出発点のプルードンが肯定した商品は自己否定し（**第1の否定**）貨幣となり（価値形態→商品物神性→交換過程）、さらにその貨幣は資本に転化し（貨幣の資本への転化）、その資本は剰余価値を含む商品資本という貨幣の否定形態（**第2の否定**）となって、冒頭の商品形態に再帰する（W……W'）。商品のみを肯定するプルードンの主張をいったん認め商品から出発し、論証の結果で商品の否定形態である貨幣を導き出し商品を否定する。その否定（貨幣）を再否定＝肯定する（商品資本）。これはパラドックスである。

　　　「肯定」→「否定」→「肯定」

　中央の「否定」を「鏡」にしてその両側の「肯定」が互いに相手を鏡映している（Spiegelung, mirroring）。価値関係のパラドックスは「鏡のシンメトリー」をなす。それをマルクスは「価値鏡（Wertspiegel）」（S.67: 訳90）と言った。「鏡」は単なる文学的修辞ではない。資本主義の構造が自己を対称的に鏡映する構造なのである。
　マルクスに『経済学批判要綱』（1857-58年執筆）という最初の『資本論草稿』となった草稿がある。その最後の草稿で、スミスやリカードウにならって「商品」のことを用語「価値」で表現し、「1）価値」と題して、単純商品論を経済学批判の冒頭におくことを決定する。これでプルードンを内在的に根本的に批判できる橋頭堡を築いたと判断したであろう。その決定にはこのようなプルードン批判のパラドックスが隠されている。この商品はさしあたって単純商品である。しかしそれに留まるものではない。『要綱』の次のような指摘は見逃すことはできない。

　　「価値という経済学的概念は古代人のところには見いだせない。……価値という概念がまったく最も近代的な経済学に属するのは、この概念が資本そのものと資本に立脚する生産との最も抽象的な表現であるからである。価値概念のなかに資本の秘密が漏れている（verrathen）」[9]。

　価値と資本は別々の概念なのではない。両者は連続するのである。動詞「密かに秘め事を漏らす（verraten）」とは、『資本論』価値形態論で商品リンネル

9）　MEGA, II/1.2, S.646: 『資本論草稿集』第2分冊、602頁。傍点は引用者。

終　章　『資本論』のパラドックスのシンメトリー

が商品語でその思いを漏らす(verrät)というときに用いる動詞でもある(S.66: 訳89)。『資本論』の読者は冒頭の単純商品論からきわどい事態に立ちあっている。

　いわゆる単純商品は商品資本の潜在規定である。単純商品はその後の論証過程で実は商品資本であること、商品形態をとる資本であることが論証される。つまり、単純商品の本性は商品資本であり、財を商品に転化する価値は増殖する価値＝資本なのである。ペリカン版『資本論』第１部が付録として「直接的生産過程の諸結果」(『1863－５年草稿』の一部分）をつけているのでそのことがわかりやすい。いわゆる価値論の価値とは「資本としての価値」の単純な＝抽象的な潜在的規定である。

　近代資本主義の主体である産業資本は、商品→貨幣→生産諸条件などの形態をまとって自己増殖する価値である。自己増殖する価値である資本がいかなる生成基盤をもつのかを論証することが先決問題である。その最も基礎的なカテゴリーが単純商品である。単純商品から貨幣が生成することを論証し、資本が商品・貨幣と両者を媒介に転態した生産諸条件(労働力＋生産手段)の３形態(貨幣・生産・商品)をまとって運動し自己増殖する価値であることを論証する。

　決して商品・貨幣・生産・資本は一直線上に直列しない。商品・貨幣・生産が属する次元と、その商品・貨幣・生産の形態で運動する資本が属する次元は異なる。商品・貨幣・生産は円環運動する資本の次元に自己を射影する(project)。マルクスは「転化」と訳されている用語(Verwandlung, transformation)はその射影を含意する。数学ではそれを「変換」と訳す。その変換運動の結果、冒頭商品が実は商品資本の単純な＝抽象的な規定であることが論証される。冒頭商品を近代資本主義以前の局地的な歴史的実在物と誤認してはならない。冒頭商品は資本主義的生産様式が支配する諸社会の富の基本形態である。近代資本主義の構造の論証に歴史的な商人資本の商品(いうところの流通形態)を介在させる立証は、資本一般の論理的立証を歴史的範疇に依存させる不純化である。歴史的範疇それ自体が主題になるのは、資本一般の論理的立証のあとで、その論理的立証を基準として始めて可能なのである。

　論証過程の前進(progress)はより高次元の自己への再帰(retrogress)である。前進が自己への遡及であるような論理、それは円環でのみ可能な論理である。

---

10)　See *Capital*, Volume One, translated by Ben Fowkes, The Pelican Library, 1976, pp.948-1084.

マルクスが集中して経済学のカテゴリーを論じるさいにその運動する場を用語「円環(Kreis)」で表現するのは、そのためである。マルクスの経済学批判のそれぞれの範疇は「出発点」でありかつ「復帰点(終点)＝再帰点(始点)」である。その円環をなす諸点は「無限遠点(infinite point)」に収斂する[11]。そこからみると、経済学の範疇の諸点は時間と空間が相対的に同型な時空間を編成する。マルクスの経済学批判はそのような時空間で展開されている。そこでは、パラドックスの論理構造が「不変の対称性(invariable symmetry)」をなすことによって、「資本の一般的本性」はあたかも永続するような仮象で現象する。『資本論』はこの仮象とその消滅可能性を論証する。『資本論』は、論証の先後関係の必然性やその論証の全体における位置が明白になるように、読まなければならない。

3-2　等価交換のパラドックスと剰余価値のパラドックス

「マルクス」といえば「剰余価値論」といわれる。まさにその剰余価値の論証の仕方がパラドックスを成すのである。剰余価値の論証の前提は、価値量が等しい物どうしの交換＝等価交換である。これは『資本論』冒頭の単純商品論、貨幣論の前提であるだけでなく、つづく貨幣の資本への転化論のばあいの前提でもある。『資本論』第1部と第2部の前提でもある。第3部では個別的な価格と価値とは生産価格として乖離する。総資本では「総価値＝総生産価格」・「総剰余価値＝総利潤」の総計一致二命題が想定される(本書の第Ⅱ章における総計一致命題についての記述(本書98頁以下)を参照)。

『資本論』第1部で最初に、等価交換の前提がはっきり示されるのは転化論における流通範式の場合である([Ⅲ｛②｝-③-①]の③)。一方の流通範式「商品a→貨幣→商品b」の場合は、商品aを販売して(商品a→貨幣)、その貨幣

---

11) マルクスが「差異論文」準備で主要参考文献にしたと判断される『フィヒテとシェリングの哲学体系の差異』(1801年イエナ)ですでにヘーゲルは「同時並存と先後継起(Nebeneinander und Nacheinander)」の両立は不可能であるというカントのアンチノミー論を批判し、絶対的同一性の拠点を「無限焦点 (der unendliche Fokus)」に求めている。Hegel Werke, Suhrkamp Verlag, 1972, Band 2, S.43: 山口祐弘訳『理性の復権』1985年、41頁 (この差異書の翻訳はすでに戦中1943年に佐々木正治訳『フィヒテ哲学とシェリング哲学』として中川書店から出ている)。この問題像をマルクスは経済学批判で取り組む。『資本論』などにカント用語「先後継起と同時並存」が頻発するのはそのためである。経済学批判は経済学的思惟だけではわからない。

終　章　『資本論』のパラドックスのシンメトリー

で商品ｂを購入することが目的であること(貨幣→商品ｂ)がはっきりしている。商品ｂの(生産的・個人的)消費が最終目的である。では、別の範式「貨幣ａ→商品→貨幣ｂ」のばあいはどうか。貨幣ａでもって商品を購入する。購入した商品を販売して貨幣ｂを手に入れる。貨幣ａが貨幣ｂと同額であれば、無意味な行為である。まして貨幣ｂが貨幣ａより少なければ、損をする。損するだけでなく、いつかは自己消滅する。ありうる合理的な目的はただ１つ、貨幣ｂが貨幣ａより多い場合(貨幣ｂ－貨幣ａ＞０の場合)である。この不等号が可能であるのは、商品の購買(Ga→W)も商品の販売(W→Gb)も等価交換であるという前提があるからである。「貨幣ａ→商品→貨幣ｂ」という範式の目的は「貨幣ｂ－貨幣ａ＞０」である。より多い価値量＝剰余価値を取得すること、つまり不等価交換にある。こうして、等価交換から不等価交換が導き出された。これはパラドックスである。ただしこのパラドックスはまだ形式的論証にとどまる。

次の課題は等価交換という前提で剰余価値の獲得を実質的に論証することにある。マルクスの剰余価値論には、プルードン＝リカードウ派社会主義者に対する批判という狙いが込められている。彼らは《利潤の源泉は資本家と賃労働者の不等価交換にある》という。資本家は労働者が生産した真実の価値に経済的に根拠のない不合理な利潤を付加した価格をつけ、それを販売し、その利潤を取得する。したがって《利潤は盗みである》という。《資本家が販売する商品の価格は労働者が受け取った賃金よりも利潤の分だけ高くなる。資本家がもうけた利潤だけ労働者は高く買わされる。労働者が生産した真実の価値の一部が利潤として資本家に盗まれ、労働者は生産で生み出した価値を買い戻せない》というのである。《資本家の利潤は「盗み＝不等価交換」である。不等価交換を無くせば、利潤もなくなり資本家もいなくなる。その社会が社会主義である》という。問題はいつでもこのように提示できるだろうか。

リカードウ派社会主義＝プルードン主義が出て来た19世紀前半の時代は英仏の産業革命の時代である。その時代は労働者が資本家と労働条件の改善をめぐって対等に交渉する権利を獲得する時代でもある。最高(最低ではない)賃金法撤廃、団結禁止法撤廃、標準労働時間法制定などがその成果である。したがって労働者と資本家の雇用関係は対等＝等価交換が原則となる。《それでは、資本家と賃金労働者の間の等価交換が前提になれば、資本家は利潤(剰余価値)を獲得できなくなるのか》。これがマルクスのリカードウ派社会主義者＝プル

359

ードン主義者に出した問いである。この問いは『哲学の貧困』(1847年)で提示し、資本家は等価交換でも利潤(剰余価値)を獲得できると答え、彼らの問題の立て方が時代錯誤になっていることを論証した。不等価交換はむろんのこと、等価交換を前提にしても、不等価交換＝剰余価値は可能であることが核心問題である。そのパラドックスを解く鍵が労働力商品の価値と使用価値の二面性である。

　賃金は労働力の「価値」に対して支払われる対価であり、労働力の価値と等価である。つまり、労働力商品は等価交換される。それに対して、労働力商品の「使用価値」を消費する権利、いいかえれば、労働者に労働させる権利は資本家に帰属する。資本家は労働力の使用価値の消費＝賃労働で、労働者に支払った賃金と等しい価値を再生産する労働時間＝必要労働時間で労働を終了させない。それを超える剰余労働時間でも連続して労働させ、その時間で生産する価値＝剰余価値を取得する。この剰余価値こそ、労働者を雇用した目的である。資本家は労働力商品を等価交換で取得し、その価値を超える不等価＝剰余価値を取得する。《等価交換を前提にしても不等価交換が合法的におこなうことができる》。等価交換は不等価交換に帰結する。等価交換と不等価交換とは両立する。しかも不等価物＝剰余価値を含む商品資本(C+V+M)は等価交換で売買される。すなわち、

　　　　　《等価交換→不等価交換→等価交換》

　これは「二重のパラドックスのシンメトリー」をなす。このパラドックスが支配しているのが産業革命以後の近代資本主義である。リカードウ派社会主義・プルードン主義では産業革命以後の洗練された資本主義に理論的に対抗できないのである[12]。

　しかし、マルクスの論証はここで終わらない。剰余価値の形態には、労働時間を絶対的に延長して獲得する「絶対的剰余価値」と、労働時間が労働法によっ

---

12) 「[逆説的反抗をする危険なイエスを殺害したあと逆に彼をキリストに聖化することで成立した原始]キリスト教は常に、人々に絶対服従の倫理を説きつつ支配の秩序にはめこもうとする保守性と、万人平等の理想に燃える進歩性とを、同じ絶対神の観念によって手に入れた。以後キリスト教はその2つを上手に出し入れしつつ、長い歴史を生きぬくこととなる」(田川建三『イエスという男』三一書房、1980年、142頁。[ ]は引用者補足)。近代化されたその絶対神がその二面性のうち「万民平等の進歩性」の形式で「絶対服従の倫理（＝不平等）」を貫徹する事態にマルクスが解明する「逆説」が成立する。

て一定時間以内に制限されている場合の「相対的剰余価値」がある。労働時間の延長率をeとすると絶対的剰余価値率(M'a)は、M'a＝(1+e)M/Vと規定できる。産業革命の時期から問題になるのは特に後者の相対的剰余価値である。労働時間一定のもとでも剰余価値の生産は可能である。必要労働時間と剰余労働時間からなる総労働時間のうち、労働生産性上昇によって必要労働時間を短縮し、そのぶん剰余労働時間を延長する剰余価値搾取様式である。必要労働時間は労働力再生産に必要な労働者用生活手段(賃金財)の価値、したがって可変資本(V)に対応するから、可変資本は労働生産性上昇率(a)で割った商に減少し(V→V/a)、可変資本のその減少分[V(1−1/a)]が剰余価値に転化し剰余価値に加わる[M+V(1−1/a)]。産業革命以後の資本主義が推進する剰余価値の生産がこの相対的剰余価値である。相対的剰余価値率(M'r)は、M'r＝[M+V(1+a)]/(V/a)と規定される。マルクスは相対的剰余価値を「洗練された搾取様式」という。剰余価値といえば、労働時間の絶対的延長だけを考えるのでは、資本主義の剰余価値搾取の機構とそのイデオロギーに理論的に勝てないのである。

相対的剰余価値はすべての資本が取得する社会的結果である。それをもたらすのは、個々の資本の間の特別剰余価値(特別利潤)を求める競争である。個々の資本家は一定の生産物を生産する労働時間を他の個別資本よりも短い時間で生産できるような技術を開発し、その格差[社会的価値(C+V+M) − 個別的価値[C+V/a+M]＝特別剰余価値[V(1+1/a)]を取得する。その競争で賃金財部門の労働生産性が上昇し労働力の再生産費を減り必要労働時間が短縮され、結果的に相対的剰余価値をもたらす。現代の資本主義も、科学技術の研究開発に熱心であり懸命なのは、特別剰余価値と相対的剰余価値が獲得できるからである。資本主義では科学技術の開発それ自体は「目的」ではなく、剰余価値生産の「手段」である。いまでは生命科学も含めて科学技術も産業化している。科学技術研究者も収益性原則のもとに包摂されている。[13]

さらに、労働生産性は固定不変資本(機械装置)への投資によるから、その投

---

13) 日本の或る光学技術の発明報酬の支払を渋る企業がその好例である。技術のフロンティアを切り開く個性者と、その開発費を桁違いで超える利潤をもたらす成果を一方的に独占する個別資本との抗争は、単なる金銭問題ではない。そこに平田清明がつとに力説した「個体的所有の再建問題」の具体例がある。個性者の先駆的寄与を認めず同僚が横から「みんなの物だ」と群がる共同主観を媒介にして、結局、個別資本がその成果を簒奪する姿に、今なお生息する古代専制主義と現代資本主義の接合形態が見えないだろうか。

下資金をできるだけ早く回収する。そのため、機械装置の操業時間を延長し機械装置の付属品としての労働者の労働時間も絶対的に延長する。すなわち、

《絶対的剰余価値→相対的剰余価値→絶対的剰余価値》

というように、絶対的剰余価値が相対的剰余価値への移行を促し、相対的剰余価値が絶対的剰余価値を胚胎するのである。両者は対称的に転態する。これもまた「二重のパラドックスのシンメトリー」をなす。

しかし、剰余価値は本源的に労働者の力量の成果が資本家に搾取＝横取りされている形態である、ということに労働者は気がつくようになる。総資本＝国家は労働生産力を向上するためには知的能力が不可欠であり、国民教育制度を制定し、より高度な知的能力を集団的な形態で発揮できる能力を涵養する。すべて利潤（剰余価値）獲得のためである。しかし、労働者の知的集団的能力は剰余価値生産という目的に制限されない、その目的を超える普遍性をもたないと、剰余価値も生産できないというパラドックスに満ちた能力である。労働者は次第に、利潤（剰余価値）は我々が生み出した富ではないか、それを生む剰余労働時間も我々の時間ではないか、と洞察するようになる。

労働者が剰余労働時間を自分たちのものとして奪還＝獲得するようになり、さらに労働時間総体を自分たちで管理するようになり、剰余労働時間の一部を自由時間（free disposable time）として獲得するようになれば、社会から不等価交換は次第に消滅し、勤労者に占有される生産手段を勤労者が個々人的に所有する協同組合的生産様式が資本主義的生産様式にとって代われば、資本主義的不等価交換は消滅し、そのポスト資本主義社会では等価交換が支配すると展望する。つまり、不等価交換から等価交換への移行である。

3-3 「労働と所有」のパラドックス

「等価交換と不等価交換をめぐるパラドックス」や「絶対的剰余価値と相対的剰余価値をめぐるパラドックス」は、「労働と所有をめぐるパラドックス」でもある。このパラドックスは『資本論』よりも『経済学批判要綱』で明確に確認できる。等価交換では、商品の所有者がその商品を「自己の労働で」生産したと想定されている。これを「労働と所有の同一性」という。ではこの「同

終　章　『資本論』のパラドックスのシンメトリー

一性」はいつまでも貫徹するだろうか。

　商品概念は元来現実的な概念である。商品が現実的な概念として充実していることは、すべての労働生産物が商品化している状態を前提にする。商品概念の現実的充実は貨幣概念の現実的充実に対応する。その貨幣は、価値尺度・流通手段・貨幣そのもの(価値蓄蔵手段・支払手段・世界貨幣)としての機能を十分に果たせる貨幣である。商品・貨幣の概念上の充実は《すべての労働生産物の商品への転化》を含意する。労働生産物に含まれる生活手段は販売＝購買され消費されて労働力を再生産する。この状態では労働力も商品に転化している。なぜか。もし生活手段を商品生産する労働者が自家消費分だけは販売しないとすると、その部分は商品化していないので、一般的商品化という前提と矛盾する。すべての労働生産物の商品化は労働力の商品化を含意するのである。

　『資本論』冒頭でいう《富が巨魔的な商品集合として現象する事態》がまさにその商品世界である。冒頭文節につづく第2文節で商品のなかに「生産手段」とともに「生活手段(賃金財＋奢侈財)」が含められているのは、労働力も商品化していることを前提にしている証左である。転化論の「注41」(S.184：訳291)でも、そのことを確認している。近代資本主義とは何かの論証の冒頭に、それ以前の歴史的な局地的商品経済を想定するのは、商品・貨幣概念が現実的に完熟していない歴史的前提を、それらが完熟している近代資本主義の商品世界に外挿して論証上の一貫性を破綻させる接合である。形式的同一性は実質的内実を含意する。この含意を前提にした論証ののちに、はじめて「形式の実質化」が論証の権利を獲得する。資本蓄積論の後の原蓄論がそれである。その逆では、空白＝借りを残す未完の論証になる。論証はその結果に論証の前提を措定しなければ、論証自体の使命を完遂しないのである。

　こうして、剰余価値論の諸前提(商品・貨幣・労働力商品)が『資本論』冒頭に潜在していることが判明する。すでに引用した『要綱』における《価値概念は本源的に資本価値概念である》という言明がこの諸前提に照応する。ここで、「労働と所有の同一性」と「労働生産物の一般的商品化」が両立しない矛盾となってくる。なぜだろうか。「同一性」を前提すると、こうなる。

　すべての労働生産物が商品化しているから、労働力の再生産に必要な生活手段も商品化している。ならば、労働力の所有者は、生活手段を商品として生産しているから、それを誰か他人に販売すると想定される。他方で自己の労働力

363

の再生産のために必要な生活手段を商品として他人から購入すると想定される。この「同一性」を社会的・総体的に前提すると、商品を生産する者は、生活手段を生産し他人に販売し、他人から販売したその商品を買い戻し、自己の労働力の再生産のために消費していることになる。なにゆえに、どうせ購入しなければならない生活手段を一旦販売し、それを買い戻すという不合理な無駄をおこなうのであろうか。商品経済満面開花を想定し、しかも商品を生産する者は生活手段の生産＝所有者でもあると想定することは、このようなありえない自己矛盾する事態を想定することになるのである。商品の生産と販売が満面開花した状態で「労働と所有の同一性」を主張することは、この不合理な行為をする生産主体を想定していることになる。かつて「局地的市場圏中産的生産者層論」が暗黙に想定した状態がこれである。これに同種の誤謬が他にもある。したがって、『資本論』冒頭商品には労働力商品が潜在すると想定するのが妥当である。マルクスもこのことを正確に理解して、転化論の「注41」などでその想定を確認している。

　したがって、労働生産物の商品化が浸透しきった状態では、「労働と所有の同一性」は成立しない。成立するのは「労働と所有の非同一性＝分離」である[14]。労働生産物がすべて商品化している状態では、労働生産物はそれを生産した者の所有物ではなく、他の人間＝資本家の所有物である。『経済学・哲学《第1》草稿』の現存する草稿「疎外された労働」の末尾には、生産物の生産と所有のこの分離状態を賃金労働者の観点から論述し、ついで資本家の観点から論述する予定を記す草稿が残っている。『要綱』ではまず賃金労働者の観点から論述し、ついで資本家の観点から領有法則転回論を論じ、さらに資本回転論では賃労働

---

14) 因みに、無限遠点では同一性と非同一性が収斂する。ケプラー・ニュートンなどの天文学史も研究したヘーゲルは『フィヒテとシェリングの哲学体系の差異』で絶対的同一性を「無限焦点」といい、そこでは主観と客観の区別が消滅すると指摘した。この指摘にマルクスは大きな示唆を得ている。『資本論』は「無限遠点＝価値」を内包する有限な「労働と所有の同一性」を前提する単純商品で始まり、「労働と所有の非同一性＝分離」の結果を体現する商品資本で終わる。

15) アントニオ・ネグリは『マルクスを超えるマルクス』でその「小流通」と固定資本発展＝「自由時間」の個所に集中して『要綱』を読む。しかし、『資本論』第1部でも第14章の機械制大工業（固定資本発展）論と直後の第15章に「労働力再生産＝自由時間論」があるので、『要綱』が『資本論』を「超えている」わけではない。まず、マルクスの文献史を正確に渉猟することが肝要である。

終　章　『資本論』のパラドックスのシンメトリー

者が労働力を再生産する「小流通」と資本家の「大流通」を論じる。『資本論』ではもっぱら資本家の観点から転回論を論じる。[15]

　領有法則転回論とは、最初の資本が資本家になろうとする「可能的資本家」が自己労働の成果を蓄積したものであるという「労働と所有の同一性」の主張を仮に認めたとしても、その主張が成立しなくなるパラドックスを説くものである。労働者が生産した剰余価値はさらに剰余価値を生産するので、次第に自己労働の蓄積物は剰余価値が生産した剰余価値の累積物と比較すると、取るに足らない微小な部分になってゆく。このことを論証して、資本は資本家の自己(剰余)労働の賜物であるという「資本所有正当化論」を批判する。『要綱』・『資本論』はジョン・ロックなどがいう「労働と所有の同一性」がこのような論理的矛盾、ありえない状態を仮想していることを暴露する。『要綱』の資本＝剰余価値蓄積論である領有法則転回論は、たとえ最初に「労働と所有の同一性」を想定しても、それはこのような論理必然性で「労働の所有の分離」に転回することを論証する。これも、或る前提を肯定してもその後の論証過程でその反対に転化するというパラドックスである。

　しかし、マルクスの論証はここで終わらない。先に剰余価値論のところでみたように、資本は生産物の価値を減らすこと(減価 Entwertung)でその差を剰余価値(増価 Verwertung)として領有する自己矛盾の主体である。そのため無限に労働生産性を上昇させ、必要労働時間を減少させようとする($V \rightarrow V/a$)。その格差[$V(1-1/a)$]を特別剰余価値(→相対的剰余価値)として取得する。1人当たりの労働時間は一定のままにして(できればそれを延長して)、雇用労働者数(n)を労働生産性が上昇した分だけ減らす。労働力雇用に投下する可変資本($V=v \cdot n$)は $V=v \cdot (n/a)$ に減少し、労働生産性が高まるだけ雇用労働者数が減る。単位生産物当たりの投下労働量も減少する。生きた労働こそ価値という対象化された労働の源泉である。その源泉を減らすことによって相対的剰余価値を獲得しようとする。そのため相対的剰余価値を機械装置(ΔC)に投資する[$V(1-1/a) = \Delta C$]。したがって、資本構成は($C+V$)ではなくて、[$(C+\Delta C)+V/a$]となる。

　本書の筆者が置塩信雄の定義を再定義する有機的構成は次のようになる。

$$(C+\Delta C)/\{V/a+[M+V(1-1/a)]\} = [(C+\Delta C)/(V+M)]$$

相対的剰余価値を固定不変資本(機械装置)に蓄積するので、分子は分母(価値生産物)に比して大きくなる。当然、その逆数は小さくなる。この傾向は次第に利潤率を低下させる。なぜならば、①利潤率[V(1-1/a)+M]/(C+ΔC+V)は②有機的構成の逆数[(V+M)/(C+ΔC)]より小さいからである。すなわち、

① [V(1-1/a)+M]/(C+ΔC+V/a)<[(V+M)/(C+ΔC+V/a)]<② [(V+M)/(C+ΔC)]。
【[①利潤率]<[価値生産物/投下資本]<[(②有機的構成の逆数]】

利潤率の高低は資本家の投資動機を規定するので、利潤率低下傾向は資本家の利潤獲得=投資動機を縮減してゆく。価値法則の根拠である生きた労働が生産過程から限りなくゼロに向かって減少してゆく。生きた労働を剰余価値の源泉とする資本主義はより多くの剰余価値を獲得するために価値の源泉を縮減してゆく。総資本としては不合理であるけれども、個別資本としては「減価による増価」が合理的である。いつしか、価値法則は消滅する。そのとき、労働と所有の分離は消滅し、「労働と所有の直接的な同一性」が再興する[16]。こうして、

《労働と所有の同一性→労働と所有の分離→労働と所有の同一性の復活》
《同一性・分離・同一性》

となる。これまた《二重のパラドックスのシンメトリー》である。

3-4 資本蓄積のパラドックス

『資本論』では、資本家やその代弁者がよく弁ずるように、資本のそもそもの始まり(本源的資本 das ursprügliche Kapital)は資本家が資本家になるまでに自己の勤労でもって蓄積してきたものであるという主張を取りあげる。そのいわゆる「自己労働の蓄積物」の価値をKとする。ところで資本家も人間であり、資本家階級に属するからそれにふさわしい消費をする。その消費財の

---

[16] しかし現代資本主義は金融化し、生産過程から遊離した膨大な貨幣資本が通貨・証券・債券・土地・建物などへの資産投資で剰余価値に吸着している。最近のデータでは世界GDPの76兆ドルの4倍の金融資金が実物経済を攪乱している。

1年分の価値をUとする。資本家は価値を生産しないのであるから、KはK/U＝n年で食いつぶされる。しかもなお、資本家の資本がn年後にもKだけの価値が存続するとすれば、その間に彼が雇っている賃金労働者が生産した剰余価値で資本家が食いつぶした本源的資本Kを補填しているからである。n年後には資本家の資本はもはや「自己労働」の蓄積物ではなく、賃金労働者という他人の剰余労働に置き換わって他人剰余労働の蓄積物になっている。たとえ資本家が主張するように最初の資本が自己労働の蓄積物であると、仮に認めるとしても、それはいつかは他人剰余労働の蓄積物に変換する。自己労働の蓄積物は他人剰余労働の蓄積物に転回する。これはパラドックスである。

さらにもう1つのパラドックスがある。資本家が一切の個人消費をおこなわないと仮定する場合である。本源的資本Kは、それを投下して剰余価値を搾取することを繰り返すうちに、ほんのわずかな部分になってしまうというパラドックスである。本源的資本が毎年搾取する剰余価値を可変資本との比率＝剰余価値率でみて m だけ増えるとすると、n年後には $K(1+m)^n$ になる。nが大きくなるにつれて最初の資本が占める比率は、$K(1+m)^n/K＝(1+m)^n$ になる。$M＝0.1, n＝5$ とすると、5年後には $(1+0.1)^5＝1.61$ となる。10年後は $(1+0.1)^{10}＝2.59$ となり、約2.6倍になる。したがって、資本の自己増殖にしたがってなにも消費しないと仮定すると、資本は累積的に増大してゆき、本源的資本は増大する資本に比べて取るに足らないわずかな比率、無限に小さな部分になる。

自己労働にもとづく本源的資本という主張はこうして二重に根拠を失う。一方で、本源的資本なるものを仮に認めたとしても、早晩それは資本家自身の個人消費に食いつぶされる。非本源的剰余資本に転化する。他方、資本家は一切の消費をしないと仮定しても、本源的資本は他人労働を搾取して累乗的に増殖する資本に比較すれば、取るに足らない小さな部分になってゆく。この面でも資本は非本源的剰余資本に転化する。マルクスの蓄積論も《二重のパラドックスのシンメトリー》である。

さらに、マルクスは資本の正当化論に止めを刺す。歴史的本源的資本批判、いわゆる原蓄論である。原蓄論の第24章は次のような6つの部分からなる。［1］原蓄の秘密、［2］労働と土地所有の分離、［3］流血立法、［4］生活手段の商品化、［5］生産手段の商品化、［6］産業資本家の登場である。その後に［7］いわゆる資本主義的蓄積の歴史的傾向を論じ、最後の［8］「第25章　近代的

植民理論」では、原蓄は過去の物語であるだけでなく、現代にも展開しつつある事態であること(現代原蓄)を、アメリカの例をあげて論じる。現代の「グローバル資本主義」とは、マルクス同時代の北アメリカにおける現代原蓄がさらに拡大して、非西欧諸国地域に普及している現代原蓄のことである。

いわゆる「社会主義国」は、原蓄過程でリーダーシップを発揮するブルジョアジーが存在しないか不足した国・地域で知識人が多数の農民と少数の工業労働者を軍事組織で確立した「原蓄期国家資本主義の亜種(anomaly)」であって、資本主義の後の(post‐capitalist)体制ではない。それらは「家産制専制国家の亜種」である。それらの国・地域で20世紀末以後に現実の必要に迫られて、市民法・商法・労働法などの近代法が制定されていることがその証拠である。もしも現代の「社会主義者」がこのような現実の動向に無関心のまま、万民が対等な権利主体として名実共に承認し合う体制ではなく、上からの指導と少数者・特定個人が権力を握る民主集中制を前提とする「社会主義体制」をいまなお思いえがいているとすると、彼らは実は「家産制専制国家」を実現しようとしていることになる。「社会主義国」の歴史的経験から学ばなければならない。

さて経済学者が主張するように、原蓄過程には、部分的には独立生産者が自己労働を蓄積して資本家になる経路は存在する。けれどもそれは原蓄過程全体のほんの一部分をなすにすぎない、とマルクスはみる。この『資本論』原蓄論は、『要綱』原蓄論での、独立生産者が自己労働を蓄積した本源的資本は取りあげて論じるほどの意義があるとは判断できないという見解をほんの少し修正したものである。

そもそも近代資本主義は、独立生産者の勤労と禁欲の結晶＝本源的資本から始まったという。けれども、近代資本主義から遡及してたどりつく同一性は、独立生産者の労働生産物のうち商品に転化した部分と近代資本主義が浸透し切った商品経済との商品関係のたんなる形式的同一性にとどまる。しかもその同一性は近代資本主義そのものの論証のあと、その論証を基準にして確認されるのである。その外見上の同一性とはまったく異なる醜悪な実態＝秘密が暴露される[１]。原蓄過程全体は暴力的な手法で近代資本主義は成立した。農奴から土地を暴力で取りあげ[２]、鳥のように自由になった彼らをさまざまな[３]流血立法で賃金労働者に無理矢理に転化する。街や村で浮浪者をみつけたら、奴隷の印の焼きごてを額にジュッと当て家内奴隷にしてよろしい、などという御

触れである。労働組合を作って団結してはならない、最高賃金を決めそれ以上の賃金は禁止するという命令である。彼らに［４］生活手段・［５］生産手段の商品生産をおこなわせる［６］産業資本家が商人や独立生産者などから出てくる。このような資本主義の歴史的生成を説明したあと、資本主義の将来を論じる。これが［７］歴史的傾向論である。

3-5　真理と虚偽のパラドックス

　以上、商品のパラドックス、等価交換のパラドックス、剰余価値のパラドックス、資本蓄積のパラドックスをみてきた。これらのパラドックスはいずれも、真理と言われている事柄が論証過程で虚偽に転化すること、その正体は虚偽であることを暴露し、さらにその虚偽が消滅し真理が顕現する実践的可能性をもつことを論証する。マルクスのパラドックスは総じて《真偽のパラドックス》である。しかも、真偽反転の論証は、真理であると主張する相手の前提に内在しそれを共有することから開始される。つまり、外からの超越的批判ではなく、内在的批判である。「共通の広場」から論証が始まる。マルクスのパラドックスはコミュニケーションと対話を通じた論法、ソクラテス的な話法である。したたかな知的戦略である。マルクスの物象化論としての真偽論はアリストテレスの『デ・アニマ』や『形而上学』やそれ以後の真偽論を再検討する中で生まれた。マルクスの論法は、アリストテレス、デカルト、スピノザ、カント、ヘーゲルなどの西欧思想史の中枢を真正面から継承＝批判する。マルクスの批判は経済学への批判というかたちをとる、スミス・リカードウなどの古典経済学への批判でもある。マルクスの学知（Wissenschaft）は「１つの総体性」である。

4　『資本論』のパラドックスのシンメトリー

　『資本論』が群論的なシンメトリーをなしていることはすでに拙稿「『資本論』の《不変の対称的構造》」[17]で提示した。すなわち、
　［Ⅰ］①価値形態　②商品物神性　③交換過程
　［Ⅱ］①価値尺度機能　③流通手段機能　②蓄蔵・支払手段・世界貨幣の機能

[Ⅲ]②資本の一般的範式 ③一般的範式の矛盾 ①労働力商品の購買と販売
[Ⅳ]②労働過程 ①価値増殖過程 ③労働過程と価値増殖過程の統一
[Ⅴ]③不変資本と可変資本 ①剰余価値率 ②労働日(絶対的剰余価値)
[Ⅵ]③相対的剰余価値 ②絶対的相対的剰余価値(労賃)①資本蓄積(②原蓄)

　上記のシンメトリーと本章で解明したパラドックスとはどのように関連するのであろうか。上記のパラドックスのなかからいくつかの例をあげ、その関連を明らかにする。

　まず「3-1　商品論のパラドックス」の場合をとりあげよう。『資本論』は単純商品であることの論理を徹底すると、「単純商品」は貨幣を生成し、貨幣は資本に転化し、剰余価値を生産し、剰余価値を含んだ商品は「商品資本」であることを論証する。『資本論』第1部第2版後書で「この[『資本論』の]弁証法は、現存するものの肯定的理解のうちに、同時にまたその否定、その必然的没落の理解を含む」(S.28：訳29)ことを確認している。[18] 資本主義の肯定的理解が資本主義の否定=没落の理解に導くというのである。この論理はパラドックスではないであろうか。これを一般化すると、或る対象の肯定的内在的理解は論理必然的にそれを否定する超越に帰着する、と定式化できる。一見どこにでも存在する「単純商品」は、実は歴史的に独自な近代資本主義における資本の生産物としての「商品資本」である。このことを冒頭の単純商品論から最後の資本蓄積論までの『資本論』第1部全体で論証するのである。『資本論』第1部の[Ⅰ]の冒頭の①と[Ⅵ]の最後の①がシンメトリーをなし、その間の諸項は媒介項である。最初の[Ⅰ]①②③と最後の[Ⅵ]③②①との鏡映対称性(Sm)を、[Ⅱ]①③②と[Ⅲ]

---

17) 『情況』2013年5・6月合併号。ただしこの論文では『資本論』第1部の群論的シンメトリーを上記の[Ⅰ]〜[Ⅵ]の「｛①｝,｛②｝,｛③｝のみ」で考察した。本書の54の項からなる「｛①｝-②-③,｛②｝-③-①,｛③｝-①-②」での考察と原理で基本的に同じであるが、群の諸要素（①、②、③）の編成では異なる。
18)　本書は語「弁証法」を使用することを禁欲し、むしろその内的構造を「対称性をなす鏡映過程＝構造」として解明する。そのさい、参考になるのが次のような対称性とパラドックスの関係である。「一様性というものを包括的にとらえた場合と局所的にとらえた場合とでは異なってくるために、パラドックスが生じるのである。これは、対称性を識別可能性から考える上で有力な論点である」(Morrison, On Broken Symmetries, J.Wechsler (ed.), ibid., p.62：モリソンの前掲論文、ヴェクスラー、前掲訳書、102頁)。マルクスは「包括的」把握を「総体性の観点」、「局所的」把握を「個別性の観点」で区別し、「識別可能性」を「疎外＝物象化論」で開示する。

370

終　章　『資本論』のパラドックスのシンメトリー

②③①との鏡映対称性と、[Ⅳ]②①③と[Ⅴ]③①②の鏡映対称性が媒介する。すなわち、

　　　　[Ⅰ]①②③→[Ⅱ]①③②（Sm）[Ⅲ]②③①→[Ⅳ]②①③（Sm）
　　　　[Ⅴ]③①②→[Ⅵ]③②①→（Sm）[Ⅰ]②③①

　同じように、「3-3　労働と所有のパラドックス」および「3-4　資本蓄積のパラドックス」の場合も、単純商品の前提である「労働と所有の同一性」を仮に認めたとしても、資本循環過程でその反対物である「労働と所有の分離＝非同一性」に帰結する。その非同一性は資本蓄積の内実である。したがって、「3-3」と「3-4」の2つのパラドックスも、「3-1」のパラドックスの[Ⅰ]の最初の①価値形態と[Ⅵ]の最後の①資本蓄積の対称性と同じ対称性をなす。
　「3-2　の剰余価値のパラドックス」はどうか。『資本論』のシンメトリーの編成原理では、[Ⅵ]③相対的剰余価値が③の交換過程論の観点からする論証であるのに対して、[Ⅴ]②絶対的剰余価値も[Ⅵ]②絶対的剰余価値も、②の商品物神性論の観点からする論証である。中央の③を左右の②が挟むシンメトリーである。②から③へ反転し、③から②へ再反転＝再帰する[②→③→②]。すなわち、

　　　《[Ⅴ]②絶対的剰余価値→[Ⅵ]③相対的剰余価値→[Ⅵ]②絶対的剰余価値》

　絶対的剰余価値の生産の徹底が相対的剰余価値をもたらし、相対的剰余価値の生産の徹底が反転して絶対的剰余価値に再帰させる。否定はさらなる否定をもたらす。これも「二重のパラドックスのシンメトリー」を成している。
　この剰余価値のシンメトリー[②③②]と同じ型のシンメトリーを一括して示せば、次のようになる。

（1）[Ⅰ③交換過程]：[Ⅱ①価値尺度機能]：[Ⅱ③流通手段機能]
　　　[③→①→③]
（2）[Ⅲ①労働力商品の売買]：[Ⅳ②労働過程]：[Ⅳ①価値増殖過程]
　　　[①→②→①]
（3）[Ⅴ②絶対的剰余価値]：[Ⅵ③相対的剰余価値]：[Ⅴ②絶対的・相対的剰余価値]

　　　　[②→③→②]

　媒語(中間項①,②,③)が次のシンメトリーの主語・述語になる連鎖は自己に再帰する円環を描く。『資本論』の論証法はパラドックスを説くシンメトリーの連鎖が円環を成すのである。

　「『資本論』のパラドックスのシンメトリー」に関するこのような検証をもって、本書の第Ⅰ章から第Ⅵ章までの『資本論』の編成原理の解明が正しかったことが検証される。《『資本論』で、いま読んでいるこの個所では、いかなる先後関係＝文脈で、いかなる観点から、何が論証されているのか》という自覚的な問題意識から、このような対称的な重層構造を見定め、『資本論』は理解されなければならない。

5　マルクス『数学草稿』における「対称性」

　マルクスの論法は通説の批判、批判された対象のさらなる批判＝再生という二重のパラドックスの論法をとる。この「否定の否定」の論証様式は、独自の構造をもつ。真理命題 A は、《A は B である (A = B)》という無媒介のかたちをとるのではなく、《A は A ではない (非 A) のではない》、つまり A = 非 (非 A) という否定の否定に媒介された論証過程を経路とする。その論証は、命題《A = B》は《A ではない非 A の領域に A = X という B とは別の X の存在可能性を吟味していない剰余 (余白) を残しているから、不十分な論証である》という批判を踏まえた論証である。

　そこには、近代科学革命で露呈してきた天文学的な「無限」の存在がひかえている。宇宙の無限の時空間には人間存在の座標軸が無限に引ける。そこには人間存在を絶対的に根拠づける拠点は存在しない。[19] この問題が「コペルニクス的転回」の哲学的核心である。無限のなかの人間はいかなる存在かという存在不安、「人間とは、無限小と無限大の間の中間者」というパスカル的存在不安である。はたして人間が神を信じれば、その信仰は認識能力 (知性 intellect) を担

---

19)　「17世紀はいわば世界の底が抜けてしまった時代だ。……科学の勃興とともに世界は地球中心に閉じた宇宙からどこにも中心のない無限宇宙になる」(上野修『哲学者たちのワンダーランド－様相の一七世紀－』講談社、2013年、10頁)。

終　章　『資本論』のパラドックスのシンメトリー

保してくれるであろうか、そんなことは信じられない、というプロテスタントの不安に応える根拠づけが求められている。

　17世紀は地動説禁止が始まり、ブルーノ、ガリレオなど違反した者が異端裁判にかけられた世紀であった。異端裁判は、閉じた世界が無限宇宙に開かれそこに実存する不安がもたらす宗教的ヒステリアである。地動説禁止は1616年からマルクスが生まれた4年後の1822年まで続いた。デカルトが『世界論』の刊行を断念し、スピノザが『神学・政治論』刊行で破門されたのも17世紀のオランダである。カントがエピクロスの原子論で自然哲学を根拠づけながらも、宇宙の究極の根拠は神にもとめ、無神論者の非難を予め用意周到に回避するというアクロバットを演じたのも、宗教の哲学支配ゆえである。閉じていた世界全体を覆い支配してきた神は、いまや開かれた無限世界の究極に逃げ込む。それを哲学的に正当化するのが《カントがおこなった観念論の一般的基礎づけ》である。

　シェリングが懸命にブルーノを論じ、ヘーゲルがケプラーの惑星軌道論を観念論に回収しようとしたのも、なお続く地動説禁圧下のことである。ヘーゲルは著書『フィヒテとシェリングの哲学体系の差異（Differenz）』（1801年）や論文「信仰と知」（1802年）で、その近代的な存在不安にカント認識論はきちんと応えていないのではないかと批判した。マルクスがベルリン大学の学生の時に遭遇し懸命に取り組んだ問題がこれである[20]。その格闘の記録ともいうべき学位論文の表題が「デモクリトスの自然哲学とエピクロスの自然哲学の差異（Differenz）」（1841年）である。そのタイトル冒頭の用語「差異（Differenz）」はヘーゲルの『差異書』にならうものである。マルクスが「差異論文」をヘーゲルのその2著を書いたイエナ大学に提出したのもヘーゲルの問題提起の根源性を示唆する[21]。その根源性はマルクスの晩年まで持続する。このことを次にみよう。

　マルクスは1860年代から1880年代まで、数学の微分法の歴史に強い関心をいだき、千枚前後の草稿を遺した。そこで『資本論』の編成原理である「対称性（Symmetrie）」という用語を援用しつつ、微分法の一般的定式化について次のように指摘している。

---

[20]　マルクス生誕の地トリーアのカトリック教会は溢れんばかりの財宝でいまも神の栄光を表現している。
[21]　『ヘーゲル初期哲学論集』（村上恭一訳、平凡社、2013年、訳者解説、485頁）参照。

「我々は、2項展開から直ちに、1次の現実的な(微分)係数がhにかかる因数であり2次の現実的な(微分)係数がh^2に掛かる因数であるなどということを知る。これらの現実的な微分係数は、2項から順次に展開されてくる、xを変数とする原始関数の諸々の導関数にほかならない(しかも諸々の導関数というカテゴリーの導入が最も重要なことがらのうちの1つである)。個々の微分形についていえば、我々はΔxがdxに変わり、Δyがdyに変わること、1次導関数はdy/dxという象徴的な姿をとり、2次導関数、すなわち$(1/2)h^2$の係数はdy^2/dx^2という象徴的な姿をとるなどのことを知っている。したがって我々は同時に、純粋に代数的に得られた結果が**対称性をなす**ということを**根拠**にして(der Symmetrie halber)、その象徴的微分等価物の形でも表現できる。……実際上の問題はすべて、『x+hを引数とするあらゆる種類の関数をhの整数冪級数に展開する』(代数的な)方法を見出すことに帰着する」[22]。

マルクスが探求してきた微分学で注目する焦点は、或る原始関数から逐次的に導出される導関数が整数冪級数になるという「対称性」にある。例えば、xとhの2項の和(x+h)のn累乗である$(x+h)^n$をxの関数と規定する$f(x)$は次のように展開できる(2項展開)。

$$f(x) = y = (x+h)^n = x^n + hx^{n-1} + \cdots\cdots + h^{n-1}x + h^n$$

この2項展開から導関数を逐次求めると、次のようになる。

$$dy/dx = nx^{n-1} + \text{etc}$$
$$d^2y/dx^2 = n(n-1)x^{n-2} + \text{etc}$$
$$d^3y/dx^3 = n(n-1)(n-2)x^{n-3} + \text{etc}$$
$$d^4y/dx^4 = n(n-1)(n-2)(n-3)x^{n-4} + \text{etc}$$

一般にi次の導関数は次のようになる。

---

[22] К. Маркс Математические Рукописи, Москва 1968, S.197(独露対訳のうちの独語頁).マルクス『数学手稿』(菅原仰訳、大月書店、1973年、81-82頁)、訳文変更。引用文の傍点強調は原文でゲシュペルト、ゴチック体は引用者強調。

終　章　『資本論』のパラドックスのシンメトリー

$$d^iy/dx^i = n(n-1)(n-2)(n-3)\cdots\cdots[n-(i-1)]x^{n-i}+\text{etc}$$

その導関数は、nから$[n-(i-1)]$までの積の係数とx^{n-i}との積である。資本のすべての部分の自己増殖を、増加率の変化率である導関数で一般的にみれば、まさにこのような微少な変化率の累乗の総和である。その1からnまでの総和は次のようになる。

$$\Sigma (d^iy/dx^i) = nx^{n-1}+n(n-1)x^{n-2}+\cdots\cdots+n(n-1)(n-2)\cdots\cdots[n-(n-1)]h^{n-1}x$$

その総和では、最初の項（係数と比率（dy/dx）の累乗の積）と最後の項は対称をなす。最初から2番目の項と最後から2番目の項も対称をなす。以下、このような対称関係が中心に向かって連鎖する。しかも、x^nの導関数はnx^{n-1}である。導関数nx^{n-1}の導関数は$n(n-1)x^{n-2}$である。nx^{n-1}はx^nの導関数であると同時に$n(n-1)x^{n-2}$の原始関数である。各々の導関数は直前の原始関数から導き出された導関数であり、かつ次の導関数が導かれる原始関数であるという二重規定をもつ。導関数は或る変化の終局かつ次の変化の始元である。ここでも「終点は次の始点である」という二重性をもつ。さらに、或る導関数は次の導関数の原始関数になるという二重性、あるいは逆に、或る導関数は次の積分関数の原始関数となる二重性は、《或る問いの解が次の問いを生み、その解を求める（Qi → Ai = Qj → Aj）という『資本論』の編成原理と論理的に同型である。

このように、導関数の系列は各々の項がシンメトリーをなす。すでに前章までみたように、このワン・ステップずれる行が並列する関係は「並進対称」である。並進対称(St)は反転対称(Si)と回転対称(Sr)の積[St = Si・Sr]である。並進対称は内部に「先後継起＝同時並存」の時間軸と空間軸が同型であるような「時空の相対性」を含む。その対称性に照応して、経済的諸形態（貨幣・生産・商品）の間には、「無限遠点（＝価値）」が空間軸と時間軸の区別を相対化する「先後継起＝同時並存」の規則が存在し、その規則にそって展開する姿態変換に時空間の対称性が展開する。その展開が資本主義的生産様式をあたかも自然な永遠の秩序であるかのような仮象を生み出すのである。

マルクスが『1863-65年草稿』「第1部　資本の生産過程」で剰余価値を投下した価値の微少な増分（クレメンス）（x → Δx）として規定しているのは、資

本の価値増殖を微小な増分の累乗の系列として把握しているからである[23]。「対称性の観点」は、資本家の個人的消費を捨象する拡大再生産論では、資本価値の増加の$(x+dx)^n$の2項展開として規定される。剰余価値の蓄積基金と資本家の個人消費基金(dk)への分割を条件にした蓄積は、$[x+(dx-dk)]^n$の2項展開で進行する。このように『資本論』のシンメトリーは、或る導関数は次の導関数の原始関数でもあるという二重性の微分学的増殖に基礎づけられる。[1]対称的な姿態変換の深部で、[2]資本価値が導関数上で対称的に増大する。[1]資本の姿態変換の対称性と、それが媒介する[2]資本価値の増大の対称性の二重性で、マルクスは資本の運動を把握しているのである。マルクスの微分学の批判的研究と経済学批判とは内面的に連結している[24]。マルクスが微分学で或る関数が導関数かつ原始関数である「終点＝始点」の二重性を確認したことは、時間上の始元と空間上の限界をめぐるカントの絶対的区分（第1アンチノミー）の止揚＝「無限遠点の措定」を含意する。終局＝始元の二重性はマルクスが学んだアリストテレス『デ・アニマ』がすでに指摘することである（*De Anima*, 433b21‐25)。

6　対称性をめぐるマルクスの数学研究と哲学史的課題

　古いものが出尽くしたあとに、新しいものは生まれてくる。マルクスも微分法の歴史を総括して、《新しいものと古いものとの現実的な関連、したがってまた最も簡単な関連はいつでも、この新しいもの自体がすでにそれ自身において完結した形式を獲得して、はじめて発見されるのである》と指摘する。そのあと、微分法の歴史とドイツ古典哲学の歴史の対応性について指摘する。

---

23) このことは『1863-65年草稿』「第1部　資本の生産過程」のうち遺された「第6章　直接的生産過程の諸結果」でわかる。したがって、『数学草稿』が執筆されたのは、その編集者が想定するように1870年代から1880年代までではなくて、1860年代から1880年代までであろう。
24) マルクス『数学草稿』の編集者たちがその解説でマルクスの数学研究のみに焦点を当てて、まったく彼の経済学批判への関連に論究していないのは、彼らがこのような内面的な関連に気づいていないからである。

「テイラー[Brook Taylor 1685-1731]は系(System)のこのような基礎をただ最も一般的で最も包括的な形式(Form)に展開しているにすぎない。しかし一般にこういうことは、微分学のすべての基本演算がすでに発見されて初めて可能になる事柄である。……逆にラグランジュ[Joseph Louis Lagrange 1736-1813]は直接テイラーの定理に連結する(anschließen)。このことは当然のことである。というのは、一方でニュートン=ライプニッツ期の後継者たちが $x_1 - x = dx$ の改訂版、したがってまた $x_1 - x = f(x+h) - f(x)$ をラグランジュに提供し、他方でラグランジュがまさにこのテイラーの定式を代数化することによって自分自身の導関数の理論を生み出したからである。《このようにしてフィヒテはカントに連結し(anschließen)、シェリングはフィヒテ哲学に連結し、ヘーゲルはシェリングと連結したけれども、しかしフィヒテも、シェリングも、ヘーゲルも、誰1人としてカントによる一般的基礎づけ、すなわち観念論一般を研究することはなかった。もしそれを研究したら、彼らは観念論をいっそう発展することはできなかったであろう》」[25]。

マルクスは、微分法のニュートン=ライプニッツ期からラグランジュまでの発展に、観念論に関するカントからマルクス自身までの哲学史を対応させる。微分法をめぐるさまざまな模索過程で個別的な事柄がほぼ出尽くしたあと、それを母胎にして微分法の一般化=形式化がおこなわれる。テイラーの定式とラグランジュによるその代数化がその一般化である。それと同じように、カント観念論に対する批判的研究は《フィヒテ→シェリング→ヘーゲル》と連結してきた。そこでは次の[7]でみるような微少な差異が展開された。しかし、おおよそカントの観念論一般にはいかなる基礎づけがおこなわれているのか、その根本的な解明には到達できなかったというのである。フィヒテもシェリングもヘーゲルでさえも、カントが構築した観念論の土台とその枠内で思考していたにすぎない。自己の思惟のそのような限界に無自覚であった。彼らは、神学批判に帰着するような地動説は一切禁止された状況で、地動説を観念論に帰着させるほかないような、神による宇宙の根拠づけに専念したのである。マルクスこそ、そのような観念論の根拠を批判的に解明していると自認する。マルクスに

---

25) マルクス『数学草稿』(S.208：訳98)。高瀬正仁『人物で語る数学入門』(岩波新書、2015年)の「第7章　無限小の軛」を参照。

とって、ニュートンに対応するのはカントであり、ラグランジュに対応するのはヘーゲルではなくマルクス自身である。

7　ドイツ古典哲学の体系の間の微分的対称的差異

　導関数の間の《終わりは始まりでもある》対称的で微小な差異と同類の差異がドイツ古典哲学者の体系の間にも存在する。マルクスの『資本論』の体系展開法はその系譜の批判的止揚に基礎づけられている。

　カントの認識論は、超越論的主観 X という観念論的な枠内で、感性が受容した経験的データを悟性が自発的に範疇で分析し、それが何であるかを判断するというものである。カントは誤謬推論（Paralogismus）で言明しているように、主観と客観を絶対的に区別する。認識される事象は主観的観念性の枠内での現象である。客観的実在性は観念論的主観に現象する事態にすぎない。したがって、デカルト『方法序説』の命題《我は思惟する、故に我は実在する（cogito, ergo sum）》は、思惟する主観の観念性（Idealität）を客観的な実在性（Realität）にすり替える誤謬推論を犯している。カントにとって認識とは、あくまで主観的観念の内部の出来事であり、主観の観念性を超越する客観的実在性を直に認識することは不可能である。カントのこのような認識装置を定式すれば、主観（S）の内部に客観（O）が包摂され現象する事態である。すなわち［S(O)］と略記できる。

　ヘーゲルによれば、カントを批判したフィヒテは哲学体系の原理を《自我＝自我（Ich=Ich）》という同一性に基礎づける。その原則は（Ⅰ）自我の無限な措定。（Ⅱ）自我自身の振動による非自我（Nicht-Ich）の措定。（Ⅲ）自我と非自我の絶対的結合である。しかし、その結合によって自我と非自我との非同一性、主観と客観との絶対的対立は主観の内部で止揚されずに残存する。したがって、フィヒテの体系は「主観の内部における主観と客観との対立［S(S－O)］」と略記できる。ヘーゲルからみれば、彼の体系に欠如しているのは、それと対称的な「客観(主観－客観)」の契機［O(S－O)］である。

　まさにそのフィヒテを補完するのがシェリングの哲学体系である。シェリングは「自然哲学は観念論の自然学的説明である。……自然はすでに遙か以前から理性の高みに到達するための基礎を形成してきた」という。したがって、ひ

終　章　『資本論』のパラドックスのシンメトリー

とがなすべきことは「純粋に理論的に、主観的なものの一切を混入することをしりぞけてまったく客観的に思惟すること」である。シェリングの体系は客観的な自然に哲学の根源を定め、そこから観念論まで上昇するポーテンツの顕現過程を展開する。シェリングの体系は客観が主観を胚胎し自己(客観)を産出する過程を論証する。それは「客観に潜勢する主観が客観に再帰する過程」である。したがって、シェリングの原理は[O(S−O)]と略記できる。この契機はフィヒテの哲学体系が欠いていたものである。しかし逆にシェリングの体系ではフィヒテの[S(S−O)]を欠いている。

　ヘーゲルは著書『フィヒテとシェリングの哲学体系の差異』(1801年イエナ)と論文「信仰と知」(1802年イエナ)でカントの認識論を批判し、フィヒテとシェリングを総合する。主観と客観に分離した絶対的同一性(産出する構想力としての理性)は、その同一性を「主観−客観(S−O)」という共通項で対称を成す体系に回復する。「主観(主観−客観)：客観(主観−客観)」である。略記すれば[S(S−O):O(S−O)]となる。これはまさにフィヒテの哲学体系の原理[S(S−O)]とシェリングの哲学体系の原理[O(S−O)]を、主観の客観に対する優位の原理[S−O]で対称的に統一したものである。絶対的同一性が分離した主観と客観を再統一する形態の内部には、これまでの哲学史の歩みを継承する対称的な関連が内在する。分離した絶対的同一性の止揚形態は対称性となる[27]。ヘーゲルは主観・客観を止揚する極点を「絶対的同一性の無差別点」と規定する。

　「絶対的同一性が体系全体の原理であるためには、主観と客観の両方が主観−客観として措定される必要がある。フィヒテの体系では同一性は主観的な主観−客観[S(S−O)]にまで構成されたにすぎない。これはその補完として、客観的な主観−客観[O(S−O)]を必要とする。……絶対者は、対立するかぎりでの[主観と客観との]両者を否定するさいの最高の総合、すなわち両者の絶対的な無差別点(absoluter Indifferenzpunkt)として、両者を自己のう

---

26)　Hegel, Werke 2, S.118.：ヘーゲル『理性の復権』126頁。physikalischの訳文「物理学的」は「自然学的」に直した。自然科学でなく自然哲学に対応するのは、物理学でなく自然学であろう。
27)　取引で分離した資本価値が再取引で再統一する運動形態に対称性が貫徹するのも同じ根拠による。

ちに内包し両者を生みだし、しかも両者から自己を生み出すのである[28]」。

　ヘーゲルは主観と客観が収斂する究極点を「絶対的無差別点」という。他の個所では「諸々の有限態は、無限焦点(der unendliche Fokus)の放射物である」とも表現する[29]。ヘーゲルのいう「無差別点」・「無限焦点」は非ユークリッド幾何学がいう「無限遠点(infinite point)」に相当する。有限な存在はすべてその差異が捨象されて無限遠点に収斂する。逆からみれば、無限遠点から差異をもつすべての有限な存在が射影(放射)される。無限遠点からみて有限な存在が同型に位置づけられる座標軸は相互に相対的であり置換可能である。2つの座標軸が時間と空間であっても同型ならば両者の区別は相対的である(時空間の相対性)。

　ヘーゲルが主観と客観が収斂し両者が放射＝射影する光源である無限焦点を指摘するのは、カントが対立させその両立を容認しない「絶対空間と絶対時間」に対する批判である。ヘーゲルは「根源的同一性は、その無意識的な凝集が……無限の規模で組織された空間および時間の**同時並存**および**先後継起**において(in das unendlos organisierte **Neben- und Nach-einander** des Raums und der Zeit)、すなわち客観的総体性にまで拡張したのである」と指摘するとき、このカント批判を含意している[30]。マルクスは経済学諸範疇(貨幣・生産・商品)の「同時並存＝先後継起の同型性」を規則的に指摘し、ヘーゲルのこのカント批判を継承する[31]。

　以上要するに、カント［S(O)］→フィヒテ［S(S‐O)］→シェリング［O(S‐O)］→ヘーゲル［S(S‐O)：O(S‐O)］という歩みは、［　］内のSとOの関連に注目すれば、微小かつ決定的な差異を内包し対称性を成す系列であることがわかる。この系列は、マルクスがニュートン＝ライプニッツからラグランジュまでの微分法の歴史であとづけ確認した微小な対称性の系列に照応する。

---

28) Hegel Weke 2, S.94：訳 98。訳文変更。［　］内は引用者補足。
29) Hegel Werke 2, S.43：訳 41。訳文変更。
30) Hegel Werke 2, S.112：訳 118。訳文変更。ボールド体の語彙はカント・第1アンチノミーの用語である。
31) この点については、次の2点の論文を参照せよ。内田弘「『資本論』の《不変の対称的構造》」(『情況』2013年5・6月合併号)、および、Hiroshi Uchida, 'Constant Symmetrical Structure of Marx's *Capital*', *Critique, Journal of Socialist Theory*, Editorial Board in University of Glasgow, December 2013, Issue No.65.

マルクスが同じ動詞「連結する（anschließen）」を微分法史および哲学史に用い両者をあとづけ、前者を後者の《カント→フィヒテ→シェリング→ヘーゲル》というドイツ観念論の歴史に射影したのは、両者にはこのような内在的な関連が存在するからである。しかも、カントが基礎づけた観念論の枠内で批判的検討がフィヒテからシェリングをへてヘーゲルまでに出尽くした後、マルクスがその批判的一般化＝総括をおこなうのである。

8　ヘーゲルの通約不可能性とマルクスの通約可能性

すでに第Ｉ章でみたように、マルクスは『資本論』商品論で商品交換関係の分析で、アリストテレス『ニコマコス倫理学』の通約性＝対称性（symmetria, Kommensurabilität）を援用した。この援用に関連するのが、マルクスが「差異論文」で活用したヘーゲルの論文「信仰と知」（1802年イエナ）である。そこでヘーゲルは《有限内無限》・《通約不可能性》について次のように指摘する。

「限界づけられている空間のうちには現実的無限者（ein actu Unendliches）が存在する。通約不可能性（Inkommensurabilität）とは、特殊的なものが概念のもとへ包摂されることから解放され、諸部分に分解され、しかもその諸部分が絶対的に定義されるとともに、絶対的に相互に不等であるということのうちに成立する」[32]。

ヘーゲルのいう通約不可能なものとは、神から分離された有限な存在のことである。いわば、追放された「エデンの東」で抗争する兄カインと弟アベルである。それに対してマルクスは、有限な存在の内部の無限者が相互に特殊性を媒態に同一化し通約（共約）可能性＝対称性を実現する過程で、通約可能性を基礎に単位が定まり、特殊なデータの平均化が可能になる、とみる。二重のアプストラクチオーン（Abstraktion 使用価値捨象＝価値抽象）（S.51-52：訳64）・平均化作用（S.53：訳66）・価値形態（S.62f.：訳80以下）・価値鏡＝対称性（S.67f.：訳90

32）　Hegel Werke 2, S.349f.: 訳74頁

以下)は内面的に関連している。マルクスはすでに1841年の学位論文作成でこのヘーゲル論文を読んでいたと判断されるから、『資本論』の基本的モチーフはそのときに胚胎したのであろう。

ただし、マルクスが『経済学批判要綱』や『経済学批判』や『資本論』でアリストテレスを引用して「通約可能性」というとき、ヘーゲルのこの「通約不可能性」を念頭においているけれども、それだけではない。ヘーゲルが弁証した中世神学の言明「人間は神の似姿(imago Dei)である」に係わる。その言明は、

［１］「神が人間に内在している(Gott in uns)」ことを意味するのか。

［２］「神は人間を超越している(Gott über uns)」ことを意味するのか。

という論争を引き起こす。

［１］ 神と人間が部分的にでも通約可能であれば、神の超越性は相対化される。

［２］ 神が人間を絶対的に超越しているのならば、なぜ人間は神を知り愛することができるのか。

このジレンマの問題である。トマス・アクィナスは［１］かつ(und)［２］であると考え、ヘーゲルは［１］あるいは(oder)［２］であると判断する[33]。マルクスは『資本論』でアリストテレス『ニコマコス倫理学』からsymmetriaを引用し、それをKommensurabilität(通約可能性)と訳し、その神学論争を解体する。つまり、神は、人間が万物を「無限遠点」に捨象＝抽象する無意識の行為の結果であり、超越的な前提ではないのである。マルクスにとって神は「虚偽の無限」である。経済学批判の対象の価値もそうである。価値は貨幣に生成する。「貨幣は諸商品のなかの神である」(MEGA, II/1.1, S.146)・「貨幣それ自体は共存体(ゲマインヴェーゼン)である」(S.147)。マルクスは1841年の学位論文における「神と貨幣の同一性の根拠」を『資本論』までの歩みでこのように解明したのである。天文学的真理を抑圧し隠蔽する宗教権力への批判は持続し決着をつけたのである。

---

33) 山内志朗「アナロギアと共約不可能性」(『哲学』1989年夏、vol. III -2)：片山寛『トマス・アクィナスの三位一体論研究』(創文社、1995年、203頁以下の注 (21) (22)) をそれぞれ参照。なお、マルクスが『資本論』で用いる用語「鏡」は、「神の似姿」を映す鏡は神そのものかという中世神学の論争を含意しているのではないかと筆者に思わせる。高桑純夫『中世精神史序説』(みすず書房、1947年、74頁) を参照。

9　マルクスの体系展開の対称性原理

　ヘーゲルの哲学体系の原理では、「主観(主観－客観)」と「客観(主観－客観)」とは共通項「主観－客観」を媒介にして連結する。その関係は二重の「主観－客観」の関係である$[(S-O)^2]$。ヘーゲルはカントの「主観・内・客観」という枠組を超えることはなかった。マルクスのヘーゲル批判の核心はここにある。

　マルクスは、主観と客観の関係を価値論で「価値形態・商品物神性・交換過程」という経済学批判の諸範疇で定式化する。この定式化は経済学批判の諸範疇に隠されて見えにくい。そのためその価値論の定式化がカントからヘーゲルまでのドイツ観念論史に対するマルクスの批判を含意していることに、これまでなかなか気づかなかった。マルクスは圧縮し隠蔽することを好んでおこなった。マルクスにとって、ヘーゲルのいう絶対的同一性は分離したのち再結合する様式がいかなる対称性(シンメトリー)を編成するかが評価基準になる。マルクスは「主観・客観」に対する自己の見解を価値論で次のように表現している。

　(１) 価値形態は或る商品の価値の他の商品の使用価値による観念的な表現である。価値は商品の主観的な観念性(S)である。使用価値は商品の客観的な実在性(O)である。価値形態は「観念性(実在態)」、あるいは$[S(O)]$と略記できる。

　(２) 商品物神性とは使用価値に価値が仮象する事態である。その事象で感覚的に認知できるのは使用価値という実在的な存在である。その裏に価値という主観的な観念性が密かに宿る。この場合の使用価値は価値が憑依した姿態である。この事態は「価値対象性(Wertgegenständlichkeit)」である。それをマルクスはフランス語訳『資本論』で「商品の価値が憑依する実在態」と表現した。商品物神性は「実在態(観念性)」、あるいは$[O(S)]$と略記できる。

　(３) 交換過程とは、すべての商品がそれぞれの「価値の実現」と「使用価値の実現」を同時化しようとする事態である。「価値の実現」は「使用価値の実現」を前提にし、その「使用価値の実現」は「価値の実現」を前提にする。このように「相反する二重の前提－措定」という矛盾した事態が交換過程である。この矛盾を定式化すれば、$[S(O):O(S)]$となる。これはヘーゲルの$[S(S-O):O(S-O)]$と酷似しているけれども、決定的に異なる。マルクスの体系原理は、主観と客

観が相互前提＝相互措定の関係で二重によじれて連結する円環(クラインの壺)を成している。つまり[観念性(実在態)：実在態(観念性)]である。

　注目すべきことに、(3)交換過程は(1)価値形態と(2)商品物神性を内部に統一している。すなわち、(3)[(1)S(O)：(2)O(S)]である。いいかえれば、「(1)価値形態論→(2)商品物神性論→(3)交換過程論」という論証過程は、次の論証がそれまでの論証を対称的に連結する(anschließen)過程である。価値形態[(1)主観(客観)]における主観と客観を反転した対称性が商品物神性である[(2)客観(主観)]。射影幾何学の記述法にしたがって、論証過程(1)から(2)への過程をその結果からみれば、(2)←(1)、つまり[(2)(1)]となる。その順序に回転対称の操作をほどこした対称性が(3)交換過程 ｛(1)価値形態[主観(客観)]：(2)商品物神性[客観(主観)]｝ である。

　数学的な《原始関数と導関数が終点＝始点の二面性で並進対称をなす系列》と経済学的な《①価値形態論→②商品物神性論→③交換過程論の３つの観点が並進対称を展開する系列(貨幣資本循環範式)》には原理的な対応関係が存在する。マルクスが微分法の数学史を批判的にあとづけた直後、カント→フィヒテ→シェリング→ヘーゲルというドイツ観念論の哲学者の連結（Anchluß）に論究したのは、その数学史における連結の対称性に、ドイツ観念論史の絶対的主観性の内部で「主観－客観」や「人間－自然」が連結する対称性が照応するからである。マルクスの経済学批判には微分学の数学史と主観・客観をめぐる哲学史とが内面的に統一されている。その深部まで洞察することで『資本論』の編成原理、いいかえれば、「経済学批判の文法学」が透視できるのである。

　では、マルクスがカント＝ヘーゲルの「主観(客観)」の図式をこのように内在的に批判したのは、なぜなのであろうか。一面では、カント＝ヘーゲルの超越論的基礎を、外在的に批判するのではなく、逆に徹底的に内在して展開することによって、超越論を完成したからである。他面では、超越論のこの完成は同時に、超越論の基礎そのものに対する根底的な批判＝止揚をもくろむものである。内在が超越に帰結する。これこそマルクスのパラドックスの根拠である。

　その論証は、資本主義的発展はまさにその基礎である価値の増加(Verwertung)を価値の減少(Entwertung)によって実現するという自己矛盾した体系であることを論証することでおこなわれる。個別的には特別利潤をめぐる競争が社会的結果としては相対的剰余価値の生産となる。けれども、それは労働生産

性上昇率の向上を絶対的要因とする。したがって、資本の利潤率は $M/(C+M)$ ではなくて、労働生産性上昇(a)をヴァイタルな要因とする再定義式で示される。労働生産性の上昇で可変資本が減少し（V → V/a）、その差 $[V(1-1/a)]$ が剰余価値に転化する。したがって、利潤率 p は次のように再定義される。

$$p = [M+V(1-1/a)]/(C+V/a)$$

労働生産性上昇（a）が無限大に増加すれば、利潤率は、

$$P = (V+M)/C$$

となる。つまり、近代資本主義の発展とは、価値の源泉である可変資本をゼロにして、可変資本から生まれる価値生産物（V+M）をすべて剰余価値として領有しようとする自己矛盾を顕現する運動である。価値がゼロになり資本主義的商品交換過程＝市場を自己止揚する可能性を増大させる。そのことによって、一見するところ、アダム・スミスのいう「自由の自然的体系」が代表するように、歴史を睥睨する自然史的な超越論的体系であるかのように仮象する資本主義は、反転対称と回転対称を交互に繰り返して自己に再帰する並進対称の体系であることを論証することであとづける。しかも近代資本主義は発展するがゆえに自己消滅し、歴史過程から消滅する歴史性＝非超越論性を内在していることを、マルクスは論証する。マルクスはこの論証で、カントからヘーゲルまでの観念論の超越論的特性の一般的な基礎づけを掘り崩すことができたと了解したと判断される。その意味で、経済学批判としての『資本論』は数学史と連結する哲学史批判でもある。

参考文献

［マルクス文献］

Marx, Karl, *Das Kapital*, Dietz Verlag Berlin, Erster Band（Vierte Auflage）1962, Zweiter Band 1969, Dritter Band 1969：マルクス『資本論』長谷部文雄訳、全13分冊、青木書店、1953年：マルクス『資本論』資本論翻訳委員会訳、全13分冊、新日本出版社、1982～89年。

Marx, Karl, *Das Kapital*, Erster Band, Erste Auflage, Verlag von Otto Meissner, 1867（復刻版、青木書店　1959年）：『初版 資本論』江夏美千穂訳、幻燈社書店、1983年：マルクス『初版資本論』長谷部文雄訳、岩波書店、1929年：マルクス『資本論第一巻初版』岡崎次郎訳、国民文庫、1976年。

Marx, Karl, *Das Kapital*, Zweite verbesserte Auflage, Verlag von Otto Meisner, 1872（復刻版 極東書店 1969年）：『第二版 資本論』江夏美千穂訳、幻燈社書店、1985年。

Marx, Karl, Zur Kritik der politischen Ökonomie (Manuskripte 1861-1863), Teil 1-6, *Marx/Engels Gesamtausgabe*（MEGA）, II/3.4 - II/3.9, Dietz Verlag Berlin, 1976-1982：『資本論草稿集』第4～9分冊、大月書店、1978-1994年。

Marx, Karl, Ökonomische Manuskripte 1857-58, *Marx/Engels Gesamtausgabe*（MEGA）, II/1.1, Dietz Verlag Berlin, 1976, II/1.2, 1986：『資本論草稿集』大月書店、1981年、1993年。

Marx, Karl, Das Kapital (Ökonomische Manuskripte 1863-1867), Teil 1, Resultate des unmittelbaren Produktionsprozess：Zweites Buch (Manuskripte 1), *Marx/Engels Gesamtausgabe*（MEGA）, II/4.1, Dietz Verlag Berlin 1988, S.24-135, S.139-381. マルクス『資本論綱要』向坂逸郎訳、岩波文庫、1953年：マルクス『資本の流通過程』中峯照悦・大谷禎之介他訳、マルクス・ライブラリ3）、大月書店、1982年。

Marx, Karl, Das Kapital (Ökonomische Manuskripte 1863-1867) Teil 2, Drittes Buch (Manuskripte 1), in *Marx/Engels Gesamtausgabe*（MEGA）, IV/4.2, Dietz Verlag Berlin 1992.

Marx, Karl, Kritik der politischen Ökonomie, in *Marx/Engels Werke*, Band 13, マルクス『経済学批判』杉本俊郎訳、国民文庫、1966年。

Marx/Engels Gesamtausgabe（MEGA）, I/2, Dietz Verlag Berlin 1982, IV/2, Dietz Verlag Berlin 1981：マルクス『パリ手稿』山中隆次編訳、御茶の水書房、2005年：『経済学・哲学草稿』城塚登・田中吉六訳、岩波文庫、1964年。

Marx, Karl, Exzerpte aus Werk von John Francis Bray, Labour's Wrong and labour's remdy, *Marx/Engels Gesamtausgabe*（MEGA）, IV/5, De Gruyter

Akademie Forschung 2015.

Marx, Karl, *Misère de la Philosophie*, Fac-simile de l'exmlaire personnel de l'auteur, a Tokyo, Aoki Shoten, 1982：マルクス『哲学の貧困』高木佑一郎訳、国民文庫、1954 年。

К. Маркс Математические Рукописи, Москва 1968（独露対訳）. マルクス（菅原仰訳）『数学手稿』大月書店、1973 年：マルクス『数学に関する遺稿』玉木英彦・今野武雄訳、岩波書店、1949 年。

Marx/Engels, *Über Geschite der Philosophie*, Reclam 1983.

マルクス・エンゲルス『資本論書簡』岡崎次郎訳、国民文庫、1971 年。

マルクス・カテゴリー事典編集委員会『マルクス・カテゴリー事典』青木書店、1998 年。

的場昭弘・他編『新マルクス学事典』弘文堂、2000 年。

[経済学]

荒川泓『近代科学技術の成立』北海道大学図書刊行会、1973 年。

榎原均『資本論の核心』情況新書、2014 年。

Harnetty, Peter, *Imperialism and Free Trade：Lancashire and India in the mid-nineteenth century*, University of British Columbia Press, 1972.

服部文男・佐藤金三郎・他編『資本論体系』全 10 巻、有斐閣、1984 - 2001 年。

早坂啓造『資本論第二部の成立と新メガ』東北大学出版会、2004 年。

廣松渉編『資本論を物象化論を視軸にして読む』岩波書店、1986 年。

廣松渉『資本論の哲学』勁草書房、1987 年。

平田清明『経済学と歴史認識』岩波書店、1971 年。

平田清明『経済学批判への方法序説』岩波書店、1982 年。

日山紀彦『《抽象的人間労働論》の哲学』御茶の水書房、2006 年。

Hobsbaum, E.J., *Industry and Empire*, Weidenfeld and Nicolson, London, 1968：E.J ホブズボーム『産業と帝国』浜林正夫・神武庸四郎・和田一夫訳、未来社、1984 年。

井汲卓一・望月清司・森田桐郎「(座談会)現代世界をどう捉えるか」『経済評論』1980 年 9 月号。

今田秀作『パクス・ブリタニカと植民地インド』京都大学学術出版会、2000 年。

小谷汪之『マルクスとアジア』青木書店、1979 年。

久留間鮫造『価値形態論と交換過程論』岩波書店、1957 年。

Kuruma, Samezo, *Marx's Theory of the Genesis of Money*, trans. by E. Michael Schauerte, Outskirts Press, Inc., Denber, 2009.

黒瀬直宏『複眼的中小企業論』同文館、2012 年。

松井透『世界市場の形成』岩波書店、1991 年。

望月清司『マルクス歴史理論の研究』岩波書店、1972 年。

望月清司「本原的蓄積論の視野と視軸」『思想』1982年5月号。
望月清司「生産様式接合の理論」『経済評論』1981年7月号。
長洲一二「価値の独立化について―恐慌理論のための覚書―」『エコノミア』創刊号、1950年。
尼寺義弘『価値形態論』青木書店、1978年。
尼寺義弘『ヘーゲル推理論とマルクス価値形態論』晃洋書房、1992年。
大谷禎之介・平子友長（編）『マルクス抜粋ノートからマルクスを読む』櫻井書店、2013年。
置塩信雄『蓄積論』筑摩書房、1976年。
Rajan, K. S., *Biocapital : The Constitution of Postgenomic Life*, Duke University Press, 2006：カウシ・S・ラジャン『バイオ・キャピタル』塚原東吾訳、青土社、2011年。
Reichelt, Helmut, Why did Marx Conceal his Dialectical Method? Bonefeld,W, Gunn, R., Holloway, J. and Psychopedis, K., *Emancipating Marx*, Pluto Press, London, 1995.
Shaxson, Nicholas, *Treasure Islands : Uncovering the damage of offshore banking and tax havens*, Palgrave 2002：ニコラス・シャクソン『タックスヘイブンの闇』藤井清美訳、朝日新聞出版、2012年。
Smith, Adam, *An Inquiry into the Nature and Causes of the Wealth of Nations*, two volumes, Clarendon Press, Oxford, 1976. アダム・スミス『国富論』水田洋監訳・杉山忠平訳、全4分冊、岩波文庫、2000 - 2001年。
角山栄『辛さの文化 甘さの文化』同文館、1987年。
高橋誠『世界資本主義システムの歴史理論』世界書院、1998年。
田中正司『アダム・スミスの認識論管見』社会評論社、2013年。
内田義彦『資本論の世界』岩波新書、1966年。
内田義彦『社会認識の歩み』岩波新書、1971年。
内田義彦『読書と社会科学』岩波新書、1985年。
山口拓美『利用と搾取の経済倫理』白桃書房、2013年。
張一兵（中野英夫訳）『マルクスへ帰れ』情況出版、2013年。

［シンメトリー］

Crary, Jonathan, *Techniques of the Observer on Vision and Modernity in the Nineteenth Century*, Massachusetts Institute of Technology, 1990：ジョナサン・クラリ『観察者の系譜－視覚空間の変容とモダニティ－』遠藤知巳訳、十月社、1997年。
伏見康治・安野光雄・中村義作『美の幾何学』早川書房、2010年。
福田宏・中村義作『エッシャーの絵から結晶構造へ』海鳴社、2013年。
Hargittai, Istvan, and Hargittai, Magdolna, *Symmetry, a unifying concept*, Shelter

Publications Inc., Bolinas CA, 1994.

今井淳・寺尾宏明・中村博昭『不変量と対称性』ちくま学芸文庫、2013 年。

Livio, Mario, *The Equation that couldn't Solved: How Mathematical Genius Discovered the Language of Symmetry*, Simon & Schuster Paperbacks, New York, 2005：マリオ・リヴィオ『なぜこの方程式は解けないのか－天才数学者が見いだした《シンメトリー》の秘密』斉藤隆夫訳、早川書房、2007 年。

Sautoy, Marcus du, *Symmetry: A Journey into the Patterns of Nature*, Harper Collins Publishers, 2008：マーカス・デュ・ソートイ『シンメトリーの地図帳』冨永星訳、新潮社、2010 年。

Schattschneider, Doris, *Visions of Symmetry: Notebooks, Periodic Drawings, and Related Works of Escher*, W. H. Freeman and Company, 1990：ドリス・シャッツシュナイダー『エッシャー・変容の芸術－シンメトリーの発見－』梶川泰司訳、日経サイエンス社、1991 年。

Stewart, Ian, *Why Beauty is truth: The Story of Symmetry*, Basic Books 2007：スチュアート、イアン『もっとも美しい対称性』水谷淳訳、日経ＢＰ社、2008 年。

Wechsler, Juduth (ed.), *On Aesthetics*, The Massachusetts of Technology, 1979：ジュディス・ヴェクスラー編『科学にとって美とは何か』白揚社、1997 年。

Weyl, Hermann, *Symmetry*, Princeton University Press, 1980. ヘルマン・ヴァイル『シンメトリー』遠山啓訳、紀伊國屋書店、1970 年。

Whyte, L.L.(ed.), *Aspects of Form*, Lund Humphries, 1951：モーリス・クライン『形の全自然学』工作舎、1985 年。

[天文学史]

コペルニクス『天体の回転について』矢島祐利訳、岩波文庫、1953 年。

Fantoli, Annibale, *Galileo: Per il Copernicanesimo e Per la Chiesa*, Vatican observatory Foundation, 1993: 大谷啓治監修・須藤和夫訳『ガリレオ－コペルニクス説のために、教会のために』みすず書房、2010 年。

ガリレオ・ガリレイ『星界の報告』山田慶児・谷泰訳、岩波文庫、1976 年。

金子努『宇宙像の変遷』左右社、2013 年。

Kline, M., *Mathematics and the Search for Knowledge*, Oxford University Press, 1985：モーリス・クライン『何のための数学か』紀伊國屋書店、1988 年。

Koyré, Alexander, *Études galiléennes*, Hermann, 1939：アレクサンドル・コイレ『ガリレオ研究』菅谷暁訳、法政大学出版局、1988 年。

Koyré, Alexander, *From the Closed World to the Infinite Universe*, The John Hopkins University Press, London, 1957：アレクサンドル・コイレ『閉じた世界から無限宇宙へ』野沢協訳、みすず書房、1973 年。

Kuhn, Thomas S., *The Copernican Revolution: Planetary Astronomy in the*

Development of Western Thought, Harvard University Press, London 1957：トーマス・クーン『コペルニクス革命』常石敬一訳、紀伊國屋書店、1976年。
松山壽一『ドイツ自然哲学と近代科学』北樹出版、1992年。
松山壽一『ニュートンからカントへ』晃洋書房、2004年。
中山元『天の科学史』講談社学術文庫、2011年。
新戸雅章『バベジのコンピュータ』筑摩書房、1996年。
岡崎勝世『科学 vs キリスト教』講談社 現代新書、2013年。
岡崎乾二郎『ルネサンス 経験の条件』文藝春秋、2014年。
坂本賢三『科学思想史』岩波全書、1984年。
Santillana, Giorgio de, *The Crime of Galileo*, The Unuversity of Chicago, 1955：ジョルジオ・デ・サンティラナ『ガリレオ裁判』武谷三男監修・一瀬幸雄訳、岩波書店、1973年。
Troeltsch, Ernst, *Die Aufklälung*, 1897：トレルチ「啓蒙主義」『ルネサンスと宗教改革』内田芳明訳、岩波文庫、1959年、所収。
山本義隆「カントと太陽系の崩壊」『カント全集』月報7、2000年9月。
山本義隆『世界の見方の転換』全3巻、みすず書房、2014年。
ワトソン、ジェームズ・D,『二重らせん』講談社文庫、1986年。

［群論・数学］

Akexandroff, Paul, An Introduction to the Theory of Groups, Dover Publications, Inc. New York, 2012. アレクサンドロフ『群論入門』宮本敏雄訳、東京図書、1964年。
小島寛之『天才ガロアの発想力—対称性と群が明かす方程式の秘密』技術評論社、2010年。
Moore, A.W. *The Infinite*, Routledge 1991. A.W. ムーア『無限—その哲学と数学—』石村多門訳、講談社学術文庫、2012年。
中村亨『ガロアの群論』国宝社、2010年。
ケトレー、アドルフ(平貞蔵・山村喬訳)『人間に就いて』(上下) 岩波文庫、1939‐1940年。
佐々木力『ガロア正伝』ちくま学芸文庫、2011年。
砂田利一・長岡亮介・野家啓一『数学者の哲学、哲学者の数学』東京図書、2011年。
高瀬正仁『人物で語る数学入門』岩波新書、2015年。
遠山啓『無限と連続』岩波新書、1980年。
遠山啓『現代数学入門』筑摩書房、2012年。
山下正男『思想の中の数学的構造』ちくま学芸文庫、2006年。
彌永昌吉・平野哲太郎『射影幾何学』朝倉書店、1959年。
彌永昌吉『ガロアの時代、ガロアの数学』シュウリンガー・フェアラーク東京、1999年。

[哲学史]

Aristotle, *Metaphisics*, translated by H. Tredennick, Harvard University Press, I-IX, 1975, X-XIV, 1977：アリストテレス『形而上学』岩崎勉訳、講談社学術文庫、1994年：アリストテレス『形而上学』出隆訳、岩波文庫（上下）、1959-1961年。

Aristotle, *On the Soul, Parva Naturalia, On Breath*, with an English translation by W.S.Hett, Harvard University Press, London 1957：アリストテレス『心とは何か』桑木敏雄訳、講談社学術文庫、1992年。

Aristotle, *The Nicomachean Ethics*, with an English translation by H. Rackham, Harvard University Press, London, 1934：アリストテレス『ニコマコス倫理学』高田三郎訳、岩波文庫（上下）、2009年。

宇都宮芳明『カントと神』岩波書店、1998年。

『現代思想』「総特集　柄谷行人の思想」2014年1月臨時増刊号。

羽仁五郎『ミケルアンヂェロ』岩波新書、1939年。

福岡安都子『国家・教会・自由 ―スピノザとホッブズの旧約テクスト解釈を巡る対抗―』東京大学出版会、2007年。

Hegel, G.W.F., *Jenaer Schriften 1801-1807*, Suhrkamp Verlag, 1970：ヘーゲル『理性の復権』山口祐弘・星野勉・山田忠彰訳、批評社、1985年：ヘーゲル『信仰と知』久保陽一訳、公論社、1980年。

Hegel, G.W.F., *Phaenomenologie des Geistes*, Suhrkamp Verlag 1970：ヘーゲル『精神現象学』樫山欽四郎訳、平凡社ライブラリ（上下）、1997年。

Hegel, G.W.F., *Wissenschaft der Logik I, II*, Suhrkamp Verklag 1969：ヘーゲル『ヘーゲル論理の学』山口祐弘訳、作品社（Ⅰ・Ⅱ・Ⅲ）、2012-2013年。

Hegel, G.W.F., *Grundlinien der Philosophie des Rechts*, Suhrkamp Verlag, 1970：ヘーゲル『法の哲学』藤野渉・赤澤正敏訳、世界の名著（35）、中央公論社、1967年：ヘーゲル『法の哲学』上妻精・佐藤泰邦・山田忠彰訳、岩波書店（上下）、2000年、2001年。

Hegel, G.W.F., *Enzyklopaedie der philosophischen Wissenschaften I*, Suhrkamp Verlag. ヘーゲル『小論理学』松村一人訳、岩波文庫（上下）、1951年、1952年：ヘーゲル『自然哲学』加藤尚武訳、岩波書店（上下）、1998-1999年。

ヘーゲル『ヘーゲル哲学の軌跡』寄川条路編訳、ナカニシヤ出版、2006年。

ヘーゲル『ヘーゲル初期哲学論集』村上恭一訳、平凡社ライブラリー、2013年。

平田清明「哲学と社会を生きる－追憶の森有正－」家永三郎・小牧治編著『哲学と日本社会』弘文堂、1978年。

廣松渉・坂部恵・加藤尚武編『講座　ドイツ観念論』全6巻、1990年。

廣松渉『カントの〈先験的演繹論〉』世界書院、2007年。

出隆『アリストテレス哲学入門』岩波書店、1972年。

石川文康『カント入門』筑摩新書、1995年。

石川文康『カント　第三の思考』名古屋大学出版会、1996 年。

石川文康・他編『カント事典』弘文堂、1997 年。

石川文康『カントはこう考えた』ちくま学芸文庫、2009 年。

石崎宏平『イエナの悲劇』丸善ブックス、2001 年。

Kant, Immanuel, Allgemeine Naturgeschichte und Theorie des Himmels, *Immanuel Kant Vorkritische Schriften bis 1768*, Suhrkamp Verlag, Bd.1, 1996：カント「天界の一般自然史と理論」宮武昭訳、『カント全集』第 2 巻、岩波書店、2000 年。

Kant, Immanuel, Prolegomena zur einer jeden Künstigen Metaphysik, die als Wissenschaft wird auftreten können, *Immanuel Kant Schriften zur Metaphysik und Logik 1*, Suhrkamp Verlag, 1996：カント『プロレゴメナ』篠田英雄訳、岩波文庫、1977 年。

Kant, Immanuel, *Kritik der reinen Vernunft*, Felix Meiner Verlag, 1971：カント『純粋理性批判』中山元訳、光文社文庫（全 7 分冊）、2010 ～ 12 年：イマヌエル・カント『純粋理性批判』（上中下）原佑訳、平凡社ライブラリー、2005 年：イマヌエル・カント『純粋理性批判』（上下）石川文康訳、筑摩書房、2014 年。

柄谷行人『トランスクリティーク－カントとマルクス－』岩波書店、2004 年。

加藤尚武・他編『ヘーゲル事典』弘文堂、1992 年。

片山寛『トマス・アクィナスの三位一体論』創文社、1995 年。

菊池健三『カントと動力学の問題』晶文社、2015 年。

近藤良樹『弁証法的範疇論への道程』九州大学出版会、1988 年。

桑子敏雄『エネルゲイア－アリストテレス哲学の創造－』東京大学出版会、1993 年。

牧野英二編「カント没後 200 年」『別冊情況』2004 年 12 月。

三木清『知識哲学』小山書店、1942 年。

三木清『三木清全集』第 9 巻（アリストテレス）、岩波書店、1967 年。

Neumann, Walter, *Der unbewußte Hegel*, Materialis Verlag 1982.

日本ヘーゲル学会編『ヘーゲル哲学研究』特集『大論理学』200 年、Vol.19, 2013 年。

西川富雄『シェリング哲学の研究』法律文化社、1960 年。

『理想』「特集　シェリング没後 150 年」No.674, 2005 年。

三枝博音『梅園哲学入門』第一書房、1943 年。

三枝博音「理性の内なる仮象（虚仮）の問題」『哲学と文学に関する思索』酣燈社、1947 年。

Schelling, F.W.J., *Bruno oder über das göttliche und natürliche Prinzip der Dinge*, Verlag von Flex Meiner 1954：シェリング『ブルーノ』服部英次郎・井上庄七訳、岩波文庫、1955 年。

Spinoza, Baruch de, *Spinoza opera*, herausgegeben von Carl Gebhardt, 1925, Ethica, Bd. II：スピノザ『エチカ』畠中尚志訳、岩波文庫（上下）、1951 年：Tractatus Theologico‐Politicus, Bd.III：スピノザ『神学・政治論』畠中尚志訳、岩波文庫（上下）、1944 年：Epistolæ, Bd.IV：スピノザ『スピノザ往復書簡集』畠中尚志訳、岩

波文庫、1958 年。

鈴木文孝『カントとともに』以文社、2009 年。

高桑純夫『中世精神史序説』みすず書房、1947 年。

田川建三『批判的主体の形成』三一書房、1971 年。

田川建三『イエスという男』三一書房、1980 年。

田川建三『書物としての聖書』勁草書房、1997 年。

田邊元『哲学通論』岩波書店、1933 年。

Thomas, Josef. G., *Sache und Bestimmung der Marx'schen Wissenschaft*, Peter Verlag, Frankfurt am Mein, 1987.

上野修『哲学者たちのワンダーランド－様相の一七世紀－』講談社、2013 年。

山内志朗「アナロギアと共約不可能性」『哲学』(7)、「特集 アナロギアと神」1989 年夏。

Winfrd Kaminski, *Zur Dialektik von Substanz und Subjekt bei Hegel und Marx*, Haag+herchen Verlag, 1978.

[ヴィトリア期イギリス]

Briggs, Asa, *The Age of Improvement 1783-1867*, Longman, 1959.

Butt, J. and Clarke, I.F. (ed.), *The Victorian and Social Protest*, David & Charles Archon Books 1973.

Colley, L., *Britons : Forging the Nation 1707-1837*, Yale University Press, 1992. リンダ・コリー『イギリス国民の誕生』川北稔監訳、名古屋大学出版会、2000 年。

Davis, Mike, *Late Victorian Holocausts : Li Ninō famines and the making of the third world*, Verso, 2002.

Epstein, J. and Thompson, D. (ed.), *The Chartist Experience : Studies in Working-class Radicalism and Culture, 1830-1860*, MacMillan 1982.

Harvie, Ch., Martin, G. and Scharf, A. (ed.), *Industrialisation and Culture 1830-1914*, The Open University 1970.

Hill, Ch., *God's Englishman, Oliver Cromwell and the English Revolution*, London, Weidenfeld & Nicolson, 1970. クリストファー・ヒル『オリバー・クロムウェルとイギリス革命』清水雅夫訳、東北大学出版会、2003 年。

飯沼二郎『地主王政の構造』未来社、1964 年。

Malcoimson, Robert W. , *Popular Recreations in English Society*, Cambridge University Press 1973.

ロバート・W・マーカムソン『英国社会の民衆娯楽』川島昭夫・沢辺浩一・中房敏朗・松井良明訳、平凡社、1993 年。

Mitchell, S. (ed.), *Victorian Britain : an Encyclopedia*, Garland Publishing, Inc., London 1988.

西岡幹雄・近藤真司『ヴィクトリア時代の経済像』萌書房、2002 年。

Morrell, Jack and Thackray, Arnold, *Gentlemen of Science; Early Years of the British Association for the Advancement of Science*, Oxford University Press, 1981.
Perkin, H., *Origins of Modern English Society*, Routledge & Kegan plc, 1969.
Thompson, E. O., *The Making of the English Working Class*, Penguin Books, 1968：エドワード・P・トムスン『イングランド労働者階級の形成』市橋秀夫・芳賀健一訳、青弓社、2003 年。
戸塚秀夫『イギリス工場法成立史論』未来社、1966 年。
Turner, Frank M., *The Greek Heritage in Victorian Britain*, Yale University Press, 1981.
Young G. M., and Handcock, W. D., (ed.), *English Historical Documents 1833‑1874*, vol. XII (1) Eyre & Spottiswoode, 1956.
Walvin, James, *English Urban Life 1776-1851*, Hutchinson, London, 1984.

[その他]
江口圭一『日中アヘン戦争』岩波新書、1988 年。
かくま・つとむ『鍛冶屋の教え』小学館文庫、1998 年。
三木成夫『胎児の世界』中公新書、1983 年。
西岡常一『木に学べ‐法隆寺・薬師寺の美‐』小学館ライブラリー、1991 年。
竹内好『日本と中国のあいだ』文藝春秋、1973 年。

[本筆者の関連著作]
内田弘『経済学批判要綱の研究』新評論、1982 年。
内田弘『中期マルクスの経済学批判』有斐閣、1985 年。
内田弘「『資本論』成立史における『直接的生産過程の諸結果』」『専修経済学論集』第 10 巻第 2 号、1976 年 2 月。
内田弘「二重の不変資本問題の理論射程」『専修経済学論集』第 21 巻第 1 号、1986 年 3 月。
内田弘「再生産関係態としての価値形態」『専修経済学論集』第 31 巻第 1 号、1996 年 7 月。
内田弘「スピノザの大衆像とマルクス—『神学・政治論』抜粋ノートの問題像—」『専修経済学論集』第 34 巻第 3 号、2000 年 3 月。
内田弘「『資本論』の自然哲学的基礎」『専修経済学論集』第 46 巻第 3 号（通巻 111 号）、2012 年 3 月。
内田弘「『資本論』形成史における『哲学の貧困』」『(専修大学) 社会科学年報』第 47 号、2013 年 3 月。
内田弘「『資本論』の不変の対称的構造」『情況』2013 年 5・6 月合併号。
内田弘「『資本論』の編成原理とは何か」『情況』2013 年 9・10 月合併号：中国語訳『哲

学分析』第 5 巻、2014 年 6 月。
内田弘「『資本論』第 2 部「第 1 草稿」の対称性」『（専修大学）社会科学年報』第 48 号、2014 年 3 月。
内田弘「『資本論』のパラドックッスのシンメトリー」『情況』2014 年 7・8 月合併号。
Uchida, Hiroshi, *Marx's Grundrisse and Hegel's Logic*, Routledge 1988.
Uchida, Hiroshi, The Philosophic Foundations of Marx's Theory of Globalization, *Critique of Socialist Theory*, Vol.39, No.2, May 2011.
Uchida, Hiroshi, Constant Symmetrical Structure of Marx's *Capital*, *Critique of Socialist Theory*, Vol. 41, No.3, August 2013.
Uchida, Hiroshi, Marx's *Capital* in Symmetry, *Senshu Economic Bulletin*, Issue No. 117, March 2014.
内田弘、（王青・李萍・李海春訳）『[新版] 政治経済学大綱的研究』北京師範大学出版集団、2011 年（『経済学批判要綱の研究』および『中期マルクスの経済学批判』（第 3 章）の中国語訳）。（以上）

事項索引

[あ行]

アジア的・ローマ的・ゲルマン的諸形態 201
アテネのタイモン 105
阿片使用の日常化 213
アリストテレス四原因論 136, 217
ある第三者 40, 58
アンチノミー 39, 46, 60, 70, 71, 72, 73, 74, 83, 94, 117, 126, 134, 163, 164, 165, 199, 257, 270, 271, 274, 275, 278, 316, 330, 331, 335, 338, 346, 358, 376, 380
イエナ大学 12, 19, 20, 28, 373
生きた労働の二重作用 145, 150, 156, 157, 273, 336
イギリス社会科学振興協会 155, 213, 227, 288, 291, 307
イギリスの選挙権 166
一様に 150, 185
一般的範式の諸矛盾 121
移動民 288, 291
移民と農業革命 296
イングランド銀行 321, 322
インド共存体と分業 205
インド皇帝 308
ウエッジウッド 173
運動の連続性 98
『エチカ』 134, 256
円環運動 25, 26, 357
オウエンの社会主義 228
《黄金時代》のイデオロギー化 303
黄金欲 104, 110
横領される下請け賃金 249
王政復古期の土地収奪 306
オートマット 215

[か行]

改革開放 173
階級対立と階級同盟 177
解雇労働者の補償説 219
会社＝社会（Gesellschaft） 283
回転対称 9, 31, 49, 51, 52, 58, 73, 78, 81, 82, 83, 85, 92, 116, 117, 258, 339, 341, 343, 344, 375, 384, 385
ガウス平面 92, 243
ガウス平面の実数軸（real axis）と虚数軸（imaginary axis） 92
価格革命 100, 101, 314
鏡のシンメトリー 356
鏡の哲学史 73
学位論文「デモクリトスの自然哲学とエピクロスの自然哲学の差異」 12, 18, 20, 23, 24, 28, 37, 39, 69, 111, 316, 352, 373, 382
学位論文の主題 20
拡大再生産と領有法則の転回 266
拡大再生産の物的諸条件 267
仮象 11, 21, 46, 66, 68, 69, 71, 77, 79, 94, 97, 98, 101, 102, 104, 117, 139, 153, 154, 164, 185, 195, 196, 198, 206, 232, 235, 236, 237, 244, 247, 248, 260, 261, 265, 266, 270, 271, 274, 303, 309, 316, 330, 331, 353, 354, 165, 375
仮象論としての原蓄論 303
仮象としての出来高賃金 248
家臣団解体・プロレタリア 304
価値鏡 47, 48, 49, 51, 52, 53, 54, 66, 77,

95, 98, 341, 356, 381
価値からの価格の乖離可能性　90
価値形態　11, 24, 25, 26, 27, 32, 33, 35, 40, 42, 43, 44, 45, 47-63, 69, 72, 73, 74, 75, 76, 77, 78, 79, 80, 81, 82, 83, 86, 87, 88, 90, 98, 105, 115, 117, 121, 123, 139, 140, 141, 144, 150, 153, 159, 166, 181, 186, 207, 213, 216, 218, 223, 229, 230, 237, 238, 240, 241, 244, 253, 254, 255, 259, 260, 266, 336, 337, 339, 340, 341, 343, 346, 347, 348, 354, 356, 369, 371, 381, 383, 384
価値形態・商品物神性・交換過程　11, 25, 383
価値形態論・商品物神性論・交換過程論の媒介関係　60
価値形態論と交換過程論の相互依存関係　58
価値尺度　87, 88, 89, 90, 93, 101, 103, 108, 122, 336, 363, 369, 371
価値増殖の根拠　126
価値対象性　45, 64, 78, 354, 383
価値魂　162, 317, 333, 353
価値の抽象　24, 41, 45, 47
価値のない物につく価格　91
価値は現実的抽象の結果　66
価値表現の無限性　54
価値論の重層的継承関連　62
カテゴリー批判の再編成　66
可能的資本家　119, 131, 365
貨幣仮面　98
貨幣恐慌　109, 110, 169, 292
貨幣原蓄　304, 315, 325, 326
貨幣魂　162, 333, 353
貨幣地代　110, 205, 206
可変量　100, 151, 160, 161
神と貨幣の同型性　12
神の似姿　342, 382

空費節約　194
関係比率　90
観点の転換　16
カントのアンチノミー　71, 83, 274, 330, 380
カント仮象論批判　271
カントと古典経済学　245
カント用語　203, 358
観念論一般の基礎づけ　20, 56
元本食いつぶし論　262
$Q_i \to A_i = Q_j \to A_j$　42, 87, 112, 113, 133, 145, 167, 233, 253, 288, 342, 375
機械装置導入の条件　211
機械装置の自動的体系　209
機械の協業と機械体系　208
技術革新と価値革命　149
技術原蓄　194, 304, 324, 326
逆の関連　51, 57, 59
教育条項　214, 226, 227
鏡映　25, 37, 48, 49, 50, 51, 53, 54, 55, 56, 63, 64, 65, 66, 73, 74, 77, 95, 98, 99, 104, 108, 147, 148, 199, 247, 279, 282, 298, 324, 341, 356, 370, 371
鏡映する　48, 51, 54, 55, 56, 63, 64, 65, 66, 95, 98, 99, 104, 108, 147, 148, 199, 279, 282, 298, 341, 356
協業　139, 191, 192, 193, 194, 195, 196, 201, 206, 208, 210, 217, 224, 230, 233, 234, 301, 302, 313, 316, 328, 329, 337
協業の指揮者　194
強制通用力　102
鏡像　37, 49, 51, 52, 53, 56, 66, 73, 77, 92, 341
鏡像左右逆転錯視のメカニズム　49
共存体・共同体・共住体　67, 75, 76, 102, 105, 111, 201, 205, 382
協同組合工場　228
協同組合商店　228

索　引

共同地の横奪　307
曲線運動（クリナーメン）　18
虚数　92, 243, 249
虚像の表現　243
近代科学革命　32, 372
近代資本主義　21, 22, 25, 26, 28, 29, 32, 35, 39, 40, 68, 69, 70, 76, 86, 102, 113, 114, 121, 124, 143, 166, 174, 175, 184, 201, 230, 236, 237, 245, 271, 288, 300, 309, 310, 319, 326, 327, 328, 330, 331, 335, 357, 360, 363, 368, 370, 385
近代資本主義の起源　300, 319
近代資本主義の典型　166, 236, 288, 335
近代的家内労働　225, 226, 249
近代的技術の特性　197
近代的植民理論　298, 303, 331, 335, 367
近代的租税制度　323, 326
近代的マニュファクチュア　225, 226
勤労本能・交換本能・蓄積本能　106, 257, 305
クラインの面（壺）　83, 84, 85, 243, 343, 345
軍需部門　188
群論　10, 39, 48, 200, 230, 324, 335, 338, 346, 369, 370
景気循環と賃金削減　285
『経済学・哲学草稿』　25, 28, 57, 74, 105, 118, 137, 141, 175, 256, 312, 315, 353, 354, 364
『経済学批判要綱』「貨幣章」　105
経済学理解の跳躍点　33
形式的従属と強制法　311
形式的包摂＝絶対的剰余価値生産　328
形式的包摂と実質的包摂　234
限界革命　241
減価と増価　365
減価による増価　190, 366
原始関数　29, 32, 46, 148, 374, 375, 376, 384
原始関数と導関数の対称性　148
現実的抽象　36, 37, 65, 66, 100
現代原蓄と生産様式の接合　331
原蓄期国家資本主義の亜種　368
原蓄資金と公債　321
原蓄諸契機の体系的総括　320
原蓄政策としての組織的植民　332
原蓄と奴隷制　325
原蓄の諸契機　302, 319, 320
原蓄論の編成　61, 114, 128, 165, 194, 201, 253, 262, 266, 268, 300, 302, 303, 313, 327, 331, 332, 335, 337, 338, 348, 363, 367, 368
原蓄論と冒頭商品　300
現物地代　110, 205, 206
交換過程　11, 24, 25, 26, 27, 33, 42, 43, 51, 57, 58, 59, 60, 61, 62, 63, 67, 69-83, 86, 89, 90, 93, 94, 95, 96, 111, 114, 117, 118, 121, 123, 140, 141, 143, 144, 146, 148, 159, 160, 164, 165, 172, 181, 190, 191, 242, 244, 245, 248, 253, 260, 266, 272, 274, 279, 287, 288, 298, 336, 337, 339, 340, 341, 346, 347, 348, 356, 369, 371, 383, 384, 385
交換過程のアンチノミー　70, 71, 72
工業都市　173, 307, 308
工業労働者の飢餓状態　290
工場　107, 127, 132, 133, 138, 142, 148, 155, 156, 157, 167, 168, 169, 170, 171, 172, 173, 176, 177, 178, 179, 180, 183, 200, 202, 203, 209, 213, 214, 215, 216, 217, 218, 221, 222, 223, 224, 225, 226, 227, 228, 229, 231, 252, 287, 289, 290, 293, 312, 317, 319
工場制度の積極面　228
工場主とボヤール　168
工場報告書　168

399

工場立法　172, 176, 179, 226, 231
交替制　170, 171, 247
紅茶のための阿片売買　108
合法的詐欺　124
国際的信用制度　322
国際労働者協議会総評議会　171
国内市場の創造　317
『国富論』　34, 35, 46, 106, 108, 118, 169, 175, 190, 202, 224, 239, 255, 256, 257, 278, 299, 300, 312
『国富論』の推論構造　278
個々人的所有　301, 302, 329, 330
誤差　193
古代専制主義　361
古典経済学　10, 41, 69, 134, 192, 241, 245, 255, 256, 272, 275, 280, 284, 369
誤謬推論　90, 162, 353, 354, 165, 378
誤謬推論とアンチノミー　165

[さ行]
最高賃金法　311, 312, 313
最小限度の資本総量　186
再生産可能態　33
再生産態　42
再生産と分配の順序問題　256
債務奴隷　107, 108, 127
先後継起　100, 198, 199, 204, 205, 251, 335, 337, 338, 358, 375, 380
錯視　49, 51, 52, 73, 236
産業革命　16, 28, 76, 155, 166, 167, 174, 176, 179, 194, 207, 208, 211, 212, 213, 219, 222, 227, 231, 253, 265, 289, 290, 291, 301, 302, 304, 312, 313, 318, 324, 326, 359, 360, 361
産業革命＝相対的剰余価値生産体制確立　301
産業革命と道具機の創造　207
産業資本家創世の歴史的前提　326

産業資本家の制覇体制　13, 294
産業投資資金　206
産業予備軍　283, 284, 285, 286, 287
三位一体　28, 153, 314, 315, 341, 382
三位一体範式　28, 314
自営農民からの土地収奪　304
時間賃金　178, 242, 245, 246, 247, 248, 249, 250
時空間の相対性　121, 204, 337, 375, 380
シシュフォス的労働　105
自然史と自然必然性　39
自然神学　106
自然的実体　42, 139, 256, 354
自然必然性　39, 69, 203, 274, 330, 331
自然力　136, 137, 210, 215, 220, 221, 236, 316, 328
自然力（Element）　215
実質的包摂＝相対的剰余価値生産　328
実体かつ主体としの資本　120
自動化工場　216
紙幣　102, 103, 111
資本家的人類学　176, 177
資本家の物神崇拝　142
資本主義的蓄積の歴史的傾向　327, 367
資本主義と家父長制の接合　214
資本主義と奴隷制の接合　221
資本主義のシニシズム　269
資本主義のパラドックス　138
資本主義の母郷　236
資本魂　161, 162, 333, 353
資本蓄積と機械問題　284
資本に生成する価値　263
資本の一般的範式　113, 115, 121, 123, 126, 336, 370
資本の技術的構成と有機的構成　279
資本の国際移動　213, 253
資本の生産力として仮象する分業　195
資本の蓄積過程［前書］　63, 253

索　引

資本の文明化作用　106, 138, 253
『資本論』が含意する群論　338
『資本論』形成史　12, 20, 63, 86, 254, 259, 260, 330, 355
『資本論』第1部編成原理の総括　336
『資本論』第3部「主要草稿」　68, 105, 153, 314, 348
『資本論』の記述者　24
資本の生産性＝神秘化　139
『資本論』の文法学　342
市民革命　166
射影幾何学　29, 342, 384
社会的実体　41, 42, 46, 139, 256, 354
社会的魂　317
社会的地位の象徴（respectability）222
社会的物質代謝　93
借地農場経営者の創世記　314, 319
奢侈品生産部門　188
宗教（religion）　354
宗教改革　17, 19, 69, 305, 306, 307
宗教改革・教会領収奪・救貧税　305
宗教権力　12, 17, 19, 20, 69, 382
宗教的抑圧　18, 19
集合と要素　29, 33, 257
自由時間　162, 163, 172, 190, 215, 217, 240, 285, 362, 364
10時間法運動　177
10時間労働　178, 180, 288
集積と集中　282
重層的媒態である使用価値　38
従属変数　281
住宅事情　290, 295
終点＝始点　26, 31, 83, 118, 119, 204, 331, 346, 376, 384
10年周期の景気循環　285
自由人の連合態　68
自由帝国主義　253

自由な個性者の世界　67
自由農民保留地　105
自由の自然的体系　69, 106, 174, 385
自由・平等・所有　131, 132, 167
自由・平等・所有・ベンサム　131, 132
自由・平等・友愛　10, 167
需給一致説　122
手工業的技術と技術の科学的分析　196
『純粋理性批判』　19, 71, 94, 128, 162, 164, 198, 270, 330, 353, 165
使用価値と価値との相互転化　244
使用価値の捨象　24, 40, 41, 42, 45, 47
小経営解体と資本主義　328
少数貴族の土地支配　307
商品群　31, 39, 200, 230
商品語　46, 60, 357
商品交換のシンメトリー　93
商品魂　162, 333, 353
商品学的考察　39
商品売買の対称性と非対称性　96, 109, 203, 269, 270, 348
商品物神性　11, 25, 26, 27, 42, 43, 51, 54, 59, 60, 61, 62, 63, 64, 66, 67, 68, 69, 70, 74, 75, 76, 78, 79, 80, 81, 82, 83, 85, 86, 91, 97, 98, 104, 105, 114, 117, 121, 125, 131, 133, 135, 139, 142, 143, 149, 153, 155, 158, 159, 161, 162, 192, 195, 196, 206, 210, 230, 233, 234, 235, 236, 237, 238, 244, 253, 260, 266, 298, 303, 313, 314, 316, 317, 319, 327, 330, 331, 332, 333, 335, 336, 337, 339, 340, 341, 346, 347, 348, 356, 369, 371, 383, 384
剰余価値（Mehrwert）　118
剰余価値・使用価値の再生産　260
剰余価値生産のための機械装置　207
剰余価値の源泉と搾取条件　150
剰余価値の資本への再転化　51, 266, 299

401

剰余価値率の規定要因　235
剰余生産物　75, 104, 106, 122, 158, 159, 166, 201, 205, 206, 221, 222, 235, 236, 241, 248, 267, 268, 272, 317, 318, 328
『小論理学』　55, 57, 137, 343, 345
『職工事情』　169
所産的自然　39
所得格差　270, 289
初版『資本論』の価値論　63
『神学・政治論』　12, 18, 166, 323, 352, 373
神秘化　20, 68, 78, 139, 153, 173, 197, 228, 244, 260, 354
『新約聖書』マタイ伝　268
信用貨幣　110, 326
水晶宮と貧者　293
スコットランドの土地清掃　308
スピノザの心身並行論　73, 256
スミス価値概念の批判　255
生産一般　133, 134, 135, 153
生産価格　91, 99, 184, 185, 249, 255, 260, 358
生産手段の共通占有　329
生産性の多義性　138
生産的労働の仮象　236
生産的労働の二重作用　145, 233
生産物への機械装置の価値移転　210
生産様式の接合　167, 221, 331
生−資本（biocapital）　38
生−資本主義（bio-capitalism）　351
『精神現象学』　121, 215
精神の再生産　56, 73, 75, 112, 298
生−政治　351
西部開拓　167
生命産業　38, 351
生理学的支出　36, 37, 66
セーの法則　90, 95
世界貨幣　87, 111, 113, 114, 363, 369

絶対的剰余価値　140, 145, 183, 184, 186, 187, 188, 360, 215, 216, 233, 234, 235, 238, 239, 247, 270, 289, 301, 326, 328, 361, 362, 363, 370, 371, 372
絶対的同一性　358, 364, 379, 383
ゼラチン状態　37
先行する蓄積　299
先住民掃討　332
先住民掃討の後の自由植民地　332
前進　25, 26, 30, 81, 83, 121, 174, 221, 258, 283, 301, 327, 346, 357
専制主義　78, 361
前提＝指定の重層的な論証　79
前歴不明の貨幣　104
増価と減価　287
相互欺瞞　21, 23, 243, 352
相互瞞着　23, 106
想像上のもの（imaginär）　77, 91, 92
双対原理　69, 342
相対的過剰人口＝産業予備軍　283
相対的価値形態　44, 45, 48, 49, 54, 55, 56, 57, 58, 59, 60, 61, 62, 72
相対的剰余価値　80, 136, 138, 140, 170, 181, 182, 183, 184, 186, 187, 188, 189, 190, 193, 194, 213, 214, 215, 230, 233, 234, 235, 238, 239, 241, 244, 247, 256, 281, 289, 301, 302, 304, 318, 326, 328, 337, 361, 362, 365, 366, 370, 371, 384
疎外　20, 25, 56, 57, 68, 74, 141, 172, 198, 354, 364
遡及　25, 26, 30, 52, 75, 76, 79, 81, 128, 221, 229, 230, 258, 260, 301, 303, 327, 346, 357, 368
ソクラテスのイロニー　350
存在＝認識論　46

[た行]

体化物　48, 76, 88, 111, 263, 354

代金決済の連鎖と恐慌の可能性　109
大工業と農業　231
対抗力　164, 165
対称性　9, 20, 23, 29, 31, 32, 33, 39, 46, 49, 52, 53, 56, 61, 68, 75, 83, 85, 86, 96, 109, 116, 117, 148, 149, 185, 202, 203, 205, 260, 269, 270, 335, 340, 341, 342, 343, 345, 346, 348, 358, 370, 371, 372, 373, 374, 375, 376, 379, 380, 381, 383, 384
対称性と非対称性の両立のパラドックス　269
対称性の識別可能性　370
大数の法則　193
大地と土地　232
第２形態が欠如するもの　55
第２形態連鎖止揚の実践的可能性　72
タックス・ヘイヴン　173, 325
「魂（Seele）」の基本定義　353
団結禁止法　289, 312, 313, 359
単純再生産表式　273
単純労働　37, 216, 217, 247
弾力性　222
治安維持法　313
チープ・レーバー　224
地価つり上げと賃労働創出　334
蓄積規模の諸要因　276
蓄蔵貨幣　87, 103, 105, 111, 272, 322, 336
地動説　11, 16, 17, 18, 20, 21, 34, 58, 106, 316, 344, 345, 349, 352, 373, 377
チャーティスト運動　177, 307
鋳貨　101, 102, 103, 109, 111, 321
中間項　185, 372
抽象的人間労働　23, 25, 36, 41, 42, 46, 47, 59, 88, 92, 101, 131, 139, 144, 145, 146, 148, 256, 260, 273
徴候的事実　227, 231

賃金後払い　130, 131, 245, 261, 266
賃労働者の参政権　289
対語「疎外と物象化」　354
通約可能性　52, 381, 382
通約不可能性　381
『デ・アニマ』　24, 198, 352, 354, 369, 376
定義の二重否定性　31
定義は否定　134
定数と変数　32, 100, 148, 151, 158, 159, 161, 182, 183, 235, 236, 238, 239, 243, 246, 277, 281, 374
定量　55, 88, 89, 101, 152, 161, 190
デザルグの定理　340, 341, 345
『哲学の貧困』　128, 167, 230, 330, 355, 360
転回論の哲学史的背景　270
天動説　11, 12, 16, 17, 20, 21, 26, 34, 58, 66, 69, 344, 345, 348, 349
天皇制　78, 352
天文学史　11, 15, 16, 19, 58, 66, 69, 280, 316, 342, 349, 352, 364
ドイツ観念論の特質　19
問いとその解が新しい問いを立てる　184
等価交換と不等価交換の両立　143, 242
導関数　29, 32, 46, 148, 159, 374, 375, 376, 377, 378, 384
総計一致命題　98, 99, 185, 358
同時代の農奴制　291
同時並存と先後継起　100, 193, 198, 199, 204, 205, 251, 335, 337, 338, 358, 375, 380
特別剰余価値　183, 186, 189, 190, 191, 193, 212, 215, 216, 224, 281, 361, 365
独立変数　159, 281
都市と農村の分離　201, 231
土地貴族の農業革命　294

土地原蓄　304, 306, 307, 326
トポロジー　51
トマス・アクィナス　382
トランスクリティーク　46, 273
取り違え（quidproquo クイドプロクオ）　64
度量基準　89, 90, 101, 111
度量単位　89, 251
奴隷制プランテーション　107, 223

[な行]
内在的超越論的演繹　55, 56
内乱　179
南北戦争　142, 147, 167, 180, 214, 219, 265, 288, 296, 334
二重に自由な労働者　128
二重のアブストラクチオーン　381
二重のメビウスの帯＝クラインの壺（面）　29
人格的依存関係　67, 106
ネイピア数e　100, 191
農業革命　294, 296, 297, 298, 314, 316
能産的自然　39
農奴制・奴隷制と近代資本主義　327
能力主義賃金　249

[は行]
配景　90, 100, 341, 342, 343, 345, 346
媒概念　124, 125, 126
媒辞概念の誤謬　353
幕末日本　167
8時間労働制　180
パックス・ブリタニカ　288, 293
パラドックス　124, 143, 167
反射　77, 103
反転対称　9, 31, 49, 51, 52, 73, 78, 81, 82, 83, 85, 94, 116, 117, 132, 178, 258, 339, 341, 343, 344, 375, 385
反転対称・回転対称・並進対称　82, 116
非共役的（非通約的）　58
必要生産物の二重の意味　318
必要労働の二定義の統一　152
1つの社会＝1つの株式会社　282
非ユークリッド幾何学　380
非ヨーロッパとしてのアジア　331
ファウスト　72, 73, 275
V+Mのドグマ　241, 257, 273
複雑労働　37
2つの種類の矛盾　96
2つの流通形態の関係　115
普通選挙権　166, 313
物象化　20, 24, 35, 59, 60, 61, 68, 78, 96, 119, 153, 198, 232, 237, 243, 333, 352, 354, 369
物象的依存関係　67, 106
物神崇拝　64, 65, 66, 68
舞踏会の陰の過労死　169
不等価交換と等価交換の両立　123
不変資本と可変資本　99, 138, 144, 145, 146, 147, 148, 149, 150, 151, 152, 153, 154, 157, 159, 162, 170, 174, 179, 182, 183, 184, 185, 186, 189, 193, 207, 210, 211, 212, 220, 223, 225, 227, 239, 240, 241, 242, 243, 248, 256, 257, 261, 262, 267, 272, 273, 276, 277, 278, 279, 280, 281, 282, 283, 284, 287, 311, 317, 336, 361, 365, 366, 367, 370, 385
不変のシンメトリー　16, 17, 340
不変の対称性　340, 341, 345, 348, 358
不変量　151, 160, 161
『プロレゴメナ』　73
分析的方法と総合的方法　124
平均化作用　35, 36, 381
平均的労働力　192, 193
並行関係　24, 34, 41, 145, 234, 256
並進対称　9, 10, 11, 31, 33, 69, 82, 83, 85,

99, 116, 117, 184, 199, 258, 267, 339, 341, 342, 343, 345, 375, 384, 385
ヘーゲル仮象論批判　271
ヘーゲル『小論理学』推論　343, 345
ヘーゲル推論　56, 90, 134, 272, 343, 345, 346
ヘーゲル推論における類推　56
ヘーゲルのカント批判の核心　316
ヘーゲルの推論　134, 256
ヘーゲルの『大論理学』および『小論理学』の推論の異同　343
ヘーゲルの通約不可能性　381
『ベニスの商人』　110
貿易と資本の文明化作用　106
封建的生産様式　105, 106, 320
方程式　26, 30, 40, 44, 184, 243
冒頭商品　15, 27, 28, 33, 94, 134, 230, 258, 264, 272, 300, 318, 357, 364
冒頭文節　27, 28, 30, 34, 160, 363
ポジ・ネガ・ポジ　229, 230
補助貨幣　102, 111
ポスト資本主義社会　203, 330, 362
ポスト・フォーディズム論　163
本源的資本の無限小化　271
本源的蓄積　262, 298, 299, 300, 311, 319, 322, 323, 324, 325, 327, 331, 334

[ま行]
マニュファクチュアの起源・諸要素・機構　196
マニュファクチュアの基本形態　197
マニュファクチュアの資本主義的性格　195, 206
マネー・ロンダリング　104
マルクス『数学草稿』　20, 56, 151, 185, 372, 376, 377
《マルクスとアリストテレス》問題　324

マルクスの通約可能性　381
マルクスのパラドックスの論法　18, 349
マルクスのヘーゲル批判の核心　383
回り道　46, 47
見えない糸　264
《見えない糸》でつながれる労働者群　224
ミュール紡績機　209, 215, 252, 324
民衆共有地　307
無限遠点　37, 52, 53, 77, 94, 237, 240, 255, 316, 340, 358, 364, 375, 376, 380, 382
無限焦点　37, 53, 77, 358, 364, 380
無限と有限の非共役性　58
無限を内包する定義　32
無産者の賃労働者への強制的転化　309, 313
矛盾律　126
群　10, 11, 31, 39, 48, 54, 83, 85, 196, 198, 199, 200, 202, 203, 204, 206, 208, 209, 210, 216, 217, 218, 224, 230, 283, 324, 335, 338, 346, 361, 369, 370
明治国家　206
命題論理学　126
メビウスの帯　29, 77, 83, 343, 345, 346
綿花恐慌　214
綿花プランテーション　108, 167, 173, 177
問題枠「マルクスとヴェーバー」　69

[や行]
輸出加工区　173
欲求群　202, 203
欲求群に応える労働者群　202
4つの原蓄要素の接合　326

[ら行]

ライヤト　108
ラダイト運動　211, 219
リカードウ派社会主義　167, 269, 330, 359, 360
理性の仮象　94, 164, 353
流血立法　174, 175, 176, 309, 310, 311, 313, 316, 367, 368
利用＝搾取（Ausbeutung）　220
量的関係＝比率　40
領有法則転回論　149, 164, 266, 268, 364, 365
リレー制度　176, 217
類推　56, 57, 345
類的能力　193, 194
ルネサンス　19, 69, 260, 342, 345
レトリック　350, 351
レントナー　13, 222, 294, 307, 315, 321, 322
レントナー国の交替史　322
レントナー国家資本主義　13
レントナー資本主義国　322
レントナー（土地金融貴族）の暴利　294
連邦準備銀行制度　323
労賃の国民的相違　242, 250
労働過程　39, 67, 68, 93, 125, 133, 134, 135, 136, 137, 138, 139, 140, 141, 144, 145, 147, 149, 152, 188, 192, 193, 194, 195, 200, 202, 210, 217, 233, 234, 261, 264, 313, 329, 336, 370, 371
労働過程の３要素　137

労働元本　262, 264, 266, 277, 278, 279
労働時間短縮＝ワークシェアリング　285
労働者規制法　174, 175, 311
労働者群と比例率鉄則　198
労働者群のリレー制度　217
労働者自立の仮象　265
労働者と資本家のアンチノミー　163
労働生産力の仮象形態　195
労働体　195, 200, 218
労働隊制度　295, 296
労働と所有の同一性　201, 300, 301, 303, 309, 327, 330, 362, 363, 364, 365, 366, 371
労働日　138, 143, 144, 155, 160, 161, 163, 164, 165, 168, 169, 170, 171, 172, 174, 175, 176, 179, 180, 181, 183, 187, 188, 213, 214, 216, 234, 238, 239, 242, 244, 245, 246, 248, 311, 337, 370
労働力原蓄　304, 326
労働力再生産ファンド　104, 311, 318, 328
労働力商品と資本主義時代　129
労働力商品の価値　130, 131, 143, 147, 160, 161, 163, 164, 360
労働力の国際移動　213, 253
労働力の信用貸し　130
『ロビンソン物語』　67
論証順序の理論的・実践的の区別　61
論証上の貸借なしの円環体系　81
ロシア革命　180

索 引

人名索引

[あ行]
アーベル, N.-H. 346
アーレント, H. 232
青柳和身 240
アドルノ, T・W 55
荒川泓 209
アリストテレス 24, 52, 66, 124, 125, 136, 137, 198, 215, 217, 224, 324, 345, 352, 354, 369, 376, 381, 382
アレクサンドロフ, P. 346
家永三郎 78
石井伸男 48
石川啄木 231
ヴィクトリア女王 308
ウィット, J. 323
ウェークフィールド, E.G. 332, 333, 334, 335
ヴェーバー, M. 175
上野修 372
宇仁宏幸 240
内田弘 19, 20, 24, 25, 29, 33, 39, 52, 59, 67, 68, 83, 92, 120, 137, 166, 175, 201, 217, 220, 222, 231, 240, 243, 259, 260, 272, 284, 285, 301, 313, 330, 346, 352, 354, 355, 380
内田義彦 20, 35, 39, 78, 136, 194, 220, 230, 270, 294, 301
山内志朗 342, 382
江口圭一 214
エドワード1世 166
エドワード3世 175, 311
榎原均 63, 260
エピクロス 18, 28, 352, 373

エリザベス1世 175, 305, 306, 308, 310, 312
エンゲルス 86, 151, 285, 307, 330
オイラー, L. 151, 191, 243
オウエン, R 180, 227, 228
大津真作 73
大原孫三郎 228
大村泉 256
岡崎乾二郎 260, 342
置塩信雄 282, 365
オルレアン, A. 45

[か行]
柄谷行人 273
加藤祐三 214
ガリレイ, G. 17, 18, 69, 373
カルヴァン, J. 17
ガロア, É. 346
河上肇 35
カント, I. 11, 12, 18, 19, 39, 46, 53, 56, 66, 71, 73, 74, 75, 83, 90, 94, 102, 117, 128, 162, 164, 165, 198, 199, 203, 204, 245, 257, 270, 271, 274, 275, 278, 316, 330, 331, 335, 338, 346, 349, 353, 354, 358, 165, 369, 373, 377, 378, 380, 381, 384, 385
管野須賀子 230
キリスト 19, 69, 171, 226, 315, 360
クーン、トーマス・S. 17
久留間鮫蔵 78
黒瀬直宏 273
ケインズ, J.M. 322
ケトレ, L.-A.-J. 35, 163, 193

407

ケプラー, J. 18, 19, 364, 373
コペルニクス, N. 11, 16, 17, 19, 20, 32, 66, 316, 345, 348, 372
小牧治 78
ゴルギアス 350
コルドベロ, M. 17
近藤真司 227

[さ行]
サー・イーデン 280
三枝博音 165
サザーランド公爵夫人 308
サッチャー, M. 173
里見岸雄 206
サンド, G. 230
シーザー, G.J. 353
シーニア, N.W. 155
シェークスピア, W. 105, 110
シェリング, S.F.W. 19, 20, 53, 349, 358, 364, 373, 377, 378, 379, 380, 381, 384
ジジェク, S 55
柴田寿子 323
シャクソン, N. 173
秋瑾 13, 175, 230, 231
ジョーンズ, R. 284
ジョンソン博士 137
スコットランド女王アン 175
スピノザ, B. 12, 18, 73, 134, 166, 256, 272, 322, 323, 352
スミス, A. 16, 28, 34, 35, 39, 41, 46, 47, 63, 69, 75, 76, 94, 104, 106, 108, 134, 169, 175, 190, 192, 198, 202, 207, 224, 237, 239, 255, 256, 257, 272, 273, 275, 278, 280, 289, 299, 300, 305, 312, 319, 328, 354, 356, 369, 385
角山榮 109
瀬山士郎 243
ソクラテス 18, 269, 350, 369

[た行]
高桑純夫 342, 382
高橋誠 173
田川建三 353, 360
竹内好 214, 292
立木康介 351
ダランベール 151
張一兵 117
デイヴィス, M. 219
テイラー, B. 32, 148, 377
デカルト, R. 24, 90, 353, 369, 373, 378
デモクリトス 18, 28, 352, 373
遠山啓 200, 346
トーマス, J.G. 64
トレルチ, E. 19

[な行]
中川スミ 240
長洲一二 12, 96, 338
新田滋 260
西岡幹雄 227
西田幾多郎 39
ニュートン, I. 32, 151, 364, 377, 378, 380
ネグリ, A. 364
ノイマン, W 51
ノラ 175

[は行]
バートン, J. 284
バートン, R. 219
パウロとペテロ 193
パスカル, B. 372
長谷部文雄 21, 22
ハン-ディング, H. 134
ビーゼ, F. 215
ビートルズ 325
日山紀彦 59

ヒューム, D. 106, 280
平田清明 78, 329, 361
広瀬立成 49
広西元信 329
廣松渉 59
ビーゼ, F.（Franz Biese） 215
フィヒテ, J.G. 19, 20, 53, 349, 358, 364, 373, 377, 378, 379, 380, 381, 384
フォークス, B.（Ben Fowkes） 357
プラトン 350
フランクリン, B. 137
プルードン, P.-J. 167, 269, 330, 354, 355, 356, 359, 360
ブルーノ, G. 17, 19, 373
ブレイ, J. 329
フロイト, S. 354
ヘーゲル, G.W.F 12, 18, 19, 20, 37, 46, 51, 53, 55, 56, 57, 70, 73, 74, 77, 78, 90, 96, 102, 107, 118, 120, 121, 124, 127, 134, 137, 138, 143, 215, 256, 271, 272, 278, 282, 316, 343, 345, 346, 349, 353, 358, 364, 369, 373, 377-385
ヘンリー7世 175, 305, 310
ホーナー, L. 169
ホッブズ, Th. 39

[ま行]

マキャヴェリ, N. 39
的場昭弘 155, 222
マルサス, R. 275, 286
丸山眞男 39, 78, 102, 352
三浦梅園 13, 39, 46
三木清 29, 39, 77, 197, 165, 240

三木成夫 114
水上勉 105
ミル, J.S. 155
ミル, J.S. 134, 237, 241
ムーア, A.W. 55
明治天皇 206
モーズリー, H. 210
モーゼ 275
望月清司 76, 102, 201, 304, 327
森岡孝二 240
モリソン, Ph. 96
モンタランベール伯爵 226

[や行]

山口拓美 220
山本義隆 19

[ら行]

ライプニッツ, G.W. 32, 143, 151, 377, 380
ラグランジュ, L.L. 151, 377, 378, 380
ラジャン, K.S. 38
ラッセル, J. 307
リカードウ, D. 28, 35, 167, 219, 237, 269, 275, 284, 300, 330, 354, 356, 359, 360, 369
劉明修 214
ルター, M. 17
ロック, J. 303, 365

[わ行]

ワット, J. 207

409

内田　弘（うちだ・ひろし）

1939年群馬県に生まれ。専修大学名誉教授。横浜国立大学経済学部卒業。在学中、長洲（一二）ゼミナールと演劇研究部に所属。
【主要著書】『資本論と現代』（三一書房、1970年）、『経済学批判要綱の研究』（新評論、1982年）、『中期マルクスの経済学批判』（有斐閣、1985年）、*Marx's Grundrisse and Hegel's Logic,* Routledge 1988、『自由時間』（有斐閣、1993年）、『三木清──個性者の構想力──』（御茶の水書房、2004年）、『啄木と秋瑾』（社会評論社、2010年）、『［新版］《政治経済学批判大綱》の研究』（韓立新監訳、王青・李平・李海春共訳、北京師範大学出版社、2011年）。
【編著】『三木清エッセンス』（こぶし書房、2000年）、*Marx for the 21 st Century,* Routledge 2006、『三木清 東亜協同体論集』（こぶし書房、2007年）がある。

『資本論』のシンメトリー
────────────────────
2015 年 9 月 25 日　初版第 1 刷発行

著　者──内田　弘
装　幀──右澤康之
発行人──松田健二
発行所──株式会社 社会評論社
　　　　東京都文京区本郷 2-3-10 お茶の水ビル
　　　　TEL.03-3814-3861／FAX.03-3818-2808
　　　　http://www.shahyo.com
組　版──株式会社 ライズ
印刷・製本──倉敷印刷 株式会社